Die Tarifzuständigkeit

Europäische Hochschulschriften
Publications Universitaires Européennes
European University Studies

Reihe II
Rechtswissenschaft

Série II Series II
Droit
Law

Bd./Vol. 3815

PETER LANG
Frankfurt am Main · Berlin · Bern · Bruxelles · New York · Oxford · Wien

Esther Graf

Die Tarifzuständigkeit

Funktionelle Schranken
und Gestaltungsfreiheit beider Tarifparteien

PETER LANG
Europäischer Verlag der Wissenschaften

Bibliografische Information Der Deutschen Bibliothek
Die Deutsche Bibliothek verzeichnet diese Publikation in der Deutschen Nationalbibliografie; detaillierte bibliografische Daten sind im Internet über <http://dnb.ddb.de> abrufbar.

Zugl.: Marburg, Univ., Diss., 2003

Gedruckt auf alterungsbeständigem, säurefreiem Papier.

D 4
ISSN 0531-7312
ISBN 3-631-51343-7

© Peter Lang GmbH
Europäischer Verlag der Wissenschaften
Frankfurt am Main 2003
Alle Rechte vorbehalten.

Das Werk einschließlich aller seiner Teile ist urheberrechtlich geschützt. Jede Verwertung außerhalb der engen Grenzen des Urheberrechtsgesetzes ist ohne Zustimmung des Verlages unzulässig und strafbar. Das gilt insbesondere für Vervielfältigungen, Übersetzungen, Mikroverfilmungen und die Einspeicherung und Verarbeitung in elektronischen Systemen.

Printed in Germany 1 2 3 4 5   7

www.peterlang.de

Vorwort

Diese Arbeit wurde im Fabruar 2003 von der Philipps-Universität Marburg als Dissertation angenommen.

Mein Dank gilt in erster Linie Herrn Prof. Dr. Winfried Mummenhoff, der mein Interesse am Arbeitsrecht geweckt und die Erstellung der Arbeit während meiner Zeit als wissenschaftliche Mitarbeiterin am Institut für Handels-, Wirtschafts- und Arbeitsrecht mit wertvoller Kritik begleitet hat.

Des weiteren danke ich Frau Prof. Dr. Katja Langenbucher für die zügige Erstellung des Zweitgutachtens.

Erndtebrück, im August 2003

Esther Graf

Inhaltsverzeichnis

Abkürzungsverzeichnis XIII

KAPITEL 1:
Einleitung 1
A. Problemstellung 1
    I. Interessenkonflikte auf der Ebene der Sozialpartner 2
    II. Interessenkonflikte innerhalb des gleichen sozialen Lagers 4
    III. Interessenkonflikte zwischen Mitglied und Koalition 7
    IV. Konfliktlösung 8
B. Gang der Untersuchung 9

KAPITEL 2:
Tarifzuständigkeit im Spannungsverhältnis von Koalitionsfreiheit und Verbandsautonomie 12

A. Bestimmung der Tarifzuständigkeit 12
    I. Verbandsautonome Festlegung der Tarifzuständigkeit 12
    II. Satzung als Grundlage der Tarifzuständigkeit 13
    III. Strukturen der Zuständigkeitsbeschreibung 16
    IV. Funktion der Tarifzuständigkeit 19
B. Verfassungsrechtliche Grundlagen von Tarifautonomie und koalitionärer Verbandsautonomie 23
    I. Freiheitliche Gewährleistungsinhalte des Art. 9 III GG 23
        1. Koalitionsfreiheit als Kollektivgrundrecht 25
        2. Tarif- und Verbandsautonomie als Inhalte der kollektiven Koalitionsfreiheit 33
            a) Verbandsautonomie als Teil der Bestandsgarantie 34
            b) Tarifautonomie als Teil der Betätigungsgarantie 35
    II. Funktionale Komponenten der Koalitionsfreiheit 37
        1. Funktionale Auslegung des Koalitionsgrundrechtes 37
        2. Verfassungsrechtliche Koalitionsaufgaben 39
            a) Schutzfunktion 40
            b) Ordnungsfunktion der Koalitionen 41
                aa) Faktische Ordnungsmacht der Koalitionen 41
                bb) Normativer Ordnungsauftrag an die Koalitionen 43
            c) Befriedungsfunktion 48

VIII

3. Immanente Beschränkung der Koalitionsfreiheit durch die Ordnungsaufgabe	49
III. Tariffähigkeit als Ausdruck der Funktionsbindung der Koalitionsfreiheit	54
1. Korporativer Charakter der Berufsverbände	57
2. Überbetriebliche Organisation	58
3. Gegnerfreiheit	60
4. Anerkennung des Tarif- und Schlichtungsrechtes	62
5. Arbeitskampfbereitschaft	63
6. Mächtigkeit	63
C. Einfachgesetzlicher Rahmen der koalitionären Verbandsautonomie	70
I. Privates Vereinsrecht als Grundrechtsausgestaltung	71
1. Ausgestaltungsbedürftigkeit der Koalitionsfreiheit	71
2. Anwendbarkeit des privaten Vereinsrechts	74
3. Rückanbindung des Vereinsrechts an Art. 9 III GG	75
4. Inhalt der Vereinsautonomie	75
II. Ausstrahlungen des Art. 9 III GG auf das Verbandsrecht der Koalitionen	77
1. Beschränkung der Aufnahmefreiheit	79
a) Individuelle Koalitionsfreiheit als Grundlage der Aufnahmepflicht	80
b) Soziale Macht als Grundlage der Aufnahmepflicht	81
c) Grenzen der Aufnahmepflicht	84
2. Beschränkung des Vereinsausschlusses	85
a) Dogmatische Grundlage des Vereinsausschlusses	86
b) Beschränkung des Ausschlußrechtes	88
c) Loyalitätspflichtverletzungen	88
3. Verbandsaustritt	92
4. Demokratische Binnenverfassung	93
a) Herleitung des Demokratiegebotes	95
aa) Tarifpolitische Interessenvertretung der Mitglieder	96
bb) Normsetzungsmacht der Tarifparteien	97
b) Leitbilder zur Konkretisierung des Demokratiegebotes	98
5. Rechtsfähigkeit und Umwandlungsfähigkeit der Koalitionen	100
a) Rechtsfähigkeit	101
b) Umwandlungsfähigkeit	103
D. Tarifzuständigkeit als Wirksamkeitsvoraussetzung	106
I. Gesetzliche Grundlage	107
II. ultra-vires-Lehre	109
III. Tarifzuständigkeit als Beschränkung der Vertretungsmacht	111
IV. Tarifzuständigkeit als Merkmal demokratisch legitimierter Tarifnormsetzung	116
1. Demokratische Legitimation des Tarifabschlusses	117

2. Übertragung des staatlichen Legitimationskonzeptes auf die Tarif-
normsetzung 118
3. Tarifverträge als heteronome Rechtsetzung 124
4. Rechtsgrundlage der privaten Normsetzung durch die Tarifparteien 127
V. Wirksamkeitsvoraussetzung und Selbstbestimmungsrecht der Koalitionen 130

KAPITEL 3:
Normative Schranken der Satzungsautonomie im Regelungsbereich der Tarifzuständigkeit 134

A. Normative Schranken der koalitionären Satzungsautonomie 134
  I. Vereinsrechtliche Schranken 135
  II. Schranken der Privatautonomie 136
  III. Allgemeine verfassungsrechtliche Schranken 139
  IV. Funktionsbindung als Schranke 139

B. Fallgruppenspezifische Konkretisierung der Schranken im Regelungsbereich der Tarifzuständigkeit 142
  I. Regelungen der Tarifzuständigkeit im Konflikt mit den Interessen der gegnerischen (Arbeitnehmer- oder Arbeitgeber-)Koalition 143
    1. Ausgrenzung einzelner gegnerbezogen definierter persönlicher oder sachlicher Regelungsbereiche aus der Tarifzuständigkeit 143
      a) Funktionswidrigkeit 146
        aa) Beeinträchtigung der Ordnungsfunktion des Tarifsystems 146
        bb) Paritätsstörung 148
      b) Beeinträchtigung gegnerischer Grundrechtspositionen 150
    2. Strukturelle Änderungen der Tarifzuständigkeit in räumlicher oder betrieblich-fachlicher Hinsicht 152
      a) Aufgabe der räumlichen oder fachlichen Tarifzuständigkeit 154
        aa) Funktionswidrigkeit 154
        bb) Beeinträchtigung gegnerischer Grundrechtspositionen 155
      b) Erweiterung der räumlichen oder fachlichen Tarifzuständigkeit 158
    3. Beschränkung der Tarifzuständigkeit auf bestimmte potentielle Tarifpartner 159
      a) Pflicht zur Gleichbehandlung gegnerischer Koalitionen 160
      b) Verhandlungspflicht der Tarifparteien 162
        aa) Teilnahmeanspruch an Tarifverhandlungen 164
        bb) Verhandlungspflicht bei Firmentarifverträgen 166
        cc) Genereller Verhandlungsanspruch der Tarifparteien 167
          aaa) Koalitionszweckverfolgungsgarantie 168
          bbb) Tarif- und arbeitskampfrechtliche Begründungsansätze 171
          ccc) Durchsetzbarkeit der Verhandlungspflicht 174

        c) Verstoß gegen die Bestandsgarantie des Art. 9 III 1 GG 176
        d) Verstoß gegen die Betätigungsgarantie des Art. 9 III 1 GG 179
   II. Gewerkschaftliche Regelung der Tarifzuständigkeit im Konflikt mit den
       Interessen des Einzelarbeitgebers 181
       1. Verletzung der arbeitgeberseitigen Koalitionsfreiheit 182
       2. Funktionswidrigkeit einer punktuellen Zuständigkeitsänderung 184
          a) Störung der Homogenität des Arbeitgeberverbandes 184
          b) Störung der Kampfparität 185
          c) Wettbewerbsverzerrung 186
  III. Arbeitgeberseitige Regelung der Tarifzuständigkeit im Konflikt mit
       gewerkschaftlichen Interessen 186
       1. Schaffung einer Mitgliedschaft „Ohne Tarifbindung" 188
          a) Beschränkung der Tarifzuständigkeit in persönlicher Hinsicht 189
          b) Statutarische Differenzierung der Tarifbindung nach Mitglied-
             schaftskategorien 194
          c) Verbands- und koalitionsverfassungsrechtliche Schranken 198
             aa) Vereinsrechtliche Schranken 199
                 aaa) Ausgestaltung des Stimmrechts 200
                 bbb) Beitragserhebung 200
                     (1) Finanzierung der tarifpolitischen Arbeit 201
                     (2) Arbeitskampffonds 202
             bb) Koalitionsverfassungsrechtliche Schranken 205
                 aaa) Funktionswidrigkeit der OT-Mitgliedschaft 205
                     (1) Paritätsstörung 206
                     (2) Störung der Ordnungsfunktion der Tarifpartner 207
                 bbb) Beeinträchtigung gewerkschaftlicher Rechtspositionen 209
       2. Aufspaltung des Arbeitgeberverbandes 211
          a) Satzungsmäßiger Verzicht auf den Abschluß von Tarifverträgen 211
          b) Koalitionseigenschaft des tarifunfähigen Arbeitgeberverbandes 214
          c) Koalitionsverfassungsrechtliche Schranken 216
             aa) Funktionswidrigkeit der Aufspaltung des Arbeitgeber-
                 verbandes 216
             bb) Beeinträchtigung gewerkschaftlicher Rechtspositionen 217
  IV. Regelungen der Tarifzuständigkeit im Konflikt mit Verbänden des
      gleichen sozialen Lagers 218
       1. Tarifrechtliche Schranken gegen konkurrierende Zuständigkeiten 219
          a) Industrieverbandsprinzip 219
          b) Grundsatz der Tarifeinheit 221
       2. Funktionswidrigkeit konkurrierender Tarifzuständigkeiten 223
       3. Verletzung der Koalitionsfreiheit der Konkurrenzverbände 224

KAPITEL 4:
Kollektivautonome Konfliktlösung im Regelungsbereich der Tarifzuständigkeit ... 226

A. Konfliktlösung der Sozialpartner durch Arbeitskampf ... 226
   I. Vorrang des Rechtsweges ... 227
   II. Tariflich regelbares Ziel ... 228
   III. Verstoß gegen die individuelle und kollektive Koalitionsfreiheit ... 229
   IV. Einfluß des Schiedsspruches nach § 16 DGB-Satzung auf die kampfweise Durchsetzung der Tarifzuständigkeit ... 230

B. Konfliktlösung innerhalb eines sozialen Lagers auf satzungsrechtlicher Grundlage ... 231
   I. Zuständigkeitsänderung nach § 15 Nr. 2 DGB-Satzung ... 233
      1. Verbandsrechtliche Zulässigkeit des Zustimmungsvorbehaltes zur Satzungsänderung nach § 15 Nr. 2 DGB-Satzung ... 234
         a) Zulässigkeit des Dritteinflusses bei Satzungsänderungen ... 234
         b) Schranken des Fremdeinflusses ... 238
         c) Kriterien zur Bestimmung des zulässigen Ausmaßes an Fremdbestimmung ... 244
         d) Angemessenheit vereinsrechtlicher Maßstäbe ... 245
         e) Zulässigkeit des Zustimmungsvorbehaltes nach § 15 Nr. 2 DGB-Satzung ... 247
            aa) Kompetenzkompetenz der Mitgliederversammlung ... 247
            bb) Einflußrecht des Bundesausschusses ... 249
            cc) DGB-Bundesausschuß als „Dritter" ... 251
            dd) Förderlichkeit des Dritteinflusses für den Koalitionszweck ... 251
      2. Statutarische Geltung des § 15 Nr. 2 DGB-Satzung in den Einzelgewerkschaften ... 252
         a) Statutarische Verankerung des dachverbandlichen Regelungswerkes in den Satzungen der Einzelgewerkschaften ... 252
         b) Statutarische Verweisung auf das Regelwerk des Dachverbandes ... 253
         c) Bestimmtheit der Verweisung ... 254
   II. Schiedsverfahren nach § 16 Nr. 1 DGB-Satzung ... 255
      1. Verbandsrechtliche Zulässigkeit der Kompetenz der Schiedsstelle zur Interpretation der einzelgewerkschaftlichen Satzungen ... 257
         a) Kompetenzkompetenz der Mitgliederversammlung ... 257
         b) Objekt und Umfang der Kompetenz der Schiedsstelle ... 258
         c) Schiedsstelle als „Dritter" ... 259
         d) Förderlichkeit des Fremdeinflusses für den Verbandszweck ... 260
      2. Geldung des § 16 Nr. 1 DGB-Satzung in den Einzelgewerkschaften ... 261
      3. Bindungswirkung des Schiedsspruches ... 261
      4. Tarifrechtliche Folgen des Schiedsspruches ... 265

a) Rechtsfolgen des Schiedsspruches für bestehende Tarifverträge 265
b) Freiwillige schiedsspruchwidrige Tarifabschlüsse 267
III. Auflösung konkurrierender Tarifzuständigkeiten ohne Schiedsverfahren 268

KAPITEL 5:
Tarifzuständigkeit des Einzelarbeitgebers 271

A. Begrenzung der anwendbaren Tarifverträge durch den Grundsatz der
  Tarifeinheit 273
  I. Rechtsgrundlage der Tarifeinheit im Betrieb 274
  II. Verfassungsmäßigkeit der Tarifeinheit im Betrieb 276
B. Abhilfe auf arbeitskampfrechtlicher Ebene 279
  I. Anpassung der arbeitskampfrechtlichen Grundsätze 279
  II. Rechtswidrigkeit von Firmenarbeitskämpfen bei verbandsangehörigen
    Arbeitgebern 280
    1. Tariffähigkeit des verbandsangehörigen Arbeitgebers 281
    2. Friedenspflicht 281
    3. Vereinbarkeit mit Art. 9 III GG 283
C. Begrenzung der Tarifzuständigkeit 285
  I. Begrenzung der gewerkschaftlichen Tarifzuständigkeit 285
  II. Beschränkung der Tarifzuständigkeit des Einzelarbeitgebers 286
    1. Rechtliche Grundlagen der autonomen Festlegung der Tarif-
      zuständigkeit durch den Einzelarbeitgeber 286
    2. Formale Anforderungen an die Festlegung der Tarifzuständigkeit
      des Einzelarbeitgebers 288

KAPITEL 6:
Ergebnisse 290

Literaturverzeichnis 293

Abkürzungsverzeichnis

BCE	Industriegewerkschaft Bergbau-Chemie-Energie
CGB	Christlicher Gewerkschaftsbund
DAG	Deutsche Angestelltengewerkschaft
DGB	Deutscher Gewerkschaftsbund
GdED	Gewerkschaft der Eisenbahner Deutschlands
GdP	Gewerkschaft der Polizei
GEW	Gewerkschaft Erziehung und Wissenschaft
HBV	Gewerkschaft Handel, Banken und Versicherungen
IG	Industriegewerkschaft
NGG	Gewerkschaft Nahrung-Genuß-Gaststätten
ÖTV	Gewerkschaft Öffentliche Dienste, Transport und Verkehr
VDT	Verband Deutscher Techniker
ver.di	Vereinigte Dienstleistungsgewerkschaften

KAPITEL 1

Einleitung

A. Problemstellung

Die veränderten wirtschaftlichen und strukturellen Rahmendaten, die sich kurz mit den Stichworten Globalisierung, Vernetzung, Dezentralisierung, Flexibilisierung, Kostenreduzierung und Konzentration auf Kernkompetenzen umreißen lassen, haben nicht nur den Flächentarif in die Krise geführt, sondern auch überkommene Elemente des Tarifvertragssystems in Frage gestellt.[1] Sie haben den Blick auf unternehmens- und betriebsbezogene Lösungen gelenkt und Betriebsvereinbarungen und Firmentarifverträge als kostengünstigere und flexiblere Alternativen zum Flächentarif in ihrer Bedeutung gestärkt.[2] Zugleich ist damit auch dem Merkmal der Tarifzuständigkeit ein höheres Maß an Aufmerksamkeit beschert worden. Das Beispiel der AGFA Gevaert AG mag dies verdeutlichen:

> Zu diesem Unternehmen gehörten Betriebe der chemischen und der metallverarbeitenden Industrie. Das Unternehmen kündigte die Mitgliedschaft im Arbeitgeberverband der Metallindustrie, um auch in den Metallbetrieben die aus Sicht des Unternehmens wirtschaftlich günstigeren Tarifverträge der chemischen Industrie anwenden zu können. In der Folge erklärte die IG Chemie ihre Zuständigkeit für das gesamte Unternehmen. Die von der IG Metall daraufhin angerufene Schiedsstelle des DGB bestätigte die Tarifzuständigkeit der IG Metall für die Metallbetriebe. Weder die AGFA Gevaert AG noch die IG Chemie erkannten diesen Schiedsspruch jedoch an. Einen Firmentarifvertrag mit der IG Metall lehnte das Unternehmen ab.[3]

Der Arbeitgeber erstrebt hier durch Lösung der Bindung an die Metalltarifverträge günstigere tarifliche Konditionen für sein Unternehmen und versucht dies mit Hilfe des Austritts aus dem Metallarbeitgeberverband zu erreichen. Dabei rückt die gewerkschaftliche Tarifzuständigkeit in den Mittelpunkt der Fallbetrachtung und es wird deutlich, daß dem Regelungsbereich der Tarifzuständig-

---

[1] Vgl. den Geschäftsbericht Gesamtmetall 1994/1995, Pressemeldung Gesamtmetall vom 8.6.1995; *Blank*, Tarifzuständigkeit, S. 11; *Kissel*, NJW 1994, 217 (219); *Picker*, Tarifautonomie in der deutschen Arbeitsverfassung, S. 13 f.

[2] Vgl. dazu *Bauer/Diller*, DB 1993, 1085; *Beuthien/Meik*, DB 1993, 1518 (1519 f.); *Böhm*, NZA 1994, 497 (497 f.); *Henssler*, NZA 1994, 294 ff.; *Lieb*, NZA 1994, 289 ff., 337 ff; *Picker*, Tarifautonomie in der deutschen Arbeitsverfassung, S. 16.

[3] Vgl. den dem Beschluß des BAG vom 25.9.1996, AP Nr. 10 zu § 2 TVG Tarifzuständigkeit zugrunde liegenden Sachverhalt.

keit Interessenkonflikte verschiedener Ebenen anhängen. Nicht nur auf der Ebene der Sozialpartner, also zwischen der AGFA Gevaert AG als Einzelarbeitgeberin und der bislang zuständigen IG Metall spielt sich der Konflikt ab. Auch innerhalb der sozialen Lager zeichnen sich widerstreitende Interessen ab. So widerspricht die Handlungsweise der AGFA Gevaert AG dem Interesse des Arbeitgeberverbandes Gesamtmetall und seiner Mitglieder am Erhalt des Mitgliederbestandes sowie an der einheitlichen Anwendung der Metalltarifverträge, die hinsichtlich der tariflichen Regelungsgegenstände für gleiche Wettbewerbsgrundlagen innerhalb des Wirtschaftszweiges der Metallindustrie sorgen. Daneben geraten zudem die Gewerkschaften zueinander in Konkurrenz, die jeweils für sich die Zuständigkeit für die in Rede stehenden Betriebe beanspruchen. Schließlich sind auch die Mitgliederinteressen tangiert. So werden die in der IG Metall organisierten Arbeitnehmer erwägen müssen, in die IG Chemie zu wechseln, wollen sie Tarifschutz genießen.

Diese unterschiedlichen Konfliktebenen im Regelungsbereich der Tarifzuständigkeit können nun näher betrachtet werden. Der Blick über die Konstellation des Ausgangsfalles hinaus wird dabei weitere Problemkreise aufzeigen.

I. Interessenkonflikte auf der Ebene der Sozialpartner

Unabhängig von der konkreten Gestaltung des Ausgangsfalles hat jede (Neu-) Regelung der Tarifzuständigkeit große Bedeutung für den sozialen Gegenspieler; für einen gegnerischen Arbeitnehmer- oder Arbeitgeberverband gleichermaßen wie für den Einzelarbeitgeber in der Position des sozialen Gegenspielers. Dies hat seinen Ursprung in der von der ganz überwiegenden Auffassung getragenen Konzeption der Tarifzuständigkeit als Wirksamkeitsvoraussetzung eines Tarifvertrages[4] und damit als Umgrenzung des räumlichen, fachlichen, betriebli-

---

[4] BAG AP Nr. 3 zu § 2 TVG Tarifzuständigkeit, Bl. 3R; AP Nr. 5 zu § 2 TVG Tarifzuständigkeit, Bl. 2R; AP Nr. 10 zu § 2 TVG Tarifzuständigkeit, Bl. 4R; *Buchner,* ZfA 1995, 95 (105 f.); *Gumpert,* Anm. BAG BB 1959, 487 (489); *Hueck/Nipperdey,* Lehrbuch des Arbeitsrechts II/1, § 20 VIII, S. 445 f.; *Kempen/Zachert,* § 2 TVG Rn. 110; *Konzen,* ZfA 1975, 401 (413 ff., 416); *Kutscher,* Tarifzuständigkeit, S. 12 ff.; *Link,* Tarifzuständigkeit, S. 28 ff.; *Löwisch/Rieble,* § 2 TVG Rn. 88, 103; *Oetker,* in: Wiedemann, § 2 TVG Rn. 43; *Richardi,* Kollektivgewalt, S. 158; *Sbresny-Uebach,* AR-Blattei [D], Tarifvertrag II A, II 1; *Wiedemann,* Festschr. Fleck, S. 447 (456 f.); anders *Blank,* Tarifzuständigkeit, S. 107 ff.; *Hillebrand,* Tarifzuständigkeit, S. 77 ff.; *Kraft,* Festschr. Schnorr von Carolsfeld, S. 255 (262); *Konzen,* Festschr. Kraft, S. 291 (299 ff.); *van Venrooy,* ZfA 1970, 49 (73 ff.); kritisch auch *Gamillscheg,* Kollekt. ArbR I, S. 536 f.

chen und persönlichen Geschäftsbereiches, innerhalb dessen eine tariffähige Partei Tarifverträge abschließen kann. Die Änderung der Zuständigkeit auf Seiten eines Sozialpartners berührt damit unweigerlich auch die Interessen der Gegenseite. Bei strukturellen Änderungen der Zuständigkeit in räumlicher, fachlicher oder betrieblicher Hinsicht kann sich für die gegnerische Koalition ein nicht unerheblicher Anpassungsdruck ergeben, der Umstrukturierungen der eigenen Zuständigkeit erfordert oder aber Verbandsaustritte nach sich zieht. Auch wenn eine Koalition einzelne sachliche Regelungsbereiche aus ihrer Tarifzuständigkeit ausklammert[5] oder die Zuständigkeit auf einen bestimmten Vertragspartner beschränkt,[6] sind die Interessen der Sozialpartner unmittelbar betroffen.

Befindet sich der Einzelarbeitgeber in der Rolle des sozialen Gegenspielers, kann eine Änderung der gewerkschaftlichen Tarifzuständigkeit mit erheblichen wirtschaftlichen Veränderungen für sein Unternehmen verbunden sein, man denke an die unterschiedlichen Tariflöhne, Arbeitszeiten und Möglichkeiten der Flexibilisierung je nach Branchentarifvertrag. In besonders zugespitzter Weise zeigt sich die Betroffenheit des Einzelarbeitgebers bei einer punktuellen Änderungen der gewerkschaftlichen Tarifzuständigkeit. Dies veranschaulicht folgender Fall der Firma Allfloor[7]:

> Dieses Unternehmen stellte Teppichböden aus Chemiefasern her und war Mitglied des Arbeitgeberverbandes der Textilindustrie, der mit der zuständigen IG Textil-Bekleidung einen Verbandstarif abgeschlossen hatte. Das Unternehmen gehörte zu einem Konzern, dessen Arbeitnehmer überwiegend bei der IG Chemie organisiert waren und der selbst Mitglied des Arbeitgeberverbandes der chemischen Industrie war. Mit Rücksicht darauf, daß auch die Arbeitnehmer der Firma Allfloor überwiegend bei der IG Chemie organisiert waren, verlangte diese von dem Unternehmen den Abschluß eines Firmentarifvertrages. Dies wurde mit der Begründung abgelehnt, die IG Chemie sei nach ihrem in der Satzung festgelegten Organisationsbereich nicht zuständig. Ein Beschlußverfahren nach §§ 2 a I Nr. 4, 97 ArbGG stellte die fehlende Zuständigkeit der IG Chemie für die Firma Allfloor fest. Die IG Chemie änderte daraufhin ihren Organisationsbereich und erstreckte ihn auf die Teppichbodenherstellung. Mit der IG Textil-Bekleidung traf sie ein Abkommen dahingehend, daß für Teppichhersteller grundsätzlich die IG Textil-Bekleidung verantwortlich bleiben sollte. Nur die Firma Allfloor sollte der Zuständigkeit der IG

---

5 Vgl. dazu im Überblick *Däubler*, Tarifvertragsrecht, Rn. 75; *Kempen/Zachert*, § 2 TVG Rn. 120; *Löwisch*, ZfA 1974, 29 (36); *Oetker*, in: Wiedemann, § 2 TVG Rn. 66.
6 Vgl. *Gamillscheg*, Kollekt. ArbR I, S. 531; *Löwisch/Rieble*, § 2 TVG Rn. 91; *Oetker*, in: Wiedemann, § 2 TVG Rn. 67.
7 BAG AP Nr. 4 zu § 2 TVG Tarifzuständigkeit.

Chemie unterfallen. Eine entsprechende Regelung wurde auch gleichzeitig mit der Schiedsstelle des DGB vereinbart. Die IG Chemie verlangte nun erneut den Abschluß eines Firmentarifvertrages von der Firma Allfloor.

Hier wird also der gewerkschaftliche Organisationsbereich nur hinsichtlich eines einzigen Unternehmens eines Wirtschaftszweiges geändert, welches dadurch einer anderen Tarifbindung zugeführt wird als alle übrigen Konkurrenzunternehmen. Der betroffene Einzelarbeitgeber wird dadurch tarifpolitisch isoliert und erleidet unter Umständen Nachteile im Wettbewerb und in der Tarifauseinandersetzung. Möglicherweise sieht er sich vor die Notwendigkeit eines Verbandswechsels gestellt.

Ein besonderer Interessenkonflikt auf der Ebene der Sozialpartner entsteht, wenn die Arbeitgeberverbände ihren Mitgliedern die Möglichkeit einer Mitgliedschaft ohne Tarifbindung anbieten, die als personell beschränkte Tarifzuständigkeit aufgefaßt werden kann.[8] Dieses Modell der OT-Mitgliedschaft läßt die Arbeitnehmerkoalitionen Nachteile in der Tarifauseinandersetzung befürchten, da die OT-Mitglieder das organisatorische und finanzielle Potential des Arbeitgeberverbandes stärken könnten, ohne selbst jedoch die Folgen tariflicher Bindung tragen zu müssen.[9] Zum anderen wird die Koalitionsbetätigung der Gewerkschaften erschwert, da diese sich um eine vermehrte Zahl an Firmentarifverträgen bemühen müssen.

II. Interessenkonflikte innerhalb des gleichen sozialen Lagers

Wie der Eingangsfall der AGFA Gevart AG zeigt, lassen Regelungen der Tarifzuständigkeit darüber hinaus auch Konflikte zwischen Koalitionen des gleichen sozialen Lagers entstehen, wenn Verbände überschneidende Organisationsbereiche aufweisen und um den Abschluß von Tarifverträgen konkurrieren. Derartige Zuständigkeitsüberschneidungen gibt es aber nicht nur wie im AGFA-Fall auf Seiten der Gewerkschaften. Auch unter Arbeitgeberverbänden sind Zuständigkeitsüberschneidungen möglich. Beispielhaft sei die Gummiindustrie angeführt.

---

[8] Vgl. dazu LAG Rheinland-Pfalz NZA 1995, 800 (802 f.); *Besgen*, OT-Mitgliedschaft, S. 89 ff.; *Buchner*, NZA 1994, 2 (5 f.); *Moll*, Tarifausstieg, S. 39 ff.; *Otto*, NZA 1996, 624 (629); *Schlochauer*, Festschr. Schaub, S. 699 (704 ff.); *Thüsing*, ZTR 1996, 481 (483); *Wieland*, Firmentarifverträge, Rn. 188 ff.; zweifelnd insoweit *Däubler*, NZA 1996, 225 (231); *Oetker*, in: Wiedemann, § 2 TVG Rn. 65.

[9] Zu diesem Aspekt vgl. *Buchner*, NZA 1995, 761 (768 f.); *Däubler*, NZA 1996, 225 (231); *Reuter*, RdA 1996, 201 (205); *Schaub*, BB 1994, 2005 (2007).

Für diesen Wirtschaftszweig waren sowohl der Arbeitgeberverband der Gummiindustrie als auch der Chemieverband Fachabteilung Kunststoff verarbeitende Industrie zuständig und beide Arbeitgeberverbände haben Tarifverträge mit der IG Chemie abgeschlossen.[10]

Den Schwerpunkt tarifrechtlicher Auseinandersetzungen bildeten bislang allerdings nur die Zuständigkeitsüberschneidungen auf Seiten der Arbeitnehmervereinigungen.[11] Möglicherweise deshalb haben die Arbeitgeberverbände kein Instrumentarium zur Vermeidung oder Auflösung von Zuständigkeitskonflikten geschaffen. Die Bundesvereinigung der Deutschen Arbeitgeberverbände e.V. als Dachorganisation der Arbeitgeberverbände regelt in ihrer Satzung das Verhältnis der ihr angehörenden Verbände nicht und enthält auch keine Vorgabe, Zuständigkeitsüberschneidungen zu verhindern.[12]

Anders der Deutsche Gewerkschaftsbund als Spitzenverband der Arbeitnehmerverbände. Der DGB ist ordnungspolitisch auf das Industrieverbandsprinzip und das Prinzip der Einheitsgewerkschaft festgelegt. Das Industrieverbandsprinzip wird in der Satzung des DGB zwar nicht ausdrücklich erwähnt, ist jedoch historisch gewachsen und hat kraft ständiger Observanz Satzungsrang.[13] Beim Industrieverbandsprinzip wird die Zuständigkeit nach Branchen und Wirtschaftszweigen festgelegt. Diese umfaßt dann alle Arbeitnehmer dieses Wirtschaftsbereiches, unabhängig davon, ob die Tätigkeit des einzelnen für den Industriezweig typisch ist.[14] Dies soll eine möglichst lückenlose Abgrenzung der einzelnen gewerkschaftlichen Tätigkeitsbereiche bewirken und so eine effektive Gewerkschaftsarbeit ermöglichen. Eine ähnliche Zielrichtung hat das Prinzip der Einheitsgewerkschaft. Dieses bezeichnet in seiner allgemeinen politischen Bedeutung das Gebot weltanschaulicher und parteipolitischer Neutralität.[15] Seine organisationspolitische Bedeutung wird mit dem Grundsatz „ein Betrieb – eine Gewerkschaft" umschrieben. Dieser Grundsatz ist in der Richtlinie für die Abgrenzung von Organisationsbereichen enthalten, die nach § 15 Nr. 1 DGB-

---

[10] Vgl. *Haußmann*, Verbandswechsel des Arbeitgebers, S. 20; *Konzen*, ZfA 1975, 401 (401 f.).
[11] Vgl. *Buchner*, ZfA 1995, 95 (104); *Jacobs*, Tarifeinheit, S. 207. Das Bundesarbeitsgericht hat sich mit der Tarifzuständigkeit eines Arbeitgeberverbandes noch nicht befaßt.
[12] Vgl. *Haußmann*, Verbandswechsel des Arbeitgebers, S. 16.
[13] *Blank*, Tarifzuständigkeit, S. 25, 124 f.; *Jacobs*, Tarifeinheit, S. 209 ff.
[14] *Blank*, Tarifzuständigkeit, S. 25; *Buchner*, ZfA 1995, 95 (100); *Haußmann*, Verbandswechsel des Arbeitgebers, S. 15.
[15] *Blank*, Tarifzuständigkeit, S. 25.

Satzung Satzungsbestandteil ist.[16] Er zielt darauf ab, daß in jedem Betrieb jeweils nur eine DGB-Gewerkschaft vertreten ist und nur die Tarifverträge dieser Gewerkschaft Anwendung finden. Dadurch soll verhindert werden, daß mehrere DGB-Gewerkschaften in einem Betrieb um Mitglieder konkurrieren und sich dadurch selbst schwächen. Konkurrierende Tarifzuständigkeiten der Mitgliedsgewerkschaften widersprechen damit den Organisationsgrundsätzen des DGB und schwächen zudem in der Gesamtbetrachtung die Gewerkschaftsposition im Tarifgeschehen. Es entspricht daher sowohl dem Interesse der Einzelgewerkschaften als auch dem Interesse des Spitzenverbandes, diese Konkurrenzsituation im Sinne größtmöglicher Machtentfaltung des eigenen Lagers und im Sinne der Einhaltung der eigenen Organisationsprinzipien aufzulösen. Dementsprechend hat der DGB in seiner Satzung Mechanismen zur Behebung solcher Zuständigkeitskonflikte geschaffen.

Ein Instrument ist das im eingangs zitierten Fall durchgeführte Schiedsverfahren nach § 16 DGB-Satzung,[17] das dem Beschluß des Bundesarbeitsgerichts zufolge den Streit um die Tarifzuständigkeit mit verbindlicher Außenwirkung auch für die Arbeitgeberseite entscheidet.[18] Daneben soll § 15 Nr. 2 DGB-Satzung[19] Zuständigkeitsüberschneidungen verhindern helfen, indem er die Änderung der gewerkschaftlichen Organisationsbereiche an die Zustimmung des Bundesausschusses des Deutschen Gewekschaftsbundes und der übrigen im Dachverband organisierten Gewerkschaften bindet. Die Unterwerfung der Einzelgewerkschaften unter diese Regelungen wie auch der Zusammenschluß in einem Dachverband überhaupt dienen zwar der Effektuierung und Stärkung der Gewerkschaftsposition im Tarifgeschehen und liegen damit im Interesse der Gewerk-

---

[16] Vgl. Nr.2 a) der DGB-Richtlinien für die Abgrenzung von Organisationsbereichen und die Veränderung der Organisationsbezeichnung v. 11.3.1992: „Kriterien zur Organisationsabgrenzung sind: (...) Die Beachtung des Prinzips „ein Betrieb – eine Gewerkschaft" (...)." Vgl. auch § 15 Nr.1 Satz 1 DGB-Satzung: „Für die Abgrenzung der Organisationsbereiche der Gewerkschaften werden vom Bundesausschuß auf Vorschlag des Bundesvorstandes Richtlinien für die Abgrenzung von Organisationsbereichen geschaffen, die ein Bestandteil dieser Satzung sind."

[17] § 16 Nr. 1 DGB-Satzung. „Streitigkeiten zwischen den im Bund vereinigten Gewerkschaften, die trotz Vermittlung des Bundesvorstandes nicht geschlichtet werden können, sind durch Schiedsverfahren zu entscheiden."

[18] BAG AP Nr. 10 zu § 2 TVG Tarifzuständigkeit, Bl. 5.

[19] § 15 Nr. 2 DGB-Satzung lautet. „Die in den Satzungen der Gewerkschaften angegebenen Organisationsbereiche und Organisationsbezeichnungen können nur in Übereinstimmung mit den betroffenen Gewerkschaften und nach Zustimmung des Bundesausschusses geändert werden."

schaften, sind aber nicht unproblematisch, da sie Dritten Einfluß auf die Gestaltung der Tarifzuständigkeit gewähren und damit zugleich die einzelkoalitionäre Verbandsautonomie antasten.

Spitzenverbandsübergreifende Regelungen zur Auflösung eines Zuständigkeitskonfliktes unter Beteiligung von Gewerkschaften, die nicht Mitglieder des DGB sind, sind von den Arbeitnehmervereinigungen nicht geschaffen worden. Hier läßt sich allenfalls an eine Lösung unter Zuhilfenahme des Grundsatzes der Tarifeinheit oder des Industrieverbandsprinzips denken,[20] wie auch an eine Art. 9 III GG entlehnte gegenseitigen Duldungspflicht der Koalitionen, die diese zur Vermeidung von Zuständigkeitskollisionen verpflichtet.[21]

III. Interessenkonflikte zwischen Mitglied und Koalition

Da die Tarifzuständigkeit letztlich festlegt, welche Arbeitsverhältnisse unter die Regelungskompetenz welcher Tarifpartei fallen, sind bei Zuständigkeitsfragen auch die Interessen der Verbandsmitglieder betroffen. Besondere Probleme ergeben sich hier aufgrund der weithin üblichen Organisation der Verbände nach dem Industrieverbandsprinzip, da sich hier ohne Rücksicht auf die Tätigkeit des einzelnen Arbeitnehmers auch die persönliche Zuständigkeit allein nach Wirtschaftsbereichen bestimmt.[22] Ein Beispiel mag dies verdeutlichen:

> Wechselt ein Koch von einem Restaurant in eine Kantine, die von einem Betrieb der Metallindustrie geführt wird, und wird diese Kantine dann an eine große Druckerei verpachtet, wird mit jedem Arbeitgeberwechsel des Kochs eine andere Gewerkschaft für ihn zuständig. Während das Restaurant zum Organisationsbereich der Gewerkschaft Nahrung-Genuß-Gaststätten gehört, ist für die Kantine zunächst die IG Metall und nach der Verpachtung die Gewerkschaft ver.di zuständig. Der Koch muß also jeweils entscheiden, ob er den Verband wechseln und Tarifschutz genießen will.

---

20 Vgl. zu diesen Vorschlägen LAG München AP 1950 Nr. 1 (Ls.); AP 1953 Nr. 150; *Gaul*, ZTR 1991, 443 (447, 451); *ders.*, Anm. zu LAG Düsseldorf EzA § 3 TVG Nr. 3, S. 19 (21 f.); *Gumpert*, Anm. BAG BB 1959, 487 (488); *Meissinger*, RdA 1951, 46 (48); *ders.*, DB 1952, 101.
21 *Link*, Tarifzuständigkeit, S. 44; *ders.* ArbuR 1966, 38 (41); vgl. auch *Hueck/Nipperdey*, Lehrbuch des Arbeitsrechts II/1, § 9 V 2 b, S. 149.
22 *Blank*, Tarifzuständigkeit, S. 25; *Buchner*, ZfA 1995, 95 (100); *Haußmann*, Verbandswechsel des Arbeitgebers, S. 15.

Die Notwendigkeit eines Verbandswechsels kann sich für die einzelnen Arbeitgeber oder Arbeitnehmer in gleicher Weise ergeben, wenn der soziale Gegenspieler die Abgrenzung seines Organisationsbereiches ändert. Der Allfloor-Fall kann hier wiederum als Beispiel dienen. Nachdem auf Gewerkschaftsseite die alleinige Zuständigkeit der IG Chemie festgelegt worden war, stand das Unternehmen vor der Frage, ob es Mitglied im Verband der Textilindustrie bleiben und die Nachteile einer tarifpolitischen Isolation gegenüber den anderen Teppichherstellern tragen sollte oder ob ein Wechsel in den Arbeitgeberverband der chemischen Industrie mehr Vorteile im Hinblick auf Tarifverhandlungen mit der IG Chemie versprach. Aber auch bei Änderungen der Tarifzuständigkeit des eigenen Verbandes sind die Mitgliederinteressen betroffen. So muß beispielsweise die in einem Schiedsverfahren nach § 16 DGB-Satzung unterlegene Gewerkschaft ihre Mitglieder sogar auffordern, den Verband zu wechseln,[23] was dem Willen der Mitglieder durchaus zuwiderlaufen kann. Ein Interessenkonflikt mit den Mitgliedern ergibt sich allerdings nur in Fällen, in denen ein verbandsfremdes Gremium über die Tarifzuständigkeit entscheidet. In den anderen Fällen der Zuständigkeitsänderung durch Satzungsbeschluß haben die Mitglieder zumindest mittelbar Anteil an der Entscheidung über die Satzungsänderung und legitimieren diese durch ihren Verbleib in der Koalition.

IV. Konfliktlösung

Der Regelungsbereich der Tarifzuständigkeit berührt also vielfältige Interessen, womit sich zugleich die Frage der Konfliktlösung stellt. Im Grundsatz bieten sich zwei Modelle an, die kollektivautonome Konfliktbewältigung und die Statuierung normativer Grenzen für die Festlegung der Tarifzuständigkeit.

Aufgabe dieser Arbeit wird es deshalb sein, zu untersuchen, ob und welche normativen Grenzen den Koalitionen bei der Festlegung der Tarifzuständigkeit gezogen sind. Diese Grenzen können sich aus dem allgemeinen Verbandsrecht ergeben. Kernfrage wird aber sein, ob und inwieweit die Gewährleistungsinhalte

---

[23] Vgl. Nr. 6 b) der Richtlinien über die Durchführung des Vermittlungs- und Schiedsverfahrens gemäß § 16 der DGB-Satzung vom 11.3.1992: „Sie (die im Schiedsverfahren unterlegene Partei) hat in Fällen der Abgrenzung von Organisationsbereichen ihre Mitglieder im umstrittenen Organisationsbereich unter ausführlicher Darlegung des Schiedsspruches, seiner Gründe und seiner Folgen im Einvernehmen mit der obsiegenden Partei aufzufordern, in die zuständige Gewerkschaft überzutreten."

des Art. 9 III GG bei der Gestaltung der Tarifzuständigkeit auf das Verbandsrecht der Koalitionen einwirken können. Neben den Rechtspositionen des sozialen Gegners und der Mitglieder kann möglicherweise auch das bestehende Tarifsystem mit seinen Funktionsbedingungen auf das Verbandsrecht der Koalitionen ausstrahlen und die inhaltliche Gestaltungsfreiheit der Verbände beschränken oder aber auch über das nach allgemeinem Vereinsrecht zulässige Maß hinaus erweitern.

Zum anderen gilt es zu untersuchen, ob und in welchen Bereichen den Kollektiven selbst die Lösung von Interessenkonflikten im Zusammenhang mit der Tarifzuständigkeit überlassen werden kann. Dabei kommt nicht nur der Arbeitskampf als ultima-ratio einer kollektivautonomen Konfliktlösung in Betracht. Der DGB hat mit den §§ 15, 16 DGB-Satzung für einen Teilbereich der Interessenkonflikte eine eigene Konfliktregelung getroffen. Diese wird auf ihre Zulässigkeit hin zu überprüfen sein. Kernpunkt wird dabei die Frage sein, ob die Einzelgewerkschaften sich mit dem Ziel der Stärkung ihrer Position im Tarifgeschehen ihrer Organisationsautonomie zugunsten des Spitzenverbandes in der Weise begeben können, wie es durch die Unterwerfung unter das Schiedsverfahren nach § 16 DGB-Satzung und unter das Zustimmungserfordernis nach § 15 Nr. 2 DGB-Satzung geschieht. Es wird auch hier also entscheidend darauf ankommen, inwieweit das bestehende Tarifsystem auf die Verbandsautonomie einwirkt, hier unter dem speziellen Aspekt der Zulässigkeit von Fremdbestimmung.

B. Gang der Untersuchung

Die eingangs beschriebenen Zuständigkeitsüberschneidungen sowohl auf Arbeitgeber- wie auf Gewerkschaftsseite werfen die Frage auf, ob die Verbände ihre Tarifzuständigkeit autonom festlegen können. Denn nur wenn die Tarifzuständigkeit im Grundsatz frei festgelegt werden kann, können die beschriebenen Zuständigkeitskonflikte überhaupt entstehen. In einem ersten Schritt sollen deshalb die Grundlagen für die Bestimmung der Tarifzuständigkeit durch die Koalitionen geklärt werden.[24]

---

[24] S. 12 ff.

Insbesondere der geschilderte Fall der Firma Allfloor führt sodann zur Frage nach den Schranken, die den Verbänden bei der Festlegung der Tarifzuständigkeit gezogen sind. Da die Firma Allfloor möglicherweise zu einem Verbandswechsel gezwungen wird, könnte die gewerkschaftliche Zuständigkeitsänderung die individuelle Koalitionsfreiheit und auch die kollektive Koalitionsfreiheit des Arbeitgeberverbandes tangieren. In einem nächsten Schritt müssen deshalb die Grundlagen von Verbands- und Tarifautonomie ausgearbeitet werden.[25] Sie ermöglichen die Beschreibung der allgemeinen sowie auch der speziell verfassungsrechtlichen Schranken der Zuständigkeitsgestaltung. Besondere Bedeutung wird dabei die Funktionsgebundenheit der Koalitionsfreiheit erfahren.[26] Der Allfloor-Fall hat angedeutet, daß gewerkschaftliche Zuständigkeitsänderungen möglicherweise zu Wettbewerbsverzerrungen oder Nachteilen der Arbeitgeberseite in der Tarif-auseinandersetzung führen. Hier stellt sich dann die Frage, ob diese Folgen einer Zuständigkeitsänderung mit der in Art. 9 III GG beschriebenen Zielsetzung der Wahrung und Förderung der Arbeits- und Wirtschaftsbedingungen zu vereinbaren sind. Insofern wird zu untersuchen sein, wie sich die in Art. 9 III GG festgeschriebene Funktion des Koalitionsgrundrechtes inhaltlich konkretisieren läßt und welche Bedeutung sie für die Festlegung der Tarifzuständigkeit hat.[27]

Ausgehend von den skizzierten Interessenlagen werden sodann anhand von typischen Fallgruppen die normativen Schranken festgelegt, die den Koalitionen bei der Gestaltung der Tarifzuständigkeit gezogen sind.[28] Bereits der AGFA-Fall hat aber mit dem dort durchgeführten Schiedsverfahren nach § 16 DGB-Satzung auch eine Möglichkeit kollektivautonomer Lösung von Zuständigkeitskonflikten vorgestellt. Diese wird auf ihre verbands- und koalitionsverfassungsrechtliche Zulässigkeit hin zu untersuchen sein.[29] Weiterhin ist eine kollektivautonome Auflösung von Zuständigkeitskonflikten auch durch das Mittel des Arbeitskampfes denkbar. Die Zulässigkeit eines Arbeitskampfes zur Durchsetzung der eigenen Tarifzuständigkeit wird deshalb Gegenstand eines eigenen Abschnittes sein.[30]

---

[25] S. 23 ff.
[26] S. 37 ff.
[27] S. 39 ff., 49 ff., 139 ff.
[28] S. 142 ff.
[29] S. 231 ff.
[30] S. 266 ff.

Schließlich wird in einem letzten Kapitel das spezielle Problem der gewerkschaftlichen Zuständigkeit für den Abschluß von Firmentarifverträgen untersucht. Der AGFA-Fall hat insoweit bereits auf die schwierige Situation eines Einzelarbeitgebers aufmerksam gemacht, der als Verbandsmitglied einem Verbandstarifvertrag unterliegt und dennoch von einer weiteren Gewerkschaft auf den Abschluß eines Firmentarifvertrages in Anspruch genommen wird. Unter Berücksichtigung der tariflichen und arbeitskampfrechtlichen Folgeprobleme wird hier zu untersuchen sein, ob der Einzelarbeitgeber seine Tarifzuständigkeit für den Abschluß eines Firmentarifvertrages beschränken kann.[31]

---

[31] S. 271 ff.

KAPITEL 2

Tarifzuständigkeit im Spannungsverhältnis von Koalitionsfreiheit und Verbandsautonomie

A. Bestimmung der Tarifzuständigkeit

Die in der Einleitung beschriebenen Interessenkonflikte bei einer (Neu-)Regelung der Tarifzuständigkeit können letztlich nur entstehen, wenn die Koalitionen über die Festlegung und Änderung ihres Organisationsbereiches frei entscheiden können. Nur wenn die Regelung der Tarifzuständigkeit der Verbandsautonomie unterfällt, kann es überhaupt zu den erwähnten Zuständigkeitsüberschneidungen kommen. Deshalb ist es notwendig, sich mit den rechtlichen Grundlagen für die Bestimmung der Tarifzuständigkeit auseinanderzusetzen.

I. Verbandsautonome Festlegung der Tarifzuständigkeit

Das von Rechtsprechung und Literatur entwickelte Merkmal der Tarifzuständigkeit beschreibt die Befugnis an sich tariffähiger Gewerkschaften und Arbeitgeberverbände, Tarifverträge mit einem bestimmten räumlichen, fachlichen, persönlichen, betrieblichen und zeitlichen Geltungsbereich abzuschließen.[32]

Für welchen Raum, welche Branche und welchen Personenkreis Tarifverträge abgeschlossen werden sollen, bestimmen die Koalitionen eigenverantwortlich. Diese autonome Festlegung der eigenen Zuständigkeit ist Teil der den Koalitionen durch Art. 9 III 1 GG gewährten Befugnis zu autonomer Zwecksetzung.[33]

---

[32] BAG AP Nr. 5 zu § 2 TVG Tarifzuständigkeit, Bl. 2R; AP Nr. 7 zu § 2 TVG Tarifzuständigkeit, Bl. 3R; AP Nr. 10 zu § 2 TVG Tarifzuständigkeit, Bl. 4R; *Däubler*, Tarifvertragsrecht, Rn. 86; KassArbR-*Dörner*, Bd 2, 8.1. Rn. 96; *Kempen*/Zachert, § 2 TVG Rn. 108; *Konzen*, ZfA 1975, 401 (415); *Kutscher*, Tarifzuständigkeit, S. 19; *Löwisch/ Rieble*, § 2 TVG Rn. 87; *Oetker*, in: Wiedemann, § 2 TVG Rn. 47; *Wiedemann*, RdA 1975, 78 (79).

[33] Dies ist in Rechtsprechung und Literatur unbestritten; vgl. BAG AP Nr. 1 zu § 2 TVG Tarifzuständigkeit, Bl. 3 f.; AP Nr. 3 zu § 2 TVG Tarifzuständigkeit Bl. 4R, 5; AP Nr. 4 zu § 2 TVG Tarifzuständigkeit Bl. 7; *Blank*, Tarifzuständigkeit, S. 70; *Buchner*, ZfA 1995, 95 (98); *Delheid*, Tarifzuständigkeit, S. 35; *Etzel*, NZA 1987, Beil. 1, S. 19 (21); *Gaul*, ZTR 1991, 443 (446); *v. Hoyningen-Huene*, NZA 1996, 617 (618); *Kempen/ Zachert*, § 2 TVG Rn. 113; *Konzen*, RdA 1978, 146 (153); MünchArbR-*Löwisch/Rieble*, § 255 Rn. 60; § 246 Rn. 17 ff.; *Richardi*, Anm. zu BAG AP Nr. 2, 3 zu § 2 TVG Tarif-

Nach Art. 9 III 1 GG ist den Koalitionen die Koalitionsfreiheit „zur Wahrung und Förderung der Arbeits- und Wirtschaftsbedingungen" gewährleistet. Sie haben daher darüber zu entscheiden, auf welche Weise sie ihrer Aufgabe gerecht werden wollen. Dann muß es ebenso im freiem Ermessen der Koalitionen stehen, ob und für wen sie Mindestarbeitsbedingungen durch Abschluß eines Tarifvertrags festlegen wollen. Zur koalitionsgemäßen Betätigung im Sinne des Art. 9 III 1 GG gehört somit gerade, daß die Tarifvertragsparteien ihren Betätigungsbereich eigenständig abstecken und den von ihnen zu bedienenden Arbeitgeber- und Arbeitnehmerkreis selbst festlegen können. Diese Festlegung darf weder vom Staat noch von Dritten vorgegeben werden. Sie rechnet zum Kernbereich der Koalitionsfreiheit und unterliegt deshalb gesteigertem Grundrechtsschutz.[34]

Bei der Festlegung der Tarifzuständigkeit ist zwischen Verbands- und Firmentarifverträgen zu unterscheiden. Im folgenden soll es nur um die Zuständigkeitsregelungen der Berufsverbände gehen. Der Tarifzuständigkeit für das einzelne Unternehmen widmet sich das letzte Kapitel der Arbeit.

II. Satzung als Grundlage der Tarifzuständigkeit

Mangels eines speziell auf die Koalitionen zugeschnittenen Verbändegesetzes sind die Arbeitnehmer- und Arbeitgeberverbände in bezug auf ihre Organisationsverfassung an das private Vereinsrecht gebunden. Die Gewerkschaften sind traditionell als nicht rechtsfähige Vereine organisiert. Die bislang einzige Ausnahme bildet die Gewerkschaft ver.di, die die Rechtsform des eingetragenen Vereins gewählt hat.[35] Die Arbeitgeberverbände haben sich demgegenüber regelmäßig als rechtsfähige Vereine gegründet. Die §§ 21 ff. BGB bilden daher den normativen Rahmen für Organisation und Betätigung der Koalitionen.[36]

Da die Tarifzuständigkeit näher eingrenzt, für welchen genauen Bereich die Koalition die Aufgabe der Wahrung und Förderung der Arbeits- und Wirt-

---

zuständigkeit, Bl. 5 (6); *Rieble*, Arbeitsmarkt und Wettbewerb, Rn. 1793; *Zacher*, Festschr. Fröhler, S. 509 (533 f.); *Zachert*, ArbuR 1982, 181 (181 f.).
34 Vgl. MünchArbR-*Löwisch/Rieble*, § 246 Rn. 17; *Rieble*, Arbeitsmarkt und Wettbewerb, Rn. 1793.
35 Vgl. § 1 Nr. 1 ver.di-Satzung.
36 Näher dazu S. 70 ff.

schaftsbedingungen wahrnehmen will, hat sie Anteil an der Zweckbestimmung der Koalition und gehört zu den das Verbandsleben bestimmenden Leitprinzipien und Grundsatzregelungen. Als Grundsatzfrage der Verbandsverfassung muß sie nach § 25 BGB in der Satzung niedergelegt werden.[37] Die Festlegung der Tarifzuständigkeit unterfällt damit der Satzungsautonomie der Verbände, die in den §§ 25, 40 BGB ihren Ausdruck findet. Die Koalitionen können aufgrund ihrer Satzungsautonomie ihre Binnenverfassung durch das Aufstellen einer Satzung eigenverantwortlich in den Grenzen zwingenden Gesetzesrechts gestalten. Die Festlegung der Tarifzuständigkeit in der Satzung erfolgt also in Ausübung der den Verbänden gewährten Satzungsautonomie.

Der in der Satzung festgelegte Organisationsbereich der Koalition ist dabei die ausschließliche Grundlage für die Bestimmung der Tarifzuständigkeit.[38] Allein die tatsächliche Praxis der Mitgliederaufnahme und der Tarifabschlüsse begründet keine Tarifzuständigkeit für die betroffenen Bereiche. Dies gilt selbst dann, wenn es sich dabei um eine jahrelang praktizierte Übung handelt.[39]

Bei den rechtsfähigen Koalitionen ergibt sich das schon aus der im Vereinsrecht normierten Publizitätspflicht der eingetragenen Vereine. Da diese eine geschriebene Satzung haben müssen, die gemäß § 66 II BGB bei den Registerakten aufzubewahren ist, und Satzungsänderungen nach § 71 BGB in das Vereinsregister einzutragen sind, kann das Vereinsherkommen bei ihnen keinen Satzungsrang einnehmen.[40] Demzufolge kann auch die Tarifzuständigkeit, die als Grundentscheidung des Vereins nach § 25 BGB in die Satzung gehört, nicht durch eine

---

[37] *Hanau/Kania*, Festschr. Däubler, S. 437 (441); *Löwisch/Rieble*, § 2 TVG Rn. 94.
[38] Dies ist nahezu allgemeine Ansicht, vgl. BAG AP Nr. 1 zu § 2 TVG Tarifzuständigkeit Bl. 3; AP Nr. 3 zu § 2 TVG Tarifzuständigkeit, Bl. 4R; AP Nr. 7 zu § 2 TVG Tarifzuständigkeit, Bl. 3R; AP Nr. 10 zu § 2 TVG Tarifzuständigkeit, Bl. 4R; *Däubler*, Tarifvertragsrecht, Rn. 88; *Delheid*, Tarifzuständigkeit, S. 35; KassArbR-*Dörner*, Bd. 2, 8.1. Rn. 96; *Kempen/Zachert*, § 2 TVG Rn. 108; *Löwisch/Rieble*, § 2 TVG Rn. 94; *Oetker*, in: Wiedemann, § 2 TVG Rn. 53; *Wiedemann*, RdA 1975, 78 (80 f.); anders lediglich *Bommarius*, Rechtsprobleme im graphischen Gewerbe, S. 44 f.; *Westenberger*, Organisationsrechtliche Probleme, S. 73 f.; kritisch auch *Däubler*, Tarifvertragsrecht, Rn. 89, der auch im bezug auf die Tarifzuständigkeit die Geltung des Grundsatzes der Formfreiheit annimmt.
[39] Vgl. dazu die Taucherei-Entscheidung, BAG AP Nr. 7 zu § 2 TVG Tarifzuständigkeit. Hier hatte die ÖTV lange Jahre mit dem Taucherverband Tarifverträge für das Tauchereigewerbe abgeschlossen, ohne daß dieser Wirtschaftszweig zum satzungsmäßigen Organisationsbereich der ÖTV gehörte.
[40] *Reichert*, Hdb. Vereinsrecht, Rn. 359; MünchKomm/*Reuter*, § 25 BGB Rn. 2; *Soergel/ Hadding*, § 25 BGB Rn. 2.

tatsächliche Übung geändert oder erweitert werden. Dieses Argument der Publizität trägt jedoch nicht bei der Mehrzahl der Gewerkschaften, die als nicht rechtsfähige Vereine organisiert sind und demnach keiner Publizitätspflicht unterliegen. Dennoch bestimmt sich auch bei diesen Verbänden die Tarifzuständigkeit allein nach Maßgabe der Satzung. Der tragende Grund für die Notwendigkeit einer förmlichen Satzungsregelung liegt nämlich, wie sogleich zu sehen sein wird, in der Bedeutung der Tarifzuständigkeit selbst und gilt damit unbeschadet der Rechtsform für alle Koalitionen.

Die Tarifzuständigkeit umschreibt qua definitione den genauen Bereich der Normsetzungsbefugnis der Tarifparteien[41] und ist damit nicht nur für den Abschluß und die Wirksamkeit von Tarifverträgen, sondern auch für arbeitskampfrechtliche Fragen relevant. Die Festlegung der Tarifzuständigkeit tangiert damit zwangsläufig die Interessen der sozialen Gegenspieler, konkurrierender Koalitionen wie auch der Außenseiter. Diese Bedeutung verlangt die hinreichende Bestimmbarkeit der Zuständigkeitsabgrenzung und ein gewisses Maß an Rechtssicherheit hinsichtlich der Bestandskraft des einmal festgelegten Organisationsbereiches. Diesen Erfordernissen genügt allein eine Festlegung in der Satzung.[42] Die Satzung gewährleistet nicht nur die konkrete Abgrenzung des koalitionären Organisationsbereiches. Da für eine Satzungsänderung regelmäßig förmliche Verfahren vorgesehen sind, wohnt ihr zudem die Vermutung einer gewissen Bestandskraft inne. Demgegenüber mangelt es dem tatsächlichen Auftreten einer Koalition an Bestimmtheit und Rechtssicherheit, da es sich jederzeit ändern kann und in Randbereichen nur undeutlich fixierbar sein wird.[43] Zudem können das tatsächliche Auftreten der Tarifpartner nur bestimmte Berufskreise erkennen, während es für andere Bereiche, insbesondere die Öffentlichkeit, im Verborgenen bleibt. Damit würde nicht zuletzt auch eine gewisse soziale Kontrolle der Tarifparteien durch die an der Sozialgestaltung anteilnehmende Öffentlichkeit entfallen.[44] Der tatsächliche Abschluß von Tarifverträgen, sei es auch auf Basis einer dauernden tatsächlichen Übung, genügt mithin zur Begründung einer

---

[41] Zur Qualifizierung der Tarifzuständigkeit als Wirksamkeitsvoraussetzung eines Tarifvertrages siehe S. 106 ff.
[42] Vgl. *v. Eisenhart Rothe*, Probleme der Tarifzuständigkeit, S. 43; *Kutscher*, Tarifzuständigkeit, S. 22; *Richardi*, Kollektivgewalt, S. 160.
[43] Vgl. für die tatsächliche Mitgliederaufnahme: *v. Eisenhart Rothe*, Probleme der Tarifzuständigkeit, S. 42 f.; anders *Kutscher*, Tarifzuständigkeit, S. 20, 22.
[44] Vgl. *Delheid*, Tarifzuständigkeit, S. 24; *Hinz*, Tarifhoheit, S. 156, *Kutscher*, Tarifzuständigkeit, S. 22.

Tarifzuständigkeit nicht.[45] Gleiches gilt für die Praxis der über den satzungsmäßigen Organisationsbereich hinausgehende Aufnahme von Mitgliedern. Auch für diese satzungswidrig aufgenommenen Mitglieder kann keine Tarifzuständigkeit begründet werden.[46]

Die Koalitionen legen ihre Zuständigkeit also kraft ihrer Satzungsautonomie eigenverantwortlich in der Verbandsverfassung fest. Diese autonome Festlegung der Zuständigkeit durch die Verbände kann in der Folge zu Mehrfachzuständigkeiten und der Konkurrenz mehrerer Verbände um den Abschluß eines Tarifvertrages für ein Unternehmen führen.

III. Strukturen der Zuständigkeitsbeschreibung

Die zahlreichen möglichen und vorhandenen Zuständigkeitsüberschneidungen lassen sich anhand der gängigen und allgemein anerkannten Struktur-elemente verdeutlichen, mit denen die Koalitionen ihren Organisationsbereich beschreiben.

Die Berufsverbände können ihre Tarifzuständigkeit zunächst entweder berufs- oder industrieverbandsbezogen organisieren. Während die Arbeitgeberverbände allein nach dem Industrieverbandsprinzip organisiert sind,[47] finden sich auf Seiten der Arbeitnehmerverbände auch berufsbezogene Strukturen. Die Tarifzuständigkeit wird dabei allein arbeitnehmerbezogen festgelegt. So war die Deutsche Angestelltengewerkschaft (DAG) für alle Angestellten zuständig, egal ob diese im Einzelhandel, im öffentlichen Dienst oder in der Metallindustrie beschäftigt waren. Heute folgen beispielsweise noch der Marburger Bund oder der Verband Deutscher Techniker (VDT) dem Berufsgruppenprinzip und auch in der Gewerkschaft Erziehung und Wissenschaft (GEW) und der Gewerkschaft der Polizei (GdP) gibt es dieses Prinzip noch.[48] Elemente des Berufsver-

---

[45] BAG AP Nr. 7 zu § 2 TVG Tarifzuständigkeit, Bl. 4R; *Däubler*, Tarifvertragsrecht, Rn. 88; *Jacobs*, Tarifeinheit, S. 205 f.; *Löwisch/Rieble*, § 2 TVG Rn. 95; vgl. auch *Konzen*, ZfA 1975, 401 (416).
[46] Anders aber *Bommarius*, Rechtsprobleme im graphischen Gewerbe, S. 45; *Westenberger*, Organisationsrechtliche Probleme, S. 44 f., der zudem darauf hinweist, daß es auf den Wortlaut der Satzung schon deshalb nicht ankommen dürfe, weil die Tariffähigkeit keine schriftliche Satzung voraussetze; ähnlich *Bötticher*, RdA 1959, 353.
[47] *Buchner*, ZfA 1995, 95 (104); *Jacobs*, Tarifeinheit, S. 207.
[48] Vgl. § 6 Nr. 3, 4 GEW-Satzung; § 1 III GdP-Satzung; vgl. ferner *Blank*, Tarifzuständigkeit, S. 25; *Jacobs*, Tarifeinheit, S. 211.

bandsprinzips waren früher auch im Bereich des öffentlichen Dienstes und bei der IG Medien bekannt.[49] Die IG Medien war zum Beispiel nicht nur für alle Arbeitnehmer in der Druckindustrie zuständig, sondern darüber hinaus für alle Journalisten, unabhängig davon, in welchen Betrieben diese beschäftigt waren. Diese grundsätzliche Wahlmöglichkeit der Koalitionen zwischen einer berufs- oder einer branchenbezogen Ausrichtung der Zuständigkeit führt zu zahlreichen Zuständigkeitsüberschneidungen. Beispielhaft sind hier die bis zur Gründung der Gewerkschaft ver.di konkurrierenden Organisationsbereiche der Deutschen Angestelltengewerkschaft (DAG) und der Gewerkschaft Handel-Banken-Versicherungen (HBV) zu nennen.

In der Praxis hat sich das Industrieverbandsprinzip durchgesetzt. Schon 1949 auf dem Gründungskongreß des DGB wurde es als diejenige Organisationsform beschlossen, „die den höchsten Wirkungsgrad verspricht."[50] Im Gegensatz zum Industrieverbandsprinzip führt die berufsbezogene Organisation nämlich dazu, daß dem Arbeitgeber oder seinem Verband verschiedene Gewerkschaften als Sozialpartner gegenüberstehen, was die Tarifauseinandersetzungen erheblich erschwert. Wegen seines vereinheitlichenden Effektes gilt das Industrieverbandsprinzip als zweckmäßiger und wird in der Tarifpraxis bevorzugt.[51] Hintergrund dafür ist sicherlich auch die wirtschaftliche Überlegung, daß die Lohnkosten einheitlich am Produktionsergebnis orientiert werden müssen, wobei der Beitrag zum Endprodukt der Facharbeiter einerseits und der übrigen Arbeitnehmergruppen andererseits von geringer Bedeutung ist.[52]

Im Rahmen der industriebezogenen Organisation sind Regelungen anzutreffen, die die Zuständigkeit auf einen Teilbereich eines Wirtschaftssektors beschränken,[53] umgekehrt aber auch solche, die die Tarifzuständigkeit auf mehrere Wirt-

---

[49] Vgl. Ziff. 2 der Satzung der Deutschen Postgewerkschaft; § 2 der Satzung der Gewerkschaft der Eisenbahner Deutschlands; § 3 Nr. 1, 2 der Satzung der IG Medien; vgl. ferner *Blank*, Tarifzuständigkeit, S. 25; *Bösche/Kirchgäßner/Trautwein/Rose/Schmidt*, GewMH 1996, 17 (20); *Gamillscheg*, Kollekt. ArbR I, S. 532; *Jacobs*, Tarifeinheit, S. 211.
[50] *Sohn*, Berufsverband, S. 93 f.; vgl. auch *Blank*, Tarifzuständigkeit, S. 25 Fn. 51.
[51] Vgl. *Biedenkopf*, Grenzen, S. 89; *Buchner*, ZfA 1995, 95 (99); *Haußmann*, Verbandswechsel des Arbeitgebers, S. 15; *Nikisch*, Arbeitsrecht II, S. 480.
[52] *Oetker*, in: Wiedemann, § 2 TVG Rn. 54.
[53] So beispielsweise der Wirtschaftsverband graphisches Gewerbe oder der Verband des Textil-Einzelhandels Baden-Württemberg e.V.

schaftszweige ausdehnen.⁵⁴ Auch innerhalb der Industrieverbände ergeben sich zahlreiche Zuständigkeitsüberschneidungen, wenn die Verbände (teilweise) den gleichen Wirtschaftszweig abdecken. So haben zum Beispiel aufgrund einer überlappenden Zuständigkeit für die Gummiindustrie sowohl der Arbeitgeberverband der Gummiindustrie als auch der Arbeitgeberverband Chemie Fachabteilung Kunststoff verarbeitende Industrie Tarifverträge mit der IG Chemie abgeschlossen.⁵⁵ Auch zwischen Industrie- und Innungsverbänden bestehen überlappende fachliche Zuständigkeiten. So sind beispielsweise der Arbeitgeberverband Holz und Kunststoff und auch der Bundesinnungsverband des Tischlerhandwerks für Tarifverträge für das Schreinerhandwerk zuständig.⁵⁶ Auf Gewerkschaftsseite weisen zum Beispiel die weltanschaulich neutralen Industriegewerkschaften wie IG Metall oder IG Chemie und die christlichen Gewerkschaften der entsprechenden Branche (Christlicher Metallarbeiter-Verband, Christliche Gewerkschaft Bergbau-Chemie-Energie) konkurrierende Zuständigkeitsbereiche auf.

Neben dem Wirtschaftszweig oder -bereich sind das Unternehmen und der Betrieb die weiteren allgemeinen Abgrenzungsmerkmale der Tarifzuständigkeit. Die Koalitionen können ihre Organisationsstruktur an beliebigen Unternehmens- oder Betriebseinheiten orientieren. Sie können ihren Organisationsbereich also sowohl auf Unternehmen bestimmter Wirtschaftsbereiche schlechthin als auch auf bestimmte Betriebe, Betriebsabteilungen, Neben- oder Hilfsbetriebe ausrichten.⁵⁷ Auch dies ist Anknüpfungspunkt für Zuständigkeitsüberschneidungen. Diese ergeben sich beispielsweise, wenn wie im AGFA-Fall eine Gewerkschaft ihre Zuständigkeit unternehmensbezogen, die andere hingegen betriebsbezogen festlegt. Auch fachfremde Unternehmen oder Betriebe werden in den Zuständigkeitsbereich mit einbezogen.⁵⁸ Nach dem Selbstverständnis vieler der im DGB zusammengeschlossenen Gewerkschaften gilt die Tarifzuständigkeit ohne

---

54 Zum Beispiel die Gewerkschaft ver.di; der Verband der Verlage und Buchhandlungen in Baden-Württemberg e.V.; der Verband der Holzindustrie und Kunststoffverarbeitung Baden-Württemberg e.V.
55 Vgl. *Haußmann*, Verbandswechsel des Arbeitgebers, S. 20; *Konzen*, ZfA 1975, 401 (401 f.).
56 Vgl. ArbG Wiesbaden – 4 Ca 2474/94.
57 Vgl. zum ganzen die Übersicht bei *Buchner*, ZfA 1995, 95 (99 ff.); *Oetker*, in: Wiedemann, § 2 TVG Rn. 53 ff.; *Wiedemann*, RdA 1975, 78 (81).
58 *Buchner*, ZfA 1995, 95 (100, 105); *Haußmann*, Verbandswechsel des Arbeitgebers, S. 12 ff.; *Oetker*, in: Wiedemann, § 2 TVG Rn. 54.

weiteres für die branchenfremden Neben– oder Hilfsbetriebe.[59] Aber auch bei Arbeitgeberverbänden sind Erweiterungen der Tarifzuständigkeit auf branchenfremde Unternehmen anzutreffen. So erstreckt beispielsweise der Verband der Metallindustrie Baden-Württemberg e.V. seine Zuständigkeit auch auf Dienstleistungsunternehmen, die mit Unternehmen der Metallbranche verbunden sind oder ihnen erhebliche Dienstleistungen erbringen.[60] Auch durch diese möglichen Gestaltungen der Tarifzuständigkeit können vielseitige Zuständigkeitskonkurrenzen entstehen.

Die Wahl einer jeden Koalition, nach welchen der genannten Strukturelemente sie ihre Tarifzuständigkeit abgrenzt, unterfällt also wie gesehen[61] dem durch Art. 9 III GG geschützten Recht der Verbände auf autonome Zwecksetzung. Die satzungsautonome Festlegung der Zuständigkeit durch die Verbände führt sodann zu zahlreichen soeben beispielhaft belegten Zuständigkeitsüberschneidungen. Damit bleibt festzuhalten, daß die in der Einleitung beschriebenen Interessenkonflikte ihren primären Ursprung demnach in der Anbindung der Tarifzuständigkeit an die Verbandsautonomie der Koalitionen finden.

IV. Funktion der Tarifzuständigkeit

Das Merkmal der Tarifzuständigkeit als Begrenzung der Normsetzungsbefugnis auf den satzungsmäßig festgelegten Organisationsbereich[62] hat nun die Aufgabe, zur Lösung der soeben dargestellten Zuständigkeitskonflikte beizutragen.

---

[59] Vgl. § 3 der Satzung der IG Metall; § 4 Nr. 1 der ver.di-Satzung i.V.m. Ziff. 1.2.1, 1.2.2, 1.2.3 des Anhanges 1 zur Satzung ver.di.
[60] Vgl. § 3 II 2 der Satzung des Verbandes der Metallindustrie Baden-Württemberg e.V. vom 27.6.1990: „Mitglied können auch Dienstleistungsunternehmen werden, die mit Unternehmen der Metall-oder Elektroindustrie oder eines verwandten Industriezweiges rechtlich verbunden sind oder für solche Unternehmen in erheblichen Umfang Dienstleistungen erbringen." Vgl. auch *Buchner*, ZfA 1995, 95 (104 f.); *Haußmann*, Verbandswechsel des Arbeitgebers, S. 12 f.
[61] Siehe S. 12 f.
[62] BAG AP Nr. 3 zu § 2 TVG Tarifzuständigkeit, Bl. 3R; AP Nr. 5 zu § 2 TVG Tarifzuständigkeit, Bl. 2R; AP Nr. 7 zu § 2 TVG Tarifzuständigkeit, Bl. 3R; AP Nr. 10 zu § 2 TVG Tarifzuständigkeit, Bl. 4R; *Däubler*, Tarifvertragsrecht, Rn. 86; KassArbR-*Dörner*, Bd 2, 8.1. Rn. 96; *Kempen/Zachert*, § 2 TVG Rn. 108; *Konzen*, ZfA 1975, 401 (415); *Kutscher*, Tarifzuständigkeit, S. 19; *Löwisch/Rieble*, § 2 TVG Rn. 87; *Oetker*, in: Wiedemann, § 2 TVG Rn. 47; *Wiedemann*, RdA 1975, 78 (79). Zur Tarifzuständigkeit als Wirksamkeitsvoraussetzung ausführlich S. 106 ff.

Hintergrund für die Entwicklung des Kriteriums der Tarifzuständigkeit bildete ursprünglich die Zwangsschlichtung in der Weimarer Republik. Die Schlichtungsverordnung vom 30.10.1923[63] sah für tariffähige Parteien einen Einlassungszwang und im übrigen einen verbindlichen Schiedsspruch mit der Wirkung eines Tarifvertrags vor.[64] Die Arbeitgeberverbände versuchten, dieser Zwangsschlichtung durch eine „gewollte Tarifunfähigkeit" zu entkommen, indem sie in der Satzung den Abschluß von Tarifverträgen nicht mehr als Aufgabe bezeichneten. Das Reichsarbeitsgericht verschloß den Arbeitgeberverbänden jedoch diesen Weg, indem es eine Tarifunfähigkeit durch eigene Willkür nicht anerkannte.[65] In diesem Zusammenhang wurde zur Eindämmung der Zwangsschlichtung der Gedanke entwickelt, daß ein wirksamer Tarifabschluß die Berechtigung der Tarifparteien voraussetze, gerade den betreffenden Tarifvertrag abzuschließen. Dazu müßten die tariflich erfaßten Arbeitsverhältnisse dem Betätigungskreis der Tarifparteien in räumlicher und fachlicher Hinsicht entsprechen.[66]

Heute gibt es keine Zwangsschlichtung mehr, und die „gewollte Tarifunfähigkeit" wird überwiegend als zulässig angesehen.[67] Eine erzwungene Tariffähigkeit würde gegen die individuelle und kollektive Koalitionsfreiheit verstoßen, denn es steht den Mitgliedern frei, zu welchem Zweck sie sich zusammenschließen wollen. Die Freiwilligkeit der Koalitionsbildung erstreckt sich auch auf die Wahl der Koalitionsziele und -mittel, so daß der Tarifvertrag den Verbänden nicht als Koalitionsmittel aufgedrängt werden darf.[68] Zudem steht den Gewerkschaften mit dem stets tariffähigen Einzelarbeitgeber immer noch ein ausreichender Verhandlungspartner gegenüber. Dem entsprechend hat sich die Funk-

---

[63] RGBl. I, S. 1043.
[64] Art. 1, §§ 3, 5, 6 SchlichtungsVO.
[65] RAGE 3, 257 (362 ff.); 4, 1 (4 ff.); vgl. dazu im einzelnen *Nikisch*, Arbeitsrecht II, S. 247; ausführlich zum historischen Kontext *Blank*, Tarifzuständigkeit, S. 32 ff.; vgl. auch *Konzen*, Festschr. Kraft, S. 291 (298).
[66] Vgl. *Hueck/Nipperdey*, Lehrbuch des Arbeitsrechts II/1, § 20 VIII 1, S. 445; *Sinzheimer*, Grundzüge des Arbeitsrechts, S. 255; *Ueberall*, Tariflegitimation, S. 18 ff., 27; vgl. auch *Blank*, Tarifzuständigkeit, S. 34 f.; *Konzen*, Festschr. Kraft, S. 291 (298).
[67] Vgl. *Gamillscheg*, Kollekt. ArbR I, S. 527; *Hueck/Nipperdey*, Lehrbuch des Arbeitsrechts II/1, § 20 III 10, S. 433 f.; *Löwisch*, ZfA 1974, 29 (33); *Oetker*, in: Wiedemann, § 2 TVG Rn. 23; *Richardi*, Kollektivgewalt, S. 156. Neue Bedeutung hat die Frage der gewollten Tariffähigkeit durch den Problemkreis der OT-Mitgliedschaft erhalten, dazu ausführlich S. 186 ff.
[68] *Buchner*, NZA 1994, 2 (10); *Löwisch*, ZfA 1974, 29 (33); *Oetker*, in: Wiedemann, § 2 TVG Rn. 23; *Otto*, NZA 1996, 624 (626).

tion der Tarifzuständigkeit gewandelt. Ging es damals um die Abwehr der Zwangsschlichtung und der Allgemeinverbindlicherklärung von Tarifverträgen, so steht heute die Ordnungsfunktion der Tarifzuständigkeit im Vordergrund. Mit Hilfe dieses Merkmals sollen die Abgrenzung der Zuständigkeiten ranggleicher Berufsverbände und der Schutz des Arbeitgebers vor einer „unzuständigen" Gewerkschaft erreicht werden.[69]

Die Vermeidung von Kompetenzüberschneidungen durch das Merkmal der Tarifzuständigkeit erlangt praktisch nur für die DGB-Gewerkschaften Relevanz. Diese haben sich wie bereits erwähnt dem Prinzip der Einheitsgewerkschaft verschrieben und suchen sich im Sinne effektiver Arbeitnehmervertretung ohne Zuständigkeitsüberschneidungen zu organisieren. Mittel dazu sind die in den §§ 15, 16 DGB-Satzung geregelten Instrumentarien.[70] In diesem Bereich eine Abgrenzung der Zuständigkeiten der Gewerkschaften zu ermöglichen und Kompetenzkonflikte zu lösen, ist jedoch unbestreitbare und wichtige Funktion der Tarifzuständigkeit.

Die der Tarifzuständigkeit zugeschriebene Aufgabe des Schutzes der Arbeitgeberseite vor „unzuständigen" Gewerkschaften zeigt schließlich deutlich die Berechtigung der Tarifzuständigkeit: Die Rechtsordnung versagt solchen Tarifverträgen die Wirksamkeit, die unter Verletzung der selbst gewählten Zuständigkeitsordnung zustande kommen, dadurch in den Zuständigkeitsbereich einer anderen Koalition eingreifen und deshalb den Tarifkonflikt nicht umfassend befrieden können.[71] Das Merkmal der Tarifzuständigkeit erfüllt damit im Tarifgeschehen eine wichtige Ordnungsfunktion, die zugleich der Eindämmung von Konflikten dienlich ist. Das Kriterium der Tarifzuständigkeit ist deshalb keineswegs überflüssig.[72]

Wenn daneben als Aufgabe der Tarifzuständigkeit die Förderung der Tarifeinheit genannt wird,[73] so ist diese Aufgabe allerdings nur schwach ausgeprägt. Der Beitrag der Tarifzuständigkeit zur Einhaltung des Grundsatzes der Tarifeinheit ist allenfalls gering. Der Grundsatz der Tarifeinheit in seiner richterrechtli-

---

[69] *Blank*, Tarifzuständigkeit, S. 33; *Konzen*, Festschr. Kraft, S. 291 (298); *Oetker*, in: Wiedemann, § 2 TVG Rn. 49; *Wiedemann*, RdA 1975, 78 (79); *Zachert*, ArbuR 1982, 181.
[70] Siehe dazu ausführlich S. 231 ff.
[71] *Blank*, Tarifzuständigkeit, S. 95.
[72] So *van Venrooy*, ZfA 1983, 49 (82).
[73] *Oetker*, in: Wiedemann, § 2 TVG Rn. 49; *Wiedemann*, RdA 1975, 78 (79); *Zachert*, ArbuR 1982, 181.

chen Prägung[74] dient der Auflösung von Tarifkonkurrenz und Tarifpluralität. Auf die Tarifzuständigkeit kommt es für die Auflösung dieser Kollisionslagen nicht an. Sie betrifft die dieser Problematik vorgelagerte Frage, ob überhaupt ein rechtsgültiger Tarifvertrag zustande gekommen ist. Tarifkonkurrenz und -pluralität sind dagegen Kollisionsregeln für wirksam zustande gekommene Tarifverträge, die entweder für dasselbe Arbeitsverhältnis oder in einem Betrieb nebeneinander gelten. Deshalb kann die Tarifzuständigkeit nur dazu beitragen, möglicherweise entstehende Normkollisionen im Vorfeld zu erkennen und zu vermeiden. Die Umsetzung dessen liegt dann aber in der Entscheidung der tarifschließenden Verbände. Die Tarifzuständigkeit selbst ist kein Mittel zur Vermeidung von Tarifpluralitäten und -konkurrenzen. Gerade auch die in der Praxis relevanten Fallgruppen der Normkollision nach einem Verbandswechsel des Arbeitgebers, nach einem Betriebsinhaberwechsel oder unter Beteiligung von allgemeinverbindlichen Tarifverträgen lassen sich mit Hilfe der Tarifzuständigkeit nicht bewältigen.[75] Eine Auseinandersetzung mit dem umstrittenen Grundsatz der Tarifeinheit, wie ihn die Rechtsprechung formt, kann deshalb an dieser Stelle unterbleiben.[76]

Die Koalitionen legen ihre Tarifzuständigkeit also kraft ihrer Satzungsautonomie eigenverantwortlich in der Satzung fest. Die beschriebenen Zuständigkeitsüberschneidungen und Interessenkonflikte sind Folge dieser Anbindung der Tarifzuständigkeit an die Satzungsautonomie der Verbände. Das Merkmal der Tarifzuständigkeit hat in diesem Zusammenhang mit der Abgrenzung der Zuständigkeiten ranggleicher Berufsverbände und dem Schutz des Arbeitgebers vor unzuständigen Koalitionen wichtige Ordnungsaufgaben im Rahmen der Tarifautonomie. Indem das Merkmal der Tarifzuständigkeit den Tarifverträgen die Wirksamkeit versagt, die unter Verstoß gegen die selbst gewählte Zuständigkeitsordnung zustande kommen, damit in den Verantwortungsbereich einer anderen Koalition eingreifen und deshalb letztlich den Tarifkonflikt nicht umfassend befrieden können, dient es auch der Konfliktbegrenzung.

---

[74] Vgl. dazu allgemein BAG AP Nr. 4, 11, 12, 16, 19, 20 zu § 4 TVG Tarifkonkurrenz; zustimmend: *Dutti*, BB 1968, 1335 (1337); *Gerhards*, BB 1995, 1290 (1292) für den Fall der Tarifpluralität bei Verbandswechsel des Arbeitgebers; *Säcker/Oetker*, ZfA 1993, 1 (12); ablehnend: *Buchner*, Festschr. Kissel, S. 98 (103 f.); *Fenn*, Festschr. Kissel, S. 213 (236) ; *Hohenstatt*, DB 1992, 1678 (1680); *Konzen*, RdA 1978, 146 (152); *Kraft*, RdA 1992, 161 (166); *B. Müller*, NZA 1989, 449 (451); *Witzig*, Tarifeinheit, S. 29 ff., 49, 55.

[75] Vgl. dazu und zu weiteren Fallgruppen ausführlich *Blank*, Tarifzuständigkeit, S. 76-85.

[76] Dazu näher S. 271 ff.

B. Verfassungsrechtliche Grundlagen von Tarifautonomie und koalitionärer Verbandsautonomie

Es deutet sich also bereits an, daß das Merkmal der Tarifzuständigkeit eine Schnittstelle zwischen dem Selbstbestimmungsrecht der Koalitionen und dem Handlungssystem der Tarifautonomie markiert. Die in der Einleitung aufgezeigten Interessenkonflikte führen sodann zu der Frage, ob und wieweit sich Verbandsautonomie und Tarifautonomie in einem Spannungsfeld von freiheitlicher Gewährleistung und funktioneller Bindung befinden. Denn zum einen sind beide Inhalte der kollektiven Koalitionsfreiheit und haben damit freiheitlichen Charakter. Zum anderen stehen sie im Dienst der Erfüllung des Koalitionszwecks und sind in diesem Sinne zweckgebunden garantiert, woraus sich immanente Beschränkungen der Freiheitsgewährleistung herleiten lassen. Klarheit kann insoweit allein eine Auseinandersetzung mit den verfassungsrechtlichen Grundlagen von Tarifautonomie und koalitionärer Verbandsautonomie bringen.

I. Freiheitliche Gewährleistungsinhalte des Art. 9 III GG

Dem Wortlaut nach ist Art. 9 III GG zunächst ein individuelles Freiheitsrecht und gewährt dem Einzelnen die Befugnis, sich ungehindert zu Koalitionen zusammenzuschließen bzw. bestehenden Koalitionen beizutreten.[77] Da der Einzelne mit seinem Beitritt zur Koalition das Ziel verfolgt, die Arbeits- und Wirtschaftsbedingungen zu fördern, setzt sich der Grundrechtsschutz in Gestalt einer individuellen Betätigungsgarantie fort. Diese erschöpft sich nicht in einer Betätigungsgarantie für die Zwecke der Koalition gegenüber Außenstehenden,[78] sondern umfaßt auch die koalitionsspezifische Betätigung innerhalb der Koalition.[79] Sie ist das notwendige Bindeglied zwischen der Entscheidung des Einzelnen für den Koalitionsbeitritt und der auf Förderung der Arbeits- und Wirtschaftsbedingungen gerichteten Betätigung des Personenzusammenschlusses. Bliebe sie aus

---

[77] Für die allgemeine Ansicht statt aller BVerfGE 50, 290 (367).
[78] BVerfGE 4, 96 (106); 17, 319 (333); 19, 303 (312); 50, 290 (367); BAGE 20, 175 (210 ff.); *Bauer*, in: Dreier, Grundgesetz-Kommentar Bd. I, Art. 9 Rn. 76; *Höfling*, Festschr. Friauf, S. 377 (379); *Kittner*, in: AK-GG, Art. 9 III Rn. 38 f.; *Scholz*, in: Maunz/Dürig, Komm. z. GG., Art. 9 Rn. 169, 222.
[79] Vgl. *Bauer*, in: Dreier, Grundgesetz-Kommentar Bd. I, Art. 9 Rn. 76; *Höfling*, Festschr. Friauf, S. 377 (379); *Kittner*, AK-GG, Art. 9 III Rn. 38; *Scholz*, HdbStR VI, § 151 Rn. 80.

dem grundrechtlichen Schutz ausgeklammert, liefe die individuelle Koalitionsfreiheit leer.[80]

Desgleichen ist auch die negative Koalitionsfreiheit von Art. 9 III GG geschützt. Sie garantiert das Recht, der Koalition fernzubleiben oder aus ihr auszutreten.[81] Diese Gleichstellung von positiver und negativer Koalitionsfreiheit gefährdet keineswegs den Bestand einer leistungsfähigen und attraktiven Tarifautonomie. Im Gegenteil: Indem sie die Zwangssolidarisierung der Außenseiter verhindert, fördert sie die Richtigkeitsgewähr der Tarifverträge.[82] Die Tarifvertragsparteien sind dann nämlich dazu gezwungen, durch angemessene Rücksicht auf die Minderheiten in den eigenen Reihen störende Außenseiterkonkurrenz zu vermeiden. Die gerade für bilaterale Teilmonopole, wie die Parteien des Verbandstarifvertrages es sind, charakteristische Tendenz zu Einigungen zu Lasten Dritter wird dadurch gebremst.[83] Es ist daher zur Absicherung der Tarifautonomie keineswegs geboten, die negative Koalitionsfreiheit nur als Teilaspekt der allgemeinen Handlungsfreiheit zu sehen und den Schutz des Außenseiters auf Art. 2 I GG zu reduzieren.[84] Dagegen spricht schon die freiheitliche Struktur des Koalitionsgrundrechts. Positive Freiheit ist nur dann echte Freiheit, wenn sie die Möglichkeit einschließt, die geschützten Handlungen nicht vorzunehmen. Wie bei jedem anderen Freiheitsrecht bilden daher auch bei Art. 9 III GG positive und negative Rechtsgewährleistung eine Einheit.[85]

---

[80] Vgl. *Jacobs*, Tarifeinheit, S. 412; *Oetker*, RdA 1999, 96 (97).
[81] BVerfGE 50, 290 (367), 55, 7 (21); BAGE 20, 175 (214 f.); *Meik*, Kernbereich, S. 123 f.; *Kempen/Zachert*, TVG, Grundlagen Rn. 129; *Lerche*, Zentralfragen, S. 25; *Löwisch/Rieble*, TVG, Grundlagen Rn. 11; *Müller*, Arbeitskampf und Recht, S. 17; *Scholz*, in: Maunz/Dürig, Komm. z. GG., Art. 9 Rn. 169, 221; *ders.*, Koalitionsfreiheit, S. 41 f.; *Schwarze*, Betriebsrat, S. 195 f.; *Wiedemann*, in: Wiedemann, TVG, Einleitung Rn. 294.
[82] *Junker*, Anm. BAG SAE 1997, 169 (178 f.); *Reuter*, RdA 1996, 201 (204).
[83] *Möschel*, WuW 1995, 704 (705 ff., 711 ff.); *Reuter*, RdA 1996, 201 (204).
[84] So aber *Biedenkopf*, Grenzen, S. 44, 93 ff.; *Gamillscheg*, Differenzierung, S. 54 ff.; *Hueck/Nipperdey*, Lehrbuch des Arbeitsrechts II/1, § 10 II 2, S. 155 ff.; *Kittner*, in: AK-GG, Art. 9 III Rn. 41; *Radke*, ArbuR 1971, 4 (10); ähnlich *Kempen/Zachert*, TVG, Grundlagen Rn. 132; differenzierend *Säcker*, Grundprobleme, S. 36 f.; *Däubler/Hege*, Koalitionsfreiheit, Rn. 174 heben auf Art. 9 I GG ab.
[85] *Jacobs*, Tarifeinheit, S. 414; *Scholz*, Koalitionsfreiheit, S. 42.

1. Koalitionsfreiheit als Kollektivgrundrecht

Neben dieser Garantie des individuellen Koalitionsrechts steht die Garantie der kollektiven Koalitionsfreiheit. Auch die Koalitionen selbst sind danach in ihrem Bestand und ihrer koalitionsspezifischen Betätigung geschützt. Dabei kann zwischen verschiedenen Teilgarantien differenziert werden. Der Bestandsschutz sichert die Gründung und Verschmelzung von Koalitionen sowie ihr freies Fortbestehen, welches sowohl den organisatorischen Bestandsschutz als auch den Schutz des Mitgliederbestandes umfaßt.[86] Neben dem defensiven Schutz ist den Koalitionen aber auch ein offensives Recht zur weiteren Ausgestaltung ihrer verbandsmäßigen Existenz eingeräumt, wozu beispielsweise die Mitgliederwerbung[87] gehört. Die Betätigungsgarantie schützt alle Tätigkeiten der Verbände, die der Förderung der Arbeits- und Wirtschaftsbedingungen dienen. Dazu zählen beispielsweise der Abschluß von Tarifverträgen,[88] die Schlichtung,[89] das Recht zum Arbeitskampf[90] sowie die gewerkschaftliche Betätigung in Personalvertretungen und Betriebsräten.[91]

Der Schutz auch kollektiver Grundrechtsinhalte beruht auf der Einsicht, daß effektiver und wirksamer Schutz der Koalitionsfreiheit nicht allein auf die Basis des individuellen Koalitionsrechts des einzelnen Mitglieds gegründet werden kann. Den methodischen Hintergrund bildet hier das verfassungsrechtliche Gebot der funktionsgerechten und funktionsmäßig optimalen Wahrung und Entfaltung des Grundrechts. Das Grundgesetz hat zwar auf eine Positivierung der instrumentellen Voraussetzungen verzichtet, die gegeben sein müssen, wenn die Grundrechtsverwirklichung möglich sein soll. Es setzt aber, wie sich dem Sinn der Verbürgung von Grundrechten, der Präambel und den Staatszielbestimmungen unschwer entnehmen läßt, axiologisch voraus, daß Bedingungen herrschen beziehungsweise hergestellt werden, die eine effektive Grundrechtsausübung gewährleisten.[92] Die individuelle Koalitionsfreiheit ist im Gegensatz zu anderen

---

[86] MünchArbR-*Löwisch/Rieble*, § 245 Rn. 1 ff.; *Säcker*, Grundprobleme, S. 37 ff.; *Scholz*, in: Maunz/Dürig, Komm. z. GG, Art. 9 Rn. 243 ff.
[87] BVerfGE 28, 295 (304 ff.), *Scholz*, in: Maunz/Dürig, Komm. z. GG, Art. 9 Rn. 251.
[88] BVerfGE 44, 322 (341); 58, 233 (246).
[89] MünchArbR-*Löwisch/Rieble*, § 246 Rn. 101 f.; *Schaub*, Arbeitsrechts-Handbuch, § 188 Rn. 18.
[90] BAG AP Nr. 64 zu Art. 9 GG Arbeitskampf, Bl. 4R, 5R; *Schaub*, Arbeitsrechts-Handbuch, § 188 Rn. 18; MünchArbR-*Löwisch/Rieble*, § 246 Rn. 106 ff.
[91] BVerfGE 19, 303 (319, 321); 50, 290 (372).
[92] Vgl. *Säcker*, Grundprobleme, S. 70; *Scholz*, Koalitionsfreiheit, S. 136.

Grundrechten wie Artt. 4, 8 GG, die ebenfalls im Kollektiv ausgeübt werden, ausschließlich auf den Zweck des Zusammenschlusses ausgerichtet und vermittelt dem koalitionsmäßig aktiven Individuum einen besonderen Status kollektiver Freiheit.[93] Diese Zielsetzung bedingt die Anerkennung kollektiver Grundrechtsinhalte. Zudem gilt es zu bedenken, daß die Koalitionsfreiheit nach ausdrücklicher Normierung nur um eines bestimmten Zieles willen, der Wahrung und Förderung der Arbeits- und Wirtschaftsbedingungen, garantiert ist. Dieser Koalitionszweck kann nur über konkret bestehende Koalitionen verwirklicht werden[94] und nur, wenn den Koalitionen die zur Aufgabenerfüllung notwendigen Mittel und Betätigungen ebenfalls gesichert zur Verfügung stehen.[95] Soll die individuelle Koalitionsfreiheit also ihren Zweck erfüllen können und für den einzelnen von Nutzen sein, muß der Bestand der Koalitionen wie auch ihre koalitionsspezifische Betätigung durch Art. 9 III GG geschützt werden.[96]

Die soeben nachgewiesene kollektivrechtliche Dimension der Koalitionsfreiheit führt aber nicht zwingend auch dazu, daß neben dem einzelnen auch die Koalition selbst zur Grundrechtsträgerin und Art. 9 III GG damit zum „Doppelgrundrecht" wird.[97] Konstruktiv möglich ist es auch, dem Verband die Ausübung der korporativ gebündelten individuellen Grundrechtspositionen zuzuweisen. Die Koalition selbst erhält danach keine Grundrechtssubjektivität, diese verbleibt allein bei den einzelnen Mitgliedern. Der notwendige verfassungsrechtliche

---

93 *Lambrich*, Tarif- und Betriebsautonomie, S. 159 f.; *Richardi*, Kollektivgewalt, S. 78; *ders.*, AöR 93 (1979), 243 (265); *Scholz*, Koalitionsfreiheit, S. 133 ff., 135 ff.; *ders.*; in: Maunz/Dürig, Komm. z. GG., Art. 9 Rn. 239.
94 Vgl. *Hottgenroth*, Verhandlungspflicht, S. 32; *Müller*, Arbeitskampf und Recht, S. 22 f.
95 Vgl. *Hottgenroth*, Verhandlungspflicht, S. 32; *Müller*, Arbeitskampf und Recht, S. 24.
96 *Biedenkopf*, Grenzen, S. 97, 102 f.; *Konzen*, AcP 177 (1977), 473 (494); *Lambrich*, Tarif- und Betriebsautonomie, S. 160; *Müller*, Arbeitskampf und Recht, S. 22 f., 24; *Säcker*, Grundprobleme, S. 37, 69; *Waltermann*, ZfA 2000, 53 (59); *Zöllner*, AöR 98 (1973), 71 (78, 85).
97 So die ständige Rechtsprechung des BVerfG seit BVerfGE 4, 96 (101 f., 106), fortgeführt in BVerfGE 17, 319 (333); 19, 303 (312); 50, 290 (367); 84, 212 (223); 94, 268 (282 f.); für die h. L. vgl.: *Badura*, ArbRGegw. Bd. 15, 17 (19 f.); *Biedenkopf*, Grenzen, S. 88, 102 f.; *Gamillscheg*, Kollekt. ArbR I, S. 181 f.; *Kittner*, AK-GG, Art. 9 III Rn. 25; *Lerche*, Zentralfragen, S. 25; *Kempen/Zachert*, TVG, Grundlagen Rn. 70; *Müller*, Arbeitskampf und Recht, S. 24; *Säcker*, Grundprobleme, S. 20, 35, 33 ff., *ders.*, ArbRGegw. Bd. 12, 17 (17, 23, 65); *Schwarze*, Betriebsrat, S. 62 ff.; *Weber*, Koalitionsfreiheit und Tarifautonomie als Verfassungsproblem, S. 14; *Wiedemann*, in: Wiedemann, TVG, Einleitung Rn. 90.

Schutz der Koalition zwecks Sicherung der kollektiven Bestands- und Betätigungsfreiheit wird sodann über Art. 19 III GG vermittelt.[98]

Dem Wortlaut des Art. 9 III GG ist eine eigenständige, vom Individualrecht unabhängige Grundrechtsberechtigung der Verbände nicht zu entnehmen.[99] Auch die oft unterstellte verfassungsgeschichtliche Kontinuität der Grundrechtsberechtigung der Koalition begegnet erheblichen Zweifeln.[100] Sicherlich sind Koalitions- und Tarifwesen zu nicht aufhebbaren Rechtsgrößen geworden und als Konkretion des Sozialstaatsprinzips auch für die heutige Verfassungswirklichkeit abgesichert.[101] Die Existenz kollektiver Gehalte im Rahmen von Art. 9 III GG erlangt durch die historische Entwicklung zwar Plausibilität, die Frage, ob die Koalitionen selbst Träger des Koalitionsgrundrechts sind, läßt sich damit jedoch nicht beantworten. Vorbildfunktion für Art. 9 III GG hatte Art. 159 WRV, der vom Reichsgericht letztlich dahin interpretiert wurde, daß er wegen seines allein auf die individuelle Koalitionsfreiheit abstellenden Wortlauts gerade nicht von den Koalitionen in Anspruch genommen werden konnte. Wenn das auch auf Ablehnung stieß, so spricht die Rechtslage zur Zeit der Weimarer Reichsverfassung nicht eindeutig für eine Ausdehnung der Koalitionsfreiheit auf die sozialen Gemeinschaften.[102] Dies zeigt auch ein Blick auf Art. 165 I 2 WRV. Trotz der in dieser Norm enthaltenen Ansätze eines kollektiven Verständnisses der Koalitionsfreiheit erkannte der Weimarer Verfassungsgeber uneingeschränkt nur das individuelle Koalitionsrecht an. Denn die in Art. 165 I 2 WRV angesprochene Anerkennung der koalitionsmäßigen Organisationen und Vereinbarungen erfolgte nur in Ergänzung zu Art. 165 I 1 WRV; dieser wiederum war aber als Konkretisierung des individualrechtichen Tatbestands aus Art. 159

---

[98] *Bruhn*, Tariffähigkeit, S. 83 f.; *Höfling*, Festschr. Friauf, S. 377 (380); *Kemper*, in: v. Mangoldt/Klein/Starck, GG I Art. 9 Rn. 223; *Scholz*, Koalitionsfreiheit, S. 135 ff.; im Ergebnis ebenso *Isensee*, in: Zukunft der sozialen Partnerschaft, S. 159 (163 und 165); *Konzen*, AcP 177 (1977), 473 (495); *Lambrich*, Tarif- und Betriebsautonomie, S. 162 f; *Picker*, ZfA 1986, 199 (203 ff.); *Richardi*, AöR 93 (1968), 243 (265); *A. Wiedemann*, Bindung der Tarifnormen an Grundrechte, S. 49 ff.; *Zöllner*, AöR 98 (1973), 71 (79 ff.).
[99] *Richardi*, Kollektivgewalt, S. 77; *Säcker*, Grundprobleme, S. 34; *Scholz*, Koalitionsfreiheit, S. 62.
[100] BVerfGE 4, 96 (101, 106 f.); 18, 18 (28 f.), 19, 303 (319); 38, 386 (394); 44, 322 (347 f.); im Ergebnis ebenso *Isensee*, in: Zukunft der sozialen Partnerschaft, S. 159 (163 f.); *Müller*, Arbeitskampf und Recht, S. 21; *Säcker*, Grundprobleme, S. 37.
[101] Vgl. dazu im einzelnen *Müller*, Arbeitskampf und Recht, S. 20 f.
[102] Vgl. *Gamillscheg*, Kollekt. ArbR I, S. 182 mit Nachweisen zur Rechtslage in der Weimarer Zeit in Fn. 164; *Lambrich*, Tarif- und Betriebsautonomie, S. 162; vorsichtiges Abrücken von der historischen Sichtweise in BVerfGE 50, 290 (367).

WRV gedacht.[103] Die Vorsicht des Weimarer Verfassungsgebers gegenüber der kollektiven Dimension der Koalitionsfreiheit zeigt sich auch beim Streikrecht. Die Anerkennung verbandsmäßiger Eigenrechte hätte konsequenterweise das Streikrecht eingeschlossen. Ein solches Recht wollte die Weimarer Reichsverfassung jedoch keinesfalls gewähren.[104]

Auch der Verfassungsgeber von 1949 übte Zurückhaltung gegenüber der kollektivrechtlichen Seite der Koalitionsfreiheit.[105] Dies erklärt sich zum einen aus der allgemeinen ordnungspolitischen Zurückhaltung des Parlamentarischen Rates, zum anderen aber auch aus dessen grundsätzlichem Bekenntnis zu den individuellen Freiheitsrechten als Grundlage und Legitimationsbasis für den neu zu konstituierenden Staat. Auch die aus der Weimarer Reichsverfassung bekannte Vorsicht gegenüber einzelnen Ausformungen des kollektiven Koalitionsrechts, namentlich des Streikrechts, fand 1949 ihre Fortsetzung. So wurde die Frage der verfassungsrechtlichen Garantie des Streikrechts zwar diskutiert, im Ergebnis aber davon Abstand genommen[106], weil man der damit verbundenen Kasuistik nicht Herr zu werden glaubte.[107] Obwohl der Verfassungsgeber also die Problematik des verbandsförmigen Koalitionsrechts kannte, nahm er eine bewußt abwartende Haltung ein. Er erkannte zwar auch Koalitionsbestand und -betätigung als schutzfähige Verfassungsgüter an, band diese aber an das individuelle Grundrecht.[108] Die Verfassungsgeschichte unterstreicht damit die schon dem Wortlaut zu entnehmende vorrangig individuelle Schutzrichtung des Art. 9 III GG.[109]

Wortlaut und Geschichte des Art. 9 III GG begründen mithin keine kollektive Grundrechtsträgerschaft. Sie schließen sie aber auch nicht aus, da die Auslegung lediglich einen Vorrang der individuellen Ausrichtung der Koalitionsfreiheit erkennen läßt.

---

[103] *Scholz*, Koalitionsfreiheit, S. 34.
[104] *Scholz*, Koalitionsfreiheit, S. 33.
[105] Vgl. *v. Doemming/Füsslein/Matz*, JöR 1 (1951), 1 (118 ff.); *Scholz*, Koalitionsfreiheit, S. 35 f.
[106] *Lambrich*, Tarif- und Betriebsautonomie, S. 159; *Scholz*, Koalitionsfreiheit, S. 36.
[107] *v. Doemming/Füsslein/Matz*, JöR 1 (1951), 1 (123).
[108] *Scholz*, Koalitionsfreiheit, S. 37.
[109] BVerfGE 50, 290 (367); *Lambrich*, Tarif- und Betriebsautonomie, S. 162; *Richardi*, Kollektivgewalt, S. 77; *ders.*, AöR 93 (1968), 243 (265); *Säcker*, Grundprobleme, S. 35; *Scholz*, in: Maunz/Dürig, Komm. z. GG., Art. 9 GG Rn. 155.

Die Betonung der individuellen Schutzrichtung knüpft an die Ursprünge des Koalitionswesens an. Von dort her betrachtet, hat das Kollektiv nur dienende Funktion gegenüber den einzelnen Mitgliedern,[110] denn Gewerkschaften, Koalitionsfreiheit und Tarifautonomie sind lediglich entstanden, um die wirtschaftliche Unterlegenheit der einzelnen Arbeitnehmer durch die Macht des Kollektivs auszugleichen. Die Koalitionen sind vom Schutz des Art. 9 III GG also keineswegs um ihrer selbst willen erfaßt, sondern nur zwecks sinnvoller und notwendiger Effektuierung des Individualschutzes der Arbeitnehmer.[111] Gerade diese Schutzrichtung macht aber auch die Bedeutung des Kollektivs an sich deutlich. Die Arbeitnehmer sind auf die kollektiv organisierte Interessenwahrnehmung als einzig effektives Mittel zur Erlangung befriedigender Arbeitsbedingungen angewiesen. Nur über das Kollektiv kann die strukturelle Unterlegenheit der Arbeitnehmer beim Aushandeln des Arbeitsvertrages beseitigt und eine soziale Gleichberechtigung von Arbeitnehmer und Arbeitgeber in diesem Bereich hergestellt werden.[112] Da das Schutzziel des Art. 9 III GG letztlich also nur über das Kollektiv verwirklicht werden kann, ist es nur konsequent, den Koalitionen auch einen eigenständigen verfassungsrechtlichen Status zu gewähren.

Dieser Status unterliegt dann allerdings der immanenten Begrenzung durch das Zweck-Mittel-Verhältnis zwischen kollektiver und individueller Koalitionsfreiheit.[113] Denn es gilt zu bedenken, daß die Sichtweise vom Doppelgrundrecht zu einer Grundrechtskonkurrenz zwischen individueller und kollektiver Koalitionsfreiheit führen kann.[114] Die als Effektuierung der individuellen Koalitionsfreiheit gedachten Kollektivgarantien können so letztlich zu Grundrechtsschranken des Individualrechts werden, wenn selbständige Verbandsinteressen mit den Individualinteressen in Konflikt geraten und ihnen möglicherweise vorgehen. Nur wenn in solchen Konfliktfällen die dienende Funktion des Kollektivs gegenüber

---

110 *Lambrich*, Tarif- und Betriebsautonomie, S. 64 ff., 162 f.; *Picker*, ZfA 1986, 199 (204); *Rieble*, RdA 1996, 151 (155).
111 Vgl. *Lambrich*, Tarif- und Betriebsautonomie, S. 163.
112 Vgl. *Badura*, ArbRGegw. Bd. 15, 17 (20); *Gellings*, Rechtsschutzmöglichkeiten, S. 24; *Hueck/Nipperdey*, Lehrbuch des Arbeitsrechts II/1, § 9 II, S. 137 f.; *Jacobs*, Tarifeinheit, S. 416; *Schwarze*, Betriebsrat, S. 64.
113 Dies wird zumeist auch von den Vertretern der Lehre vom Doppelgrundrecht anerkannt, vgl. *Biedenkopf*, Grenzen, S. 37, 97; *Rüthers*, JuS 1970, 607 (608); vgl. auch *Dorndorf*, Festschr. Kissel, S. 139 (145 f.); *H. Hanau*, RdA 1996, 158 (162); *Heinze*, NZA 1991, 329 (333); *ders.*, NZA 1997, 1 (7).
114 *Scholz*, Koalitionsfreiheit, S. 62; insoweit kritisch ebenso *Konzen*, AcP 177 (1977), 473 (495); *Picker*, ZfA 1986, 199 (205); *Zöllner*, AöR 98 (1973), 71 (80).

dem individuellen Grundrechtsträger als immanente Grenze des Kollektivrechts in die Interessenabwägung einfließt, lassen sich Relativierungen des Individualgrundrechts durch die grundrechtliche Verselbständigung des Kollektivs in Grenzen halten. Die verbleibenden Relativierungen sind hinzunehmen. Sie rechtfertigen sich aufgrund der stärkeren Qualität der Freiheitsausübung im Kollektiv,[115] die letztlich auch dem Einzelnen zugute kommt.

Die Anerkennung eines verfassungsrechtlich selbständigen Status der Koalitionen entspricht zudem der koalitionspolitischen Entwicklung und der gewachsenen Bedeutung der Berufsverbände.[116] Die Entwicklung ist im Koalitionswesen hin zu immer größeren Verbänden gegangen, in denen nicht die einzelnen Mitglieder, sondern die Organsiationen selbst das Geschehen dominieren.[117] Diese Entwicklung hat zumindest mittelbar in der ausdrücklichen Erwähnung des Arbeitskampfes als spezifisch kollektive Handlungsform in Art. 9 III 3 GG Ausdruck gefunden[118] und ist damit Teil des Normprogrammes von Art. 9 III GG geworden. Aber auch unabhängig davon ist die tatsächlich gewachsene Bedeutung der Verbände in die Auslegung des Art. 9 III GG einzubeziehen. Inhalt und Umfang eines grundrechtlichen Schutzbereiches können nur im Rückgriff auf die Wirklichkeit bestimmt werden, da Grundrechtsthemen regelmäßig nicht feststehende Begriffe sind, sondern auf spezifische Ausschnitte der sozialen Realität verweisen.[119] Nur bei Einbeziehung der sozialen Wirklichkeit in die Auslegung

---

[115] *Wiedemann*, in: Wiedemann, TVG, Einleitung Rn. 90.
[116] Vgl. *Gamillscheg*, Kollekt. ArbR I, S. 183 f.; *Gellings*, Rechtsschutzmöglichkeiten, S. 24; *Jacobs*, Tarifeinheit, S. 415; *Seiter*, Streikrecht und Aussperrungsrecht, S. 87 ff. (88); *Wiedemann*, in: Wiedemann, TVG, Einleitung Rn. 90.
[117] *Gamillscheg*, Kollekt. ArbR I, S. 183 f.; *Jacobs*, Tarifeinheit, S. 415.
[118] *Gellings*, Rechtsschutzmöglichkeiten, S. 24; *Jacobs*, Tarifeinheit, S. 415.
[119] *Grimm*, in: Hassemer/Hoffmann-Riem/Limbach, Grundrechte, S. 39 (45); *Höfling*, Grundrechtsinterpretation, S. 81. In dieser Erkenntnis beziehen mit Ausnahme der klassisch-hermeneutischen Auslegung alle Methoden der Verfassungsinterpretation die soziale Wirklichkeit in die Normkonkretisierung ein. Dies gilt, wenngleich in unterschiedlicher Ausprägung, für die topisch-problemorientierten Ansätze gleichermaßen wie für die wirklichkeitswissenschaftlich orientierte und die hermeneutisch-konkretisierende Verfassungsinterpretation; dazu im einzelnen *Böckenförde*, NJW 1976, 2089 ff. Die klassisch-hermeneutische Auslegung, für die soziale Wirklichkeit lediglich das zu subsumierende Objekt des Interpretationsvorganges ist, versagt jedoch gerade bei der Verfassungsauslegung, da die Verfassung als Rahmenordnung notwendig fragmentarischen Charakter aufweist und ihr damit die normativ-inhaltliche Struktur des Gesetzes abgeht, für welche die klassisch-hermeneutische Auslegung konzipiert ist; vgl. *Böckenförde*, NJW 1976, 2089 (2091); *Hesse*, Grundzüge des Verfassungsrechts, Rn. 56 f.; *F. Müller*, Methodik, S. 82 f., 84 f.; siehe dazu auch S. 37.

ist zudem gesichert, daß die in dem Wirklichkeitsausschnitt Lebenden Einfluß auf die Verfassungsentwicklung nehmen können[120] und auf diese Weise auch neu entstehende Lebensformen unter den Schutz der Grundrechte fallen.[121] Außerdem ist die Grundrechtsinterpretation wegen der summarischen und generellen Fassung der Grundrechte immer auch durch die Analyse der verfassungsrechtlichen Zielsetzung der Normen geprägt. Demzufolge läßt sich der Schutzumfang der Koalitionsgarantien nur unter Berücksichtigung des verfassungsrechtlich vorgegebenen Koalitionszweckes und seiner konkreten Wirksamkeit im aktuellen Arbeits- und Wirtschaftsleben ermitteln.[122]

Die Berufsverbände sind im Laufe der Zeit über ihre ursprüngliche Zielsetzung des Aushandelns der Arbeitsbedingungen im Interesse ihrer Mitglieder hinausgewachsen und nehmen heute in erheblichem Maße öffentliche Funktionen wahr.[123] Sie beteiligen sich an der politischen Willensbildung,[124] wirken in staatlichen und öffentlichen Einrichtungen mit und sind in Gesetzgebung und öffentliche Verwaltung einbezogen.[125] Die Koalitionen sind auf diese Weise zu Mitträgern der gesamten demokratischen Ordnung geworden.[126] Zudem ist den Koalitionen durch Art. 9 III GG die im öffentlichen Interesse liegende Aufgabe zugewiesen, die Arbeits- und Wirtschaftsbedingungen in eigener Verantwortung und ohne staatliche Einflußnahme zu gestalten und damit das Arbeitsleben zu ordnen und zu befrieden.[127] Damit ist den Sozialpartnern eine Sonderstellung zugewiesen, die sie aus dem privaten Verbandswesen heraushebt, ihnen Ordnungsmacht verleiht und entsprechende Verantwortung auferlegt.[128] Einzig die

---

120 *Bryde*, Verfassungsentwicklung, S. 275; *Häberle*, JZ 1975, 297 (298 ff.).
121 *Bryde*, Verfassungsentwicklung, S. 275 für Art. 4, 5 GG.
122 Ausführlich dazu *Scholz*, Koalitionsfreiheit, S. 81 ff., 91 ff., 96 ff., 117 ff.
123 Vgl. dazu BVerfGE 38, 281 (305); *Hueck/Nipperdey*, Lehrbuch des Arbeitsrechts II/1, § 11 V 2, S. 193 ff.; *W. Martens*, Rechtsbegriff, S. 160 ff.; *Popp*, Öffentliche Aufgaben und Willensbildung, S. 12 ff., 42 ff.; *Rüthers*, Streik und Verfassung, S. 38 ff.
124 *Hottgenroth*, Verhandlungspflicht, S. 30; *Popp*, Öffentliche Aufgaben und Willensbildung, S. 12; *Zöllner/Loritz*, Arbeitsrecht, § 8 I 1.
125 *Hottgenroth*, Verhandlungspflicht, S. 30; *Hueck/Nipperdey*, Lehrbuch des Arbeitsrechts II/1, § 11 V, S. 194; *Popp*, Öffentliche Aufgaben und Willensbildung, S. 16 ff.; *Zöllner/Loritz*, Arbeitsrecht, § 8 I 3.
126 *Biedenkopf*, in: Duvernell, Koalitionsfreiheit und Tarifautonomie als Probleme der modernen Demokratie, S. 199 ff; *Hottgenroth*, Verhandlungspflicht, S. 31; *Säcker*, Gruppenautonomie, S. 241; *Scheuner*, Rolle der Sozialpartner, S. 32.
127 So die ständige Rechtsprechung des BVerfG, vgl. BVerfGE 4, 96 (107); 18, 18 (28); 50, 290 (367, 371). Ausführlich dazu S. 40 ff.
128 Vgl. *Wiedemann*, Anm. zu BAG AP Nr. 16, 17 zu § 5 TVG, Bl. 7 (10); ihm zustimmend *Gamillscheg*, Kollekt. ArbR I, S. 184 Fn. 173; ähnlich *Badura*, RdA 1999, 8 (12).

Anerkennung einer eigenständigen Bedeutung der Koalitionen im Rahmen des Art. 9 III GG wird dieser Sonderstellung gerecht. Die Koalitionen selbst sind daher Träger der grundrechtlichen Gewährleistungen von Art. 9 III GG. Die Grundrechtsberechtigung gilt für Arbeitnehmer- und Arbeitgebervereinigungen in gleichem Maße.[129] Zugegebenermaßen steht historisch betrachtet zwar der Schutz der Arbeitnehmer und ihrer Verbände im Vordergrund, da die Koalitionsfreiheit als soziales Schutzrecht der Arbeitnehmer in Gegensatz zum Grundrecht der Arbeitgeber aus Artt. 12, 14 GG trat.[130] Ebenfalls nicht zu verkennen ist auch der Unterschied zwischen den Gewerkschaften als sozialen Willensverbänden und den Arbeitgeberverbänden als Realverbänden. Bei ersteren konstituiert erst die demokratisch-solidarische Organisation politische Macht, bei letzteren ist die politische Macht automatische Folge der Summe bestehender ökonomischer Macht ihrer Mitglieder.[131]

Dennoch ist es unter Geltung des Art. 9 III GG verfehlt, den Arbeitgebervereinigungen lediglich eine Komplementärfunktion zu den Gewerkschaften zuzubilligen und ihnen gleichberechtigten Grundrechtsschutz aus Art. 9 III GG zu verweigern.[132] Die aufgezeigten faktischen Unterschiede sind in Anbetracht des bestehenden Tarifsystems nämlich von rechtlich untergeordneter Bedeutung. Tarifautonomie und Arbeitskampf können allein im gegenseitigen und gleichgewichtigen Zusammenspiel von Arbeitnehmer- und Arbeitgeberschaft funktionieren.[133] Erst die bilaterale Monopolisierung gewährleistet ein System sich gegen-

---

[129] Die Grundrechtsträgerschaft des einzelnen Arbeitgebers im Rahmen von Art. 9 III GG ist unstreitig, vgl. *Buchner*, RdA 1986, 7 (13); *Friauf*, RdA 1986, 188 (189); *Gamillscheg*, Kollekt. ArbR I, S. 180; *v. Hoyningen-Huene*, ZfA 1980, 453 (457); *Kittner*, AK-GG, Art. 9 III Rn. 42; *Kühling*, ArbuR 1994, 126 (131); *Richardi*, AöR 104 (1979), 546 (562 f.); *Scholz*, ZfA 1980, 357 (360 f.); *Schwarze*, JuS 1994, 653 (654); sowie auch die Vertreter einer Lehre vom Arbeitnehmer-Grundrecht: *Ramm*, JuS 1966, 223 (227); *Wohlgemuth*, Staatseingriff und Arbeitskampf, S. 74 f.; zögernd *Däubler/Hege*, Koalitionsfreiheit, Rn. 99; *Kempen/Zachert*, TVG, Grundlagen Rn. 78 f.

[130] *Däubler/Hege*, Koalitionsfreiheit, Rn. 85-87; *Scholz*, in: Maunz/Dürig, Komm. z. GG., Art. 9 Rn. 183; vgl. auch *Leisner*, BB 1978, 100 (101 f.)., der aber die andere Blickrichtung einnimmt, er sieht das Privateigentum als Grundlage der Gewerkschaftsfreiheit an.

[131] So *Preuß*, Zum staatsrechtlichen Begriff des Öffentlichen, S. 170; die unterschiedliche Ausgangsposition ebenfalls hervorhebend *Radke*, Festschr. Otto Brenner, S. 113 (132, 139); *Ramm*, RdA 1968, 412 (417); in diese Richtung auch *Kempen/Zachert*, TVG, Grundlagen Rn. 76 f.

[132] So *Kempen/Zachert*, § 2 TVG Rn. 88; im Ergebnis ebenso *Ramm*, JuS 1966, 223 (227); *Wohlgemuth*, Staatseingriff und Arbeitskampf, S. 73 ff.

[133] *Heß*, ZfA 1976, 45 (67 f.); *Säcker*, Grundprobleme, S. 30; *Scholz*, in: Maunz/Dürig, Komm. z. GG., Art. 9 Rn. 183.

seitig ausbalancierender Kräfte am Arbeitsmarkt, denn auch der einzelne Arbeitgeber bedurfte nach der Kollektivierung auf Arbeitnehmerseite des organisatorischen und finanziellen Rückhalts in einem Verband, um die Überlegenheit mitgliederstarker und überbetrieblich organisierter Gewerkschaften auszugleichen. Diese Konzeption einer staatsfreien Regelung der Arbeitsbedingungen durch paritätische gesellschaftliche Kräfte bedingt die rechtliche Gleichstellung der Arbeitnehmer- und Arbeitgeberkoalitionen im Rahmen des Art. 9 III GG.[134] Arbeitnehmer- und Arbeitgeberkoalitionen sind also gleichwertig dem personellen Schutzbereich des Art. 9 III GG zugeordnet.[135]

Arbeitnehmer- und Arbeitgeberverbände sind also in gleichem Maße Träger des Koalitionsgrundrechts. Den kollektiven Grundrechtsgarantien des Art. 9 III GG kommt allerdings kein Selbstzweck zu. Sie stehen im Dienst der Durchsetzung und Verstärkung des Individualschutzes der einzelnen Arbeitnehmer und Arbeitgeber. Der verfassungsrechtliche Status der Koalitionen ist deshalb immanent begrenzt durch die Zweck-Mittel-Relation zwischen kollektiver und individueller Koalitionsfreiheit. Nur so lassen sich Relativierungen des Individualgrundrechts durch die grundrechtliche Verselbständigung des Kollektivs in Grenzen halten. Auch die Tarifautonomie und die koalitionäre Verbandsautonomie, auf die sich die Untersuchung nunmehr konzentrieren wird, stellen kollektive Grundrechtsinhalte dar und nehmen demzufolge eine dienende Funktion gegenüber der individuellen Freiheit ein.

2. *Tarif- und Verbandsautonomie als Inhalte der kollektiven Koalitionsfreiheit*

Tarifautonomie und Verbandsautonomie müssen nun den Freiheitsgarantien des Art. 9 III GG näher zugeordnet und inhaltlich präzisiert werden. Nur wenn der freiheitliche Gehalt beider Garantien geklärt ist, kann die Ausgangsfrage beantwortet werden, ob sie in einem Konflikt von Freiheitsgewährleistung und funktioneller Bindung stehen. Wie sich oben bereits angedeutet hat,[136] läßt sich die

---

[134] *Mayer-Maly*, RdA 1968, 432 (434); *Säcker*, Grundprobleme, S. 31; vgl. auch *Heß*, ZfA 1976, 45 (67 f.).
[135] *Buchner*, NZA 1995, 761 (768); *Gamillscheg*, Kollekt. ArbR I, S. 181; *Heß*, ZfA 1976, 45 (67 f.); *Junker*, Anm. BAG SAE 1997, 169 (178); *Säcker*, Grundprobleme, S. 30 f.; *Scholz*, ZfA 1980, 357 (360 f.).
[136] Siehe S. 25.

kollektive Koalitionsfreiheit systematisch in den Schutz des Koalitionsbestandes und den der koalitionsspezifischen Betätigung unterteilen.

a) Verbandsautonomie als Teil der Bestandsgarantie

Die Koalitionsgarantie gewährleistet den Verbänden zunächst das Recht auf freien Fortbestand, das sowohl den organisatorischen Bestandsschutz als auch den Schutz des Mitgliederbestandes umfaßt.[137] Die Bestandsgarantie wäre aber praktisch wertlos, wenn durch sie nur der Bestand der Koalition vor staatlichem Verbot, Zwangsauflösung und Zwangsvereinigung gesichert wäre, dagegen Regelungen zulässig wären, die zwar den Koalitionsbestand nicht antasten, die Koalition aber schwerwiegenden Beschränkungen in der inneren Organisation oder in ihrer Selbstbehauptung und -erhaltung nach innen und außen unterwerfen.[138] Zu verweisen ist insoweit auf die parallele Problematik bei der Eigentumsgarantie. Diese ist nicht nur Substanz-, sondern auch Funktionsgarantie, weil man erkannt hat, daß Funktionsbindungen in ihrer Wirkungsweise der Substanzentziehung gleichkommen können.[139] Deshalb ist den Koalitionen umfassende innere Verbandsautonomie, also vor allem freie Satzungsgewalt, freie innere Willensbildung und eigenverantwortliche Führung ihrer Geschäfte zugesichert.[140]

Der Schutz der kollektiven Koalitionsfreiheit besitzt sonach auch eine verbandsrechtliche Dimension. Die §§ 21 ff BGB als einfachgesetzliches Verbandsrecht der Koalitionen[141] müssen deshalb den Gewährleistungen der kollektiven Koalitionsfreiheit Rechnung tragen. Wie bereits erwähnt[142] ist den Koalitionen auch auf Grundlage des privaten Vereinsrechts (§§ 25, 40 BGB) Satzungsautonomie gewährt, die ihnen das Recht gibt, ihre Binnenorganisation eigenverantwortlich im Wege der Selbstgesetzgebung zu regeln. Auch die koalitionäre Satzungsautonomie leitet demnach ihre Existenzberechtigung nicht allein aus der ein-

---

[137] BVerfGE 4, 96 (101 f., 106); 28, 295 (304); 50, 290 (367 ff.); *Däubler/Hege*, Koalitionsfreiheit, Rn. 179 ff.; *Scholz*, in: Maunz/Dürig, Komm. z. GG., Art. 9 Rn. 245;
[138] *Säcker*, Grundprobleme, S. 37 f., 61; vgl. auch *Weber*, Koalitionsfreiheit und Tarifautonomie als Verfassungsproblem, S. 15 ff.
[139] Vgl. dazu *Säcker*, Grundprobleme, S. 38.
[140] BVerfGE 92, 365 (403); 94, 268 (282 f.); *Scholz*, in: Maunz/Dürig, Komm. z. GG., Art. 9 Rn. 246; teilweise wird dies auch unter die Betätigungsgarantie gefaßt, vgl. *Wiedemann*, in: Wiedemann, TVG, Einleitung Rn. 91.
[141] Die Gewerkschaften und Arbeitgeberverbände sind in bezug auf ihre Organisationsform und die Ausgestaltung ihrer Binnenverfassung an das private Vereinsrecht der §§ 21 ff. BGB gebunden. Siehe dazu schon S. 13 ff.
[142] Siehe dazu bereits S. 14.

fachgesetzlichen Regelungsermächtigung der §§ 25, 40 BGB ab, sondern besitzt eine grundrechtliche Überlagerung durch Art. 9 III GG.[143] Diese grundrechtliche Überlagerung beinhaltet zunächst zusätzlichen verfassungsrechtlichen Schutz der koalitionären Satzungsautonomie. Zugleich ist damit aber auch die Forderung verbunden, daß der einfachgesetzliche Rahmen der Satzungsautonomie den Anforderungen der kollektiven Koalitionsfreiheit gerecht wird. Diese Erkenntnisse gelten sodann auch für die Festlegung der Tarifzuständigkeit durch die Koalitionen. Dabei nehmen die Koalitionen ihre Satzungsautonomie in einem Teilaspekt wahr. Auch dieser Vorgang erfährt somit eine zusätzliche Absicherung durch Art. 9 III GG. Zugleich gilt es aber auch im Einzelfall zu fragen, ob die §§ 21 ff. BGB als Rahmen der Satzungsautonomie auch im Hinblick auf die Festlegung der Tarifzuständigkeit den Erfordernissen der kollektiven Koalitionsfreiheit Rechnung tragen.

b) *Tarifautonomie als Teil der Betätigungsgarantie*

Die Betätigungsgarantie umfaßt das Recht, durch spezifisch koalitionsmäßige Betätigung die in Art. 9 III GG genannten Zwecke zu verfolgen. Die koalitionsspezifische Betätigung ist von Verfassungs wegen nicht auf bestimmte Koalitionsmittel festgelegt. Art. 9 III GG ist also nicht auf den Tarifvertrag als Form der Koalitionseinigung und den Arbeitskampf als Form der Koalitionsauseinandersetzung fixiert.[144] Die Koalitionen sind demgemäß in der Wahl ihrer Mittel frei, die sie zur Erreichung des Koalitionszwecks für geeignet halten.[145]

---

[143] *Oetker*, RdA 1999, 96 (98); *Scholz*, in: Maunz/Dürig, Komm. z. GG., Art. 9 Rn. 248.

[144] *Scholz*, in: Maunz/Dürig, Komm. z. GG., Art. 9 Rn. 278 f. Die kollektiven Teilgarantien des Koalitionsbestandes, des Arbeitskampfes und der Tarifautonomie werden mitunter als Institutsgarantien oder auch institutionelle Garantien verstanden, vgl. *Biedenkopf*, Grenzen, S. 105 f.; *Kemper*, Schutzbereich, S. 65 ff. für die Tarifautonomie; *Rüthers*, Streik und Verfassung, S. 33 ff.; *Säcker*, Grundprobleme, S. 33 ff.; *Weber*, Koalitionsfreiheit und Tarifautonomie als Verfassungsproblem, S. 25. Einer solchen objektiven Gewährleistung dieser Garantien bedarf es jedoch nicht, da sie durch Art. 9 III GG subjektivrechtlich geschützt sind; *Hottgenroth*, Verhandlungspflicht, S. 36; *Meik*, Kernbereich S. 72; *Scholz*, Koalitionsfreiheit, S. 250 ff. Weitgehende Einigkeit besteht darüber, daß der subjektivrechtliche Gehalt eines Grundrechts durch objektivrechtliche Garantien unterstützt, nicht aber ersetzt wird; vgl. *Häberle*, Wesensgehaltsgarantie, S. 97 f.; *Starck*, in: v. Mangoldt/Klein/Starck, GG I, Art. 1 Rn. 175; *Stern*, Staatsrecht, Band III/1, § 68 III 4. Letztlich kann im Bezug auf die Gewährleistung des Koalitionsbestandes, des Arbeitskampfes und der Tarifautonomie daher offenbleiben, ob Art. 9 III GG eine institutionelle Gewährleistung dieser Garantien zu eigen ist.

[145] *Scholz*, in: Maunz/Dürig, Komm. z. GG., Art. 9 Rn. 98.

Klassisches Mittel der Koalitionszweckverfolgung ist die Tarifautonomie. Ihr kommt deshalb unstreitig Verfassungsrang zu.[146] Gegenwärtig sind zahlreiche Umgehungen der Tarifautonomie zu verzeichnen. Immer häufiger versuchen die Arbeitgeber auf dem Weg der Verbandsflucht oder der Ausgliederung von Unternehmensteilen, der Bindung an Verbandstarifverträge zu entgehen und diese durch günstigere und flexiblere betriebliche Vereinbarungen zu ersetzen. Da die Tarifautonomie gegenwärtig dennoch als funktionstypisches Instrument der Koalitionen zur Erfüllung der ihnen gestellten Aufgabe der Wahrung und Förderung der Arbeits- und Wirtschaftsbedingungen einzustufen ist, unterfällt sie dem unmittelbaren Schutz von Art. 9 III GG.[147] Die verfassungsrechtliche Gewährleistung der Tarifautonomie gilt dabei ganz allgemein und erfaßt weder die derzeitige im Tarifvertragsgesetz enthaltene rechtliche Gestalt noch die hergebrachte tatsächliche Bedeutung des Tarifvertrags. Er gilt von Verfassungs wegen nicht als der einzige Weg der Wahrung und Förderung der Arbeits- und Wirtschaftsbedingungen.[148]

Tarifautonomie und koalitionäre Verbandsautonomie sind mithin Teilgewährleistungen der kollektiven Bestands- und Betätigungsgarantie des Art. 9 III GG, deren Träger die Koalitionen selbst sind. Insbesondere die Satzungsautonomie ist den Berufsverbänden nicht allein nach Maßgabe der §§ 21 ff. BGB gewährt, sondern besitzt eine grundrechtliche Überlagerung durch Art. 9 III GG. Die eingangs beispielhaft aufgezeigten Interessenkonflikte im Rahmen der Tarifzuständigkeit haben zu der Frage geführt, ob und wieweit Tarifautonomie und koalitionäre Verbandsautonomie in einem Spannungsverhältnis zwischen freiheitlicher Gewährleistung und funktioneller Bindung stehen. Mit dieser inhaltlichen Präzisierung des freiheitlichen Gehalts dieser Garantien ist damit der erste Teilaspekt dieser Ausgangsfrage beantwortet. Der zweite Teilaspekt, die funk-

---

[146] Vgl. BVerfGE 4, 96 (106); 50, 290 (367 f.); 84, 212 (224 ff.); *Biedenkopf*, Grenzen, S. 102 ff.; *Kemper*, in: v. Mangold/Klein/Starck, GG I, Art. 9 Rn. 205; *Lambrich*, Tarif- und Betriebsautonomie, S. 160; *Müller*, Arbeitskampf und Recht, S. 18; *Richardi*, Kollektivgewalt, S. 89; *Säcker*, Grundprobleme, S. 71 ff.; *Scholz*, in: Maunz/Dürig, Komm. z. GG., Art. 9 Rn. 299.

[147] *Scholz*, in: Maunz/Dürig, Komm. z. GG., Art. 9 Rn. 298, 299. Für eine mittelbare Garantie BVerfGE 38, 281 (305 f.); 44, 322 (341, 344); *Kemper*, in: v. Mangoldt/Klein/ Starck, GG I, Art. 9 Rn. 206; *Reuß* ArbRGegw. Bd. 1, 144 (157); *Säcker*, Grundprobleme, S. 45 f.

[148] BVerfGE 20, 312 (317); 50, 290 (367 ff., 371); *Isensee*, in: Zukunft der sozialen Partnerschaft, S. 159 (169 f.); *Lambrich*, Tarif- und Betriebsautonomie, S. 173 f.; *Scholz*, in: Maunz/Dürig, Komm. z. GG., Art. 9 Rn. 299.

tionelle Bindung, macht es notwendig, die Koalitionsfreiheit auf ihre tatsächlichen Funktionen und deren rechtliche Konsequenzen zu untersuchen.

II. Funktionale Komponenten der Koalitionsfreiheit

Das Grundrecht der Koalitionsfreiheit ist zweckgebunden *zur* Wahrung und Förderung der Arbeits- und Wirtschaftsbedigungen gewährleistet. Das Recht, sich aus anderen Gründen zusammenzuschließen, wird lediglich durch das Grundrecht der allgemeinen Vereinigungsfreiheit des Art. 9 I GG gewährleistet. Mit dem Zweck der Wahrung und Förderung der Arbeits- und Wirtschaftsbedingungen wird nicht nur der tarifliche Regelungsbereich der Koalitionen gegenständlich auf die Arbeits- und Wirtschaftsbedingungen begrenzt,[149] sondern auch Sinn und Zweck des Koalitionsgrundrechts normativ vorgegeben. Durch diesen Koalitionszweck erfährt die Betätigung der Koalitionen ihre verfassungsrechtliche Aufgabe und das Koalitionswesen seine verfassungsrechtliche Legitimation.[150] Auch die den Koalitionen gewährte Satzungsautonomie steht damit im Dienst der Ordnung des Arbeits- und Wirtschaftslebens und kann somit in ihrem Umfang immer nur unter Berücksichtigung dieses Koalitionszweckes ausgelegt werden.

1. Funktionale Auslegung des Koalitionsgrundrechtes

Die Anbindung der Koalitionsfreiheit an den Zweck der Wahrung und Förderung der Arbeits- und Wirtschaftsbedingungen bedeutet in bezug auf die Verfassungsinterpretation, daß Art. 9 III GG mit seinen einzelnen Gewährleistungen funktional auszulegen ist.[151] Für Art. 9 III GG gilt damit in verstärktem Maße,

---

[149] Zur Ausfüllung dieses Begriffspaares als sachliche Grenze der Tarifmacht vgl. *Säcker/Oetker*, Grundlagen und Grenzen der Tarifautonomie, S. 40 ff.; *Scholz*, in: Maunz/Dürig, Komm. z. GG., Art. 9 Rn. 255 ff.; *Wiedemann*, in: Wiedemann, TVG, Einleitung Rn. 98 ff.

[150] *Hottgenroth*, Verhandlungspflicht, S. 27; *Scholz*, in: Maunz/Dürig, Komm. z. GG., Art. 9 Rn. 163.

[151] *Biedenkopf*, Grenzen, S. 97; *Herschel*, JuS 1978, 524 (525); *Hanau/Kania*, Festschr. Däubler, S. 437 (444); *Hottgenroth*, Verhandlungspflicht, S. 27; *Konzen*, ArbRGegw. Bd. 18, 19 (22 ff.); *Reuß*, ArbRGegw. Bd. 1, 144 (157); *Säcker*, Grundprobleme, S. 20 f.; *ders.*, ArbRGegw. Bd. 12, 17 (36); *Schnorr*, Festschr. Molitor, S. 229 (243); *Scholz*, in: Maunz/Dürig, Komm. z. GG., Art. 9 Rn. 163; vgl. auch *Zöllner/Seiter*, Paritätische Mitbestimmung, S. 50; allgemein zur Zulässigkeit der funktionalen Interpretation *Larenz/Canaris*, Methodenlehre, S. 137 ff.

daß die Grundrechtsinterpretation wegen der summarischen und generellen Fassung der Grundrechte durch die Analyse der verfassungsrechtlichen Zielsetzung der Normen geprägt ist. Demnach sind Sinn und Geltungsanspruch der Garantien des Art. 9 III GG jeweils aus dem verfassungsrechtlich vorgegebenen Koalitionszweck und seiner konkreten Wirksamkeit im aktuellen Arbeits- und Wirtschaftsleben zu erfahren.[152] Damit wird zugleich dem Umstand Rechnung getragen, daß Inhalt und Umfang eines grundrechtlichen Schutzbereiches nur im Rückgriff auf die Wirklichkeit bestimmt werden können, da Grundrechtsthemen regelmäßig nicht feststehende Begriffe sind, sondern auf spezifische Ausschnitte der sozialen Realität verweisen.[153] Nur bei Einbeziehung der sozialen Wirklichkeit in die Auslegung ist zudem gesichert, daß die in dem Wirklichkeitsausschnitt Lebenden Einfluß auf die Verfassungsentwicklung nehmen können.[154] Eine grundrechtliche Garantie wäre nicht viel wert, wenn ihr Schutz nicht auch neu entstehende Lebensformen erfassen würde.[155]

Die funktionale Auslegung hat in diesem Sinne bereits die allgemein anerkannte Notwendigkeit des Bestands- und Betätigungsschutzes der Koalitionen aufgezeigt[156] und war zudem ein wesentlicher Aspekt bei der Anerkennung der Grundrechtsträgerschaft der Koalitionen, da sonst die Bedeutung des Kollektivs für den Schutz der strukturell unterlegenen Arbeitnehmerschaft und die Stellung der Koalitionen im Arbeitsleben verfassungsrechtlich keine Entsprechung gefunden hätten.[157] Auch das Bundesverfassungsgericht bedient sich der funktionalen Auslegung zur Abgrenzung der von Art. 9 III GG geschützten Betätigungsformen.[158] So ist beispielsweise eine Betätigung für Erhaltung und Sicherung der Existenz einer Koalition unerläßlich und steht damit nach neuerer Rechtsprechung schrankenrechtlich unter gesteigertem Schutz,[159] wenn sie für

---

[152] Ausführlich dazu *Scholz*, Koalitionsfreiheit, S. 81 ff., 91 ff., 96 ff., 117 ff.
[153] *Grimm*, in: Hassemer/Hoffmann-Riem/Limbach, Grundrechte, S. 39 (45); *Höfling*, Grundrechtsinterpretation, S. 81. Zur Einziehung der sozialen Wirklichkeit in die Verfassungsauslegung siehe schon oben, S. 31, insbesondere Fn. 118.
[154] *Bryde*, Verfassungsentwicklung, S. 275; *Häberle*, JZ 1975, 297 (298 ff.).
[155] *Bryde*, Verfassungsentwicklung, S. 275 für Art. 4, 5 GG.
[156] Siehe S. 25 f.
[157] Siehe S. 27 ff.
[158] Die grundsätzliche Bedeutung der Zwecksetzung des Art. 9 III GG für den Inhalt des Koalitionsgrundrechts wird hervorgehoben etwa in BVerfGE 4, 96 (106); 18, 18 (26); 38, 386 (393); 50, 290 (367).
[159] Vgl. BVerfGE 93, 352 (358 f.).

die Erfüllung der Art. 9 III GG zugrunde gelegten Funktionen unverzichtbar ist.[160]

2. Verfassungsrechtliche Koalitionsaufgaben

Welche Aufgaben sich im einzelnen hinter der gesetzlichen Wendung der „Wahrung und Förderung der Arbeits- und Wirtschaftsbedingungen" verbergen, wird neuerdings verstärkt diskutiert, insbesondere wird die den Koalitionen vielfach zugesprochene wirtschaftsordnende Funktion in Frage gestellt. Die inhaltliche Konkretisierung der den Koalitionen durch die Verfassung zugewiesenen Aufgaben hat gerade auch für die Gestaltung der Tarifzuständigkeit Bedeutung. Als Teil der Koalitionsfreiheit muß auch die satzungsautonome Festlegung der Tarifzuständigkeit der verfassungsrechtlichen Aufgabenstellung genügen. Sollte den Koalitionen eine umfassende wirtschaftsordnende Funktion zukommen, könnte dies beispielsweise bei der Beurteilung des Zuschnitts der Tarifzuständigkeit eine Rolle spielen. Großflächige Zuständigkeiten in der Hand von durchsetzungsfähigen Verbänden könnten angesichts wirtschaftsordnender Zielsetzungen Bevorzugung gegenüber zersplitterten schmalen Zuständigkeitsbereichen in der Hand einer Vielzahl schwächerer Koalitionen erfahren. Ebenso stellt sich vor dem Hintergrund einer wirtschaftsordnenden Aufgabe der Berufsverbände die Frage, ob und in welchem Umfang schwache Koalitionen ihre Zuständigkeit erweitern können. Des weiteren könnten die Verbände dann auch gehalten sein, keine tariflichen Regelungslücken für einzelne Sachfragen oder Mitgliedergruppen entstehen zu lassen und keine Mitglieder im Wege der Umorganisation aus dem bestehenden Tarifgefüge herauszureißen.

Zunächst muß deshalb geklärt werden, welche Funktionen den Koalitionen im einzelnen durch Art. 9 III GG zugewiesen sind. Sodann wird zu untersuchen sein, ob diese Funktionen den Schutzbereich der Koalitionsfreiheit immanent zu begrenzen vermögen. Denn nur dann kann die Festlegung der Tarifzuständigkeit als Wahrnehmung der koalitionären Satzungsautonomie überhaupt daran gemessen werden, ob sie den wirtschaftsordnenden Zielsetzungen gerecht wird oder nicht.

---

[160] Vgl. *Gellings*, Rechtsschutzmöglichkeiten, S. 34.

a) Schutzfunktion

Historisch betrachtet entspringt die Koalitionsfreiheit dem Schutzbedürfnis der einzelnen Arbeitnehmer. Diese waren dem Arbeitgeber beim Aushandeln der Arbeitsbedingungen strukturell unterlegen und waren so in erhöhtem Maße dem Mißbrauch der Vertragsfreiheit durch die Arbeitgeberseite ausgesetzt. Mit der Garantie einer freien Bildung gegengewichtiger Marktmacht auf dem Arbeitsmarkt wurden dann die Voraussetzungen für einen den zivilrechtlichen Grundsätzen der Tauschgerechtigkeit entsprechenden Arbeitsvertragsschluß geschaffen. Diese Schutzfunktion ist verfassungsrechtlich als zentrale Aufgabe der Koalitionen im Rahmen der Wahrung und Förderung der Arbeitsbedingungen festgeschrieben worden.[161] Deutlich wird dies vor allem am Günstigkeitsprinzip, das nach 1945 von einer Auslegungsregel (§ 1 I 2 TVVO 1918) zu einer zwingenden Schranke tariflicher Regelungsmacht geworden ist (§ 4 III TVG). Das Günstigkeits-prinzip beruht nämlich auf dem Gedanken, daß der Schutz durch die Sozialpartner nicht in Bevormundung umschlagen darf. Widerstreitende Ordnungsbemühungen der Tarifparteien werden dadurch ausgeschlossen.[162]

Mit Blick auf die wirtschaftliche Entwicklung, die es den Arbeitnehmern in zunehmendem Maße ermöglicht, selbst angemessene Arbeitsbedingungen auszuhandeln, wird teilweise die Bedeutung der Schutzfunktion geringer angesetzt und eine auf den notwendigen Inhalt beschränkte Geltung der Tarifautonomie zur Diskussion gestellt. Soweit den Arbeitnehmern das Aushandeln angemessener Arbeitsbedingungen nicht möglich sei, greife der staatliche Schutz durch zwingendes Gesetzesrecht.[163] Art. 9 III GG kann jedoch nicht nach Maßgabe der Konjunkturlage ausgelegt werden, die jederzeit auch wieder umschwenken kann. Zudem haben die Koalitionen einen Interessenswahrungsauftrag, der über das Maß zwingender staatlicher Schutzregelungen hinausgeht. Die Tarifparteien sollen einen angemessenen Arbeitsvertragsschluß gewährleisten, während dem Gesetzgeber nur die Regelung von Mindestarbeitsbedingungen obliegt.[164] Überdies gibt es auch bei guter Konjunkturlage persönliche, sachliche oder räumliche Umstände, die tarifliche Mindestarbeitsbedingungen erfordern. Die Vorstellung,

---

[161] *Däubler*, Tarifvertragsrecht, Rn. 18; *Gamillscheg*, Kollekt. ArbR I, S. 496 f.; *Hueck/ Nipperdey*, Lehrbuch des Arbeitsrechts II/1, § 14 I, S. 234 f.; *Reuß*, RdA 1968, 410 (411); *Reuter*, ZfA 1995, 1 (38); *Wiedemann*, in: Wiedemann, TVG, Einleitung Rn. 4.
[162] *Däubler*, Tarifvertragsrecht, Rn. 189; *Reuter*, ZfA 1995, 1 (38).
[163] *Donges*, Deregulierung, S. 37 ff.; *Heinze*, NZA 1991, 329 (332 ff.).
[164] *Wiedemann*, in: Wiedemann, TVG, Einleitung Rn. 5.

daß Arbeitnehmer auf tariflichen Schutz zur angemessenen Wahrung ihrer Interessen angewiesen sein können, ist daher in der Gesamtschau auch heute noch realitätsgerecht.[165] Der Schutz der Mitglieder ist daher unabhängig von der konkreten wirtschaftlichen Situation die zentrale den Sozialpartnern zugewiesene Aufgabe.

b) Ordnungsfunktion der Koalitionen

Gleichwohl ist eine einseitige Festlegung der Tarifautonomie auf den Arbeitnehmerschutz angesichts der Konsolidierung des Tarifwesens und des verbesserten Arbeitnehmerschutzes durch Rechtsprechung und Gesetzgebung zu eng. Schon früh wurde daher den Tarifpartnern gleichrangig neben der Schutzfunktion die Aufgabe der allgemeinen Ordnung des Arbeitslebens zugewiesen.[166] Diese besteht zunächst darin, generelle, vereinheitlichende Regelungen der Arbeitsbedingungen für größere regionale Bereiche zu schaffen. Diese Typisierung erlaubt Vereinfachungen bei Abschluß, Abwicklung und Beendigung der Arbeitsverhältnisse und schafft für beide Vertragsparteien eine gesicherte Kalkulationsgrundlage, da sie darauf vertrauen können, daß die Arbeitsbedingungen während der Geltungsdauer des Tarifvertrages unverändert bleiben.

aa) Faktische Ordnungsmacht der Koalitionen

Darüber hinaus werden den Tarifvertragsparteien auch Ordnungsfunktionen zugewiesen, die über die Gestaltung der Arbeitsverhältnisse ihrer Mitglieder hinausgehen und die sie im Interesse der Allgemeinheit zu erfüllen haben.[167] Zum ersten ermöglicht die Vereinheitlichung der Arbeitsbedingungen nicht nur die Rationalisierung bei der Gestaltung der Arbeitsverhältnisse, sondern entfaltet auch Kartellwirkung, da der Wettbewerb zwischen den Unternehmen um die Bedingungen der Arbeit ausgeschaltet wird.[168] Die Tarifparteien nehmen inso-

---

165 *Reuter*, ZfA 1995, 1 (39); *Wiedemann*, in: Wiedemann, TVG Einleitung, Rn. 5.
166 Vgl. BVerfGE 4, 96 (107); *Hemmen*, Durchsetzungsfähigkeit, S. 55 f.; *Mayer-Maly*, DB 1965, 32 (33); *Moll*, Tarifausstieg, S. 28; *Müller*, DB 1975, 205 (207); *Waltermann*, NZA 1991, 754 (757).
167 *Mayer-Maly*, DB 1965, 32 (33); *Moll*, Tarifausstieg, S. 28; *Müller*, DB 1975, 205 (207); ders., ArbuR 1992, 257 (258); *Siebert*, Festschr. Nipperdey I, S. 119 (122); *Wiedemann*, in: Wiedemann, TVG, Einleitung Rn. 13 ff.
168 *Hueck/Nipperdey*, Lehrbuch des Arbeitsrechts II/1, § 14 II 2, S. 235 f; *Moll*, Tarifausstieg, S. 28; *Müller*, ArbuR 1992, 257 (258); MünchArbR-*Löwisch/Rieble*, § 252 Rn. 35; *Schaub*, RdA 1995, 65 (68); *Wiedemann*, in: Wiedemann, TVG, Einleitung Rn. 34 ff.

weit also eine wettbewerbsordnende Funktion innerhalb einer Branche wahr. Zum zweiten werden die Tarifverträge als volkswirtschaftliche Ordnungsfaktoren betrachtet. Die Tarifverträge haben Lenkungsfunktion für den gesamten Arbeitsmarkt und setzen damit Maßstäbe, die über den Organisationsbereich der Tarifparteien hinausreichen.[169] Insgesamt gesehen hat sich das Tätigkeitsfeld der Tarifparteien deshalb hin zu einer gesellschaftspolitischen Aufgabenstellung entwickelt, die über den Bereich der Arbeitsverhältnisse hinausgeht[170] und beispielsweise auch die Wahrnehmung arbeitsmarkt- und beschäftigungspolitischer Interessen der Gesamtbevölkerung umfaßt.[171]

Die gesamtwirtschaftlich verstandene Ordnungsfunktion des Tarifsystems gerät jedoch immer stärker damit in Konflikt, daß die Unternehmen die Arbeitsbedingungen in wachsendem Umfang nicht mehr dem Arbeitsmarkt entnehmen können, der der Regelung durch die Sozialpartner zugänglich ist. Die Internationalisierung des Wirtschaftsverkehrs konfrontiert Unternehmen wie auch Arbeitnehmer mit Konkurrenten, die mit erheblich geringeren Arbeitskosten belastet sind und zwingt sie, zur Erhaltung der eigenen Konkurrenzfähigkeit die Arbeitsbedingungen intern, bezogen auf die konkreten eigenen wirtschaftlichen Notwendigkeiten zu entwickeln. Die Ordnung des Arbeitsmarktes durch die Tarifparteien ist deshalb nur noch bedingt geeignet, die Arbeitsbedingungen zu wahren und zu fördern.[172] Dies zeigt sich in der Praxis an der zunehmenden Bedeutung von Firmentarifverträgen und betrieblichen Vereinbarungen, die im Gegen-

---

[169] *Moll*, Tarifausstieg, S. 28; *Müller*, ArbuR 1992, 257 (258 Fn. 6); *Schaub*, RdA 1995, 65 (67 f.); *Zander*, BB 1987, 1315 (1316).

[170] *Badura*, ArbRGegw. Bd. 15, 17 (26 f., 34); *Biedenkopf*, 46. DJT, Bd. I, S. 97 (139 f.); *Gamillscheg*, Kollekt. ArbR I, S. 291 f.; *Hemmen*, Durchsetzungsfähigkeit, S. 56; *Joost*, ZfA 1984, 173 (179); *Krüger*, 46. DJT, Bd. I, S. 7 (45); *Moll*, Tarifausstieg, S. 28; *Scholz*, Festschr. Müller, S. 509 (535); *Waltermann*, NZA 1991, 754 (757); *Wiedemann*, in: Wiedemann, TVG, Einleitung Rn. 20 ff., 96.

[171] BVerfGE 4, 96 (107); 18, 18 (28); 50, 290 (369, 371); BAGE 41, 209 (228); *Badura*, Festschr. Berber, S. 11 (30 f.); *Bulla*, Festschr. Nipperdey II, S. 79, (81); *Gamillscheg*, Kollekt. ArbR I, S. 284 ff.; *H. Hanau*, RdA 1996, 158 (176); *Herschel*, RdA 1975, 333 (336); *Hueck/Nipperdey*, Lehrbuch des Arbeitsrechts II/1, § 14 I, S. 234 f.; *Krüger*, 46. DJT, Bd. I, S. 7 (24 ff.); *Löwisch/Rieble*, TVG, Grundlagen Rn. 5; *Müller*, DB 1975, 205 (207); *Reuß*, RdA 1968, 410 (411); *Säcker/Oetker*, Grundlagen und Grenzen der Tarifautonomie, S. 165; *Waltermann*, RdA 1993, 209 (217); *Wiedemann*, in: Wiedemann, TVG, Einleitung Rn. 13 ff., 96 ff.

[172] *Reuter*, RdA 1996, 201 (204); *ders.*, ZfA 1993, 221 (222 ff.); *Schlochauer*, Festschr. Schaub, S. 699, (712); vgl. auch *Buchner*, NZA 1995, 761 (762); *Büge*, ZfA 1993, 173 (179 f.); anders *Kissel*, NZA 1986, 73 (75, 78); *Lieb*, NZA 1994, 289 (291), die allerdings nicht auf die rechtstatsächlichen Veränderungen eingehen.

satz zu Verbandstarifverträgen auf die konkreten wirtschaftlichen Rahmenbedingungen und Konkurrenzsituationen des einzelnen Unternehmen zugeschnitten werden können. Die gesamtwirtschaftliche Ordnungsfunktion der Tarifpartner unterliegt deshalb einem Bedeutungswandel und kann nicht in jedem Fall unbesehen fortgeschrieben werden.

bb) Normativer Ordnungsauftrag an die Koalitionen

Bei den beschriebenen gesamtwirtschaftlichen und gesellschaftlichen Ordnungswirkungen handelt es sich lediglich um faktische Folgen der Koalitionstätigkeit.[173] Die Verbände sind rechtlich nicht verpflichtet, diese übergeordneten Aufgaben wahrzunehmen. Der verfassungsrechtlich bindende Ordnungsauftrag ist allein auf die Mitglieder bezogen.[174] Angesichts der den Koalitionen mit §§ 3 I, 4 I TVG auferlegten personellen Schranken der tariflichen Handlungsbefugnis verfügen die Verbände auch nicht über die rechtlichen Möglichkeiten, die es ihnen gestatten würden, derartige volkswirtschaftlich ausgerichtete Ordnungspflichten zu erfüllen.[175]

Die Einbeziehung gesamtgesellschaftlicher oder volkswirtschaftlicher Ziele in ihr tarifpolitisches Handeln ist den Koalitionen zwar nicht als Pflicht auferlegt, aber dennoch als Möglichkeit gewährt. Vor dem Hintergrund der Diskussion um Arbeitszeithöchstbedingungen als Mittel der Beschäftigungsförderung wird dies jedoch vermehrt in Frage gestellt[176] und die Rückführung der tariflichen Regelungskompetenz auf den Schutzauftrag zugunsten der Tarifunterworfenen diskutiert. In der Konsequenz soll ein Tarifvertrag entgegen § 4 I TVG seine zwingende Wirkung verlieren, soweit und sobald er Aufgaben und Ziele verfolgt, die

---

[173] Vgl. *Däubler*, Tarifvertragsrecht, Rn. 18; *Moll*, Tarifausstieg, S. 28; *Radke*, DB 1965, 1176; *Zander*, BB 1987, 1315 (1316).
[174] BVerfGE 17, 319 (333); 18, 18 (26, 28); 42, 133 (138); 44, 322 (347 f.); 55, 7 (23); 57, 29 (37); *Hueck/Nipperdey*, Lehrbuch des Arbeitsrechts II/1, § 14 II 4, S. 238; *Hensche*, RdA 1971, 9 (14 f.); *Moll*, Tarifausstieg, S. 28 f.; vgl. auch *Radke*, DB 1965, 1176 (1178).
[175] *Moll*, Tarifausstieg, S. 28 f.; *Reuter*, RdA 1996, 201 (204).
[176] Vgl. *Bengelsdorf*, ZfA 1990, 563 (570); *Gitter/Boerner*, RdA 1990, 129 (134); *Hromadka*, DB 1992, 1041 (1045); *Loritz*, ZfA 1990, 133 (163); *Reuter*, ZfA 1995, 1 (38); *Zöllner*, DB 1989, 2121 (2122). Zur Begründung wird angeführt, daß Beschäftigungspolitik die Aufgabe des Staates sei. Zudem seien die Tarifpartner zu einer branchenübergreifenden Beschäftigungspolitik nicht in der Lage, da sie im Gegensatz zum gesamtwirtschaftlich denkenden Gesetzgeber versuchen, in erster Linie eigene Interessen durchzusetzen.

über den unmittelbaren Arbeitnehmerschutz hinausgehen.[177] Eine abgestufte Normwirkung des Tarifvertrages nach Maßgabe der Schutzfunktion der Einzelregelungen verstößt jedoch gegen das Gebot der Rechtssicherheit, wonach sich die zwingende oder dispositive Wirkung einer Norm unmittelbar aus dem Wortlaut oder wenigstens aus dem System des Regelungswerkes ergeben muß.[178]

Unabhängig davon ist aber auch generell daran festzuhalten, daß die Koalitionen neben der Schutzfunktion auch einen rechtlich bindenden Ordnungsauftrag zugunsten ihrer Mitglieder haben. Die Rückführung ihrer Tätigkeit auf den klassischen Arbeitsschutz und die Erreichung einer angemessenen Beteiligung der Arbeitnehmer an der Arbeitsproduktivität entspricht nicht der Rechtslage. Ein Blick auf Art. 9 III GG und die einfachgesetzlichen Konkretisierungen dieser Norm zeigt deutlich, daß im gesetzgeberischen Konzept wirtschaftsordnende Befugnisse der Sozialpartner enthalten sind.

Die Wahrnehmung gesamtwirtschaftlicher Interessen durch die Tarifpartner entspricht dem weiten Begriff der „Arbeits- und Wirtschaftsbedingungen" in Art. 9 III GG, der bewußt über die noch in § 152 I GewO und Art. 165 I WRV gebrauchte Formulierung der Lohn- und Arbeitsbedingungen hinausgeht[179] und die Gesamtheit der Interessen beschreibt, die mit der Erbringung und Annahme abhängiger Arbeit in Zusammenhang stehen.[180] Der gesamtgesellschaftlichen Ordnungsfunktion der Koalitionen verleiht auch § 3 StabG Ausdruck, wonach die Bundesregierung den Gewerkschaften und Unternehmensverbänden Orientierungsdaten zur Verfügung zu stellen hat, wenn die Erreichung eines hohen Beschäftigungsstandards gefährdet ist.[181] Dies steht auch in Einklang mit der geschichtlichen Entwicklung. Die Tarifparteien haben seit jeher die Arbeitsbedingungen vor dem Hintergrund sich wandelnder Rahmenbedingungen gestaltet

---

[177] Vgl. *Hromadka*, DB 1992, 1041 (1045 f.); *Löwisch*, ZfA 1996, 293 (300); *Rieble*, Arbeitsmarkt und Wettbewerb, Rn. 1307; *Schlüter*, Festschr. Stree und Wessels, S. 1061 (1084). Ähnlich schon *Schelp*, Festschr. Nipperdey II, S. 579 (590), der eine tarifliche Regelung, die nicht auch einen Schutzzweck verfolgt, für unzulässig hält.
[178] *Wiedemann*, in: Wiedemann, TVG, Einleitung Rn. 97.
[179] Vgl. *Hemmen*, Durchsetzungsfähigkeit, S. 57; *Hueck/Nipperdey*, Lehrbuch des Arbeitsrechts II/1, § 6 III 1, S. 102 f.; *Waltermann*, NZA 1991, 754 (757); *Wiedemann*, in: Wiedemann, TVG, Einleitung Rn. 12.
[180] *Söllner*, ArbRGegw. Bd. 16, 19 (22 ff.); *Waltermann*, NZA 1991, 754 (757).
[181] Vgl. *Schlüter*, Festschr. Stree und Wessels, S. 1061 (1066 f); *Wiedemann*, in: Wiedemann, TVG, Einleitung Rn. 96.

und müssen daher auch tarifpolitisches Neuland betreten können. Als freie gesellschaftliche Kräfte haben sie sich ihre Aufgaben und Ziele, soweit es um die Wahrung und Förderung der Arbeits- und Wirtschaftsbedingungen geht, von den Anfängen des Koalitionswesens an selbst stellen können.[182] Und so waren etwa beschäftigungs- und arbeitsmarktpolitische Anliegen in der Vergangenheit nicht selten Anlaß für Tarifauseinandersetzungen.[183] Dies deckt sich mit dem Sinn der grundrechtlichen Gewährleistung der Koalitionsfreiheit, der Garantie sozialer Selbstbestimmung im Bereich der abhängigen Arbeit, die den Koalitionen freie Entscheidung und Mittelwahl im Hinblick auf ihre Interessen bei der Wahrung und Förderung der Arbeits- und Wirtschaftsbedingungen überläßt.[184] Die soziale Selbstbestimmung hat notwendigerweise sozial-, wirtschafts- und kulturpolitische Bezüge,[185] die in der Konsequenz von Art. 9 III GG mit umfaßt sein müssen.

Aber auch die einfachgesetzlichen Normen zur Ausgestaltung der Koalitionsfreiheit weisen auf eine weitreichende Gestaltungsbefugnis der Sozialpartner hin. Dies ergibt sich schon aus einer genauen Betrachtung des § 1 I TVG und der Möglichkeiten, die den Koalitionen mit der Schaffung von Inhalts- und Abschlußnormen in die Hand gegeben sind. Gerade Vergütungs- und Arbeitszeitregelungen als typische Inhaltsnormen erfüllen neben dem Schutz des einzelnen Arbeitnehmers gleichrangig eine Verteilungs- und Ordnungsfunktion, ohne die man sich das Arbeitsleben kaum vorstellen kann.[186] Die Tarifparteien bemühen sich im Firmen- wie im Verbandstarifvertrag neben der Festlegung der angemessenen Höhe der Vergütung auch um eine gerechte Lohnstruktur. Sie übernehmen damit die Aufgabe einer sozial ausgerichteten Verteilungspolitik, die von Individualabreden auf dem Arbeitsmarkt nicht erbracht werden kann. Die Kompetenz der Sozialpartner zur Herstellung überbetrieblicher Lohngerechtigkeit ist dabei nicht zu bezweifeln. Sie ist das Pendant zur Schaffung innerbetrieblicher Lohngerechtigkeit durch die Betriebspartner, die ihren Ausdruck in

---

[182] *Däubler*, DB 1989, 2534 (2635); *Herschel*, 46. DJT, Bd. II, D7 (D16 f.); *Waltermann*, NZA 1991, 754 (757).
[183] Vgl. *Däubler*, DB 1989, 2534 (2535); *Joost*, ZfA 1984, 173 (181); *Schlüter*, Festschr. Stree und Wessels, S. 1061 (1067).
[184] BVerfGE 18, 18 (29 ff.,32); *Badura*, ArbRGegw. Bd. 15, 17 (27); *Waltermann*, NZA 1991, 754 (758).
[185] *Badura*, ArbRGegw. Bd. 15, 17 (27); *Waltermann*, NZA 1991, 754 (758).
[186] Vgl. *Wiedemann*, RdA 1997, 297 (298).

§ 87 I Nr. 10 BetrVG findet.[187] Gerade die klassische Inhaltsnorm zur Vergütung trägt deshalb keineswegs nur dem Schutzbedürfnis des einzelnen Arbeitnehmers Rechnung, sondern gleichermaßen auch der allgemeinen Lohngerechtigkeit und der Ordnung des Betriebes.

Für die Inhaltsnormen zur Arbeitszeit gilt Vergleichbares. Die Regelung der Höchstarbeitszeit ist seit jeher den Sozialpartnern überantwortet und diente zunächst maßgeblich dem Gesundheitsschutz der Arbeitnehmer, seit jeher aber auch der Koalitionsstrategie.[188] Daß mit Arbeitszeitnormen zugleich beschäftigungspolitische Wirkungen hervorgerufen werden, gehört untrennbar zu diesem Regelungsbereich und ist damit ebenfalls Teil der grundrechtlich verbürgten Wahrung und Förderung der Arbeitsbedingungen.

Ein Ordnungsauftrag des Tarifvertragsgesetzes an die Koalitionen ergibt sich auch aus der Kompetenz der Sozialpartner zur Regelung von Abschlußnormen im Sinne von § 1 I TVG. Anders als die Tarifvertragsverordnung 1918 benennt das Tarifvertragsgesetz ausdrücklich die Rechtsnormen eines Tarifvertrages, die „den Abschluß ... von Arbeitsverhältnissen ... *ordnen* können." Abschlußnormen können wie Betriebsnormen auch unabhängig vom Individualarbeitsverhältnis einseitig Verpflichtungen des Arbeitgebers begründen.[189] Da die Besonderheit des Tarifvertrages darin besteht, auch die Einbettung des Einzelarbeitsverhältnisses in den Betrieb, in das Unternehmen und allgemein in den Arbeitsmarkt regeln zu können, überschreiten alle Tarifnormen den Spielraum des schuldrechtlichen Einzelvertrages.[190] Auch für Abschlußnormen ist es daher unschädlich, wenn sie einen Kontrahierungszwang des Arbeitgebers begründen, der nie Gegenstand eines Arbeitsverhältnisses sein könnte.[191] Die mit den Abschlußnormen den Sozialpartnern gegebene Möglichkeit zur Ordnung des Arbeitslebens wird deutlich, wenn der Arbeitgeber zu einer bestimmten Arbeitsplatz- oder Belegschaftsstruktur (qualitative oder quantitative Besetzungsregeln) oder zu einer bestimmten Arbeitsmarktpolitik (Arbeitslosen-, Jugendlichen- oder

---

[187] *Wiedemann*, in: Wiedemann, TVG, Einleitung Rn. 8; im Ergebnis auch *Hemmen*, Durchsetzungsfähigkeit, S. 56.
[188] *Wiedemann*, RdA 1997, 297 (299).
[189] *Däubler*, Tarifvertragsrecht, Rn. 872; *Gamillscheg*, Kollekt. ArbR I, S. 585; *Wiedemann*, RdA 1997, 297 (299); abweichend *Löwisch/Rieble*, § 1 TVG Rn. 71.
[190] *Wiedemann*, RdA 1997, 297 (299); ders., in: Wiedemann, § 1 TVG Rn. 485; vgl. auch *Waltermann*, NZA 1991, 754 (757).
[191] Anders aber *Löwisch/Rieble*, § 1 TVG Rn. 71.

Frauenquote) verpflichtet wird.[192] Auch Abschlußverbote bekräftigen die gesetzlich vorgesehenen Ordnungsbefugnisse der Koalitionen. Neben dem Individualschutz der Arbeitnehmer und dem Schutz der Belegschaft können diese auch allgemein der Beschäftigungspolitik dienen, beispielsweise bei einem Verbot, bestimmte Personengruppen über einen gewissen Prozentsatz der Belegschaft hinaus einzustellen.[193]

Schließlich hat der Gesetzgeber insbesondere in den §§ 3 II, 4 II TVG der Ordnungsfunktion der Sozialpartner Ausdruck verliehen. Mit § 4 II TVG ist den Tarifpartnern die Möglichkeit verliehen, gemeinsame Einrichtungen zu schaffen, um arbeits- und sozialpolitische Aufgaben zu bewältigen, die die Finanzkraft des einzelnen Unternehmens übersteigen.[194] Betriebsnormen im Sinne von § 3 II TVG sollen die arbeitsteilige Organisation bewältigen und können dabei entweder aufgrund ihrer Zwecksetzung oder des Inhaltes ihres Interessenausgleichs den Unterschied zwischen organisierten und nichtorganisierten Arbeitnehmern nicht berücksichtigen.[195] Prototyp der ersten Gruppe bilden die automatischen Überwachungs- oder Schutzsysteme; kennzeichnend für die zweite Gruppe sind die Schicht-, Urlaubs- und Gruppenarbeitspläne oder Auswahlrichtlinien, bei denen Vergünstigungen und Belastungen zwischen den Arbeitnehmern ausgeglichen werden müssen. Betriebsnormen erfüllen damit Ordnungs- und Ausgleichsfunktionen, die organisierte und nichtorganisierte Arbeitnehmer gleichermaßen betreffen und daher über einen Schutzauftrag der Koalitionen für ihre Mitglieder hinausgehen.[196]

---

[192] Die mangelnde Bestimmtheit der begünstigten Personen kann nicht gegen die Qualifizierung solcher Besetzungsregeln als Abschlußnormen eingewendet werden; abweichend *Säcker/Oetker*, Grundlagen und Grenzen der Tarifautonomie, S. 117. In diesen Fällen wird dem begünstigten Personenkreis kein Anspruch gewährt. Es wird nur der Arbeitgeber verpflichtet, während für die begünstigten Arbeitnehmer ein Rechtsreflex entsteht. Die Bestimmbarkeit des begünstigten Personenkreises ist für die Wirksamkeit des Abschlußgebotes dann ausreichend, vgl. Kempen/Zachert, § 1 TVG Rn. 29; *Wiedemann*, RdA 1997, 297 (299 f.).
[193] *Wiedemann*, RdA 1997, 297 (300).
[194] *Wiedemann*, in: Wiedemann, TVG, Einleitung Rn. 18.
[195] *Wiedemann*, RdA 1997, 297 (300); im Ansatz so auch *H. Hanau*, RdA 1996, 158 (169 ff); Kempen/Zachert, § 1 TVG Rn. 36; *Säcker/Oetker*, Grundlagen und Grenzen der Tarifautonomie, S. 141 ff.; zum hier nicht weiter relevanten Streitstand über die begriffliche Bestimmung von Betriebsnormen vgl. *Wiedemann*, in: Wiedemann, § 1 TVG Rn. 566 ff.
[196] *Reuß*, RdA 1968, 410 (411); *Wiedemann*, RdA 1997, 297 (300).

Auch der häufige Griff des Gesetzgebers zu tarifdispositivem Recht verdeutlicht die Ordnungsaufgabe der Sozialpartner. Sie folgt hier schon aus dem Wesen tarifdispositiven Rechts, der Möglichkeit, vom Gesetz auch zu Lasten der Arbeitnehmer abweichen zu dürfen. Der Schutzzweck wird also gerade zurückgenommen.[197]

c) Befriedungsfunktion

Die Ordnungsfunktion darf jedoch nicht als Selbstzweck angesehen werden. Ihre Wirkungen dienen letztlich dazu, die aus dem naturgemäß bestehenden Interessengegensatz zwischen Arbeitnehmern und Arbeitgebern erwachsenden Konflikte zu kanalisieren und durch ein institutionalisiertes Verfahren jedenfalls sachlich und zeitlich beschränkt zu lösen. Die Tarifautonomie vermittelt dabei besser als eine staatliche Regelung dem einzelnen das Bewußtsein, durch seinen Berufsverband daran mitgewirkt zu haben, daß er einen gerechten Status in der Gesamtbevölkerung einnimmt. Die Koalitionen sichern also durch ihre Mitgestaltung der Arbeits- und Wirtschaftsbedingungen den sozialen Frieden.[198] In diesem Dienst steht letztlich auch der Schutzauftrag der Koalitionen, denn erst durch die Gewährleistung angemessener Arbeitsbedingungen wird die Voraussetzung für ein einverständliches Zusammenwirken der Sozialpartner geschaffen. Damit bildet die Sicherung des sozialen Friedens ein Grundmotiv für die Gewährleistung der Koalitionsfreiheit und kann ebenfalls als wesentliche Aufgabe der Sozialpartner eingestuft werden.[199]

Als Ergebnis bleibt somit festzuhalten, daß den Koalitionen nach gesetzgeberischer Konzeption eine Gestaltungsaufgabe erwächst, die auch Verteilungs-, Ordnungs- und Befriedungsfunktion im Bezug auf das gesamte Arbeits- und Wirtschaftsleben umfaßt. Entsprechend der funktionalen Auslegung des Koalitionsgrundrechts kann damit auch der Geltungsanspruch der koalitionären Satzungsautonomie nur im Rückgriff auf diese wirtschaftsordnenden Aufgaben der

---

[197] *Wiedemann*, RdA 1997, 297 (301); hinzuweisen ist insoweit auch auf § 151 ArbVGE, der das staatliche Arbeitsvertragsrecht durchweg tarifoffen gestalten möchte.

[198] *Hemmen*, Durchsetzungsfähigkeit, S. 59; *Wiedemann*, in: Wiedemann, TVG, Einleitung Rn. 28 f.

[199] Vgl. *Gift*, DB 1959, 651 (652 f.); *Müller*, DB 1959, 515; *Hemmen*, Durchsetzungsfähigkeit, S. 59; *Nikisch*, Arbeitsrecht II, S. 206; *Wiedemann*, in: Wiedemann, TVG, Einleitung Rn. 29.

Berufsverbände festgelegt werden.[200] Die satzungsautonome Gestaltung der Tarifzuständigkeit könnte in der Konsequenz nur in dem Maße dem verfassungsrechtlichen Schutz des Art. 9 III GG zu unterstellen sein, wie sie der wirtschaftsordnenden Aufgabenstellung des Koalitionsgrundrechts entspricht. Funktionswidrige Zuständigkeitsregelungen, wie es etwa die willkürliche Zerteilung eines wirtschaftlich sinnvollen und bewährten Tarifgefüges oder die umfangreiche Zuständigkeitsausdehnung einer nicht mächtigen Koalition sein könnten, wären dann nicht mehr vom Schutz der koalitionären Satzungsautonomie umfaßt. Dies setzt allerdings voraus, daß die den Berufsverbänden zugewiesenen Aufgaben überhaupt als immanente Schranken der Satzungsautonomie wirken können.

3. Immanente Beschränkung der Koalitionsfreiheit durch die Ordnungsaufgabe

Die den Koalitionen übertragene Aufgabe zur Ordnung und Befriedung des Arbeitslebens bildet den Sinn für die verfassungsrechtliche Gewährleistung der Koalitionsfreiheit und zugleich auch deren Grenze, da die den Berufsverbänden durch Art. 9 III GG gewährleistete Freiheit lediglich das Mittel zur Verwirklichung dieses Verfassungsauftrages an die Koalitionen ist. Die Koalitionsfreiheit ist daher als funktionsgebundene Freiheit zu verstehen, die nicht um ihrer selbst willen gewährt ist, sondern zur Erfüllung der den Koalitionen gestellten Aufgaben. Der Schutz des Grundrechts ist infolgedessen auf das funktionsgerechte Verhalten begrenzt. Koalitionsbestand und -betätigung sind daher nur insoweit von Art. 9 III GG geschützt, als die Wahrnehmung dieser Gewährleistungen der Koalitionszweckverfolgung dient. Die den Berufsverbänden zugewiesenen wirtschaftsordnenden Funktionen sind damit zugleich immanente Grundrechtsschranken.[201] Die Koalitionen dürfen demnach die ihnen garantierten Freiheiten nicht funktionswidrig ausüben, sondern müssen bei allen ihren koalitionsspezifischen Betätigungen ihren Gestaltungsaufgaben gerecht werden.

---

[200] Siehe dazu schon S. 37 f.
[201] Vgl. BVerfGE 4, 96, (107 f.); *Hottgenroth*, Verhandlungspflicht, S. 27 f., 73; *Konzen*, ArbRGegw. Bd. 18, 19 (23); *Martens*, Anm. BAG SAE 1987, 1 (9); *Moll*, Tarifausstieg, S. 26; *Oetker*, in: Wiedemann, § 2 TVG Rn. 61; *Wiedemann*, in: Wiedemann, § 1 TVG Rn. 184; *Säcker*, Grundprobleme, S. 21; *Scheuner*, in: Weber/Scheuner/Dietz, Koalitionsfreiheit, S. 27 (69); *Scholz*, in: Maunz/Dürig, Komm. z. GG., Art. 9 Rn. 163, 255 ff.

Auch die Ausübung der koalitionären Satzungs- und Organisationsautonomie findet also ihre Grenze an den wirtschaftsgestaltenden Aufgaben der Koalitionen und damit auch an der Funktionsfähigkeit des Tarifsystems. Denkbar wäre demnach bei der Bestimmung der Tarifzuständigkeit zu verlangen, daß die Umgrenzung des Zuständigkeitsbereiches der Durchsetzungsfähigkeit der jeweiligen Koalition auch entspricht. Zwar wird man angesichts der durch Art.9 III GG garantierten freien Koalitionszweckbestimmung nicht verlangen können, daß kleine Koalitionen auch nur einen kleinen Zuständigkeitsbereich haben. Eine umfangreiche Zuständigkeitsausdehnung einer nicht mächtigen Koalition wäre aber wohl nicht funktionsgerecht, weil nicht zu erwarten ist, daß die schwache Koalition angemessene Arbeits- und Wirtschaftsbedingungen wird durchsetzen und so eine soziale Befriedung in dem fraglichen Tarifgebiet wird erreichen können. Des weiteren wäre denkbar, eine Änderung der Tarifzuständigkeit daran zu messen, ob sie vor dem Hintergrund des bestehenden wirtschaftlichen und tariflichen Gefüges überhaupt sinnvoll erscheint. Eine Zuständigkeitsänderung, die bestehende Tarifgefüge willkürlich auseinanderreißt, zahlreiche neue Konfliktherde schafft, Koalitionen zu Umorganisationen zwingt oder auch Mitglieder(-gruppen) tariflich isoliert und damit möglicherweise zu Wettbewerbsverzerrungen führt, wird möglicherweise nicht mehr funktionsgerecht sein.

Ein derartiger funktionsorientierter Interpretationsansatz ist jedoch nicht unproblematisch. Denn zwar werden mit jeder Rechtsnorm, auch den Grundrechten und ihren Freiheitsgarantien, soziale und politische Ziele verfolgt.[202] An die funktionale Ausrichtung der Freiheitsgewährleistungen ist aber nicht notwendig geknüpft, daß auch die Freiheitsausübung an die vom Staat bei ihrer Gewährleistung verfolgten Zielvorstellungen gebunden ist. Der Gebrauch einer grundrechtlich garantierten Freiheit ist zunächst von staatlichen Erwartungen unabhängig,[203] da die Freiheit des Einzelnen als Selbstzweck der staatlichen Reglementierung prinzipiell vorausgeht.[204] Die von den Grundrechten garantierte Freiheit ist deshalb in erster Linie durch „inhaltliche Nicht-Determiniertheit"

---

[202] *Forsthoff*, Verfassungsschutz der Zeitungspresse, S. 15; *Hangartner*, Festschr. Huber, S. 377 (377 f.); *Kemper*, Schutzbereich, S. 113; *Lecheler*, NJW 1979, 2273 (2274).
[203] *Forsthoff*, Verfassungsschutz der Zeitungspresse, S. 15; *Friauf/Höfling*, AfP 1985, 249 (249 f.); *Hangartner*, Festschr. Huber, S. 377 (379 f.); *Kemper*, Schutzbereich, S. 113; *Lecheler*, NJW 1979, 2273 (2274 f.).
[204] *Böckenförde*, NJW 1974, 1529 (1537 f.); *Kemper*, Schutzbereich, S. 113.

gekennzeichnet.[205] Freiheitsgewährleistung und Vorbestimmung des Freiheitsgebrauchs schließen sich daher grundsätzlich aus.[206]

Diese Bedenken gründen auf einem liberal geprägten Grundrechtsverständnis, das durch die Vorstellung einer Dichotomie zwischen Staat und Gesellschaft geprägt ist und in der Grundrechte vornehmlich Abwehrfunktion gegenüber dem Staat entfalten. Diese Konzeption wird jedoch den Besonderheiten der kollektiven Koalitionsfreiheit nicht gerecht. Allenfalls von der individuellen Koalitionsfreiheit kann als einer jeder staatlichen Reglementierung vorgegebenen Freiheit gesprochen werden. Aber bereits sie ist kraft ausdrücklicher verfassungsrechtlicher Anordnung auf einen bestimmten Zweck ausgerichtet. Demgegenüber fehlt der kollektiven Koalitionsfreiheit, die erst im Wege der funktionalen Auslegung aus der individuellen Koalitionsfreiheit abgeleitet werden muß, jene tatbestandliche Konturierung, die unabdingbare Voraussetzung einer vorbehaltlosen Gewährleistung ist.[207] Die kollektive Koalitionsfreiheit bedarf vielmehr von vornherein der gesetzlichen Ausgestaltung.[208] Denn es müssen zum einen Normenkomplexe geschaffen werden, die die Freiheitsausübung erst ermöglichen. Zum anderen sind koordinierende Regelungen erforderlich, welche die zahlreichen gegenläufigen Interessen, die durch die Ausübung der Koalitionsfreiheit tangiert werden können, möglichst freiheitsschonend zum Ausgleich bringen. Wenn aber die Koalitionsfreiheit der gesetzlichen Ausgestaltung bedarf, ist die Gegenüberstellung von Staat und Gesellschaft des liberalen Grundrechtsverständnisses nicht mehr gültig und die Abwehrfunktion der Grundrechte gegenüber staatlicher Reglementierung tritt in den Hintergrund.[209] Dies gilt um so mehr angesichts des Hineinwachsens der Koalitionen in den öffentlichen und sogar in den staatlichen Bereich. Neben der Einbeziehung in Gesetzgebung und Verwaltung ist den Koalitionen mit der Ordnung des Arbeitslebens eine im öffentlichen Interesse liegende Aufgabe übertragen, die sie aus dem privaten Verbandswesen heraustreten läßt und ihnen in einem wesentlichen gesellschaftlichen Bereich umfassende Gestaltungsmacht überträgt.[210] Diese Gestaltungsmacht kommt den

---

205 *Friauf/Höfling*, AfP 1985, 249 (249 f.).
206 *Forsthoff*, Verfassungsschutz der Zeitungspresse, S. 15; *Friauf/Höfling*, AfP 1985, 249 (249 f.); *Hangartner*, Festschr. Huber, S. 377 (380); *Kemper*, Schutzbereich, S. 114.
207 *Friauf*, RdA 1986, 188 (190 f.); *Hottgenroth*, Verhandlungspflicht, S. 69.
208 Dazu eingehend S. 71 ff.
209 Vgl. *Hottgenroth*, Verhandlungspflicht, S. 69, 73.
210 *Badura*, RdA 1999, 8 (12); *Hottgenroth*, Verhandlungspflicht, S. 116; *Kemper*, Schutzbereich, S. 9; *Lerche*, Zentralfragen, S. 28 f.; *Säcker*, Gruppenautonomie, S. 241 f.; *Wiedemann*, Anm. zu BAG AP Nr. 16, 17 zu § 5 TVG, Bl. 7 (10).

Koalitionen nicht nur faktisch zu, sondern ist ihnen auch normativ zugewiesen.[211] Sie hebt die Koalitionen von anderen Grundrechtsträgern ab und rechtfertigt damit bei materieller Betrachtung auch eine besondere Verantwortung der Koalitionen. Diese schlägt sich in der Funktionsbindung der Freiheitsgewährleistung nieder, die ja bereits aus der funktionalen Auslegung des Art. 9 III GG abgeleitet werden konnte.[212]

Aufgrund dieser Besonderheiten wird die kollektive Koalitionsfreiheit zu einem Kristallisationspunkt des institutionellen Grundrechtsverständnisses.[213] Bei dieser Grundrechtstheorie steht die Erkenntnis im Vordergrund, daß die Grundrechte neben der individualrechtlichen Seite auch eine institutionelle Seite beinhalten. Beide stehen gleichrangig nebeneinander und treten zueinander in Wechselbeziehung.[214] Durch die institutionelle Seite wird ein freiheitlich geordneter und ausgestalteter Lebensbereich verfassungsrechtlich gewährleistet, der durch Normenkomplexe verfaßt und organisiert wird. Die individuelle Freiheit bedarf der institutionell gewährleisteten Lebensbereiche, um sich bewähren und entfalten zu können. Jene geben ihr „Richtung und Maß", „Inhalt und Aufgabe".[215] Die individuelle Freiheit ist sonach keine Freiheit zur Beliebigkeit. Sie ist vielmehr in objektive Lebensverhältnisse eingebunden und „findet die Freiheit als Institut vor."[216]

Einen derart eingerichteten Lebensbereich hat auch die kollektive Koalitionsfreiheit.[217] Über den individuellen Gehalt als Freiheitsrecht hinaus verbürgt Art. 9 III GG in seiner objektivrechtlichen Dimension die Gestaltung des Ar-

---

[211] Ausführlich S. 40 ff.
[212] Siehe dazu S. 37 f., 49 f.
[213] *Badura*, RdA 1974, 129 (132); *Gerhardt*, Koalitionsgesetz, S. 163 ff.; *Isensee*, in: Zukunft der sozialen Partnerschaft, S. 159 (166 f.); *Schwerdtfeger*, Koalitionsfreiheit, S. 39; kritisch *Scholz*, Koalitionsfreiheit S. 222 ff. Diese institutionelle Grundrechtstheorie ist nicht zu verwechseln mit den oben erwähnten institutionellen Garantien und Institutsgarantien im Sinne von Einrichtungsgarantien der Verfassung. Jene Garantien betreffen die verfassungsrechtliche Gewährleistung bestimmter Normenkomplexe, die vor Änderung bzw. Abschaffung durch den Gesetzgeber geschützt werden sollen. Zur Abgrenzung vgl. *Häberle*, Wesensgehaltsgarantie, S. 92 ff.; *Stern*, Staatsrecht, Band III/1, § 68 I 6 b.
[214] *Häberle*, Wesensgehaltsgarantie, S. 71 f.
[215] *Häberle*, Wesensgehaltsgarantie, S. 98.
[216] *Häberle*, Wesensgehaltsgarantie, S. 99-101.
[217] Auch das BVerfG folgt in der Interpretation des Art. 9 III GG einer institutionellen Sichtweise, vgl. BVerfGE 4, 96 (105 ff.); 18, 18 (26 f.); 20, 312 (318 f.); dazu auch *Böckenförde*, NJW 1974, 1529 (1533).

beitslebens in sozialer Selbstverwaltung durch die Koalitionen. Gewährleistet wird mit anderen Worten ein funktionsfähiges Koalitionswesen. Daraus folgt, daß die Freiheit der Koalitionen nur im Rahmen der sozialen Institution besteht, von der sie ihren Inhalt erfährt. Die kollektive Koalitionsfreiheit verleiht den Koalitionen daher nicht das Recht zu beliebigem Handeln, sondern nur zu einem Handeln, das der sozialen Funktion des Art. 9 III GG entspricht. Damit bestätigt sich grundrechtstheoretisch die der funktionalen Auslegung entnommene Erkenntnis, daß die den Koalitionen übertragene umfassende Ordnungsaufgabe den Schutzbereich der kollektiven Koalitionsfreiheit immanent begrenzt.[218]

Nun erheben sich aber auch gegen die institutionelle Grundrechtstheorie selbst Einwände.[219] Wie schon gegen die funktionale Interpretation wird auch hier geltend gemacht,[220] daß die subjektive Individualfreiheit als Recht zur Selbstbestimmung und zur Selbstentfaltung zu Gunsten einer Betonung der Institution vernachlässigt wird, wenn die Grundrechte dem Bürger nicht das Recht zu beliebigem Handeln verleihen, sondern nur die Befugnis zu einem funktionsgerechten Verhalten innerhalb der sozialen Institution. Natürliche Freiheit werde so zu einem rechtlichen Ordnungszustand.[221] Zudem widerspreche die Bindung der natürlichen subjektiven Freiheit an rechtlich geordnete und ausgestaltete Lebensbereiche dem Charakter der Grundrechte als Abwehrrechte, da diese Freiheit vom Staat gewährleisten sollen und nicht inhaltlich durch den Staat bestimmte Freiheit.[222] Mit der Abwehrfunktion der Grundrechte sei zudem unvereinbar, daß der Gesetzgeber nach dem institutionellen Grundrechtsverständnis einen weiten Spielraum zur Grundrechtsausgestaltung hat,[223] auch wenn die Grundrechte keinen Gesetzesvorbehalt enthalten. Denn auch das der Grundrechtsverwirklichung dienende ausgestaltende Gesetz schränke die zunächst unbegrenzte Freiheit immanent ein. Die individuelle Freiheit sei letztlich aber nur

---

[218] Siehe S. 37 f., 49 f.
[219] Vgl. allgemein dazu *Bleckmann*, Staatsrecht II, § 11 III 3 b; *Böckenförde*, NJW 1974, 1529 (1532 f.); *Stern*, Staatsrecht, Band III/1, § 68 III 2 b.
[220] Zur Bedeutung der Grundrechtstheorien für die Methoden der Grundrechtsinterpretation vgl. *Böckenförde*, NJW 1974, 1529 ff.
[221] *Böckenförde*, NJW 1974, 1529 (1532); *Grabitz*, Freiheit und Verfassungsrecht, S. 229 f.; *Stern*, Staatsrecht, Band III/1, § 68 III 2 b.
[222] *Bleckmann*, Staatsrecht II, § 11 III 3 b; *Grabitz*, Freiheit und Verfassungsrecht. S. 230; *Stern*, Staatsrecht, Band III/1, § 68 I 6 b.
[223] Vgl. *Häberle*, Wesensgehaltsgarantie, S. 180 ff., 190 f.

dann gegen Eingriffe zu schützen, wenn nicht der Gesetzgeber allein den Inhalt der Freiheit bestimmen könne.[224]

Diese Einwände werden ebenfalls aus dem Blickwinkel eines liberalen Verfassungsverständnisses erhoben und haben ihre Berechtigung für individuelle Freiheitsrechte, bei denen die Abwehrfunktion der Grundrechte und der Willkürfreiheitsbegriff im Vordergrund stehen. Für die kollektive Koalitionsfreiheit überzeugt dieses Grundverständnis wie bereits dargelegt jedoch nicht: Kraft ausdrücklicher verfassungsrechtlicher Anordnung besteht das Koalitionsrecht nur funktionsgebunden und ist auf den Lebensbereich der abhängigen Arbeit bezogen. Anders als bei den individuellen Freiheiten tritt bei der kollektiven Koalitionsfreiheit die Abwehrfunktion in den Hintergrund, da das Grundrecht notwendig gesetzlicher Ausgestaltung bedarf, um Wirksamkeit zu entfalten. Die institutionelle Grundrechtstheorie hat jedenfalls für die kollektive Koalitionsfreiheit also ihre Berechtigung.

Diese Differenzierung zwischen den individuellen Grundrechten einerseits und dem kollektiven Koalitionsrecht andererseits ist zulässig, weil es eine für alle Grundrechte gültige Grundrechtstheorie nicht gibt. Schon wegen der Verschiedenartigkeit der Sachbereiche verbietet sich eine einheitliche Lösung für alle Grundrechte. Auch ist ungeklärt, wie eine allgemeingültige Grundrechtstheorie abgeleitet werden könnte, sofern man sie nicht nur weltanschaulich statt verfassungsnormativ begründet. Die Grundrechtstheorien können daher wahlweise und ergänzend für die Grundrechtskonkretisierung herangezogen werden.[225]

III. Tariffähigkeit als Ausdruck der Funktionsbindung der Koalitionsfreiheit

Die soeben hergeleitete Funktionsbindung der Koalitionsfreiheit stellt tradiertes Rechtsgut dar. Beispiele dafür geben die von der Rechtsprechung entwickelten Voraussetzungen der Tariffähigkeit. Mit der Tariffähigkeit ist die Fähigkeit zum

---

[224] *Bleckmann*, Staatsrecht II, § 11 III 3 b; *Böckenförde*, NJW 1974, 1529 (1532).
[225] Vgl. *Hottgenroth*, Verhandlungspflicht, S. 67; *F. Müller*, Methodik, S. 220; kritisch *Böckenförde*, NJW 1974, 1529 (1530, 1537 f.). Auch das BVerfG stützt sich wechselnd auf verschiedene Theorien als Ausgangspunkt für die Grundrechtsinterpretation, vgl. dazu die Einzelbelege bei *Böckenförde*, NJW 1974, 1529 (1530 ff.).

Abschluß von Tarifverträgen umschrieben.[226] Das Bundesverfassungsgericht hat schon früh sinngemäß geäußert, daß es nicht Sinn der Koalitionsfreiheit sein könne, jede Koalition zum Abschluß von Tarifverträgen zuzulassen. Der Staat könne nur die Koalitionen an der Tarifautonomie teilnehmen lassen, die auch den mit Art. 9 III GG verknüpften Ordnungsauftrag umfassend erfüllen können. Hiernach sei es unerläßlich, die Tariffähigkeit an bestimmte Mindesterfordernisse zu knüpfen.[227] Darin liegt eine Beschränkung der koalitionären Betätigungsgarantie, weil nicht alle, sondern nur die Koalitionen an der Tarifautonomie teilnehmen und sich auf diese Weise koalitionsspezifisch betätigen dürfen, die diese Mindestanforderungen erfüllen. Dieses Vorgehen der Rechtsprechung ist verfassungsrechtlich nicht zu beanstanden, da zwischen den verfassungsmäßig geschützten Berufsverbänden und den tariffähigen Berufsverbänden zu differenzieren ist.[228] Nicht jeder Koalition kommt von Verfassungs wegen Tariffähigkeit zu. Art. 9 III GG verbietet es jedoch, die Tariffähigkeit von solchen Umständen abhängig zu machen, die nicht von der im allgemeinen Interesse liegenden Ordnung des Arbeitslebens gefordert sind.[229]

Die Voraussetzungen der Tariffähigkeit, die in diesem Sinn als Ableitung aus der Ordnungsfunktion entwickelt und diskutiert werden,[230] sind vornehmlich Gegnerfreiheit, Arbeitskampfbereitschaft, Mächtigkeit, Anerkennung des Tarifrechtes, überbetriebliche Organisation und korporativer Charakter der Koalition.[231] Die Ordnungsfunktion der Koalitionen wird für die Berufsverbände damit an zwei Stellen relevant, bei der Entscheidung über die Tariffähigkeit des

---

[226] *Hofstetter*, Tariffähigkeit und Tarifzuständigkeit, S. 8; *Hueck/Nipperdey*, Lehrbuch des Arbeitsrechts II/1, § 20 I 1, S. 421; *Kempen/Zachert*, § 2 TVG Rn. 3; *Oetker*, in: Wiedemann, § 2 TVG Rn. 9.
[227] BVerfGE 4, 96 (107); 18, 18 (28); in diesem Sinn auch *Badura*, RdA 1974, 129 (135 f.); *Krüger*, 46. DJT, Bd. I, S. 7 (64); *Reuß*, Festschr. Kunze, S. 269 (279); *Säcker*, ArbRGegw. Bd. 12, 17 (23).
[228] Ausführlich dazu: S. 214 ff.
[229] BVerfGE 4, 96 (107 ff.); 18, 18 (27); 50, 290 (369); *Oetker*, in: Wiedemann, § 2 TVG Rn. 26.
[230] Das gilt nicht für alle Tatbestandsmerkmale der Tariffähigkeit. Einige sind auch entwicklungsgeschichtlich begründet oder leiten sich aus dem systematischen Zusammenhang zur allgemeinen Vereinigungsfreiheit ab. Dies ist z. B. bei dem Merkmal der Freiwilligkeit, des privatrechtlichen Charakters der Vereinigung und der Tarifwilligkeit der Fall.
[231] Zu den Merkmalen der Tariffähigkeit insgesamt vgl. *Däubler*, Tarifvertragsrecht, Rn. 48 ff., 69 ff.; *Hueck/Nipperdey*, Lehrbuch des Arbeitsrechts II/1, § 6, S. 81 ff.; *Löwisch/Rieble*, § 2 TVG Rn. 4 ff.; *Oetker*, in: Wiedemann, § 2 TVG Rn. 173 ff.

Verbandes und bei der Gestaltung der Tarifzuständigkeit. Bei beiden Merkmalen drängen Ordnungsgesichtspunkte als Gegenspieler von Autonomie die freiheitlichen Gewährleistungen des Art. 9 III GG zurück. Die Merkmale der Tariffähigkeit entscheiden dabei über die grundsätzliche Zulassung einer Koalition zur Teilnahme an der Tarifautonomie. Ansatzpunkt ist hier immer die Frage, ob der betreffende Verband überhaupt in der Lage ist, das Arbeits- und Wirtschaftsleben sinnvoll zu gestalten. Hinsichtlich dieser Entscheidung besteht keine Autonomie der Verbände. Ordnungsgesichtspunkte, welche die Gestaltung der Tarifzuständigkeit beeinflussen, werden demgegenüber erst relevant, wenn eine Teilnahme an der Tarifautonomie möglich ist. Die Ordnungsgesichtspunkte regulieren in diesem Fall die Art und Weise der Autonomieausübung. Beide Merkmale sind deshalb in ihrer Wirkungsweise miteinander verknüpft. Je höher die Hürden für die Tariffähigkeit gesetzt werden, um so mehr Freiraum kann den Koalitionen bei der Gestaltung der Tarifzuständigkeit eingeräumt werden. Senkt man dagegen die Zulassungsschranken zur Teilnahme an der Tarifautonomie ab, indem man zum Beispiel auf das Merkmal der Mächtigkeit verzichtet, entscheidet im wesentlichen allein der Markt über das Bestehen und den Erfolg von Koalitionen. Damit gleichwohl die Ordnungsfunktion des Koalitionsgrundrechtes abgesichert ist, muß als Regulativ eine verstärkte Kontrolle der Autonomieausübung erfolgen. In diesem Fall erlangen Ordnungsgesichtspunkte als Schranke der satzungsautonomen Gestaltung der Tarifzuständigkeit eine wesentlich stärkere Bedeutung.

Das Merkmal der Tariffähigkeit wurde zunächst mit Blick auf die Gewerkschaften erarbeitet, im Grundsatz gilt es aber auch für Arbeitgebervereinigungen.[232] Diese Parallelität der normativen Voraussetzungen für die Anerkennung der Tariffähigkeit bei Arbeitnehmer- wie Arbeitgeberverbänden kann nicht mit dem Hinweis auf die gesetzlich angeordnete Tariffähigkeit des einzelnen Arbeitgebers entkräftet werden.[233] Der Gesetzgeber verfolgt mit der Tariffähigkeit des Einzelarbeitgebers eine spezifische Zielsetzung, die einen Rückschluß auf die Tariffähigkeit der Arbeitgeberverbände nicht erlaubt. Mit der Anerkennung der Tariffähigkeit des einzelnen Arbeitgebers soll den Gewerkschaften auch dann ein Verhandlungspartner zur Verfügung gestellt werden, wenn die Arbeitgeber nicht koalieren wollen; es geht also um die Sicherung eines funktionsfähigen Tarifsystems. Demgegenüber geht es bei den Arbeitgebervereinigungen wie

---

[232] *Oetker*, in: Wiedemann, § 2 TVG Rn. 170.
[233] So aber *Bruhn*, Tariffähigkeit, S. 153; *Kempen/Zachert*, § 2 TVG Rn. 9.

bei den Gewerkschaften darum, im Sinne einer Legalitätskontrolle festzulegen, unter welchen Bedingungen ihnen tarifliche Normsetzungsmacht zukommen soll. Dies kann sich bei beiden Verbänden nur danach bemessen, ob sie in der Lage sind, ihre Aufgabe in Rahmen eines funktionierenden Tarifsystems zu erfüllen. Aus diesem Grund gelten die folgenden Ausführungen zu den erwähnten Merkmalen der Tariffähigkeit für Arbeitnehmer- und Arbeitgeberverbände. Im Einzelfall können allerdings Differenzierungen geboten sein. Auf diese wird dann hinzuweisen sein.

1. Korporativer Charakter der Berufsverbände

Tariffähige Berufsverbände müssen über eine körperschaftliche Struktur verfügen,[234] also vom konkreten Mitgliederbestand unabhängig, auf Dauer angelegt und zu organisierter Willensbildung fähig sein. Nur von einer Dauerorganisation[235] kann eine sinnvolle Ordnung des Arbeitslebens erwartet werden, da nur sie die ökonomischen Folgen der tariflichen Regelung ausreichend berücksichtigen werden und dem Tarifpartner eine hinreichende Erfüllungsgewähr der Tarifabsprache bieten.[236] Soll der Tarifvertrag seine Ordnungsfunktion erfüllen, muß es zudem möglich sein, daß sich Außenseiter jederzeit einer Tarifvertragspartei anschließen können, um hierdurch den Rechtswirkungen des Tarifvertrages zu unterliegen. Diese Voraussetzung kann aber nur eine Tarifpartei erfüllen, die unabhängig vom aktuellen Mitgliederbestand ist.[237] Diese Unabhängigkeit vom aktuellen Mitgliederbestand wird von den Koalitionen gerade auch im Zusammenhang mit Zuständigkeitsregelungen vorausgesetzt. Hinzuweisen ist in

---

[234] Nahezu einhellige Ansicht, vgl. *Hueck/Nipperdey*, Lehrbuch des Arbeitsrechts II/1, § 6 I 2, S. 83; *Löwisch/Rieble*, § 2 TVG Rn. 31; *Oetker*, in: Wiedemann, § 2 TVG Rn. 179; *Zöllner/Loritz*, Arbeitsrecht, § 8 III 2; zweifelnd nur *Bruhn*, Tariffähigkeit, S. 167.

[235] Das Erfordernis der Dauerhaftigkeit ist für tariffähige Verbände im Gegensatz zu einfachen Koalitionen nahezu einhellig anerkannt, vgl. *Löwisch/Rieble*, § 2 TVG Rn. 30; *Nipperdey/Säcker*, AR-Blattei [D], Berufsverbände I, C I 1 a aa; *Reichert*, Hdb. Vereinsrecht, Rn. 2848; *Reuß*, ArbRGegw. Bd. 1, 144 (150); *Zöllner/Loritz*, Arbeitsrecht, § 8 III 2.

[236] *Oetker*, in: Wiedemann, § 2 TVG Rn. 213. Die Regelung der Arbeitsbedingungen beinhaltet notwendig ein zeitliches Moment, weshalb ad-hoc-Vereinigungen keine Tariffähigkeit zukommen kann, vgl. *Däubler*, Tarifvertragsrecht, Rn. 48; *Gamillscheg*, Kollekt. ArbR I, S. 522; *Kempen/Zachert*, § 2 TVG Rn. 30; *Löwisch/Rieble*, § 2 TVG Rn. 30; *Reuß*, Festschr. Kunze, S. 269 (277, 279); *Oetker*, in: Wiedemann, § 2 TVG Rn. 213.

[237] *Oetker*, in: Wiedemann, § 2 TVG Rn. 179; anders *Bruhn*, Tariffähigkeit, S. 167.

soweit auf das Schiedsverfahren des Deutschen Gewerkschaftsbundes zur Auflösung von Zuständigkeitsüberschneidungen. Denn im Rahmen dieses Verfahrens muß die unterlegene Koalition ihre Mitglieder im umstrittenen Organisationsbereich zum Verbandswechsel auffordern.[238] Außerdem kann eine Koalition nur dann die Aufgabe erfüllen, zusammen mit dem Gegenspieler die Arbeitsbedingungen im Interesse ihrer Mitglieder zu fördern, wenn sie zu geordneter Willensbildung in der Lage ist,[239] also über eine organschaftliche Organisation verfügt.

2. Überbetriebliche Organisation

Auch das naturgemäß nur auf Arbeitnehmervereinigungen bezogene Erfordernis der überbetrieblichen Organisation[240] wird aus der Funktionsfähigkeit des Tarifsystems hergeleitet. Dem kann jedoch nicht gefolgt werden. Es ist zwar nicht von der Hand zu weisen, daß Werkvereine im Vergleich zu überbetrieblichen Verbänden stärker der Gefahr der Beeinflussung durch die Gegenseite ausgesetzt sein können, da bei ihnen Druck über die Arbeitsverhältnisse vermittelt werden kann.[241] Die frühere Möglichkeit des Arbeitgebers, die Arbeitnehmervereinigung durch Kündigung ihrer Funktionäre zu schwächen, besteht angesichts des umfassenden Kündigungsschutzes allerdings kaum noch.[242] Gerade das Beispiel der Deutschen Postgewerkschaft zeigt, daß auch eine auf ein Unternehmen beschränkte Koalition tarifpolitisch erfolgreich sein kann. Zudem ist die Tariffähigkeit stets an die Voraussetzung der Gegnerunabhängigkeit und nach

---

[238] So Nr. 6 b) der Richtlinien zur Durchführung des Vermittlungs- und Schiedsverfahrens gem. § 16 der DGB-Satzung vom 11.3.1992; vgl. S. 8 Fn. 23.

[239] *Löwisch/Rieble*, § 2 TVG Rn. 4; *Nipperdey/Säcker*, AR-Blattei [D], Berufsverbände I, C I 1 a aa; *Oetker*, in: Wiedemann, § 2 TVG Rn. 173, *Zöllner/Loritz*, Arbeitsrecht, § 8 III 2.

[240] *Hueck/Nipperdey*, Lehrbuch des Arbeitsrechts II/1, § 6 II 5, S. 98 f.; *Kempen/Zachert*, § 2 TVG Rn. 45 verstehen dies als Teilaspekt der Gegnerunabhängigkeit. Als selbständiges Merkmal wird es eingestuft von: BVerfGE 4, 96 (107); 18,18 (28); 50, 290 (368); 58, 233 (235); BAG AP Nr. 36 zu § 2 TVG, Bl. 2; AP Nr. 39 zu § 2 TVG, Bl. 2; *Nikisch*, Arbeitsrecht II, S. 11; *Sbresny-Uebach*, AR-Blattei [D], Tarifvertrag II A, I 2 a aa; *Zöllner/Loritz*, Arbeitsrecht, § 8 III 7; ähnlich *Löwisch*, ZfA 1970, 295 (314 f.), *Löwisch/ Rieble*, § 2 TVG Rn. 40, die verlangen, daß die tariffähige Koalition überbetrieblich angelegt ist, also Arbeitnehmern aus verschiedenen Betrieben offensteht.

[241] Vgl. *Kempen/Zachert*, § 2 TVG Rn. 45; *Löwisch*, ZfA 1970, 295 (314); *Reichert*, Hdb. Vereinsrecht, Rn. 2850; *Schaub*, Arbeitsrechts-Handbuch, § 187 Rn. 15; *Schelp*, ArbuR 1954, 70 (74).

[242] *Löwisch/Rieble*, § 2 TVG Rn. 38; anders *Kempen/Zachert*, § 2 TVG Rn. 45.

ständiger Rechtsprechung auch an die Durchsetzungsfähigkeit der Gewerkschaften gebunden. Es ist also im Einzelfall zu prüfen, ob eine auf ein Unternehmen beschränkte Gewerkschaft vom Arbeitgeber abhängig ist beziehungsweise nicht über genügende Durchsetzungsfähigkeit verfügt.[243]

Nicht durchschlagend ist in diesem Zusammenhang auch die Überlegung, daß überbetriebliche Zusammenschlüsse möglicherweise besser in der Lage sind, Lohn- und Tarifpolitik unter Beachtung gesamtwirtschaftlicher Zusammenhänge zu betreiben als Werkvereine, und damit eher geeignet sind, den Ordnungsauftrag sinnvoll zu erfüllen.[244] Die Möglichkeit eines Firmentarifvertrages zeigt deutlich, daß die Rechtsordnung im Rahmen des Tarifsystems dem Aspekt der Berücksichtigung gesamtwirtschaftlicher Belange keine entscheidende Bedeutung beimißt.[245]

Das Merkmal der Überbetrieblichkeit läßt sich letztlich nur historisch und aus dem Zusammenhang mit dem Betriebsverfassungsrecht begründen. Seit 1945 werden als Gewerkschaften nur Vereinigungen auf beruflich-fachlicher oder auf der Ebene des Industrieverbandsprinzips angesehen. Betriebliche Werkvereine standen in direktem Gegensatz zu den Gewerkschaften. Wenn § 2 TVG den Begriff der Gewerkschaft in den Wortlaut aufnahm, ist mit Blick auf diesen historischen Kontext einsichtig, daß im Gegensatz zur Rechtsprechung des Reichsarbeitsgerichts Werkvereine keine Tariffähigkeit erlangen sollten. Das später erlassene Betriebsverfassungsgesetz stützt diese Einschätzung, denn es ist geprägt durch die Trennung von Betriebsverfassung und betrieblicher Organisation einerseits und Tarifordnung und Berufsorganisationen andererseits.[246] Tariffähige Berufsverbände müssen also nach allem aus historischen Gründen und in Abgrenzung von der betrieblichen Mitbestimmung überbetrieblich organisiert sein.

---

[243] *Löwisch/Rieble*, § 2 TVG Rn. 38; *Oetker*, in: Wiedemann, § 2 TVG Rn. 278; *Säcker*, Grundprobleme, S. 62.
[244] *Zöllner/Loritz*, Arbeitsrecht, § 8 III 7.
[245] Vgl. *Bruhn*, Tariffähigkeit, S. 178; *Löwisch*, ZfA 1970, 295 (314); *Oetker*, in: Wiedemann, § 2 TVG Rn. 278.
[246] *Löwisch*, ZfA 1970, 295 (314 f.); *Oetker*, in: Wiedemann, § 2 TVG Rn. 279; vgl. auch *Reuß*, ArbRGegw. Bd. 1, 144 (150 f.); *Zöllner/Loritz*, Arbeitsrecht, § 8 III 7.

3. *Gegnerfreiheit*

Auch die Forderung nach Gegnerfreiheit und Unabhängigkeit steht in engem Zusammenhang zu der den Koalitionen gestellten Aufgabe der sinnvollen Ordnung des Arbeitslebens.[247] Als Mittel zur Gestaltung ist den Koalitionen die autonome kollektivvertragliche Regelung überantwortet, die auf dem Gegengewichtsprinzip beruht. Danach wird die Möglichkeit der Wirtschaftssubjekte, ihre Interessen durchzusetzen, von der Gegenkraft derer, auf deren Kosten die Interessendurchsetzung ginge, so eingeschränkt, daß der Vertrag, der die gegenläufigen Interessen zum Ausgleich bringt, auch ein ökonomisch gerechter Vertrag ist.[248] Ein Vertrag, der eine Richtigkeitsgewähr in sich birgt, setzt damit nicht nur ein Gleichgewicht beider Partner voraus, sondern auch ein kontradiktorisches Verfahren, in dem sich zwei verschiedene und unabhängige Interessenträger gegenüberstehen.[249] Verträge mit abhängigen Personen sind nur der Form nach, nicht aber der Funktion nach Verträge. Sie bieten nicht in dem Maße die Chance auf Richtigkeit wie Verträge gegengewichtiger Partner und können deshalb die ihnen im Interesse der Beteiligten und der Allgemeinheit zugedachte Ordnungsaufgabe nicht umfassend erfüllen.[250]

Damit wird zugleich die Begrenzung dieses Kriteriums deutlich. Eine Beeinträchtigung der Gegengewichtslage kann nur eintreten, wo mittels personeller, organisatorischer oder finanzieller Verflechtungen der echte Gegenspieler Einfluß auf den Tarifpartner nimmt. Auf Gewerkschaftsseite berührt deshalb die Aufnahme von Beamten oder leitenden Angestellten die Tariffähigkeit grundsätzlich nicht, auch wenn diese Arbeitgeberfunktionen wahrnehmen.[251] Auch wenn Beamte keine Arbeitnehmer im Sinne der beamten- und arbeitsrechtlichen Gesetzgebung sind und leitende Angestellte teilweise Arbeitgeberaufgaben wahrnehmen, ist ihnen wie den übrigen Arbeitnehmern das Merkmal abhängiger Arbeit zu eigen. Bei leitenden Angestellten zeigt dies auch die Formulierung des

---

[247] So insbesondere *Müller*, Festschr. Nipperdey II, S. 435 (436); *Wiedemann*, RdA 1976, 72 (73).
[248] *Löwisch*, ZfA 1970, 295 (308).
[249] Vgl. *Koberski/Clasen/Menzel*, § 2 TVG Rn. 47; *Löwisch/Rieble*, § 2 TVG Rn. 8; *Oetker*, in: Wiedemann, § 2 TVG Rn. 239; *Richardi*, DB 1985, 1021 (1022); *Wiedemann*, RdA 1976, 72 (73); *Zöllner/Seiter*, Paritätische Mitbestimmung, S. 34 ff.
[250] Vgl. *Oetker*, in: Wiedemann, § 2 TVG Rn. 239.
[251] *Bruhn*, Tariffähigkeit, S. 171; *Koberski/Clasen/Menzel*, § 2 TVG Rn. 46; *Nipperdey/Säcker*, AR-Blattei [D], Berufsverbände I, C I 2 a; *Oetker*, in: Wiedemann, § 2 TVG Rn. 247.

§ 5 III BetrVG.[252] Eine andere Bewertung ist ausnahmsweise geboten, wenn der Verband so klein und die Branche so konzentriert ist, daß die leitenden Angestellten mit Arbeitgeberaufgaben Einfluß auf die Verbandspolitik nehmen können.[253] Es droht nämlich eine Interessenverfälschung, wenn die übrigen Mitglieder sich von den leitenden Angestellten im Verband abhängig fühlen müssen. In diesem Zusammenhang erlangt der Organisationsbereich der betreffenden Koalition bereits mittelbar Bedeutung. Denn ist ein Verband von vornherein auf die Vertretung breiter Wirtschaftsbereiche angelegt, dürfte der Einfluß leitender Angestellter innerhalb des Verbandes von Natur aus eng begrenzt sein.

Auf Seiten der Arbeitgeberverbände erlangt das Merkmal der Gegnerfreiheit insbesondere Bedeutung für die Beurteilung der Unternehmensmitbestimmung. Ist die Gegengewichtigkeit nur gestört, wenn es sich um den Einfluß des echten Gegenspielers handelt, stellt die Unternehmensmitbestimmung die Gegnerfreiheit der Arbeitgeberverbände letztlich nicht in Frage. Zum einen ist im Mitbestimmungsgesetz selbst ein leichtes Übergewicht der Anteilseigner angelegt, da das gesetzliche Vertretungsorgan einschließlich des Arbeitsdirektors mit der Mehrheit der Kapitaleigner nach § 31 IV MitbestG bestellt werden kann. Dieser faktisch unterparitätische Einfluß der Arbeitnehmer in den Unternehmen schwächt sich bis zur Ebene der Arbeitgebervereinigung weiter ab und kann durch das Satzungsrecht der Arbeitgeberkoalition zudem noch beeinflußt werden.[254] Zum anderen – und das ist in vorliegendem Zusammenhang entscheidend – handelt es sich bei der Unternehmensmitbestimmung um eine integrierte Mitbestimmung, die an Zielvorgaben der Anlagegesellschafter gebunden ist und die Angehörigen der Vertretungsorgane auf das Unternehmensinteresse verpflichtet.[255] Damit sind die gewählten Arbeitnehmervertreter aufgrund ihrer rechtli-

---

[252] Aus diesem Grund sind auch Verbände tariffähig, die sich ausschließlich aus leitenden Angestellten zusammensetzen, vgl. BAGE 29, 72 (73, 89); *Gamillscheg*, Kollekt. ArbR I, S. 418; *Nikisch*, Arbeitsrecht II, S. 8; *Oetker*, in: Wiedemann, § 2 TVG Rn. 249; nicht überzeugend daher die Gegenansicht, vgl. LAG Düsseldorf, ArbuR 1975, 219 (L); *Föhr*, BB 1975, 140 (143); *Hagemeier*, DB 1984, 718 (720 f.); *Kempen/Zachert*, § 2 TVG Rn. 13.
[253] Vgl. BAGE 29, 72 (73, 89); *Hagemeier*, DB 1984, 718 (721); *Koberski/Clasen/Menzel*, § 2 TVG Rn. 46; *Löwisch/Rieble*, § 2 TVG Rn. 12; *Oetker*, in: Wiedemann, § 2 TVG Rn. 249.
[254] BVerfGE 50, 290 (373 ff., 375); ebenso *Bruhn*, Tariffähigkeit, S. 174; *Hanau*, ZGR 1979, 524 (535 f.); *Oetker*, in: Wiedemann, § 2 TVG Rn. 262, 264; *Richardi*, AöR 104 (1979), 546 (572 ff.); *Säcker*, RdA 1979, 380 (383); *Seiter*, Festschr. Müller, S. 589 (603).
[255] BVerfGE 50, 290 (374).

chen Stellung aus koalitionärer Sicht nicht mehr zur Seite des sozialen Gegenspielers zu zählen. Das Mitbestimmungsgesetz stellt also nicht die personelle Gegnerfreiheit der Arbeitgebervereinigungen in Frage.

4. Anerkennung des Tarif- und Schlichtungsrechtes

Da die Tarifautonomie den Sozialpartnern einen Freiraum zur Gestaltung der Arbeits- und Wirtschaftsbedingungen überantwortet und zugleich die getroffenen Regelungen mit normativer Wirkung ausstattet, ist die hierdurch geschaffene Ordnung nur dann funktionsfähig, wenn sichergestellt ist, daß sich die Beteiligten ihrerseits in den rechtlichen Grenzen dieses Ordnungssystems bewegen. Denn nur wenn die Gegenspieler von vornherein gewillt sind, die tarifliche Friedens- und Durchführungspflicht einzuhalten, sich auf Schlichtungsverfahren einzulassen und das Arbeitskampfrecht zu respektieren, kann das Gegenmachtprinzip wirken und ein angemessener Interessenausgleich zustande kommen. Der gerichtliche Schutz bei Nichtbeachtung von Tarif- und Arbeitskampfrecht allein vermag das nicht zu gewährleisten, da er häufig zu spät kommen und etwa bei Schadensersatzansprüchen oft nicht realisierbar sein würde.[256] Insofern müssen die Tarifpartner das geltende Tarif-,[257] Schlichtungs-,[258] und das Arbeitskampfrecht[259] anerkennen.[260] Dies ist der notwendige Ausgleich für die fehlende staatliche Kontrolle bei der Zulassung der Sozialpartner zur Rechtsetzung.[261] Dies bedeutet auch, daß die Koalitionen die selbst gewählte Zuständigkeitsordnung als Teil des Tarifrechts anerkennen müssen. Hier ist allerdings mit der

---

[256] *Löwisch*, ZfA 1970, 295 (310).
[257] BVerfGE 18, 18 (28); 50, 290 (368); 58, 233 (247); BAG AP Nr. 30 zu § 2 TVG, Bl. 3; AP Nr. 39 zu § 2 TVG, Bl. 2; *Hueck/Nipperdey*, Lehrbuch des Arbeitsrechts II/1, § 6 III 1, S. 105; *Koberski/Clasen/Menzel*, § 2 TVG Rn. 70; *Löwisch*, ZfA 1970, 295 (310); *Nikisch*, Arbeitsrecht II, S. 14; *Sbresny-Uebach*, AR-Blattei [D], Tarifvertrag II A, I 2 a aa; dieses Erfordernis generell ablehnend *Bruhn*, Tariffähigkeit, S. 181 f.; *Hagemeier*, ArbuR 1988, 193 (196); *Kempen/Zachert*, § 2 TVG Rn. 53.
[258] *Hueck/Nipperdey*, Lehrbuch des Arbeitsrechts II/1, § 6 III 1, S. 105; *Koberski/Clasen/Menzel*, § 2 TVG Rn. 70; *Löwisch/Rieble*, § 2 TVG Rn. 36; *Oetker*, in: Wiedemann, § 2 TVG Rn. 329.
[259] *Löwisch/Rieble*, § 2 TVG Rn. 36; *Oetker*, in: Wiedemann, § 2 TVG Rn. 329.
[260] Teilweise wird das Erfordernis sogar auf die gesamte Rechtsordnung und die verfassungsmäßige Ordnung ausgedehnt, vgl. *Hueck/Nipperdey*, Lehrbuch des Arbeitsrechts II/1, § 6 III 1, S. 105; *Koberski/Clasen/Menzel*, § 2 TVG Rn. 70.
[261] *Oetker*, in: Wiedemann, § 2 TVG Rn. 329.

Unwirksamkeit der Tarifverträge, die gegen die Zuständigkeitsordnung verstoßen, ein zusätzliches wirksames Sanktionsmittel geschaffen worden.[262]

5. Arbeitskampfbereitschaft

Das bestehende Tarifsystem verzichtet auf die Zwangsschlichtung und ist daher auf das Mittel des Arbeitskampfes zur Erzwingung eines Konsenses der Koalitionen über die geforderten Arbeitsbedingungen angewiesen. Daraus ergibt sich allerdings nicht, daß die Arbeitskampfbereitschaft unverzichtbares Merkmal der Tariffähigkeit ist.[263] Rechtstatsächlich ist bislang nicht erwiesen, daß friedliche Berufsverbände keine Gewähr für die Durchsetzung ihrer Ziele in den Händen halten und ihren Auftrag zur Regelung der Arbeitsbedingungen typischerweise schlechter erfüllen als kampfbereite Organisationen.[264] Andere Koalitionsmittel, wie etwa Verhandlungen, Lobbyismus oder Beeinflussung der öffentlichen Meinung, können durchaus den Arbeitskampf als Druckmittel ersetzen.[265] Jeder Koalition ist es überlassen, die für sie erfolgversprechenden Mittel und Taktiken festzulegen und nötigenfalls nach einer Satzungsänderung auf den Arbeitskampf als Koalitionsmittel zurückzukommen.[266] Es kann hier der regulierenden Wirkung des Marktes vertraut werden. Bedürfen die jeweiligen Koalitionen des Arbeitskampfes zur Durchsetzung angemessener Arbeitsbedingungen, so werden sie sich dieses Mittels auch bedienen oder aber auf längere Sicht an Werbungskraft verlieren und aus dem Wettbewerb ausscheiden.[267]

6. Mächtigkeit

Das Bundesarbeitsgericht verlangt in ständiger Rechtsprechung für die Tariffähigkeit von Gewerkschaften, daß diese kraft ihrer Stellung im Arbeitsleben sozialpolitisches Gewicht besitzen und deshalb in der Lage sind, auf den sozialen

---

262 Siehe dazu S. 106 ff.
263 So im Ergebnis auch BVerfGE 18, 18 (28); BAG AP Nr. 30 zu § 2 TVG, Bl. 5; *Bruhn*, Tariffähigkeit, S. 185 ff.; *Gamillscheg*, Kollekt. ArbR I, S. 427 f.; *Oetker*, in: Wiedemann, § 2 TVG Rn. 304; *Zeuner*, Festschr. BAG, S. 727 (733 f.).
264 So aber *Däubler*, Tarifvertragsrecht, Rn. 48; *Kempen/Zachert*, § 2 TVG Rn. 33 ff.; *Nipperdey/Säcker*, AR-Blattei [D], Berufsverbände I, C III 2; *Reuß*, Festschr. Kunze, S. 269 (281).
265 Im Ergebnis so BVerfGE 18, 18 (32); *Oetker*, in: Wiedemann, § 2 TVG Rn. 304.
266 *Bruhn*, Tariffähigkeit, S. 187; *Oetker*, in: Wiedemann, § 2 TVG Rn. 304.
267 BVerfGE 18, 18 (32 f.).

Gegenspieler, die Arbeitgeberseite, Druck und Gegendruck auszuüben und so die Aufnahme von Verhandlungen und den Abschluß von Tarifverträgen durchzusetzen.[268] Präzisierungen des Begriffs der sozialen Mächtigkeit greifen auf verschiedene objektive Merkmale zurück, wie die Mitgliederstärke, die Stellung der Mitglieder in den Betrieben, den organisatorischen Aufbau sowie die personelle, sachliche und finanzielle Ausstattung der Koalition und ihre Bewährung in der tariflichen Praxis.[269] Grundsätzlich bestehen keine Bedenken, einer als mächtig eingestuften Koalition großen Freiraum bei der Festlegung ihrer Tarifzuständigkeit zu gewähren. Im Gegensatz zu einer schwachen Koalition kann sie ihre Zuständigkeit ohne weiteres auch über den angestammten Bereich hinaus erweitern.[270] Differenzierungen könnten sich sodann aber im Hinblick darauf ergeben, welche der vorbenannten objektiven Kriterien für die Bejahung der Mächtigkeit ausschlaggebend waren. Geht es um einen Monopolverband, wie etwa die IG-Metall oder die IG-Chemie, der aufgrund seiner großen Mitgliederzahl und der daraus resultierenden leistungsstarken personellen, finanziellen und sachlichen Ausstattung als mächtig einzustufen ist, bestehen keine Bedenken, wenn diese Koalition einen räumlich und fachlich sehr breiten Zuständigkeitsbereich wählt und diesen sogar noch erweitert. Anders verhält es sich dagegen bei einem Verband, der nur über eine verhältnismäßig kleine Mitgliederzahl verfügt, dennoch aber in der Lage ist, fühlbaren Druck auf den sozialen Gegenspieler auszuüben, weil seine Mitglieder Schlüsselpositionen im Arbeits- und Wirtschaftsleben einnehmen.[271] Hier stellt sich die Frage, ob eine Zuständigkeitsausdehnung über den Bereich hinaus funktionsgerecht ist, in dem Mitglieder Schlüsselpositionen im Wirtschaftsleben einnehmen. Auch in den Fällen, in denen die Tariffähigkeit aufgrund der gegebenen Mitgliederzahl und -struktur nur für einzelne Gebiete oder Branchen festgestellt werden kann, wäre es denkbar, den Umfang der Tarifzuständigkeit auf eben diesen Bereich zu begrenzen.

---

[268] BAG AP Nr. 25 zu § 2 TVG, Bl. 2, 2R; AP Nr. 30 zu § 2 TVG, Bl. 3 ff.; AP Nr. 32 zu § 2 TVG, Bl. 2; AP Nr. 34 zu § 2 TVG, Bl. 3R; AP Nr. 36 zu § 2 TVG, Bl. 4; bestätigt durch BVerfGE 58, 233 (248 ff.); ebenso *Dütz*, ArbuR 1976, 65 (78 ff.); *Herschel*, ArbuR 1976, 225 (237 f.); *Kempen/Zachert*, § 2 TVG Rn. 19 ff.; *Konzen*, Anm. BAG SAE 1984, 133 (138); *Löwisch/Rieble*, § 2 TVG Rn. 26; *Rüthers/Roth*, Anm. zu BAG AP Nr. 32 zu § 2 TVG, Bl. 4 (6-7R); *Söllner*, ArbuR 1976, 321 (322 ff.).
[269] Vgl. die Zusammenstellung bei *Dütz*, DB 1996, 2385 (2387 f.).
[270] Siehe dazu schon S. 39, 49.
[271] Vgl. dazu BVerfG AP Nr. 31 zu § 2 TVG, Bl. 4R; BAG AP Nr. 30 zu § 2 TVG Bl. 4R, 5; *Dütz*, DB 1996, 2385 (2388).

Für die Arbeitgeberverbände hat das Bundesarbeitsgericht auf das Erfordernis der Durchsetzungsfähigkeit unter Hinweis auf die gesetzlich angeordnete unbedingte Tariffähigkeit des Einzelarbeitgebers in § 2 I TVG verzichtet.[272] Ein Rückschluß von der Tariffähigkeit des Einzelarbeitsgebers auf die Tariffähigkeit der Arbeitgebervereinigungen ist jedoch wegen der besonderen Zwecksetzung dieser Anordnung nicht tragfähig.[273] Er verbietet sich um so mehr, als in der Folge sämtliche normativen Anforderungen an tariffähige Arbeitgeberverbände negiert werden könnten.[274] Das aber gefährdet ohne Grund die Funktionsfähigkeit der Tarifautonomie, um derentwillen wie gesehen diese Voraussetzungen größtenteils ersonnen wurden.

Das Erfordernis der sozialen Mächtigkeit kann, wenn überhaupt, dann nur einheitlich für Arbeitnehmer- und Arbeitgeberkoalitionen erhoben werden, da Tarifverhandlungen und Arbeitskämpfe nur zwischen gleichgewichtigen Partnern ausgetragen werden können. Eine Beschränkung des Mächtigkeitserfordernisses auf Gewerkschaften[275] gefährdet das Gegenmachtprinzip.[276] Sollte die Durchsetzungsfähigkeit als Voraussetzung der Tariffähigkeit anzuerkennen sein, müßte dieses Erfordernis dann auch an die Arbeitgeberverbände gestellt werden.[277]

Die Befürworter sehen als tragenden Grund für das Mächtigkeitserfordernis wiederum den in Art. 9 III GG enthaltenen Ordnungsauftrag an die Koalitionen. Ansatzpunkt ist dabei einmal die Parität der Tarifpartner als Funktionsbedingung für eine tarifliche Ordnung des Arbeitslebens. Ein Tarifvertrag kann nur

---

[272] BAG AP Nr. 40 zu § 2 TVG, Bl. 3; ebenso *Däubler*, Tarifvertragsrecht, Rn. 69; *Hemmen*, Durchsetzungsfähigkeit, S. 47; *Kempen/Zachert*, § 2 TVG Rn. 88; *Zeuner*, Festschr. BAG, S. 727 (731).
[273] Siehe S. 57 ff.
[274] *Löwisch/Rieble*, § 2 TVG Rn. 42; *Oetker*, in: Wiedemann, § 2 TVG Rn. 316; *Rieble*, Anm. BAG SAE 1991, 314 (318); mit dieser Konsequenz: *Bruhn*, Tariffähigkeit, S. 153.
[275] So BAG AP Nr. 40 zu § 2 TVG, Bl. 3; *Kempen/Zachert*, § 2 TVG Rn. 88; *Otto*, NZA 1996, 624 (625); *Reuß*, RdA 1972, 4 (7); *Stahlhacke*, ArbRGegw. Bd. 11, 21 (32 Fn. 61); *Zeuner*, Festschr. BAG, S. 727 (731 f.); *Zöllner*, Anm. BAG SAE 1969, 137 (141).
[276] *Oetker*, in: Wiedemann, § 2 TVG Rn. 322; *Rieble*, Anm. BAG SAE 1991, 314 (318); *Seiter*, Arbeitskampfparität und Übermaßverbot, S. 86.
[277] Mit unterschiedlichen Begründungsansätzen bejahen dies auch: *Gitter*, Festschr. Kissel, S. 265 (273, 275); *Löwisch/Rieble*, § 2 TVG Rn. 42 ff.; *Oetker*, in: Wiedemann, § 2 TVG Rn. 316; *Rieble*, Anm. BAG SAE 1991, 314 (317); *Schrader*, Durchsetzungsfähigkeit, S. 136 ff. (150), 251 f.; *Seiter*, Arbeitskampfparität und Übermaßverbot, S. 86; ebenso *Müller*, DB 1992, 269 (271 ff.), der dieses Erfordernis zudem auch auf den Einzelarbeitgeber ausdehnt.

dann das Arbeitsleben wirtschaftlich sinnvoll ordnen und sozial befrieden, wenn er von beiden Seiten als materiell gerecht empfunden wird.[278] Voraussetzung dafür ist wie bei allen Verträgen ein strukturelles Kräftegleichgewicht der Vertragspartner. Ohne eine gewisse Mächtigkeit aller am Tarifsystem teilnehmenden Koalitionen könnte dieses Gleichgewicht der Tarifpartner gestört sein.[279] Anders gewendet stellt sich die Frage, ob kleine Koalitionen sich bei Tarifverhandlungen typischerweise in einer benachteiligten Position befinden und sich regelmäßig einem Diktat der Gegenseite beugen müssen.[280] Ein Blick auf die typische Interessenlage kleiner Koalitionen und ihrer Gegenspieler bei Tarifauseinandersetzungen belegt Gegenteiliges. Gerade kleine, im Aufbau befindliche Koalitionen können sich eine Preisgabe von Mitgliederinteressen nicht leisten. Wollen sie sich etablieren und Mitglieder an sich binden, sind sie in besonderem Maße auf Mitgliederwerbung angewiesen und müssen dazu an die Öffentlichkeit treten und eine erfolgreiche Interessenvertretung für ihre Mitglieder präsentieren. Kleine Koalitionen werden also alles daran setzen, um nicht hinter den Tarifergebnissen konkurrierender Verbände zurückzustehen und sich deshalb bei einzelnen ungünstigen Vereinbarungen jeweils um eine kompensierende Regelung bemühen.

Überdies kann auch der soziale Gegenspieler an einem Tarifabschluß gerade mit einer kleinen Koalition interessiert sein, da diese weit eher eine flexible Anpassung der tariflichen Regelungen an spezifische wirtschaftliche Erfordernisse ermöglicht als große überregional agierende Verbände. In diesem Fall wird dem Vertragspartner daran gelegen sein, die Mitglieder der kleinen Koalition im Ergebnis nicht schlechter zu stellen als die Mitglieder konkurrierender Organisationen, da sonst zahlreiche Mitgliederübertritte zu erwarten sind und die ge-

---

[278] Zur Kritik an der Lehre von der Richtigkeitsgewähr und ihrer Anwendung auf Tarifverträge vgl. *Hemmen*, Durchsetzungsfähigkeit, S. 63 f., 66 f.
[279] So BAG AP Nr. 30 zu § 2 TVG, Bl. 3R; AP Nr. 32 zu § 2 TVG, Bl. 2; AP Nr. 36 zu § 2 TVG, Bl. 4; *Dütz*, ArbuR 1976, 65 (80); *Hagemeier*, ArbuR 1988, 193 (196 f.); *Herschel*, ArbuR 1978, 321 (323); *Konzen*, Anm. BAG SAE 1984, 133 (138); *Löwisch/Rieble*, § 2 TVG Rn. 25 f.; *Rüthers/Roth*, Anm. zu BAG AP Nr. 32 zu § 2 TVG, Bl. 4 (6R).
[280] Dies wird vor allem im Hinblick auf tarifdispositives Recht befürchtet. Hier bestehe die Gefahr, daß eine schwache Koalition typischerweise dem Diktat des Gegners unterliegen und die tarifdispositiven Schutznormen aufgeben könnte, ohne gleichzeitig eine angemessene Kompensationsleistung zugunsten ihrer Mitglieder aushandeln zu können; vgl. dazu *Jülicher*, ZfA 1980, 121 (125); *Konzen*, ZfA 1978, 451 (458); *Reuter*, JuS 1977, 482 (483).

wünschte flexible Gestaltung der Arbeitsbedingungen scheitert.[281] Die Möglichkeit, sich unter den Schutz einer starken Koalition zu stellen, sorgt in der Praxis also regelmäßig dafür, daß die Angemessenheit der Arbeitsbedingungen gewahrt bleibt. Der freie Wettbewerb der Koalitionen wird letztlich dazu führen, daß erfolglose Koalitionen kaum Mitglieder an sich binden können und daher langfristig aus dem Tarifgeschehen ausscheiden müssen.[282] Der freie Markt sichert demnach bereits das strukturelle Gleichgewicht der Tarifparteien, ohne daß es dafür des Kriteriums der sozialen Mächtigkeit und des richterlichen Eingreifens bedarf.[283]

Der zweite Begründungsansatz basiert auf der ordnungspolitischen Vorstellung einer möglichst breitflächigen gesamtwirtschaftlichen Ordnung des Arbeitsmarktes. Da diese Aufgabe nur von den großen Koalitionen bewältigt werden kann,[284] privilegiert das Merkmal der Mächtigkeit in rechtlicher Hinsicht die etablierten großen Koalitionen und begünstigt deren Monopolisierung.[285] Die Tariffähigkeit wird damit zu einem Mittel der Ordnungspolitik.[286] Sicherlich ist es nicht verfehlt, wenn man den etablierten Koalitionen mehr Erfahrung zubilligt. Auch mag die Stärke der großen bestehenden Koalitionen dazu beigetragen haben, daß die Regelungsmacht und Kompromißfähigkeit der Koalitionen erhöht worden ist,[287] weil man nur im Bewußtsein eigener Stärke an notwendigen

---

281 *Bruhn*, Tariffähigkeit, S. 200; *Hemmen*, Durchsetzungsfähigkeit, S. 100 ff.
282 Vgl. *Bruhn*, Tariffähigkeit, S. 203; *Gamillscheg*, Kollekt. ArbR I, S.433; *Hemmen*, Durchsetzungsfähigkeit, S. 111; *Stahlhacke*, DB 1964, 697.
283 Eben dieses Argument der Kräfteregulation durch den freien Markt hat das Bundesverfassungsgericht veranlaßt, das Merkmal der Arbeitskampfbereitschaft aufzugeben, vgl. BVerfGE 18, 18 (32 f.). Warum die Frage der Durchsetzungsfähigkeit der Koalitionen dann nicht ebenfalls dem Wettbewerb überlassen bleiben kann, ist nicht einsichtig, vgl. *Bruhn*, Tariffähigkeit, S. 201 f.; *Hemmen*, Durchsetzungsfähigkeit, S. 114.
284 Vgl. *Dütz*, ArbuR 1976, 65 (80); *Herschel*, ArbuR 1976, 225 (240 f.); *Rüthers/Roth*, Anm. zu BAG AP Nr. 32 zu § 2 TVG, Bl. 4 (7R, 8).
285 *Bruhn*, Tariffähigkeit, S. 203; *Buchner*, Festschr. BAG, S. 55 (63); *Däubler*, Anm. BAG ArbuR 1977, 281 (288); *Gamillscheg*, Festschr. Herschel, S. 99 (102); *Grunsky*, Anm. BAG JZ 1977, 470 (474); *Hemmen*, Durchsetzungsfähigkeit, S. 118; *Kraft*, Anm. BAG SAE 1978, 37 (44); *Zöllner*, Anm. BAG SAE 1969, 137 (140).
286 *Buchner*, Festschr. BAG, S. 55 (63 ff.); *Däubler*, Anm. BAG ArbuR 1977, 281 (288); *Hemmen*, Durchsetzungsfähigkeit, S. 130; *Hottgenroth*, Verhandlungspflicht, S. 82; *Mayer-Maly*, Anm. zu BAG AP Nr. 25 zu § 2 TVG, Bl. 4 (4R); *Seiter*, AöR 109 (1984), 88 (108 f.).
287 *Rüthers/Roth*, Anm. zu BAG AP Nr. 32 zu § 2 TVG, Bl. 4 (8).

Punkten ohne Gesichtsverlust nachgeben kann. Auch bieten unbedeutende Organisationen wenig Gewähr für die Durchsetzung der geschaffenen Ordnung.[288] Fraglich ist insoweit, ob die Rechtsordnung die Vorstellung einer möglichst breitflächigen Ordnung des Arbeitslebens durch Monopolverbände überhaupt teilt,[289] denn immerhin verleiht sie jedem Arbeitgeber die Tariffähigkeit und ermöglicht auf diese Weise, daß Tarifverträge mit sehr begrenztem Geltungsbereich in beliebig häufiger Zahl abgeschlossen werden können. Da Firmen- und Verbandstarifverträge durchaus gleichwertige Mittel der Gestaltung des Arbeits- und Wirtschaftslebens sind, hat die Tariffähigkeit des Einzelarbeitgebers dabei auch keineswegs nur den Charakter einer Notlösung. Probleme wirft außerdem die Justitiabilität des Begriffs der Durchsetzungsfähigkeit auf.[290] Denn das Merkmal der Mächtigkeit bezieht sich auf rein tatsächliche Verhältnisse, die einerseits nur schwer feststellbar sind und andererseits auch Schwankungen unterliegen. Wann ausreichend Druckmittel gegeben sind, um einen Konflikt mit der Gegenseite aufnehmen zu können, entzieht sich rechtlicher Bewertung.[291]

Entscheidend ist aber, daß die hinter dem Mächtigkeitserfordernis stehenden Ordnungsvorstellungen nicht verfassungskonform sind. Zunächst ist insoweit auf die Gefahr für den durch Art. 9 III GG garantierten Koalitionspluralismus hinzuweisen, die in der Tendenz zur Monopolisierung der Berufsverbände begründet liegt.[292] Zwar sieht die Rechtsordnung in verschiedenen Fällen eine Zugangsschwelle zu einer Betätigung vor. So können beispielsweise die politischen Parteien durch die 5-%-Klausel gemäß § 6 VI BWahlG von der Mitwirkung im Bundestag ausgeschlossen werden.[293] Dieser Vergleich ist jedoch nicht tragfähig, weil er unterschiedliche Betätigungsebenen gegenüberstellt. Alle Parteien

---

[288] *Hottgenroth*, Verhandlungspflicht, S. 82; *Oetker*, in: Wiedemann, § 2 TVG Rn. 325.

[289] *Hottgenroth*, Verhandlungspflicht, S. 83; *Oetker*, in: Wiedemann, § 2 TVG Rn. 325.

[290] *Bruhn*, Tariffähigkeit, S. 195; *Gamillscheg*, Festschr. Herschel, S. 99 (114); *Kraft*, Anm. BAG SAE 1978, 37 (44); *Mayer-Maly*, RdA 1979, 356 (358); *Wiedemann*, Anm. zu BAG AP Nr. 24 zu Art. 9 GG, Bl. 9 (10); *Zöllner*, SAE 69, 137 (140); zur Justitiabilität der einzelnen Kriterien ausführlich *Hemmen*, Durchsetzungsfähigkeit, S. 72 ff.

[291] *Oetker*, in: Wiedemann, § 2 TVG Rn. 321; *Wolf*, ZfA 1971, 151 (175); *Zeuner*, Festschr. BAG, S. 727 (729).

[292] *Badura*, RdA 1974, 129 (136); *Gamillscheg*, Kollekt. ArbR I, S. 434; *Hemmen*, Durchsetzungsfähigkeit, S. 119 f.; *Hottgenroth*, Verhandlungspflicht, S. 82.

[293] BVerfGE 58, 233 (250); *Dütz*, ArbuR 1976, 65 (76); *Herschel*, ArbuR 1976, 225 (240); *Rüthers/Roth*, Anm. zu BAG AP Nr. 32 zu § 2 TVG, Bl. 4 (6R); vgl. auch *Söllner*, ArbuR 1976, 321 (324).

haben grundsätzlich die Möglichkeit, sich um einen Wähleranteil von 5% zu bewerben, während kleinen Koalitionen schon der Eintritt in Verhandlungen mit einem potentiellen Tarifpartner verwehrt ist.[294] Der Vergleich übersieht damit, daß die Verneinung der Tariffähigkeit in ihrer Rechtswirkung eher einem Parteiverbot gleichkommt als einer Zugangsbeschränkung.[295] Auch der Hinweis auf die §§ 12 TVG, 4 ArbGG, die ihren Anwendungsbereich auf Verbände mit „wesentlicher Bedeutung" für das Arbeitsleben beschränken, sind in diesem Zusammenhang nicht aussagekräftig. Sie mögen zwar zeigen, daß der Bedeutungsgedanke dem Koalitionsrecht nicht fremd ist.[296] Ihr spezieller Zweck liegt jedoch in einer besonders engen Auswahl von Arbeitnehmer- beziehungsweise Arbeitgebervertretern.[297] Deshalb läßt sich aus ihnen weder ein Argument für noch wider das allgemeine Kriterium der Koalitionsmächtigkeit finden.[298] Eine Rechtfertigung für die Beschränkung des Koalitionspluralismus läßt sich also mit Ausnahme der überdehnten Ordnungsvorstellung nicht finden.

Außerdem geht mit dem Erfordernis der Durchsetzungsfähigkeit eine Einschränkung der Bestandsgarantie neu gegründeter Koalitionen einher. Zwar steht die Begrenzung der Tariffähigkeit auf mächtige Verbände der Bildung beliebiger Koalitionen nicht entgegen. Wenn aber die Koalitionen das Recht zum Abschluß von Tarifverträgen erst ab einer bestimmten Größe haben, dann wird einer neugegründeten oder schwachen Koalition sowohl die Gewinnung von Mitgliedern als auch die Erhaltung des Mitgliederbestandes erheblich erschwert, wenn nicht gar unmöglich gemacht.[299] Weil Arbeitgeber und Arbeitnehmer, die eine Verbandsmitgliedschaft erstreben, in der Regel auch an einer Tarifbindung interessiert sind, hat eine Koalition, die keine Tarifverträge abschließen kann, wenig Aufstiegschancen.

---

[294] *Hemmen*, Durchsetzungsfähigkeit, S. 121.
[295] *Gamillscheg*, Kollekt. ArbR I, S. 434.
[296] Vgl. *Dütz*, ArbuR 1976 65 (74); *Herschel*, ArbuR 1976, 225 (226).
[297] § 12 TVG hat vor allem Bedeutung für die Zusammensetzung des Tarifausschusses nach § 5 I 1 TVG; in § 14 ArbGG geht es um die Anhörung von Arbeitnehmer- und Arbeitgebervertretern bei Errichtung eines Arbeitsgerichts.
[298] *Hemmen*, Durchsetzungsfähigkeit, S. 35; zu weitgehend deshalb *Mayer-Maly*, Anm. zu BAG AP Nr. 25 zu § 2 TVG, Bl. 4 (5R), der aus der Regelung des § 12 TVG schließt, daß die Stärke einer Vereinigung dann nur bei den Spitzenorganisationen und nicht im Rahmen von § 2 I TVG maßgeblich sein dürfe.
[299] *Grunsky*, Anm. BAG JZ 1977, 470 (474); *Hottgenroth*, Verhandlungspflicht, S. 84; *Konzen*, Anm. BAG SAE 1984, 133 (137); *Kraft*, Anm. BAG SAE 1978, 37 (44); *Mayer-Maly*, RdA 1979, 356 (358); *Wiedemann*, Anm. BAG AP Nr. 24 zu Art. 9 GG, Bl. 9 (11); *Zöllner*, Anm. BAG SAE 1969, 137 (140).

Im Ergebnis kann daher die soziale Mächtigkeit nicht als konstitutives Merkmal der Tariffähigkeit angesehen werden. Insbesondere läßt sich dieses von der Rechtsprechung entwickelte Kriterium nicht aus der Ordnungsfunktion der Sozialpartner herleiten. Gleiches gilt wie gesehen für die Merkmale der Arbeitskampfbereitschaft und der Überbetrieblichkeit. Ausdruck der Funktionsgebundenheit der Koalitionsfreiheit sind jedoch Gegnerfreiheit, Anerkennung des geltenden Tarif-, Schlichtungs- und Arbeitskampfrechts sowie die körperschaftliche Organisation. Diese Merkmale bilden als Voraussetzungen der Tariffähigkeit damit eine Zulassungsschranke zur Teilnahme an der Tarifautonomie und drängen insoweit die Koalitionsfreiheit zurück. Da das Merkmal der sozialen Mächtigkeit nicht anzuerkennen ist, sind die Zulassungsschranken insgesamt jedoch weit niedriger anzusetzen, als bislang vom Bundesarbeitsgericht in ständiger Rechtsprechung vertreten. Ohne das Erfordernis der Mächtigkeit bleibt es damit weitgehend dem Markt überlassen, welche Koalitionen sich im gegenseitigen Wettbewerb behaupten können und auf lange Sicht erfolgreich Mitglieder an sich binden können. Als Regulativ wird damit zugleich die Kontrolle der Autonomieausübung durch die Koalitionen wichtiger. Zur Absicherung des Tarifsystems muß daher verstärkt die Art und Weise der Teilnahme an der Tarifautonomie auf ihre Funktionsgerechtigkeit, mithin also auf ihre Vereinbarkeit mit den Ordnungsaufgaben der Berufsverbände überprüft werden. Ordnungsgesichtspunkte sind demnach als Schranken der koalitionären Satzungsautonomie bei der Gestaltung der Tarifzuständigkeit von Bedeutung.

C. Einfachgesetzlicher Rahmen der koalitionären Verbandsautonomie

Art. 9 III GG läßt im Blick auf die Gestaltung der Tarifzuständigkeit wie gesehen[300] einzelne Determinanten erkennen. So ist den Berufsverbänden als Teil der kollektiven Bestandsgarantie umfassende innere Verbandsautonomie gewährleistet, wozu auch die freie Satzungsgewalt gehört. Diese nehmen die Berufsverbände bei der Gestaltung ihrer Tarifzuständigkeit in einem Teilbereich wahr. Genaue Rahmenbestimmungen für diese Ausübung der Satzungsautonomie enthält das Grundrecht aber nicht. Zwar wurde die Bindung der Koalitionen an eine funktionsgerechte Freiheitsausübung als Schranke der Satzungsgewalt ermittelt.

---

[300] Siehe dazu S. 34 f., 38 f., 50 ff.

Mit konkretem Inhalt läßt sich diese aus dem Ordnungsauftrag der Sozialpartner gewonnene Freiheitsbeschränkung aus sich heraus jedoch nicht füllen. Eine genaue Festlegung, wann und unter welchen Bedingungen eine Zuständigkeitsregelung nicht mehr funktionsgerecht ist und welche Konsequenzen dies möglicherweise nach sich zieht, kann dem Grundrecht der Koalitionsfreiheit aber nicht entnommen werden.

I. Privates Vereinsrecht als Grundrechtsausgestaltung

Die Koalitionen sind deshalb im Bereich der Organisationsverfassung auf eine einfachgesetzliche Ausgestaltung des Koalitionsgrundrechtes angewiesen.[301] Die grundrechtlichen Rahmendaten sind so allgemein, daß sie allein eine sinnvolle Ordnung dieser Rechtskreise nicht gewährleisten können. Die Koalitionen bedürfen also eines einfachgesetzlichen Verbandsrechts, das den koalitionsspezifischen Teilgewährleistungen Rechnung trägt.[302]

1. Ausgestaltungsbedürftigkeit der Koalitionsfreiheit

Grundsätzlich ist anerkannt, daß jedenfalls bei einigen Grundrechten ein Recht oder eine Pflicht des Staates zu rechtlicher Ausgestaltung des Grundrechts besteht. Die Ausgestaltung kann auf einem ausdrücklichen Verfassungsauftrag beruhen, der den Gesetzgeber verpflichtet, „das Nähere" zu regeln (z. B. Art. 4 III 2 GG). Ein Konkretisierungsmandat des Gesetzgebers kann aber auch unabhängig von einem solchen Auftrag bestehen, wenn die funktionelle Sicherung der Grundrechtsausübung die Schaffung eines Mindeststandards an Rechts- und Organisationsformen erforderlich macht.[303] Die Grundlage dieser Ausgestal-

---

[301] *Höfling*, Festschr. Friauf, S. 377 (384 f.); *Konzen*, AcP 177 (1977), 473 (499); *Löwisch*, DB 1988, 1013 (1013 f.); MünchArbR-*Löwisch/Rieble*, § 244 Rn. 16; *Jarass*, NZA 1990, 505 (507); *Waltermann*, ZfA 2000, 53 (60); *Wank*, RdA 1989, 263 (264); ein Ausgestaltungsrecht des Gesetzgebers im Rahmen von Art. 9 III GG ablehnend *Henssler*, ZfA 1998, 1 ff., der statt dessen für den Bereich der Betätigungsgarantie einen lückenschließend hinzugedachten Gesetzesvorbehalt befürwortet (S. 5 f.).

[302] BVerfGE 92, 365 (403); *Merten*, HdbStR VI, § 144 Rn. 70; *Oetker*, RdA 1999, 96 (98 f.); *Säcker*, Grundprobleme, S. 88 f.; *Scholz*, in: Maunz/Dürig, Komm. z. GG., Art. 9 Rn. 30.

[303] So etwa bei Art. 5 I 2 GG: BVerfGE 57, 295 (320); bei Art. 6 I GG: BVerfGE 31, 58 (69 f.); bei Art. 9 I GG: BVerfGE 50, 290 (354). Weitergehend *Häberle*, Wesensgehaltsgarantie, S. 181, 193, der alle Grundrechte - wenn auch jeweils in einer ihrer Eigenart entsprechenden Weise - für ausgestaltungsbedürftig und -fähig hält.

tungsbefugnis liegt im Bereich der allgemeinen Befugnis des Gesetzgebers zur Grundrechtsprägung.[304] Hinzu treten die Grundsätze sozialstaatlicher Grundrechtsförderung. Nach Maßgabe des Sozialstaatsprinzips ist der Gesetzgeber verpflichtet, für ein ausreichendes Maß an funktionssichernden Rechts- und Ordnungsformen zu sorgen.[305] Die Ausgestaltung betrifft folglich die Schaffung von Grund- und Rahmenregelungen, die der optimalen Entfaltung des objektivrechtlichen Gehalts des Grundrechts dienen sollen und bei genereller Betrachtung die Grundrechtseffektivität fördern.

Auch Art. 9 III GG bedarf in diesem Sinne der Ausformung durch den Gesetzgeber. Die Notwendigkeit der funktionellen Sicherung der Koalitionsfreiheit erweist sich im wesentlichen an vier Aspekten. Zum einen bedarf die Koalitionsbetätigung in Form der Tarifautonomie der Schaffung beziehungsweise des Erhalts des im Tarifvertragsgesetz enthaltenen einfachgesetzlichen Tarifsystems, soll die Tarifvertragsfreiheit nicht ins Leere laufen.[306] Die Verfassung garantiert mit der tariflichen Normsetzungskompetenz nicht nur die Freiheit einer natürlichen Handlung, sondern die Freiheit zur Ausübung eines rechtlichen Könnens. Ohne legislative Ausformung bliebe die Normsetzung der Tarifpartner formell (im Hinblick auf das Verfahren der Rechtsetzung) und materiell (im Hinblick auf Regelungsgegenstand und -grenzen) ungeklärt.[307] Weder ließe sich der Schutzbereich gegenüber einem in Ausübung seiner eigenen Kompetenz handelnden Staat (Art. 74 Nr.1, 11, 12 GG) bestimmen, noch wäre erkennbar, unter welchen Voraussetzungen, mit welchem Inhalt, in welchem Geltungsbereich Dritte tatsächlich der Rechtsetzung durch die Koalitionen unterworfen wären. Bei einer Anbindung der Tarifvertragsfreiheit allein an Art. 9 III GG ohne das Instrumentarium des Tarifvertragsgesetzes bliebe diese grundrechtliche Garantie also inhaltsleer und ineffektiv.

---

[304] *Lerche*, Übermaß und Verfassungsrecht, S. 107 ff.; für Art. 9 GG: *Scholz*, in: Maunz/Dürig, Komm. z. GG., Art. 9 Rn. 30; vgl. auch *Häberle*, Wesensgehaltsgarantie, S. 183.

[305] *Scholz*, in: Maunz/Dürig, Komm. z. GG., Art. 9 Rn. 31. Das BVerfG geht nicht auf den Aspekt sozialstaatlicher Förderungsnotwendigkeiten ein. Das Gericht anerkennt offensichtlich eine a priori gegebene Ausgestaltungsbefugnis organisationsrechtlicher Art des Gesetzgebers, vgl. BVerfGE 50, 290 (354 f.); 84, 372 (378 f.). Die Voraussetzungen einer spezifisch organisationsrechtlichen Gestaltungskompetenz des Gesetzgebers sind jedoch umstritten, vgl. *Lerche*, Zentralfragen, S. 37 ff., 49 ff.; *Scholz*, Koalitionsfreiheit, S. 348 ff.

[306] BVerfGE 4, 96 (106); 18, 18 (26 f.); *Butzer*, RdA 1994, 375 (379); *Kemper*, in: v. Mangoldt/Klein/Starck, GG I, Art. 9 Rn. 226; *Scholz*, in: Maunz/Dürig, Komm. z. GG., Art. 9 Rn. 167; *Waltermann*, ZfA 2000, 53 (60).

[307] *Kemper*, Schutzbereich, S. 75 ff.

Der zweite Aspekt besteht in der möglichst freiheitsschonenden Abstimmung der zahlreichen, teilweise gegenläufigen Interessen, die durch die kollektive Koalitionsfreiheit tangiert werden können. Dabei geht es zunächst um die Tarifvertragspartner selbst, die den Schutz von Art. 9 III GG prinzipiell gleichermaßen genießen, bei seiner Ausübung aber in scharfen Gegensatz zueinander geraten.[308] Überdies kann die kollektive Koalitionsbetätigung Rechte nicht koalitionsgebundener Dritter berühren.[309] Diese Konstellation erfordert koordinierende Regelungen, die trotz der betroffenen komplexen Interessenstrukturen den aufeinander bezogenen Grundrechtspositionen trotz ihres Gegensatzes zu voller Wirkkraft verhelfen.

Zum dritten machen die Vielzahl und die Komplexität der von der Koalitionstätigkeit berührten Belange im Bereich der Wirtschafts- und Sozialordnung eine gesetzgeberische Ausgestaltung der Koalitionsfreiheit notwendig. Denn die Lohn- und Arbeitsbedingungen stehen in untrennbarem Zusammenhang mit wirtschafts-, sozial-, gesundheits- oder etwa jugendpolitischen Regelungsproblemen, für die nur der Gesetzgeber eine Zuständigkeit hat.[310] Schließlich liegt die Notwendigkeit der Ausgestaltung in der strukturellen Offenheit des Art. 9 III GG und der Wandelbarkeit der Rahmenbedingungen begründet, unter denen die Koalitionsfreiheit ausgeübt wird. Dies erfordert mehr als bei anderen Grundrechten die Möglichkeit zu Modifikationen und Fortentwicklungen und damit eine gesetzgeberische Konkretisierung der grundrechtlichen Gewährleistungen entsprechend den Anforderungen der konkreten Situation.[311]

Ist damit ein Ausgestaltungsbedürfnis für den Gesamtbereich der Koalitionsbetätigung anzuerkennen, gilt für den Teilbereich der Organisationsverfassung der Koalitionen nichts anderes. Auch bei der Bereitstellung eines Berufsverbandssystems geht es um die funktionelle Sicherung der Grundrechtsausübung, die vor dem Hintergrund komplexer Aufgaben der Koalitionen und sich wandelnder sozialer und wirtschaftlicher Grundlagen für ihre Tätigkeit die Funktionsfähig-

---

[308] Vgl. BVerfGE 84, 212 (228); 88, 103 (115); *Butzer*, RdA 1994, 375 (379); *Scholz*, in: Maunz/Dürig, Komm. z. GG., Art. 9 Rn. 167; *Waltermann*, ZfA 2000, 53 (60); *Wiedemann*, in: Wiedemann, TVG, Einleitung Rn. 134.
[309] Vgl. BVerfGE 94, 268 (284); *Butzer*, RdA 1994, 375 (379).
[310] BVerfGE 50, 290 (368); 58, 233 (247); *Jarass*, NZA 1990, 505 (507); *Scholz*, in: Maunz/Dürig, Komm. z. GG., Art. 9 Rn. 167; *Weber*, Koalitionsfreiheit und Tarifautonomie als Verfassungsproblem, S. 39.
[311] BVerfGE 50, 290 (355); 58, 233 (247); *Scholz*, in: Maunz/Dürig, Komm. z. GG., Art. 9 Rn. 167.

keit der Vereinigungen und ihrer Organe gewährleistet.[312] Zudem bedürfen die Grundrechtspositionen der Verbandsmitglieder sowohl untereinander als auch im Verhältnis zur Koalition der Koordinierung, genauso wie auch die Interessen der Koalitionen untereinander und im Verhältnis zum Spitzenverband zum Ausgleich gebracht werden müssen.[313] Somit erweist sich die gesetzgeberische Ausgestaltung der Organisationsverfassung der Koalitionen in Form eines einfachgesetzlichen Verbandsrechts als erforderlich.

2. Anwendbarkeit des privaten Vereinsrechts

Konkret kann der Gesetzgeber auf das zur Zeit der Entstehung des Grundgesetzes schon vorhandene private Vereinsrecht der §§ 21 ff. BGB zurückgreifen. Eine definitive Handlungspflicht zur Schaffung eines neuen Koalitionsgesetzes besteht nicht,[314] da der Gesetzgeber im Rahmen der Ausgestaltung eines Grundrechts nur verpflichtet ist, einen Mindeststandard an notwendigen Instrumentarien zur grundrechtlichen Zweckverfolgung zur Verfügung zu stellen.[315] In diesem Sinne erweisen sich die §§ 21 ff. BGB als prinzipiell ausreichend, um eine angemessene Grundrechtsausübung zu gewährleisten. Ein spezielles Verbändegesetz ist für die Wahrnehmung der Koalitionsfreiheit weder unerläßlich noch ist das Grundrecht ohne ein Handeln des Gesetzgebers in existentieller Weise gefährdet.[316]

Bei der Grundrechtsausgestaltung geht es nicht darum, ein Verhalten zu verwehren, das vom Schutzbereich erfaßt wird, sondern darum, Verhaltensmöglichkeiten gerade zu eröffnen. Ausgestaltung und Eingriff stehen zueinander in einem Verhältnis strenger Exklusivität.[317] Belastungen durch eine zulässige Grund-

---

[312] *Oetker*, RdA 1999, 96 (98 f.); *Scholz*, Koalitionsfreiheit, S. 255 f.; *Wiedemann*, in: Wiedemann, TVG, Einleitung Rn. 131.
[313] Vgl. *Oetker*, RdA 1999, 96 (99); *Säcker*, Grundprobleme, S. 88 f.; *Säcker/Oetker*, Repräsentation von Großvereinen, S. 34 f.
[314] Vgl. *Gerhardt*, Koalitionsgesetz, S. 306 ff.; MünchArbR-*Löwisch/Rieble*, § 246 Rn. 26; *Oetker*, RdA 1999, 96 (99); *Scholz*, in: Maunz/Dürig, Komm. z. GG., Art. 9 Rn. 31, 167; anders *Säcker*, Grundprobleme, S. 88 f.
[315] *Jacobs*, Tarifeinheit, S. 428.
[316] Vgl. *Scholz*, in: Maunz/Dürig, Komm. z. GG., Art. 9 Rn. 31.
[317] *Alexy*, Theorie der Grundrechte, S. 302.; *Butzer*, RdA 1994, 375 (378); kritisch *Bauer*, in: Dreier, GG-Kommentar Bd. I, Art. 9 Rn. 47, der trennscharfe Grenzen zwischen der so umschriebenen Grundrechtsausgestaltung und einer Grundrechtsbeeinträchtigung vermißt.

rechtsausgestaltung stellen sonach keine Grundrechtsbeschränkung dar,[318] da bei generalisierender Betrachtung die reale Bedeutung des Grundrechts durch die Ausgestaltung gefördert wird. Die für die individuellen Grundrechtsinhaber belastenden Effekte werden konstruktiv nicht als grundrechtsimmanente Schranken behandelt, sondern so, daß sie den Schutzbereich zwar tangieren, ihn aber nicht beeinträchtigen.[319] Auch wenn also das private Verbandsrecht zur Strukturierung der Binnenorganisation der Berufsverbände herangezogen wird, liegt insoweit kein Eingriff in das Grundrecht der Koalitionsfreiheit vor.

3. Rückanbindung des Vereinsrechts an Art. 9 III GG

Auch wenn das einfachgesetzliche Verbandsrecht nicht als Grundrechtseingriff zu qualifizieren ist, muß es sich dennoch am Schutzgut des Art. 9 III GG orientieren und dem objektiven Gewährleistungsgehalt des Grundrechts Rechnung tragen.[320] Das Verbandsrecht muß daher so beschaffen sein, daß sich die Koalitionsfreiheit in ihrem individuellen wie kollektiven Gehalt in einer dem Zweck der Koalitionsfreiheit entsprechenden Weise entfalten kann. Ergibt sich im Einzelfall, daß die §§ 21 ff. BGB den Gewährleistungen des Art. 9 III GG nicht hinreichend förderlich sind, ist das Vereinsrecht richterrechtlich umzuformen.

Nach allem sind vereinsrechtliche Fragen im Bezug auf die Koalitionen primär aus dem einfachgesetzlichen Normhaushalt der §§ 21 ff. BGB zu beantworten. Daneben ist aber immer auch die grundrechtliche Überlagerung des Vereinsrechts durch Art. 9 III GG zu beachten, die Einfluß auf die Rechtsanwendung im Einzelfall nehmen kann.

4. Inhalt der Vereinsautonomie

Die Vereinsautonomie der Koalitionen hat ihre verfassungsrechtliche Grundlage also in Art. 9 III GG. Im einfachgesetzlichen Recht wird sie nicht ausdrücklich erwähnt, doch hat der Gesetzgeber des Bürgerlichen Gesetzbuches sie als

---

[318] Vgl. *Butzer*, RdA 1994, 375 (378); *Hesse*, Grundzüge des Verfassungsrechts, Rn. 306.
[319] *Butzer*, RdA 1994, 375 (378); *Jarass*, AöR 110 (1985), 363 (390 ff.); *Ruck*, AöR 117 (1992), 543 (548).
[320] Vgl. dazu *Alexy*, Theorie der Grundrechte, S. 304 f.; *Bauer*, in: Dreier, Grundgesetz-Kommentar Bd. I, Art. 9 Rn. 48; *Oetker*, RdA 1999, 96 (99); *Ruck*, AöR 117 (1992), 543 (549 f.); vgl. auch *Scholz*, in: Maunz/Dürig, Komm. z. GG., Art. 9 Rn. 167.

selbstverständlich vorausgesetzt. Anderenfalls sind die den Verbandsmitgliedern ermöglichten Handlungsformen wie die Satzungsgestaltung (§ 25 BGB) und die Beschlußfassung (§ 32 I 1 BGB) nicht erklärbar.

In Anknüpfung an §§ 25, 40 BGB ist die Satzungsautonomie unbestrittener Teil der Vereinsautonomie. Ein weitergehendes Recht des Vereins auch zur Selbstverwaltung wurde zunächst angezweifelt.[321] Diese enge Auslegung ist jedoch unpraktikabel, da eine effektive Regelung der Vereinsangelegenheiten auf Grundlage der Satzung immer voraussetzt, daß der Verein auch die Möglichkeit hat, die von ihm gesetzte Ordnung zu vollziehen.[322] Ganz abgesehen davon trägt sie aber auch der verfassungsrechtlichen Grundlegung der Vereinsautonomie nicht Rechnung. Wie gesehen garantiert Art. 9 III GG den Koalitionen das Recht zur Selbstbestimmung über die eigene Organisation, das Verfahren der Willensbildung und die Führung der Geschäfte, weil nur unter diesen Voraussetzungen der Koalitionsbestand und eine effektive Koalitionszweckverfolgung gewährleistet sind.[323] Entsprechendes gilt auch für Art. 9 I GG und damit allgemein für Verbände.[324] An diesem verfassungsrechtlichen Schutzgut muß sich wie bereits dargelegt die Auslegung des Vereinsrechts und damit auch die inhaltliche Bestimmung der Vereins-autonomie orientieren.[325] Somit ist der Begriff der Vereinsautonomie umfassend als das Rechts des Vereins zur Selbstgesetzgebung und Selbstverwaltung zu verstehen.

Autonomie bedeutet damit inhaltliche Gestaltungsfreiheit hinsichtlich aller vereinsinternen Regelungsgegenstände.[326] Der Vereinsautonomie unterfällt damit die Ausgestaltung des Verhältnisses zwischen Verein und Mitgliedern, die Regelung der inneren Organisation durch Aufstellen einer Satzung (§ 25 BGB), die Verwirklichung dieser Organisation durch das Bestellen von Organen (§§ 27 I, 30 BGB), die Geschäftsführung (§ 27 III BGB) sowie die Regelung der sonstigen Angelegenheiten des Vereins im Sinne von § 32 I 1 BGB. Schließlich ist noch auf einen weiteren Bestandteil der Vereinsautonomie hinzuweisen, der

---

[321] RGZ 73, 187 (191).
[322] *Habscheid*, in: Schroeder/Kauffmann, Sport und Recht, S. 158 (159); *Krogmann*, Grundrechte im Sport, S. 60; *v. Look*, Vereinsstrafen, S. 32; *Lukes*, Festschr. Westermann, S. 325 (327); *Steinbeck*, Vereinsautonomie S. 20; *Vieweg*, Normsetzung, S. 149.
[323] Siehe S. 34 f.
[324] *Scholz*, in: Maunz/Dürig, Komm. z. GG., Art. 9 Rn. 82; *Steinbeck*, Vereinsautonomie, S. 19.
[325] Siehe S. .75
[326] *v. Look*, Vereinsstrafen, S. 68; *Steinbeck*, Vereinsautonomie, S. 20 f.

später noch bedeutsam wird,[327] die Möglichkeit des Vereins, sich einem fremden Willen zu unterwerfen. Danach kann der Verein seine Autonomie grundsätzlich auch in der Weise ausüben, daß sein Selbstverwaltungsrecht in der Satzung beschränkt wird.[328]

Die Koalitionen können daher den Umfang ihres Zuständigkeitsbereiches grundsätzlich frei in der Satzung festlegen. Sie können zudem Verfahrensvorschriften für eine Änderung der Tarifzuständigkeit normieren. Beispielsweise kann die Beteiligung bestimmter Gremien oder die Erreichung eines bestimmten Quorums bei der Abstimmung über die Zuständigkeitsneuregelung vorgesehen werden. Schließlich ist es im Grundsatz demnach auch möglich, sich als Koalition einem übergeordneten Verfahren der Konfliktlösung zu unterstellen, wie dies die Mitgliedsgewerkschaften des Deutschen Gewerkschaftsbundes hinsichtlich des Schiedsverfahrens zur Abgrenzung von Zuständigkeitsabgrenzungen getan haben.[329] Das Vereinsrecht enthält aber beispielsweise keine Aussage darüber, ob und inwieweit die Ausübung der Satzungsautonmie durch die Ordnungsfunktion der Koalitionen inhaltlich beschränkt wird. Hier müssen die Inhalte des Art. 9 III GG in das Verbandsrecht hineingelesen werden. Diese grundrechtliche Überlagerung des Vereinsrechts gilt dabei nicht nur im Bezug auf Fragen der Tarifzuständigkeit, sondern allgemein für alle Bereiche der Organisationsverfassung.

II. Ausstrahlungen des Art. 9 III GG auf das Verbandsrecht der Koalitionen

Die grundrechtliche Überlagerung des auf die Koalitionen angewandten privaten Vereinsrechts läßt sich anhand einiger tradierter Umformungen des Vereinsrechts konkret aufzeigen. Die Verbandsautonomie der Koalitionen, verstanden als die Möglichkeit der Verbände, ihre Organisation, Willensbildung und Geschäftsführung eigenverantwortlich festzulegen, kann dabei durch die Gewährleistungsinhalte des Art. 9 III GG gegenüber dem Normalstatut der §§ 21 ff. BGB beschränkt oder auch erweitert werden.

---

[327] Siehe S. 234 ff.
[328] BVerfGE 83, 341 (359); *Steinbeck*, Vereinsautonomie, S. 21.
[329] Siehe dazu schon S. 6 f., Fn. 17.

Besonders eindrücklich zeigt sich die Grundrechtsüberlagerung bei der Aufnahme von neuen Mitgliedern in die Koalition sowie beim Ausschluß einzelner Mitglieder aus dem Berufsverband. Bei der Untersuchung der Ausstrahlung des Art. 9 III GG auf diese Felder des Vereinsrechts handelt es sich einerseits um ein traditionsvolles Arbeitsgebiet, das die Sicherheit der Ergebnisse verbürgt. Andererseits können die hier gewonnenen Wertungsgesichtspunkte später bei der Beurteilung von Tarifzuständigkeitsregelungen noch von Nutzen sein. Denn die Grenzen, die der Satzungsgewalt im Umgang mit den eigenen Mitgliedern gezogen sind, könnten in ähnlicher Form auch gegenüber Dritten gelten, die von der Satzungsregelung betroffen sind. Anzuknüpfen ist hier an den eingangs zitierten Allfloor-Fall.[330] Ändert eine Gewerkschaft ihre Tarifzuständigkeit in der dort beschriebenen Weise mit der Folge, daß ein Einzelarbeitgeber tarifpolitisch isoliert wird und sich deshalb gezwungen sieht, seinen Verband zu verlassen, dann kommt die Satzungsänderung der Gewerkschaft in ihrer faktischen Wirkung einem Verbandsausschluß des Arbeitgebers aus seinem Verband gleich. Für den betroffenen Arbeitgeber ist es überdies letztlich auch unerheblich, auf welche Weise die bisherige Verbandsmitgliedschaft für ihn ihren Sinn verliert. Denn die Aufgabe der bisherigen Mitgliedschaft ist als Folge für ihn die gleiche, unabhängig davon, ob sein eigener Verband ihn ausschließt oder ob der Sozialpartner ihn faktisch zu einem Verbandswechsel zwingt. Wenn nun aber Art. 9 III GG den Koalitionen bestimmte Grenzen hinsichtlich des Ausschlusses eigener Mitglieder setzt, könnten sich daraus auch Wertungen für die Beurteilung vorbenannter Zuständigkeitsregelungen ergeben. Daneben ist an Zuständigkeitsregelungen zu denken, die bestimmte Mitglieder(-gruppen) des gegnerischen Lagers aus der Zuständigkeit ausnehmen.[331] Übernimmt kein anderer Verband diesen Zuständigkeitsbereich, entsteht für diese Mitglieder möglicherweise eine Tariflücke. In der Wirkung ist diese Zuständigkeitsregelung damit ebenfalls einer verweigerten Aufnahme oder einem Verbandsausschluß vergleichbar. Die den Verbänden für den Umgang mit den eigenen Mitgliedern gezogenen Grenzen könnten deshalb auch in diesen Fällen im Verhältnis zu den von der Zuständigkeitsregelung betroffenen Dritten Wirkung zeigen.

---

[330] Siehe S. 3 f.
[331] Siehe S. 143 ff.

1. Beschränkung der Aufnahmefreiheit

Das private Vereinsrecht ist vom Grundsatz beherrscht, daß der Verein autonom darüber entscheidet, ob er eine beitrittswillige Person aufnimmt.[332] Es obliegt gemäß §§ 25, 58 Nr. 1 BGB der Verbandsgesetzgebung, die Voraussetzungen für einen Verbandsbeitritt per Satzung festzulegen. Die Aufnahme in den Verein selbst erfolgt durch Vertrag.[333] Die Aufnahmepflicht einer Koalition bedeutet für sie daher Pflicht zum Vertragsschluß und damit zugleich einen speziellen Anwendungsfall des allgemeinen privatrechtlichen Kontrahierungszwanges.[334] Damit ist zunächst das Prinzip des Kontrahierungszwanges zu klären.

Eine Analyse der gesetzlich angeordneten Fälle des Kontrahierungszwanges zeigt, daß diese sich letztlich auf den Aspekt der Angewiesenheit des Nachfragers auf eine bestimmte Leistung zurückführen lassen.[335] Deshalb bietet es sich an, dieses Kriterium auch außerhalb gesetzlicher Normierungen zur Begründung eines Kontrahierungszwanges heranzuziehen.[336] Die demgegenüber häufig anzutreffende Verknüpfung des Kontrahierungszwanges mit bestimmten Marktstrukturen[337] läßt außer acht, daß es für einen Nachfrager, der die Leistung benötigt, irrelevant ist, ob viele oder wenige Anbieter die Erbringung der Leistung ablehnen oder ob der Markt vermachtet ist.[338] Zwar wird es bei vielen Anbietern

---

[332] BGHZ 101, 193 (200); *Reichert*, Hdb. Vereinsrecht, Rn. 643; *Schmiegel*, Inhaltskontrolle, S. 49.
[333] BGHZ 101, 193 (196); *Kübler*, Gesellschaftsrecht, § 33 III 1; *Schmiegel*, Inhaltskontrolle, S. 68; Staudinger/*Weick*, § 35 BGB Rn. 26.
[334] Vgl. allgemein für Vereine: *Grunewald*, AcP 182 (1982), 181 (185).
[335] Im wesentlichen läßt sich der gesetzlich angeordnete Kontrahierungszwang drei Gruppen zuordnen: Kontrahierungszwang als Folge eines Monopols (§§ 3 EVO, 453 HGB, 7 PostG, 6 EnergWiG, 22 PBefG, teilweise außer Kraft), einer staatlichen Konzession (§§ 90 I 1 GüKG, 22 PBefG Taxis, 15 BNotO) oder eines Angewiesenseins auf eine Leistung (§§ 48, 49 BRAO, 5 II PflVG, 15 BNotO). Die ersten beiden Fallgruppen finden sich gedanklich in letzterer wieder. Tendenziell ist der Nachfrager auch dann auf die Leistung angewiesen, wenn der Anbieter ein Monopol innehat oder zu einer staatlich konzessionierten Tätigkeit zugelassen ist. vgl. dazu *Grunewald*, AcP 182 (1982), 181 (187 ff.).
[336] *Grunewald*, AcP 182 (1982), 181 (194); zu dieser Akzentsetzung vgl. auch *Hopt*, Kapitalanlegerschutz, S. 69 ff.; *Mertens*, AcP 178 (1978), 227 (247); *Wolf*, Rechtsgeschäftliche Entscheidungsfreiheit, S. 105 f. Außer Beachtung soll hier bleiben, daß auch die Vereine besonderen Bindungen unterliegen, die öffentliche Mittel verteilen oder exklusiven Zugang zu Informationen der öffentlichen Hand haben.
[337] Vgl. BGHZ 63, 282 (285); *Bydlinski*, AcP 180 (1980), 1 (29 ff.); *Flume*, Allg. Teil des Bürgl. Rechts II, S. 611 ff.; *Raiser*, JZ 1958, 1 (8).
[338] *Grunewald*, AcP 182 (1982), 181 (194).

kaum vorkommen, daß die Leistung nicht jedermann angeboten wird. Doch besagt dies nur, daß bei zahlreichen Anbietern in der Regel ein Kontrahierungszwang entbehrlich ist. Die Voraussetzungen des Kontrahierungszwanges selbst hängen dagegen nicht von einer bestimmten Marktstruktur ab.[339]

a)   Individuelle Koalitionsfreiheit als Grundlage der Aufnahmepflicht

Auch im Koalitionsrecht besteht daher ein Kontrahierungszwang, wenn die beitrittswillige Person in besonderem Maße auf die Mitgliedschaft angewiesen ist.[340] Diese „Angewiesenheit" des einzelnen auf Beitritt zu einer Gewerkschaft oder einem Arbeitgeberverband wurzelt in Art. 9 III GG.

Die statutarische Festlegung der Voraussetzungen eines Koalitionsbeitritts bewegt sich in einer grundrechtlichen Gemengelage, da die individuelle Koalitionsfreiheit in Gestalt der Beitrittsfreiheit der gleichfalls verfassungsrechtlich geschützten Satzungsautonomie der Koalitionen gegenübertritt. Indem die Verbandssatzung den Beitritt durch abstrakt-generelle, persönliche oder sachliche Anforderungen beschränkt, wird der Einzelne gegebenenfalls daran gehindert sein, sein Grundrecht in der von ihm gewünschten Weise auszuüben. Dieser Behinderung des Einzelnen steht aber andererseits das Interesse der bereits vorhandenen Mitglieder entgegen, selbst über die personelle Zusammensetzung des Verbandes zu befinden. Ein Ausgleich zwischen diesen divergierenden Grundrechtspositionen muß berücksichtigen, daß die individuelle Koalitionsfreiheit nur dann sinnvoll ausgeübt werden kann, wenn sich der Einzelne einem bereits bestehenden Verband anschließen kann.[341] Das Grundrecht zielt auf den Zusammenschluß einzelner sowie die Betätigung als Gruppe ab und ist auf eine besondere Zweckverfolgung angelegt. Die Fähigkeit der Zweckverfolgung ist jedoch unmittelbar verbunden mit der Stärke des Personenzusammenschlusses und seiner Fähigkeit, sich im Wettbewerb gegenüber konkurrierenden Verbänden zu behaupten. Die konkurrierende Verbandsneugründung im Falle einer ab-

---

[339] *Grunewald*, AcP 182 (1982), 181 (194).

[340] Darauf abstellend auch *Oetker*, RdA 1996, 99 (100); vgl. auch *Schmiegel*, Inhaltskontrolle, S. 10 ff., 50 f., die rechtstechnisch allerdings den Weg über eine Satzungskontrolle wählt.

[341] *Kemper*, Schutzbereich, S. 134; MünchArbR-*Löwisch/Rieble*, § 245 Rn. 15; *Oetker*, RdA 1999, 96 (101); so auch die EKMR in der Beschwerdeentscheidung vom 13.5. 1985, EuGRZ 1985, 733 (734 unter 7.).

lehnenden Aufnahmeentscheidung ist daher keine real existierende Möglichkeit und im Vergleich zum Beitritt keine gleichwertige Alternative. Der Beitritt in einen konkurrierenden Verband stellt ebenfalls keine gleichwertige Alternative dar, auf die der Beitrittswillige verwiesen werden kann. Denn dem einzelnen ist mit der individiuellen Koalitionsfreiheit auch das Recht gewährleistet, sich die für ihn geeignete Koalition auszusuchen. Jede Koalition ist weltanschaulich oder politisch anders geprägt und vertritt eigene tarifpolitische Ziele. Hier muß es dem einzelnen überlassen bleiben, die für ihn richtige Organisation auszuwählen. Unabhängig von der Frage, ob faktisch ein gleichwertiger Konkurrenzverband existiert,[342] verbietet also die individuelle Koalitionsfreiheit, den einzelnen auf einen konkurrierenden Verband zu verweisen, dem er vielleicht gar nicht beitreten will. Der einzelne Arbeitgeber beziehungsweise Arbeitnehmer ist also auf die vom ihm angestrebte Verbandsmitgliedschaft angewiesen, will er seine individuelle Koalitionsfreiheit effektiv ausüben.

Das allgemeine Verbandsrecht muß also so ausgeformt werden, daß bei Koalitionen innerhalb sogleich aufzuzeigender Grenzen ein Aufnahmeanspruch für Beitrittswillige bereitsteht. Das so mit Rücksicht auf die individuelle Koalitionsfreiheit ausgestaltete Verbandsrecht bildet damit die Grundlage für den Aufnahmeanspruch. Ein direkter Rückgriff auf Art. 9 III GG zur Begründung des Anspruches auf Beitritt ist deshalb ausgeschlossen.[343]

b) Soziale Macht als Grundlage der Aufnahmepflicht

Demgegenüber unterliegt der Ansatz der Rechtsprechung zur Begründung der Aufnahmepflicht der Gefahr, das koalitionsverfassungsrechtliche Umfeld auszublenden. Das Interesse eines Beitrittswilligen verdichtet sich nach Auffassung des Bundesgerichtshofes erst zu einem Aufnahmeanspruch, wenn der Verband im wirtschaftlichen oder sozialen Bereich eine überragende Machtstellung innehat.[344] Für tariffähige Gewerkschaften wird dieses Faktum der sozialen Machtstellung anerkannt und folglich ein Kontrahierungszwang der Gewerkschaften

---

[342] Bei Arbeitgeberverbänden muß dies generell verneint werden, da sie sich ohne konkurrierende Zuständigkeiten überschneidungsfrei organisiert haben.
[343] *Oetker*, RdA 1999, 96 (101); anders *Föhr*, Willensbildung in den Gewerkschaften, S. 162 ff.; *Popp*, Öffentliche Aufgaben und Willensbildung, S. 121; *Sachse*, ArbuR 1985, 267 (270 ff.) *v. Stechow*, Recht auf Aufnahme, S. 72.
[344] BGHZ 93, 151 (152); 110, 156 (164); i.E. ebenso *Küttner*, NJW 1980, 968 (969); *Nicklisch*, JZ 1976, 105 (109); auf eine Monopolstellung abstellend noch BGHZ 63, 282 (285).

angenommen.[345] Gleiches soll wegen der in tatsächlicher Hinsicht vergleichbaren Ausgangslage auch für den Beitritt zu Arbeitgeberverbänden[346] und Spitzenorganisationen[347] gelten.

Die Angewiesenheit des Einzelnen auf die Mitgliedschaft aus einer sozialen Machtstellung der Koalitionen abzuleiten, erweist sich jedoch als brüchig. Eine überragende Machtstellung der Gewerkschaften könnte sich aus den ihnen zahlreich gewährten Mitwirkungsbefugnissen bei der Gesetzgebung, in der Betriebs- und Unternehmensverfassung, in der Arbeits- und Sozialgerichtsbarkeit sowie in der öffentlichen Verwaltung ergeben.[348] Die Vorenthaltung der Mitgliedschaft bedeutet daher den Entzug von Partizipations-chancen an der Sozialgestaltung durch die Verbände und an gesellschaftspolitischen Entscheidungsprozessen.[349] Zudem ist für Gewerkschaftsmitglieder die Teilhabe an Mitwirkungsbefugnissen im Betrieb oder Unternehmen oft leichter und effizienter als für Nichtorganisierte, die aus eigener Kraft das notwendige Quorum in der Belegschaft erreichen müssen und nicht auf die informationelle Infrastruktur der Gewerkschaften zurückgreifen können.[350] Hieraus kann zumindest eine schwach ausgeprägte Angewiesenheit der Arbeitnehmer auf Gewerkschaftszugehörigkeit abgeleitet werden. Wie schwach sie ist, verdeutlichen die sinkenden Organisationsgrade.[351]

Ein Angewiesensein der Arbeitnehmer auf die Gewerkschaftszugehörigkeit, ergibt sich letztlich auch nicht aus den materiellen Vorteilen, die mit der Verbandszugehörigkeit verbunden sind. Hier ist zunächst der Aspekt des Tarifschutzes nach § 4 I 1 TVG zu erwähnen. Zwar haben nur Mitglieder einer tarifschließenden Gewerkschaft Anspruch auf tarifliche Leistungen. Jedoch profitieren auch Nichtorganisierte von den Tarifverträgen. Tatsächlich wird ein Arbeit-

---

[345] BGHZ 93, 151 (153); 110, 156 (164).
[346] *Gamillscheg*, Kollekt. ArbR I, S. 447 f.; *Löwisch/Rieble*, § 2 TVG Rn. 29; *Oetker*, RdA 1999, 96 (100); *Park*, Stellung der Arbeitgeberverbände, S. 191 ff.; *Schmidt*, Mitgliedschaft in Verbänden, S. 142 f.; zurückhaltender *Haußmann*, Verbandswechsel des Arbeitgebers, S. 4 f.
[347] *Oetker*, RdA 1999, 96 (100); für Spitzenverbände der Arbeitgeber *Park*, Stellung der Arbeitgeberverbände, S. 203 f.
[348] BGHZ 93, 151 (153); 110, 156 (164); *Sachse*, ArbuR 1985, 267 (269); vgl. die Übersicht bei *Löwisch*, RdA 1975, 53 ff.
[349] *Bartodziej*, ZGR 1991, 517 (537); *Sachse*, ArbuR 1985, 267 (270); *Schmiegel*, Inhaltskontrolle, S. 17 f.; *Wendeling-Schröder*, ZGR 1990, 107 (118).
[350] *Sachse*, ArbuR 1985, 267 (270); *Schmiegel*, Inhaltskontrolle, S. 17 f.
[351] *Oetker*, RdA 1999, 96 (100); *Reuter*, Festschr. Söllner, S. 937 (943).

geber regelmäßig betriebseinheitliche Arbeitsbedingungen schaffen, weil dies einfacher durchzuführen ist und den Betriebsfrieden sichert. Der faktische Schutz wird durch das Verbot von Differenzierungsklauseln und closed-shop Vereinbarungen zusätzlich gestärkt, so daß das Bedürfnis der Arbeitnehmer nach zwingendem Tarifschutz nur gering ist.[352] Der Bereich des gewerkschaftlichen Rechtsschutzes wie auch alle anderen Vorteilsregelungen mit Ausnahme des Streikschutzes und der Gemaßregelunterstützung sind für nichtorganisierte Arbeitnehmer durch den Abschluß von Versicherungen oder die Mitgliedschaft in anderen Organisationen kompensierbar. Den Vorteilen der Streik- und Gemaßregelunterstützung sind die Beitragsleistungen gegenüber zu stellen, die pro Jahr durchschnittlich höher sind als die von den Arbeitnehmern erhaltenen Unterstützungsleistungen.[353] Bei rein ökonomischer Betrachtung steht den Beitragsleistungen also kein gleichwertiger Leistungsverbund gegenüber. Ein Angewiesensein auf Mitgliedschaft ergibt sich daher auch nicht aus den Unterstützungsleistungen der Gewerkschaften.[354]

Bei Arbeitgeberverbänden gilt hinsichtlich der finanziellen und beratenden Unterstützungsleistungen das zu den Gewerkschaften Gesagte entsprechend. Weil die Arbeitgeber im Individualarbeitsverhältnis eine stärkere Stellung haben als die Arbeitnehmer, sind sie zur Gestaltung der Arbeitsverhältnisse grundsätzlich nicht auf die Arbeitgeberverbände angewiesen. Bedeutung hat die Verbandszugehörigkeit dagegen im Arbeitskampf. Dort stehen sie nicht nur der Arbeitnehmerseite gegenüber, sondern sind zusätzlich dem Druck von Konkurrenten ausgesetzt. Die Verbände verpflichten ihre Mitglieder deshalb zu Solidarität und verbieten ihnen etwa, während des Arbeitskampfes gegenseitig Kunden abzuwerben. Die im Arbeitgeberlager anzutreffende massive Verbandsflucht verdeutlicht jedoch die Schwierigkeit, aus diesem Umstand eine faktische Angewiesenheit der Arbeitgeber auf Mitgliedschaft abzuleiten.[355]

---

[352] *Bartodziej*, ZGR 1991, 517 (537); *Sachse*, ArbuR 1985, 267 (270); *Schmiegel*, Inhaltskontrolle, S. 14 f.; *Wendeling-Schröder*, ZGR 1990, 107 (117).
[353] Vgl. *Sachse*, ArbuR 1985, 267 (270).
[354] *Bartodziej*, ZGR 1991, 517 (537); *Sachse*, ArbuR 1985, 267 (270); *Schmiegel*, Inhaltskontrolle, S. 16 f.; anders *Wendeling-Schröder*, ZGR 1990, 107 (117 f.).
[355] So *Oetker*, RdA 1999, 96 (100); *Reuter*, Festschr. Söllner, S. 937 (943); vgl. auch *Säcker/Rancke*, ArbuR 1981, 1 (12); anders *Schmiegel*, Inhaltskontrolle, S. 21.

Der Schwäche mangelnder Berücksichtigung des verfassungsrechtlichen Umfeldes unterliegt auch der Ansatz, die Aufnahmepflicht der Koalitionen als Konsequenz einer zivilrechtlichen Mißbrauchsaufsicht über mächtige Vereine anzusehen.[356] Schließlich überzeugt es ebenfalls nicht, die Aufnahmepflicht damit zu erklären, daß Koalitionen als authentische Repräsentanten einer Gruppe auftreten und deshalb notwendig der Legitimation durch die Angehörigen der Gruppe bedürfen.[357] Denn damit wird die Verbandsstruktur unter einem anderen Gesichtspunkt betrachtet als dem hier relevanten Aspekt der Einschränkung der Vereinsautonomie durch Statuierung einer Aufnahmepflicht. Ein Kontrahierungszwang zwischen Verein und Mitgliedschaftsbewerber läßt sich nicht primär mit Außenfunktionen des Verbandes erklären. Die entscheidende Rolle spielt vielmehr das Abhängigkeitsverhältnis zwischen Mitglied und Verband.[358]

c) *Grenzen der Aufnahmepflicht*

Ein genereller Anspruch des Einzelnen auf Koalitionsbeitritt ist damit aber nicht begründet. Er würde unberücksichtigt lassen, daß die Koalition ihrerseits das Recht zur Selbstbestimmung über die eigene Organisation hat. Selbstverständlicher Ausdruck der Koalitionsfreiheit ist es, daß die Vereinigung den Verbandszweck in personeller, räumlicher oder fachlicher Hinsicht mittels abstraktgenereller Kriterien einschränken kann.[359] Ebenso steht ihnen das Recht zur Selbstbehauptung in dem Sinne zu, daß sie von beitrittswilligen Personen die Beachtung der Satzung verlangen können.[360]

Damit sind sogleich die Grenzen des Aufnahmeanspruches aufgezeigt. Sie werden durch die aus der Satzung ersichtliche Zuständigkeit des Verbandes sowie durch die Bereitschaft des Einzelnen gebildet, die Satzung für sich als verbindlich anzusehen. Als weitere Schranke des Aufnahmezwanges ist der Zumutbarkeitsgrundsatz zu nennen. Für den koalitionären Kontrahierungszwang gilt in-

---

[356] Vgl. *Bartodziej*, ZGR 1991, 517 (523 f., 545). Nach *Kilian*, AcP 180 (1980), 47 (73), dient der Kontrahierungszwang generell der Machtkompensation.
[357] *Grunewald*, AcP 182 (1982), 181 (206); *Reuter*, Anm. BGH JZ 1985, 534 (536 f.); ähnlich *Teubner*, Organisationsdemokratie, S. 262, 276, der einen Aufnahmezwang bejaht, wenn nicht die ideelle Zielsetzung des Vereins, sondern Status, Finanzausstattung oder Einfluß auf staatliche Entscheidungen das Motiv für den Beitritt sind.
[358] Vgl. *Schmiegel*, Inhaltskontrolle, S. 10.
[359] MünchArbR-*Löwisch/Rieble*, § 246 Rn. 17 ff.; *Schmiegel*, Inhaltskontrolle, S. 53; *Scholz*, in: Maunz/Dürig, Komm. z. GG., Art. 9 Rn. 246.
[360] Vgl. dazu BGHZ 93, 151 (155).

soweit nichts anderes als für das allgemeine Vertragsrecht. Ein Verbandsrecht, das die Koalitionen zur Aufnahme von Personen verpflichten würde, deren Mitgliedschaft für sie unzumutbar ist, würde nicht nur die einfachgesetzliche Systematik sprengen, sondern zudem das Selbstbehauptungsrecht der Koalitionen unangemessen beeinträchtigen. Die Koalitionen können danach die Aufnahme verweigern, wenn ein wichtiger Grund vorliegt, der die Aufnahme für die Koalition unzumutbar macht.[361]

Um gleichwohl der individuellen Koalitionsfreiheit genüge zu tun, ohne zugleich zu weit in die Autonomie der Verbände einzugreifen, ist den Koalitionen eine Einschätzungsprärogative einzuräumen, unter welchen Umständen eine Aufnahme unzumutbar ist.[362] Bei Aufnahme- wie auch Ausschlußentscheidungen hat der Verein allerdings weniger Beurteilungsspielraum als bei Entscheidungen, die die Mitgliedschaft an sich nicht berühren.[363] Typische und anerkannte Umstände, die eine Unzumutbarkeit der Aufnahme begründen, sind die Mitgliedschaft in einer Konkurrenzorganisation oder einer Gruppierung, deren Programmatik mit den Zielen der Koalition nicht vereinbar ist, die Ablehnung des Koalitionszwecks und Koalitionssystems mit seinen wesentlichen Bestandteilen und die Schädigung des Ansehens der Koalition durch die Aufnahme des betreffenden Bewerbers.[364]

2. Beschränkung des Vereinsausschlusses

Die Einbettung des Aufnahmeanspruches in das Umfeld des Art. 9 III GG betrifft in gleicher Weise die satzungsautonom geschaffenen Rahmenbedingungen für den Verbandsausschluß (§ 58 Nr. 1 BGB). Auch hier wirkt die individuelle Koalitionsfreiheit einschränkend auf die Verbandsautonomie ein. Die Bedeutung der kollektiven Koalitionsfreiheit für das Verbandsrecht wird demgegenüber am Beispiel der Loyalitätspflichtverletzung als Ausschlußgrund deutlich. Die kollektive Koalitionsfreiheit stärkt in diesen Fällen die Verbandsautonomie im Interesse des Selbstbehauptungsrechtes der Koalitionen.

---

[361] *Föhr*, Willensbildung in den Gewerkschaften, S. 166-169; *Oetker*, in: Wiedemann, § 2 TVG Rn. 186; *ders*, RdA 1999, 96 (101); *Schmiegel*, Inhaltskontrolle, S. 51.
[362] *Oetker*, RdA 1999, 96 (101).
[363] *Beuthien*, BB 1968, Beil. 12, S. 1 (5); *Schmiegel*, Inhaltskontrolle, S. 170.
[364] Vgl. im einzelnen *Schmiegel*, Inhaltskontrolle, S. 52 ff.

a) Dogmatische Grundlage des Vereinsausschlusses

Der Ausschluß eines Mitglieds aus dem Verein ist gesetzlich nicht geregelt.[365] Gleichwohl entspricht es allgemeiner Überzeugung, daß ein Mitglied aus wichtigem Grund ausgeschlossen werden kann.[366] Die Qualifikation des Ausschlusses ist bislang jedoch noch ungeklärt. Die Einordnung als Form der Kündigung eines Dauerschuldverhältnisses[367] erfaßt die Ausschlußproblematik nicht vollständig. Das Kündigungsrecht soll es dem Vertragspartner ermöglichen, sich von einer langfristig geplanten Bindung zu lösen. Ziel des Ausschlusses ist hingegen, selbst gebunden zu bleiben und nur das betroffene Mitglied von der Nutzung des Gemeinsamen abzuschneiden.[368] Auch die Bewertung des Ausschlusses als Teil der Verbandsstrafgewalt[369] überzeugt nicht. Mit dem Ausschluß als Strafe wäre über den Vorgang der Trennung des Vereins vom Mitglied leichterdings ein soziales Unwerturteil verbunden. Weder Gründungs- noch Beitrittsvertrag vermögen jedoch dem Verein die Befugnis zu verschaffen, eine Disziplinargewalt solcher Art auszuüben. Es ist schon sehr zweifelhaft, ob jemand sich beim Vereinsbeitritt einer solchen Gerichtsbarkeit unterwerfen will. Aber selbst wenn man dies unterstellt, so müßte das Recht diesem Vertrag die Gültigkeit versagen, denn er bedeutet eine Entäußerung des Persönlichkeitsrechtes, die mit den Wertvorstellungen unserer Rechtsordnung unvereinbar ist.[370]

---

365 Die Verweisung des § 54 S. 1 BGB auf die §§ 737, 723 I 2 BGB gilt nicht, weil die pauschale Inbezugnahme der personengesellschaftsrechtlichen Normen sachgerechte Lösungen verhindert, *Herschel*, Anm. BGH ArbuR 1978, 318 (320); *Säcker/Rancke*, ArbuR 1981, 1 (3).
366 BGHZ 9, 157 (162); *Beuthien*, BB 1968, Beil. 12, S. 1 (4 f.); *Flume*, Festschr. Bötticher, S. 101 (116); *Grunewald*, Ausschluß, S. 39; *Kübler*, Gesellschaftsrecht, § 33 IV 4 a; *Säcker/Rancke*, ArbuR 1981, 1 (3); *K. Schmidt*, Gesellschaftsrecht, § 24 V 3 b, c.
367 BGHZ 9, 157 (162); 80, 346 (349 f.); *Reichert*, Hdb. Vereinsrecht, Rn. 1611; *Soergel/Hadding*, § 39 BGB Rn. 10.
368 *Grunewald*, Ausschluß, S. 16 f.
369 *Meyer-Cording*, Vereinsstrafe, S. 63 ff.; *Stöber*, Hdb. Vereinsrecht, Rn. 699. Teilweise wird zwischen der Einordnung als Kündigung und der als Vereinsstrafe nicht sauber getrennt und beides in einem Atemzug genannt, vgl. RGRK/*Steffen*, § 39 BGB Rn. 6; *Reuter*, NJW 1987, 2401 (2404 ff) unterscheidet zwischen Kündigungsausschluß und Strafausschluß.
370 *Flume*, Festschr. Bötticher, S. 101 (118 f.); *Staudinger/Weick*, Vorbem zu §§ 21 ff. BGB Rn. 39; kritisch *Larenz*, Gedächtnisschr. Dietz, S. 45 (59), der darlegt, daß auch eine außerordentliche Kündigung das Ansehen des Mitglieds erheblich beeinträchtigen kann.

Die Einordnung des Vereinsausschlusses wird traditionell verschränkt mit der Frage behandelt, inwieweit eine gerichtliche Kontrolle von Vereinsentscheidungen zulässig sein soll, und so spielt das Ziel einer vollen Nachprüfbarkeit des Ausschlusses häufig eine maßgebliche Rolle auch für die rechtsdogmatische Qualifizierung desselben.[371] Während das Vorliegen eines wichtigen Grundes von den Gerichten voll nachgeprüft werden kann, beschränkt der Bundesgerichtshof (auch gegenüber Vereinen mit überragender Machtstellung) die gerichtliche Nachprüfung von Vereinsstrafen.[372] Danach sind Subsumtion und Strafzumessung nur begrenzt kontrollierbar. Zutreffend dürfte es demgegenüber jedoch sein, alle Vereinsstrafen einer vollständigen gerichtlichen Kontrolle hinsichtlich der Tatsachenfeststellung, der Subsumtion und der Strafzumessung zu unterwerfen.[373] Diese Erkenntnis beruht auf der sich immer mehr durchsetzenden Rückführung der Vereins-autonomie auf die Privatautonomie, nach der dann auch das Mitgliedschaftsverhältnis ein Privatrechtsverhältnis ist und demzufolge die Einschränkung der gerichtlichen Kontrolle von Vereinsakten gegenüber den Mitgliedern nicht mehr zu rechtfertigen ist.[374] Die rechtliche Einordnung des Vereinsausschlusses ist sonach unabhängig von der Frage der gerichtlichen Kontrolldichte, da in jedem Fall eine volle gerichtliche Überprüfung stattfinden kann.

Bei einem Ausschluß aus wichtigem Grund geht es um die Wahrung der Interessen der verbleibenden Mitglieder an der weiteren effektiven Verfolgung des Vereinszweckes,[375] die das Mitglied gefährdet, in dessen Person ein wichtiger Grund gegeben ist. Entstehungsgeschichtlich läßt sich nachweisen, daß eben dieser Gedanke den gesetzlichen Regelungen des Ausschlusses aus Personengesellschaften zugrunde liegt.[376] Der Ausschluß aus dem Verband wurde als einzig adäquate Reaktion auf ein Mitglied angesehen, in dessen Person ein wichtiger

---

[371] Vgl. *Larenz*, Gedächtnisschr. Dietz, S. 45 (52); *Schmidt*, Mitgliedschaft in Verbänden, S. 229 f.
[372] Vgl. BGHZ 87, 337 (343); 102, 265 (277) und die eingehende Darstellung bei *Soergel/Hadding*, § 25 BGB Rn. 59 f.
[373] Vgl. *Beuthien*, BB 1968, Beil. 12 S. 1 (5); *Flume*, Festschr. Bötticher, S. 101 (129 f.); *Gehrlein*, ZIP 1997, 1912 (1916); *Hadding/van Look*, ZGR 1988, 270 (277 ff.); *Larenz*, Gedächtnisschr. Dietz, S. 45 (55 ff.); *Soergel/Hadding*, § 25 BGB Rn. 61; *Staudinger/Weick*, Vorbem. zu §§ 21 ff. BGB Rn. 41.
[374] Vgl. *Hadding/van Look*, ZGR 1988, 270 (275 ff.); *Staudinger/Weick*, Vorbem. §§ 21 ff. BGB Rn. 41.
[375] *Grunewald*, Ausschluß, S. 25.
[376] Vgl. die rechtsgeschichtliche Herleitung bei *Grunewald*, Ausschluß, S. 19 ff.

Grund gegeben ist, da die Auflösung und Neugründung der Personengesellschaft für die verbandstreuen Mitglieder wegen der Weitläufigkeit und Kosten der Liquidation eine unbillige Härte bedeuten.[377] Dieser gedankliche Hintergrund läßt sich auch bei den Korporationsformen wiederfinden, für die keine gesetzliche Regelung des Ausschlusses besteht.[378] Der Vereinsausschluß ist deshalb konsequenterweise als allgemeines gesellschaftsrechtliches Institut einzuordnen,[379] als gruppenbezogenes Recht zur Absicherung des Vereinigungszieles.

b)   Beschränkung des Ausschlußrechtes

Die Modalitäten des Ausschlusses kann die Koalition nach § 58 Nr. 1 BGB grundsätzlich in der Satzung regeln.[380] Ein Aufnahmeanspruch in die Koalition wäre jedoch wertlos, wenn das aufgenommene Mitglied anschließend ohne Gründe gegen seinen Willen ausgeschlossen werden könnte. Deshalb müssen für den Verbandsausschluß dieselben Grundsätze gelten wie hinsichtlich des Rechts zur Abweisung eines Aufnahmeantrages.[381] Ein Verbandsausschluß ist demnach nur gerechtfertigt, wenn ein wichtiger Grund die Fortsetzung der Mitgliedschaft für die Koalition auch unter Beachtung der individuellen Koalitionsfreiheit des unerwünschten Mitglieds unzumutbar macht. Die Angewiesenheit des einzelnen auf die Verbandsmitgliedschaft zur effektiven Ausübung der individuellen Koalitionsfreiheit schränkt damit auch die Satzungsautonomie der Koalitionen im Bezug auf die Regelung des Verbandsausschlusses ein.

c)   Loyalitätspflichtverletzungen

Ein Ausschlußgrund, zu dem es keinen parallelen Ablehnungsgrund gibt, ist der Verstoß gegen innerverbandliche Loyalitätspflichten. Hier zeigt sich im Gegensatz zu den vorangegangenen Beispielen der Einfluß der kollektiven Koalitions-

---

377 *Grunewald*, Ausschluß, S. 20.
378 *Grunewald*, Ausschluß, S. 35 ff., für Genossenschaft, Verein, GmbH und AG.
379 *Flume*, Festschr. Bötticher, S. 115 (120); *Grunewald*, Ausschluß, S. 57 f.; *Säcker/ Rancke* ArbuR 1981, 1 (3); *K. Schmidt*, Gesellschaftsrecht, § 24 V 3.
380 *Oetker*, RdA 1999, 96 (101); *Säcker/Rancke*, ArbuR 1981, 1 (5); *Wank*, JR 1994, 356 (357); *Wendeling-Schröder*, ZGR 1990, 107 (123).
381 Für eine Kongruenz: BGHZ 93, 151 (155); *Gamillscheg*, Kollekt. ArbR I, S. 447; *Grunewald*, AcP 182 (1982), 181 (200); MünchArbR-*Löwisch/Rieble*, § 251 Rn. 7; *Oetker*, RdA 1999, 96 (102); *Otto*, Personale Bindung und soziale Freiheit, S. 190; *Reichert*, Hdb. Vereinsrecht, Rn. 1614; *Reuter*, Anm. BGH JZ 1985, 534 (537); *Schmiegel*, Inhaltskontrolle, S. 172.

freiheit auf das Verbandsrecht. Die kollektive Koalitionsfreiheit bewirkt eine gesteigerte Bedeutung des Selbstbehauptungsinteresses der Koalition und kann daher im Fall des Verstoßes gegen Mitgliederpflichten das Recht der Koalition zum Ausschluß des Mitglieds über den bestehenden einfachgesetzlichen Rahmen hinaus erweitern.

Grundsätzlich steht jeder Koalition das Recht zu, ihre innere Ordnung gegen Mitglieder zu verteidigen, die sich im Widerspruch zu den verbandsrechtlichen Loyalitätspflichten betätigen.[382] Da die koalitionäre Aufgabe zur Gestaltung der Arbeits- und Wirtschaftsbedingungen immer auch eine Auseinandersetzung mit dem sozialen Gegenspieler voraussetzt,[383] bedingt dies ein über das normale Selbsterhaltungsinteresse hinausgehendes gesteigertes Interesse der Koalition an einem einheitlichen Auftreten der Mitglieder gegenüber der Gegenseite. Anderenfalls wäre es kaum möglich, die Auseinandersetzung mit dem sozialen Gegenspieler zum Erfolg zu führen. Aber auch hinsichtlich der Tätigkeitsfelder der Koalitionen in der Betriebs- und Unternehmensverfassung und im politischen Raum kann uneinheitliches Mitgliederverhalten die Glaubwürdigkeit der Interessenvertretung erschüttern.[384] Praktisch relevant geworden sind vor allem Fälle von Streikbruch.[385] Auf gleicher Ebene ist der Abschluß von Firmentarifverträgen während des Arbeitskampfes um Abschluß eines Verbandstarifvertrages[386] und die Nichtbefolgung eines Aussperrungsbeschlusses[387] zu würdigen. In derartigen Fallgestaltungen ist ein Ausscheren des einzelnen Mitglieds mit der Gefahr des Scheiterns der Tarifauseinandersetzung verbunden; dies wiederum kann gravierende Folgen für Bestand und Durchsetzungsfähigkeit der Koalition haben. Obwohl die Angewiesenheit des einzelnen auf die Koalitionsmitgliedschaft auch in diesen Fällen als beachtenswerte Grundrechtsposition bestehen bleibt, muß sie hinter das Selbstbehauptungsinteresse der Verbände zurücktreten.[388] Ein Verbandsausschluß ist berechtigt.

---

[382] BVerfGE 100, 214 (221); *Dütz*, Festschr. Hilger/Stumpf, S. 99 (112).
[383] *Reuter*, ZGR 1980, 97 (125); *Wank*, JR 1994, 356 (357); *Wendeling-Schröder*, ZGR 1990, 107 (120).
[384] *Wank*, JR 1994, 356 (357); *Wendeling-Schröder*, ZGR 1990, 107 (121).
[385] BGH NJW 1978, 990 (991); *Gamillscheg*, Kollekt. ArbR I, S. 451; *Oetker*, in: Wiedemann, § 2 TVG Rn. 192.
[386] *Oetker*, in: Wiedemann, § 2 TVG Rn. 194.
[387] *Gamillscheg*, Kollekt. ArbR I, S. 448; *Schmiegel*, Inhaltskontrolle, S. 103.
[388] *Gamillscheg*, Kollekt. ArbR I, S. 451, 448; *Oetker*, RdA 1999, 96 (102); vgl. auch *Wendeling-Schröder*, ZGR 1990, 107 (120).

Schwieriger ist die Kandidatur eines Gewerkschaftsmitglieds auf einer konkurrierenden Liste bei Betriebsratswahlen zu beurteilen. Der Bundesgerichtshof hat Gewerkschaftsmitgliedern mit Blick auf § 20 II BetrVG bis zur Grenze gewerkschaftsschädigenden Verhaltens sowohl das Recht zugebilligt, auf Listen zu kandidieren, die in Konkurrenz zu einem von der Gewerkschaft getragenen Wahlvorschlag antreten, als auch das Recht, im Kampf um Wählerstimmen Kritik an der Betriebsratsarbeit der eigenen Gewerkschaft zu üben.[389] Fraglich ist, ob die Rechtsprechung damit, so der Vorwurf,[390] das Selbstbehauptungsrecht der Koalitionen vernachlässigt.

Art. 9 III GG gewährleistet den Gewerkschaften die Mitgestaltung der betriebsverfassungsrechtlichen Ordnung. Auch im Bereich der betrieblichen Mitbestimmung fördern die Gewerkschaften die Arbeits- und Wirtschaftsbedingungen ihrer Mitglieder und nehmen damit eine verfassungsrechtlich geschützte Funktion wahr. Ihnen kommen nicht nur Hilfsfunktionen zu (§§ 31, 46 BetrVG).[391] Vielmehr ist ihnen die Betätigung im Rahmen der Betriebsverfassung auch und gerade zur Verfolgung eigener Zwecke eröffnet. Anderenfalls wäre eine verfassungsrechtliche Garantie der Betätigung der Koalitionen im Bereich der Betriebsverfassung in der bestehenden Form[392] nicht vertretbar. Zur Koalitionszweckverfolgung gehört auch das aktive Wirken der Gewerkschaften innerhalb der Betriebsräte.[393] Dieser aktiven Rolle entspricht es, wenn die Gewerkschaften dabei geschlossen auftreten und diese Geschlossenheit auch mit verbandsinternen Sanktionen zu verteidigen suchen.[394] Denn die Glaubwürdigkeit ihrer Wahlaussagen und das Vertrauen in ihre Durchsetzungsfähigkeit hängen

---

[389] BGHZ 102, 265 (277 f.); zustimmend *Reuter*, Anm. BGH JZ 1985, 534 (537); *Scholz*, in: Maunz/Dürig, Komm. z. GG, Art. 9 Rn. 225; *Wank*, JR 1994, 356 (360).

[390] *Gamillscheg*, Kollekt. ArbR I, S. 450; *Herschel*, Anm. BGH ArbuR 1978, 318 (320); *Oetker*, in: Wiedemann, § 2 TVG Rn. 193; *Popp*, JuS 1980, 798 (801); *Sachse*, ArbuR 1985, 267 (275 ff.); *Säcker/Rancke*, ArbuR 1981, 1 (7 ff.); *Wendeling-Schröder*, ZGR 1990, 107 (130).

[391] *Caspar*, Stellung der Gewerkschaften im Betrieb, S. 59 f.; *Richardi*, RdA 1972, 8 (12); *Zöllner*, Gewerkschaftsausschluß, S. 18.

[392] BVerfGE 19, 303 (319); *Säcker*, Grundprobleme, S. 58 ff.; *Zöllner*, Gewerkschaftsausschluß, S. 19.

[393] Vgl. BVerfGE 19, 303 (312 ff.); 100, 214 (223); *Säcker*, Grundprobleme, S. 75 ff.; *Zöllner*, Gewerkschaftsausschluß, S. 27.

[394] BVerfGE 100, 214 (223); vgl. auch *Herschel*, Anm. zu BAG AP Nr. 7 zu § 20 BetrVG 1972 Bl. 3R (4R); *Zöllner*, Gewerkschaftsausschluß, S. 27. Zu eng deshalb *Reuter*, ZGR 1980, 97 (127 f.); ausführliche Kritik dazu bei *Zöllner*, Gewerkschaftsausschluß, S. 38 ff.

wesentlich vom Eindruck ihrer Geschlossenheit ab. Konkurrierende Listen eigener Mitglieder wirken dem entgegen. Die abträgliche Wirkung strahlt auf das Gesamtbild der Gewerkschaft ab und berührt damit auch das Vertrauen in ihre Durchsetzungsfähigkeit bei Tarifauseinandersetzungen.[395] Geschlossenes Auftreten nach außen ist daher von immenser Bedeutung für die Wettbewerbsfähigkeit der Koalition. Dieser Aspekt allein vermag aber wohl nicht eine einschränkende Auslegung des § 20 II BetrVG dahin zu rechtfertigen, daß ein Ausschluß von Gewerkschaftsmitgliedern, die auf konkurrierenden Listen zur Betriebsratswahl kandidieren, mit Blick auf Art. 9 III GG nicht als unzulässige Wahlbeeinflussung einzuordnen ist. Insoweit gilt es zu bedenken, daß der Erfolg einer Gewerkschaft nicht Selbstzweck ist, sondern allein der Vertretung der Arbeitnehmerinteressen dient. Wettbewerbs- und Durchsetzungsfähigkeit einer Gewerkschaft können deshalb grundsätzlich nicht auf Kosten der Authentizität der Interessenrepräsentation gestärkt werden.[396] Zudem verlangt die individuelle Koalitionsfreiheit bei Monopolverbänden wie den Gewerkschaften nach einem innerverbandlichen Minderheitenschutz. Die Gewerkschaften müssen deshalb in gewissem Umfang interne Opposition hinnehmen.[397] Es stellt sich dann die Frage, ob und inwieweit sich diese innerverbandliche Opposition in der Form der Kandidatur auf einer konkurrierenden Wahlliste äußern darf.

Entscheidende Bedeutung kommt hier der Überlegung zu, daß es sich vorliegend letztlich um ein Problem der Konkurrenz von betrieblicher und überbetrieblicher Interessenvertretung handelt. Daher können die einschlägigen Konkurrenzregeln des Betriebsverfassungsgesetzes herangezogen werden, die dann wiederum auf das Koalitionsrecht ausstrahlen. Die §§ 77 III 1, 87 I BetrVG räumen der überbetrieblichen Interessenvertretung Vorrang gegenüber der betrieblichen ein. Der Vorrang des Tarifvertrages in Konkurrenz zur Betriebsvereinbarung soll gerade die Werbungskraft der Tarifparteien stärken. Aus diesem Grund muß vorliegend auch das Selbstbehauptungsrecht der Gewerkschaft als wesentlicher Faktor für eine erfolgreiche überbetriebliche Interessenvertretung dem Schutz der Wahlbewerber nach § 20 II BetrVG vorgehen. Die Gewerkschaften sind daher berechtigt, ein Gewerkschaftsmitglied auszuschließen, das auf einer konkurrierenden Liste bei Betriebsratswahlen kandidiert.

---

[395] BVerfGE 100, 214 (223); OLG Celle NJW 1980, 1004; vgl. auch *Herschel*, Anm. zu BAG AP Nr. 7 zu § 20 BetrVG 1972 Bl. 3R (4R).
[396] *Reuter*, Festschr. Söllner, S. 937 (950); vgl. auch *Schüren*, Legitimation tariflicher Normsetzung, S. 200 f.
[397] Ausführlich dazu S. 98 ff.

3. Verbandsaustritt

In engem Zusammenhang zu Aufnahme und Ausschluß steht der Verbandsaustritt. Durch den einseitig erklärten Austritt aus dem Verband nimmt das einzelne Mitglied die ihm verbürgte negative Koalitionsfreiheit wahr. Das private Vereinsrecht trägt diesem Umstand durch § 39 I BGB Rechnung, da ein Austritt ohne Angabe von Gründen garantiert wird.[398] Allerdings ist dem Verein in den Grenzen von § 39 II BGB die Möglichkeit eröffnet, durch statutarische Festlegung einer Kündigungsfrist seinen Bestandsinteressen Ausdruck zu verleihen.

Der Gestaltungsspielraum des § 39 II BGB für Kündigungsfristen erweist sich bei Koalitionen als überprüfungsbedürftig, da die mögliche Frist von zwei Jahren den einzelnen für eine verhältnismäßig lange Zeit an der Ausübung seiner negativen Koalitionsfreiheit hindert. Diese Frist erweist sich insbesondere als zu lang, wenn ein Arbeitnehmer aufgrund eigener beruflicher Veränderungen oder auch aufgrund einer Organisationsänderung auf Arbeitgeberseite aus dem Zuständigkeitsbereich seiner bisherigen Koalition ausscheidet. Beispielhaft kann hier der eingangs geschilderte Fall des Kochs herangezogen werden, der von einem Restaurant in eine Kantine wechselt, die dann im Laufe der Zeit an verschiedene Industrieunternehmen verpachtet wird.[399] In diesem Fall muß es wesentlich kurzfristiger möglich sein, den Verband zu wechseln, um eine Tarifbindung an den nunmehr maßgeblichen Tarifvertrag erreichen zu können. § 39 II BGB muß daher in diesem Sinne mit Rücksicht auf die individuelle Koalitionsfreiheit verfassungskonform reduziert werden.[400] Bei den Gewerkschaften ist in Abwägung mit der kollektiven Koalitionsfreiheit eine Kündigungsfrist von sechs Monaten angemessen. Die Gewerkschaften sind Massenorganisationen und können deshalb wegen der relativ geringen Bedeutung der einzelnen Beitragsleistung auf keine der individuelle Koalitionsfreiheit vergleichbar gewichtigen Bestandsinteressen verweisen.[401] Es wäre jedoch verfehlt,

---

[398] Zur analogen Anwendung des § 39 BGB auf nicht rechtsfähige Idealvereine, vgl. MünchKomm/*Reuter*, § 39 Rn. 2; *Schmiegel*, Inhaltskontrolle, S. 179.
[399] Siehe S. 7 f.
[400] BGH NJW 1981, 340 (341); MünchArbR-*Löwisch/Rieble*, § 245 Rn. 62; *Schmiegel*, Inhaltskontrolle, S. 180; anders *Schmidt*, Mitgliedschaft in Verbänden, S. 228, der einen jederzeit möglichen Austritt analog § 10 II 3 PartG für geboten hält. Dies vernachlässigt aber das legitime Interesse der Koalitionen, mit einem überschaubaren Mitgliederbestand und Beitragsaufkommen kalkulieren zu können, MünchArbR-*Löwisch/Rieble*, § 245 Rn. 62; *Oetker*, ZfA 1998, 41 (61 f.).
[401] *Oetker*, ZfA 1998, 41 (65 ff.).

die Schranke von sechs Monaten auf alle Koalitionen anzuwenden. Die wegen der individuellen Koalitionsfreiheit richtige Restriktion der Austrittsfrist paßt nur für Massenorganisationen wie die Gewerkschaften. Bestandsinteressen der Koalitionen gewinnen stets dann ein größeres Gewicht, je stärker die Koalitionen auf die Mitgliedschaft des Einzelnen und die damit verbundenen Beitragsleistungen angewiesen ist. Daher ist es geboten, Arbeitgeberverbänden und Spitzenorganisationen einen größeren Spielraum für die satzungsmäßige Gestaltung der Kündigungsfrist zu gewähren.[402] Denkbar ist insoweit, längerfristige Bindungen in Abhängigkeit zur Höhe der Beitragsleistungen zuzulassen.[403]

4. Demokratische Binnenverfassung

Ein weiterer wichtiger Bereich, in dem sich die Grundrechtsüberlagerung des Vereinsrechts durch die Koalitionsfreiheit auswirkt, ist die innerverbandliche Willensbildung. Die Ausstrahlungswirkung des Art. 9 III GG wird hier zumeist zusammenfassend mit dem Erfordernis einer demokratischen Binnenverfassung beschrieben. Hinter dieser Forderung nach Binnendemokratie steht letztlich die Frage, ob und wieweit der Verband berechtigt ist, für die einzelnen Mitglieder nach außen tätig zu werden. Da ein Schwerpunkt koalitionären Handelns im Abschluß von Tarifverträgen liegt, geht es dabei also immer auch um die Legitimation der Tarifnormsetzung. Auch die Tarifzuständigkeit ist ein Problem der Legitimation von Tarifnormsetzung. Wie später zu sehen sein wird,[404] folgt das Merkmal der Tarifzuständigkeit aus der Notwendigkeit, tarifliche Normsetzung in demokratischer Form zu legitimieren. Zur demokratischen Legitimation der Tarifnormsetzung gehören neben der Tarifzuständigkeit als Elemente auch die Mitgliedschaft, die Organisationsdemokratie und die tarifliche Sonderwillensbildung. Die innerverbandliche Organisationsdemokratie kann allerdings nur den Tarifvertragsschluß an sich und die konkrete Festlegung des verbandlichen Zuständigkeitsbereiches legitimieren. Sie kann dagegen nicht erklären, warum Tarifverträge unwirksam sind, die sich nicht im Rahmen der Verbandszuständigkeit bewegen. Diese Bedeutung der Organisationsdemokratie für die Tarifnormsetzung, auf die später im Zusammenhang mit Fragen der Tarifzuständig-

---

[402] *Oetker*, ZfA 1998, 41 (71 f.;73 f.); *ders.* RdA 1999, 96 (102).
[403] Vgl. *Oetker*, ZfA 1998, 41 (72); dagegen MünchArbR-*Löwisch/Rieble*, § 245 Rn. 62.
[404] Siehe S. 116 ff.

keit zurückzukommen sein wird,[405] rechtfertigt es, kurz auf die Herleitung des Demokratiegebotes einzugehen.

Daneben stellt sich im Zusammenhang mit der Forderung nach einer demokratischen Binnenverfassung immer auch die Frage nach der inhaltlichen Konkretisierung des Demokratiegebotes. Im einzelnen ist hier an Vorgaben hinsichtlich der Zusammensetzung und Wahl der Repräsentativorgane, der Ausgestaltung des Minderheitenschutzes oder auch der Zuständigkeitsverteilung innerhalb des Verbandes zu denken.[406] So kommt beispielsweise bei den Gewerkschaften als Massenorganisationen nur eine repräsentativ-demokratische Organisationsform mit einer Delegiertenversammlung als oberstem Vereinsorgan in Betracht.[407] Des weiteren ist zu überlegen, ob zur Sicherung der Mitgliederhoheit nicht bestimmte Zuständigkeiten zwingend bei der Mitgliederversammlung anzusiedeln sind.[408] Für die hier interessierenden Verbindungen zwischen Vereinsrecht, Koalitionsfreiheit und Fragen der Tarifzuständigkeit kommt es auf diese Einzelheiten nicht an. Bedeutsam ist in diesem Zusammenhang jedoch, daß sich möglicherweise eine grundsätzliche Leitlinie zur Ausformung des Demokratiegebotes der staatlichen Binnenstruktur entnehmen läßt. Damit wäre es zumindest plausibel, spiegelbildlich zur innerverbandlichen Ordnung auch das nach außen wirkende Handeln der Koalition am staatlichen Leitbild zu orientieren. Die Tarifnormsetzung könnte demzufolge den gleichen Legitimationserfordernissen unterliegen wie die staatliche Normsetzung. Dies wäre ein denkbarer Erklärungsansatz dafür, warum die Tarifzuständigkeit Wirksamkeitsvoraussetzung eines Tarifvertrages ist.[409]

---

[405] Siehe S. 116 ff.
[406] Im Überblick dazu *Reuter*, Festschr. Söllner, S. 937 ff.
[407] Vgl. *Leßmann*, Wirtschaftsverbände, S. 251; *Säcker/Oetker*, Repräsentation von Großvereinen, S. 7; *Schmidt*, Mitgliedschaft in Verbänden, S. 175 f.; *Schmiegel*, Inhaltskontrolle, S. 143 f.; *Schüren*, Legitimation tariflicher Normsetzung, S. 263.
[408] Vgl. dazu *Föhr*, Willensbildung in den Gewerkschaften, S. 184 ff.; *Leßmann*, Wirtschaftsverbände, S. 249 f.; *MünchKomm/Reuter*, § 32 BGB Rn. 11; *Schmidt*, Mitgliedschaft in Verbänden, S. 160; *Schmiegel*, Inhaltskontrolle, S. 144.
[409] Siehe S. 118 ff.

a) Herleitung des Demokratiegebotes

Das Vereinsrecht verpflichtet die Berufsverbände nicht auf eine Willensbildung nach demokratischen Grundsätzen.[410] Nach der Grundkonzeption der §§ 26 I 1, 27 I, 32 I 1 BGB wird der Verein zwar von der Willensbildung der Mitglieder getragen. Allerdings eröffnet § 40 BGB einen weiten Spielraum für abweichende Satzungsregelungen. So kann beispielsweise in der Satzung bestimmt werden, daß die Zuständigkeiten der Mitgliederversammlung auf den Vorstand übertragen werden und der Vorstand nicht durch die Mitgliederversammlung zu bestellen ist.[411]

Die dennoch immer wieder geforderte Bindung tariffähiger Koalitionen an das Demokratiegebot[412] beschränkt damit die innere Verbandsfreiheit der Koalitionen. Auch wenn das Demokratiepostulat allgemein als Reaktion auf das in Großverbänden angelegte Machtproblem angesehen wird,[413] läßt es sich nicht bereits aus einem öffentlichen Status der Verbände ableiten,[414] sondern muß aus den spezifischen Aufgaben und Umweltbeziehungen eines jeden Verbandes entwickelt werden.[415] Die hier einschlägige spezifische Aufgabe der Berufsverbände besteht in der tarifpolitischen Interessenvertretung ihrer Mitglieder und der Regelung der Arbeits- und Wirtschaftsbedingungen mittels des Abschlusses von Tarifverträgen.

---

[410] Vgl. *Moll*, Tarifausstieg, S. 49; *Oetker*, RdA 1999, 96 (102 f.); *Popp*, Öffentliche Aufgaben und Willensbildung, S. 170, 182; *Teubner*, Organisationsdemokratie, S. 27.
[411] Vgl. OLG Köln NJW 1992, 1048 (1049).
[412] Vgl. *Biedenkopf*, Grenzen, S. 47 ff.; *Däubler*, Tarifvertragsrecht, Rn. 48; *Föhr*, Willensbildung in den Gewerkschaften, S. 123 ff., *Gamillscheg*, Kollekt. ArbR I, S. 400 f. Fn. 58; *Oetker*, in: Wiedemann, § 2 TVG Rn. 271 ff.; *Popp*, Öffentliche Aufgaben und Willensbildung, S. 57 ff; *Rüthers*, ZfA 1982, 237 (250 f.); *Stindt*, Verfassungsgebot und Wirklichkeit, S. 8 ff.; teilweise wird diese Forderung allgemein für alle Koalitionen im Sinne von Art. 9 III GG erhoben. Arbeitgeberverbände sind demgegenüber nach teilweise vertretener Auffassung vom Erfordernis einer demokratischen Binnenverfasssung freigestellt, so *Hillebrand*, Tarifzuständigkeit, S. 42; *Kempen/Zachert*, § 2 TVG Rn. 89.
[413] Vgl. dazu *Leßmann*, Wirtschaftsverbände, S. 241 ff.; *Teubner*, Organisationsdemokratie, S. 78 ff., 169ff.; *Vorderwülbecke*, Rechtsform der Gewerkschaften, S. 102 ff.
[414] Vgl. *Föhr*, Willensbildung in den Gewerkschaften, S. 114; *Lerche*, Zentralfragen, S. 29; *Leßmann*, Wirtschaftsverbände, S. 240; *Scheuner*, in: Weber/Scheuner/Dietz, Koalitionsfreiheit, S. 27 (68).
[415] *Teubner*, Organisationsdemokratie, S. 3 f., 119.

aa) Tarifpolitische Interessenvertretung der Mitglieder

Den Koalitionen ist verfassungsrechtlich der Auftrag erteilt, die Arbeits- und Wirtschaftsbedingungen im Interesse ihrer Mitglieder mit den Mitteln des Tarifvertrages zu gestalten. Dazu müssen sie sich eine für die Erfüllung dieser Funktion adäquate Organisation geben.[416] Dies ist Ausdruck der allgemeinen Funktionsgebundenheit der den Koalitionen durch Art. 9 III GG gewährten Organisationsautonomie.

Eine funktionsadäquate Organisation muß berücksichtigen, daß der Verband die Belange der Mitglieder nur dann durch Tarifverträge sinnvoll umsetzen kann, wenn die Mitglieder ihre Interessen zuvor in die tarifpolitische Entscheidungsfindung des Verbandes einbringen konnten. Dies aber kann nur durch die Beteiligung der Mitglieder an der verbandsinternen Willensbildung erreicht werden, da die Berücksichtigung des Mitgliederwillens auf andere Weise nicht sichergestellt werden kann. Aufgrund der Angewiesenheit des einzelnen Arbeitgebers und Arbeitnehmers auf die Koalitionsmitgliedschaft ist die Bei- und Austrittsfreiheit als Mittel zur Kontrolle der Vereinsgewalt ungeeignet. Allerdings können Beschlüsse des Verbands gerichtlich auf ihre Vereinbarkeit mit den Mitgliederinteressen kontrolliert werden. In Fällen, in denen die Freiwilligkeit der Mitgliedschaft aufgrund von Sachzwängen nicht gewahrt wird, nimmt die Rechtsprechung[417] eine solche inhaltliche Überprüfung der Satzung vor. Dieser Weg zur Überwachung der Verbandsgewalt läßt sich auf die tarifbezogenen Entscheidungen der Berufsverbände aber nicht übertragen. Die gerichtliche Kontrolle der Tarifpolitik käme einer staatlichen Tarifzensur gleich und ist mit der Tarif-autonomie nicht vereinbar.[418] Wenn somit eine externe Kontrolle fehlt, sind die Mitglieder auf die interne Mitwirkung an der Willensbildung des Verbandes angewiesen.[419] Die tariffähigen Koalitionen müssen den Prozeß der Ent-

---

[416] Vgl. *Moll*, Tarifausstieg, S. 55 ff.; MünchKomm/*Reuter*, Vor § 21 BGB Rn. 115-117; *Popp*, Öffentliche Aufgaben und Willensbildung, S. 59 ff.
[417] BGHZ 105, 306 (318 f); 128, 93 (101).
[418] BVerfGE 84, 212 (231); *Moll*, Tarifausstieg, S. 58; MünchArbR-*Löwisch/Rieble*, § 253 Rn. 4.
[419] MünchArbR-*Löwisch/Rieble*, § 245 Rn. 36 f.; MünchKomm/*Reuter*, Vor § 21 BGB Rn. 70 f., 73, 110 ff.; *Reuter*, Festschr. Söllner, S. 937 (945); *Schmidt*, Mitgliedschaft in Verbänden, S. 28 f.; *Teubner*, Organisationsdemokratie, S. 62.

scheidungsfindung in tariflichen Angelegenheiten daher nach demokratischen Grundsätzen aufbauen.[420]

bb) Normsetzungsmacht der Tarifparteien

Die Verpflichtung der tariffähigen Koalitionen, ihre Verbandsverfassung an demokratischen Prinzipien auszurichten, leitet sich darüber hinaus auch aus der tariflichen Normsetzungskompetenz der Tarifparteien ab.[421] Eine normgebende Entscheidung muß immer auf den Willen der Normunterworfenen zurückführbar sein. Dieser Grundsatz hat für den Staat in Art. 20 I, II , 28 I 1 GG und für die Gemeinden in Art. 28 I 2 GG seinen kodifizierten Ausdruck gefunden und gilt als allgemeines Rechtsprinzip für die gesamte Rechtsordnung[422] und damit für jede Art der Normsetzung, mithin auch für die private Normsetzung der Tarifparteien.[423]

Das so hergeleitete Erfordernis einer demokratischen Binnenverfassung hat unabhängig von der Rechtsnatur der Tarifnormen seine Berechtigung. Auch wenn die Befugnis zu tariflicher Gestaltung der Arbeitsbedingungen in einem privatautonom verbandsrechtlichen Mandat der Mitglieder gesehen wird,[424] erweist sich die Teilhabe der Mitglieder an der verbandsinternen Willensbildung zur Legitimation der konkreten Tarifnormsetzung als erforderlich. Die Angewiesenheit des Einzelnen auf die Koalitionsmitgliedschaft mindert die legitimierende Kraft des Verbandsbeitritts für das tarifliche Handeln der Koalition und macht daher in jedem Fall als Kompensation dessen die demokratische Beteiligung der Mitglieder an der Entscheidungsfindung des Verbandes erforderlich.[425] Wichtig

---

[420] Vgl. *Gerhardt*, Koalitionsgesetz, S. 215; *Moll*, Tarifausstieg, S. 56; MünchKomm/*Reuter*, Vor § 21 BGB Rn. 115-117; *Popp*, Öffentliche Aufgaben und Willensbildung, S. 66 ff., 68; *Reichel*, RdA 1972, 143 (151); *Reuter*, Festschr. Söllner, S. 937 (941 f., 944 ff.).

[421] *Biedenkopf*, Grenzen, S. 47 ff.; *Hueck/Nipperdey*, Lehrbuch des Arbeitsrechts II/1, § 6 II 6, S. 101 f.; *Löwisch*, ZfA 1970, 295 (306); MünchArbR-*Löwisch/Rieble*, § 255 Rn. 3; *Moll*, Tarifausstieg, S. 61; *Nipperdey/Säcker*, AR-Blattei [D], Berufsverbände I, C I 3; *Reichert*, Hdb. Vereinsrecht, Rn. 2849; *Schüren*, Legitimation tariflicher Normsetzung, S. 238 f.

[422] Vgl. *Biedenkopf*, Grenzen, S. 51 f.; *Gerhardt*, Koalitionsgesetz, S. 215.

[423] Vgl. BVerfGE 44, 322 (347); 64, 208, (214); *Biedenkopf*, Grenzen, S. 47 f., 52; *Gamillscheg*, Kollekt. ArbR I, S. 559; *Schüren*, Legitimation tariflicher Normsetzung, S. 238.

[424] Vgl. *Richardi*, Kollektivgewalt, S. 161 ff.; näher dazu S. .119 f.

[425] *Michlik*, Urabstimmung, S. 218 f.; *Moll*, Tarifausstieg, S. 61; *Schüren*, Legitimation tariflicher Normsetzung, S. 238 f.

ist dabei, daß sich der Wille aller von der tarifpolitischen Entscheidung erfaßten Mitglieder möglichst weitgehend im Verbandsbeschluß wiederfindet.[426] Nur wenn auch Sonderinteressen von Minderheiten in den Prozeß der Willensbildung Eingang finden, ist eine Legitimation der tariflichen Regelung durch die Normunterworfenen erreicht.[427]

b) Leitbilder zur Konkretisierung des Demokratiegebotes

Bei der sich anschließenden Frage nach einer inhaltlichen Konkretisierung des Demokratiegebotes bietet es sich an, auf vorhandene Leitbilder zurückzugreifen, die bereits Anforderungen an prinzipiell „demokratische Strukturen" innerhalb einer Organisation formulieren. Als Muster für den inneren Aufbau der Koalitionen kommt sowohl die Binnenstruktur der politischen Parteien nach Art. 21 I 2 GG als auch die des Staates nach Art. 20 GG in Betracht.

Der Verweis auf die Bestimmungen für die Parteien in Art. 21 I GG und deren Konkretisierung im Parteiengesetz liegt insoweit nicht fern, als beide Verbände im Rahmen der politischen Willensbildung Einfluß auf die Staatsgewalt nehmen[428] und damit teilweise funktional vergleichbar sind.[429]

Bestehende strukturelle Unterschiede verbieten es jedoch, die Koalitionen analog den Parteien zu behandeln.[430] Parteien wirken nach Art. 21 I 1 GG bei der politischen Willensbildung des Volkes mit. Diese Funktion geht über die „Vorformung des politischen Willens" hinaus,[431] denn die Parteien sind das Binde-

---

426 *Löwisch*, ZfA 1974, 29 (40); *Moll*, Tarifausstig, S. 70; *Popp*, Öffentliche Aufgaben und Willensbildung, S. 111; *Reuter*, Festschr. Söllner, S. 937 (942); *Schüren*, Legitimation tariflicher Normsetzung, S. 256.
427 Zu weiteren Ansätzen, die sich außerhalb des koalitionsverfassungsrechtlichen Umfeldes des Verbandsrechtes bewegen und daher hier nicht berücksichtigt werden konnten, vgl. *Leisner*, ZRP 1979, 275 ff; *Popp*, Öffentliche Aufgaben und Willensbildung, S. 48 ff.; *Schüren*, Legitimation tariflicher Normsetzung, S. 230 ff.; *Teubner*, Organisationsdemokratie, S. 246 ff.
428 Vgl. dazu *Ridder*, Stellung der Gewerkschaften im Sozialstaat, S. 29.
429 Vgl. *Föhr*, Willensbildung in den Gewerkschaften, S. 125 ff.; *Popp*, Öffentliche Aufgaben und Willensbildung, S. 92 f.; *Söllner*, ArbuR 1976, 321 (323 f.); *Teubner*, Organisationsdemokratie, S. 179 ff.
430 *Oetker*, in: Wiedemann, § 2 TVG Rn. 272; *Röckl*, DB 1993, 2382 (2383); *Säcker/Ranke*, ArbuR 1981, 1 (10); *Scholz*, Koalitionsfreiheit, S. 175.
431 *Hesse*, Grundzüge des Verfassungsrechts, Rn. 151, in diesem Bereich konkurrieren die Parteien mit anderen Interessenverbänden.

glied in der Legitimationskette zwischen Volk und politischer Führung.[432] Der abschließende Vorgang der Gesetzgebung bleibt jedoch den Händen der staatlichen Legislative vorbehalten, die organisatorisch von den Parteien völlig getrennt ist. Im Gegensatz dazu werden die Koalitionen zwar normsetzend tätig, ihr Einfluß auf die politische Willensbildung beschränkt sich aber auf den vorgelagerten Bereich der Ausbildung des politischen Willens. In ihrer Eigenschaft als Interessenverbände sind die Koalitionen viel weniger Teil der Politik als die Parteien, sie gehören weit mehr zum „Publikum" der Bürger.[433] Zudem ist die Betätigung der Parteien in allen Funktionen bestimmt durch die Situation der Konkurrenz mit anderen politischen Parteien und deren Programmen, und das wiederum unterscheidet sie substantiell von den Koalitionen. Demokratie im Sinne unserer Verfassung existiert nur in Verbindung mit einem Mehrparteiensystem.[434] Die Verfassung verlangt jedoch kein System konkurrierender Koalitionen als Voraussetzung der diesen übertragenen Normsetzungbefugnis.[435] Die in Deutschland praktisch maßgeblichen Einzelgewerkschaften des DGB konnten sich deshalb nach dem Industrieverbandsprinzip organisieren. Jede für sich erfüllt innerhalb einer Branche die Aufgabe des Tarifpartners mit faktischer Ausschließlichkeit als eine Art Monopol.[436] Dieser Unterschied bedingt, daß sich die Frage des Binnenpluralismus für die Koalitionen in einer ganz anderen Qualität stellt als für die Parteien. Von letzteren kann zwar innere Meinungsfreiheit, nicht aber die Duldung innerer Opposition verlangt werden.[437] Die Gewerkschaften und Arbeitgeberverbände können dagegen auf keinen Außenpluralismus verweisen, um dem internen Dissens Grenzen zu ziehen. Sie müssen deshalb die interne Opposition hinnehmen, um mittels Gewährleistung eines Binnenpluralismus den notwendigen Ausgleich zum fehlenden Außenpluralismus zu schaffen.[438]

---

[432] *Hesse*, Grundzüge des Verfassungsrechts, Rn. 169.
[433] *Reuter*, Festschr. Söllner, S. 937 (945); *Teubner*, Organisationsdemokratie, S. 70; vgl. auch *Schüren*, Legitimation tariflicher Normsetzung, S. 242.
[434] *Hesse*, Grundzüge des Verfassungsrechts, Rn. 171 ff.; *Maunz*, in Maunz/Dürig, Komm. z. GG., Art. 21 Rn. 135.
[435] *Scholz*, Koalitionsfreiheit, S. 379.
[436] Vgl. *Schüren*, Legitimation tariflicher Normsetzung, S. 243.
[437] *Reuter*, Festschr. Söllner, S. 937 (947); *Maunz*, in Maunz/Dürig, Komm. z. GG., Art. 21 Rn. 58; *Schüren*, Legitimation tariflicher Normsetzung, S. 243 f.
[438] *Reuter*, Festschr. Söllner, S. 937 (947); *Schüren*, Legitimation tariflicher Normsetzung, S. 244.

Diese aufgezeigten Unterschiede, die der Heranziehung des Art. 21 I 2 GG für die Binnenstruktur der Koalitionen entgegenstehen, weisen jedoch unmittelbar auf den Staat selbst als Vorbild für die koalitionäre Innenverfassung. Die innerstaatliche Willensbildung, wie sie in Art. 20 GG fixiert ist, gibt einerseits hinreichend Raum für den notwendigen Binnenpluralismus, da sie die Existenz einer organisierten Opposition zur Notwendigkeit erhebt. Andererseits ist die Heranziehung des Staates plausibel, weil er, wie die Koalitionen auch, eine normsetzende Organisation ist.[439]

Orientiert am staatlichen Vorbild muß die demokratische Verfassung der Koalitionen in zwei Richtungen wirken. Einmal muß sie den Mitgliedern die Teilhabe an der Konstituierung der Repräsentativorgane sichern. Zum anderen muß sie den Mitgliedern die Möglichkeit geben, sich an der Meinungsbildung zu beteiligen und sie dann in letzter Konsequenz vor der herrschenden Elite schützen, wenn sie oppositionell agieren.[440] Damit wird auch den normativen Grundlagen des Demokratiegebotes hinreichend genüge getan. Die innerverbandliche Willensbildung nimmt den Mitgliederwillen zum Ausgangspunkt und sichert damit sowohl eine wirksame tarifpolitische Umsetzung der Mitgliederinteressen als auch die Legitimation der Tarifnormsetzung. Die für die Legitimation der Normsetzung notwendige Berücksichtigung von Sonderinteressen[441] findet sich auch im Konzept des Art. 20 GG wieder und verdichtet sich dort zur Sicherung einer innerverbandlichen Opposition.

5. *Rechtsfähigkeit und Umwandlungsfähigkeit der Koalitionen*

Mit Ausnahme der erweiternden Ausstrahlung des Art. 9 III GG auf das Recht der Koalitionen, illoyale Mitglieder etwa entgegen § 20 II BetrVG aus dem Verband auszuschließen, hat die Untersuchung bislang nur Beispiele hervorgebracht, in denen die Koalitionsfreiheit einschränkend auf die Verbandsautonomie einwirkt. Bereiche, bei denen eine erweiternde Ausformung des Verbandsrechts durch die kollektive Koalitionsfreiheit diskutiert wird, sind vornehmlich die Rechtsfähigkeit und die Umwandlungsfähigkeit von Koalitionen.

---

[439] *Föhr*, Willensbildung in den Gewerkschaften, S. 144; *Michlik*, Urabstimmung, S. 222 f.; *Schüren*, Legitimation tariflicher Normsetzung, S. 242, 244.
[440] *Schüren*, Legitimation tariflicher Normsetzung, S. 245.
[441] Siehe S. 98.

a) Rechtsfähigkeit

Wird das private Vereinsrecht aus Sicht der kollektiven Koalitonsfreiheit gewürdigt, dann steht hinsichtlich der Fähigkeit der Koalition, ihre koalitionsspezifischen Zwecke zu verfolgen, die Rechtsfähigkeit des Personenverbandes im Zentrum. Die Rechtsfähigkeit erweist sich allerdings dann als unproblematisch, wenn die Koalitionen zur Erlangung der Rechtsfähigkeit den von der Rechtsordnung vorgesehenen Weg des eingetragenen Vereins beschreiten. Mit Ausnahme der Gewerkschaft ver.di[442] haben diese Möglichkeit bislang nur die Arbeitgeberverbände gewählt, während die Arbeitnehmervereinigungen sich diesem Schritt aus traditionellen Gründen verweigern. Die Rechtsfolgen für die Gewerkschaften sind bekannt: § 54 S. 1 BGB verweist sie auf das Recht der BGB-Gesellschaft. Obwohl nicht zu übersehen ist, daß die moderne gesellschaftsrechtliche Dogmatik zunehmend dazu tendiert, die Gesamthand mit eigener „Teilrechtsfähigkeit" auszustatten,[443] ist die BGB-Gesellschaft unverändert nicht in den Kanon der juristischen Personen aufgenommen.

Dies wirft die Frage auf, ob die Verweisung des § 54 S. 1 BGB trotz der mittlerweile hinsichtlich der Binnenverfassung von Idealvereinen erreichten Abschwächungen[444] mit den koalitionsverfassungsrechtlichen Vorgaben vereinbar ist, da die koalitionsspezifische Betätigung ohne den Status der Rechtsfähigkeit zumindest erschwert ist. Zugespitzt formuliert fragt sich also, ob Art. 9 III 1 GG dazu zwingt, einer Koalition auch dann die Rechtsfähigkeit zuzusprechen, wenn sie sich bewußt als nicht rechtsfähiger Verein organisiert. Einen Anknüpfungspunkt liefert der Bundesgerichtshof, der trotz der Vorgabe des § 50 II ZPO den Koalitionen unter Hinweis auf ihre verfassungsrechtliche Anerkennung durch Art. 9 III 1 GG[445] die aktive Parteifähigkeit zugestanden hat.

Art. 9 III GG enthält jedoch keine Suspendierung des bürgerlichen Vereinsrechts.[446] Die Anerkennung eines Systems freier Körperschaftsbildung und die

---

[442] Vgl. § 1 der Satzung.
[443] Hierzu im Überblick MünchKomm/*Ulmer*, § 705 BGB Rn. 131 ff.; vgl. auch BGH NJW 1997, 2754 ff. (zur Scheckfähigkeit der GbR) und BGHZ 146, 341 ff. (zur Rechts- und Parteifähigkeit der GbR).
[444] Vgl. *Staudinger/Weick*, § 54 Rn. 2.
[445] BGHZ 42, 210 (217); ebenso *Vorderwülbecke*, Rechtsform der Gewerkschaften, S. 93 ff.; später BGHZ 50, 325 (327 ff.) mit anders gelagerter Begründung.
[446] *Mummenhoff*, Gründungssysteme, S. 235.

Verleihung der Rechtsfähigkeit an Gewerkschaften entgegen § 54 S. 1 BGB[447] ließe sich nur dann begründen, wenn die Rechtsfähigkeit des Personenverbandes unerläßliche Voraussetzung für eine sinnvolle Koalitionsbetätigung wäre und den Koalitionen der Schritt zum eingetragenen Verein im Lichte der grundrechtlichen Freiheitsverbürgung nicht zugemutet werden könnte.[448] Bereits die erste Voraussetzung ist kaum zu bejahen. Es ist zwar nicht zu bezweifeln, daß die Gewerkschaften angesichts der einfachgesetzlichen Rahmendaten insbesondere in vermögensrechtlicher Hinsicht teilweise unbequeme Umwege beschreiten müssen.[449] Dies hat jedoch ihr Erstarken zu Massenorganisationen nicht verhindert. Kaum überzeugend wäre es zudem, den einfachgesetzlichen Weg des eingetragenen Idealvereins als unzumutbar anzusehen.[450] Seit der Befreiung des privaten Vereinsrechts von seinen polizeistaatlichen Zügen ist das nicht mehr haltbar.[451] Das Erfordernis der Eintragung läuft den Vorgaben des Art. 9 III GG nicht zuwider, da die dadurch bewirkte Publizität durch die Interessen des Rechtsverkehrs legitimiert ist. Selbst die behördliche Befugnis zur Entziehung der Rechtsfähigkeit (§ 43 BGB) steht nicht im Widerspruch zu Art. 9 III GG, da sie nur eingreift, wenn die Koalition entgegen ihrer Satzung handelt. Für solche Vorgehensweisen kann die Koalitionsfreiheit berechtigterweise aber nicht als Schutzschirm herangezogen werden.[452] Auch die Arbeitgeberverbände, die funktional mit den Gewerkschaften vergleichbar sind, hat bislang nichts davon abgehalten, sich als eingetragene Vereine zu konstituieren. Die Zumutbarkeit dieser Rechtsform beweist schließlich deutlich die Konstituierung der Gewerkschaft „ver.di" als eingetragener Verein.

Für die Rechtsfähigkeit der Koalitionen läßt sich somit festhalten, daß das einfachgesetzliche Instrumentarium einen zumutbaren Weg für die Koalitionen ebnet, um als rechtsfähige Organisationen im Rechtsleben aufzutreten. Damit müssen die Koalitionen sich begnügen. Art. 9 III GG garantiert nur, daß die Koali-

---

[447] So *Rübenach*, Wirtschaftliche Vereinigungsfreiheit, S. 172; *Vorderwülbecke*, Rechtsform der Gewerkschaften, S. 100.
[448] *Oetker*, RdA 1999, 96 (104).
[449] Vgl. BGHZ 42, 210 (213); MünchArbR-*Löwisch/Rieble*, § 250 Rn. 1 ff.
[450] *Fabricius*, Relativität der Rechtsfähigkeit, S. 214 f.; *Oetker*, RdA 1999, 96 (104); *Reuter*, Festschr. Söllner, S. 937 (954).
[451] *Fabricius*, Relativität der Rechtsfähigkeit, S. 214 f.; *Oetker*, RdA 1999, 96 (104); zur Befreiung des bürgerlichen Vereinsrechts von vereinspolizeilichen Belangen siehe *Mummenhoff*, Gründungssysteme, S. 62 ff.
[452] *Oetker*, RdA 1999, 96 (105).

tionen auf irgendeinem Weg die Rechtsfähigkeit erlangen können. Die Verfassung gebietet nicht, daß auch den als nicht rechtsfähigen Vereinen verfaßten Gewerkschaften diese Möglichkeit zusteht.[453] Art. 9 III 1 GG erzwingt deshalb nicht die Verleihung der Rechtsfähigkeit an Gewerkschaften entgegen § 54 S. 1 BGB.

b) Umwandlungsfähigkeit

Ein mit der fehlenden Rechtsfähigkeit der Gewerkschaften verbundenes Folgeproblem resultiert aus der Notwendigkeit organisatorischer Umstrukturierungen. Vor allem bei den Gewerkschaften ist eine breite Organisationsdebatte zu beobachten, in deren Folge sich mehrere kleine Gewerkschaften unter Aufgabe ihrer Eigenständigkeit größeren Organisationen angeschlossen bzw. neue Organisationen gegründet haben. Dabei erweist sich als problematisch, daß auch das reformierte Umwandlungsrecht die Verschmelzung von nicht rechtsfähigen Vereinen nicht erlaubt. Dies zwingt auf vereinsrechtlicher Ebene zu einer Vielzahl von Einzelrechtsübertragungen, insbesondere ist ein Übergang der Mitgliedschaften auf die größere Organisationseinheit nicht im Wege der Gesamtrechtsnachfolge möglich.

Gleichwohl haben die Gewerkschaften ein großes Interesse daran, bei einer Fusion die Mitglieder kollektiv auf den neuen Verband überleiten zu können. Denn nur so ist unabhängig vom Übernahmewillen des sozialen Gegenspielers garantiert, daß die Tarifverträge bei der Auflösung des alten Verbandes nicht beendet werden. Da die Verschmelzung zweier Koalitionen durchaus als von Art. 9 III GG geschützte „Neugründung auf kollektiver Basis" gesehen werden kann,[454] würde ein derartiger Tarifentfall die Koalitionen im Kernbereich ihrer geschützten Tätigkeit verletzen. Deshalb liegt die Forderung nahe, die Verschmelzung von Koalitionen im Wege einer Universalsukzession anzuerkennen.[455] Konstruktiv bietet sich eine rechtsfortbildende Anlehnung an die

---

[453] MünchArbR-*Löwisch/Rieble*, § 246 Rn. 45.
[454] MünchArbR-*Löwisch/Rieble*, § 246 Rn. 3; *Rieble*, ArbuR 1990, 365 (368 f.).
[455] *Drobnig/Becker/Remien*, Verschmelzung und Koordinierung, S. 13 ff., 31 ff.; *Katschinski*, Verschmelzung von Vereinen, S. 43 ff.; *Rieble*, ArbuR 1990, 365 (369); *ders.*, Arbeitsmarkt und Wettbewerb, Rn. 1847 ff., kritisch dazu *Kempen*, ArbuR 1990, 372 (373).

§§ 99 ff. UmwG an, die eine Verschmelzung eingetragener Vereine ermöglichen.[456]

Aus diesem Defizit des Umwandlungsrechtes folgt indes kein koalitionsverfassungsrechtlich zu beanstandender Mangel.[457] Das Beharren des Umwandlungsgesetzgebers auf dem Erfordernis der Registereintragung hat vielmehr einen guten sachlichen Grund. Die Umwandlung bedarf in allen Erscheinungsformen eines konstitutiven Hoheitsaktes, der nach sachverständiger Prüfung der Voraussetzungen die Wirksamkeit bescheinigt. Ohne ihn ist die im Interesse des Rechtsverkehrs unentbehrliche Wirksamkeit der Fusion trotz Mängeln im Umwandlungsvorgang nicht zu rechtfertigen.[458] Die Berufung auf Art. 9 III GG kommt dagegen nicht auf, denn Art. 9 III GG verhindert nicht Regelungen, die schutzwürdigen Belangen Dritter, hier denen des Rechtsverkehrs, oder auch öffentlichen Belangen Rechnung tragen.[459] Zudem trägt Art. 9 III GG nicht die Forderung nach einer Möglichkeit der Koalitionen zur Verschmelzung. Es ist zwar unbestritten, daß zwei Koalitionen ihrerseits als Gründungsmitglieder eine dritte Koalition gründen dürfen. Für die davon zu trennende Frage, ob auch eine Verschmelzung ohne vorherige Auflösung möglich sein muß, enthält Art. 9 III GG keine Aussage.[460]

Der Gesetzgeber hat nun zwar mit § 99 UmwG das Interesse nicht wirtschaftlicher Körperschaften an einer Fusion anerkannt. Bei nicht wirtschaftlichen Körperschaften fehlt allerdings das Mitgliederinteresse an der Vermeidung wirtschaftlich nachteiliger Fusionen, dessen Vorhandensein im Falle wirtschaftlicher Fusionen den Verzicht auf die zwingende Liquidation zum Schutz der Gläubiger

---

[456] *Katschinski*, Verschmelzung von Vereinen, S. 44; MünchArbR-*Löwisch/Rieble*, § 249 Rn. 12 (§§ 20 ff. UmwG). Vorgeschlagen wurde auch eine entsprechende Anwendung der §§ 94 a, 93 h GenG, so *Rieble*, ArbuR 1990, 365 (369), sowie der §§ 339 ff. AktG, so *Drobnig/Becker/Remien*, Verschmelzung und Koordinierung, S. 37 ff. Diesen Normen kann jedoch kein allgemeiner Rechtsgedanke entnommen werden, der eine entsprechende Anwendung rechtfertigen könnte. Die Vorschriften sind vielmehr nur für wirtschaftliche Vereine gedacht, bei denen ein vereinfachter Weg der Konzentration mehrerer Unternehmen zum Zwecke rationellerer Unternehmensgestaltung wirtschaftlich geboten ist, *Hanau/Kania*, ArbuR 1994, 205 (206).
[457] *Hanau/Kania*, ArbuR 1994, 205 (206); *Oetker*, RdA 1999, 96 (105); *Reuter*, DZWir 1993, 404 (405).
[458] *Reuter*, Festschr. Söllner, S. 937 (955); *ders.*, DZWir 1993, 404 (405).
[459] BVerfGE 50, 290 (354 f.).
[460] *Hanau/Kania*, ArbuR 1994, 205 (206).

vertretbar macht.[461] Wenn der Gesetzgeber daher die Möglichkeit nicht wirtschaftlicher Fusionen auf eingetragene Vereine beschränkt, die aufgrund ihrer Registereintragung ein höheres Maß an Verkehrsschutz gewährleisten als nicht rechtsfähige Vereine, so liegt darin eine auch im Sinne von Art. 9 III GG verfassungsrechtlich gerechtfertigte Entscheidung zugunsten des Gläubigerschutzes, und die Erschwerung der Koalitionsgründung durch Kollektive ist hinzunehmen.[462]

Eine Rechtsfortbildung praeter legem wäre überdies nur dann geboten, wenn den Koalitionen kein zumutbarer Weg offen stünde, die Umwandlungsfähigkeit zu erlangen. Insoweit ist auf die Möglichkeit zu verweisen, sich als eingetragene Vereine zu etablieren. Täten sie dieses, so erschlösse sich ihnen durch die §§ 99 ff. UmwG auch das Instrument der Verschmelzung zur Aufnahme sowie einer Verschmelzung zur Neugründung jeweils im Wege einer Gesamtrechtsnachfolge. Da nach den vorstehenden Resultaten die Form des eingetragenen Vereins den verfassungsrechtlichen Rahmendaten des Art. 9 III GG hinreichend Rechnung trägt, steht den Koalitionen mithin ein zumutbarer Weg zur Erlangung der Umwandlungsfähigkeit zur Verfügung. Gehen sie diesen nicht, haben sie die damit verbundenen Rechtsnachteile hinzunehmen.[463]

Die gewählten Beispiele belegen damit hinreichend die grundrechtliche Überlagerung des bürgerlichen Vereinsrechts durch die Koalitionsfreiheit. Aufnahme- und Ausschlußregeln werden demnach bei Koalitionen maßgeblich durch die individuelle Koalitionsfreiheit beeinflußt. Aus den insoweit aufgezeigten Grenzen der Verbände im Umgang mit den Mitgliedern lassen sich möglicherweise auch Einschränkungen bei der Festlegung der Tarifzuständigkeit herleiten. Die innerverbandliche Willensbildung unterliegt demgegenüber maßgeblich der Beeinflussung durch kollektive Grundrechtsinhalte. Die Untersuchung hat insoweit gezeigt, daß die Binnenorganisation dem staatlichen Leitbild folgend aufgrund der den Koalitionen zugewiesenen Aufgaben und Kompetenzen demokratisch verfaßt sein muß. Dieses innerverbandliche demokratische Legitimationskonzept könnte auch im Außenverhältnis Bedeutung erlangen und dann möglicherweise eine Begründung dafür erkennen lassen, warum die Tarifzuständigkeit Wirksamkeitsvoraussetzung eines Tarifvertrages ist.

---

461 *Reuter*, DZWir 1993, 404 (405).
462 Vgl. *Reuter*, DZWir 1993, 404 (405).
463 *Oetker*, RdA 1999, 96 (105).

D. Tarifzuständigkeit als Wirksamkeitsvoraussetzung

Nicht begründet wurde bisher, daß es sich bei der Tarifzuständigkeit um ein Wirksamkeitserfordernis des Tarifvertrages handelt. Die Einordnung der Tarifzuständigkeit als Wirksamkeitsvoraussetzung hat dabei zunächst Bedeutung für die rechtliche Behandlung eines Tarifvertrages, der von Anfang an oder nachträglich nicht mit der Zuständigkeitsordnung in Einklang steht. Wird ein Tarifvertrag unter Mißachtung der Zuständigkeitsordnung geschlossen, zieht dies nur dann die unbedingte Unwirksamkeit des Tarifvertrages nach sich, wenn die Tarifzuständigkeit Wirksamkeitsvoraussetzung ist. Wäre die Tarifzuständigkeit als Frage der Vertretungsmacht des Vorstandes einzuordnen,[464] wäre der Tarifvertrag lediglich schwebend unwirksam und könnte nachträglich genehmigt werden. Auch wenn die Tarifzuständigkeit nachträglich durch eine Organisationsänderung eines Verbandes oder beispielsweise durch einen Schiedsspruch nach § 16 DGB-Satzung wegfällt, zeigt sich die Bedeutung der Einordnung der Tarifzuständigkeit als Wirksamkeitsvoraussetzung. Nur wenn die Tarifzuständigkeit Wirksamkeitsvoraussetzung ist, stellt sich nämlich die Frage, ob mit dem nachträglichen Wegfall der Tarifzuständigkeit auch die Normwirkung des Tarifvertrages nachträglich entfällt. Würde die Tarifzuständigkeit demgegenüber die Vertretungsmacht des Vorstandes auf einen bestimmten tariflichen Tätigkeitsbereich beschränken, hätte der nachträgliche Wegfall der Tarifzuständigkeit keine Auswirkungen auf den ursprünglich wirksam mit Vertretungsmacht abgeschlossenen Tarifvertrag. Des weiteren spielt die Einordnung der Tarifzuständigkeit als Wirksamkeitsvoraussetzung eine Rolle für die Frage, ob und inwieweit die Koalitionen ihre Zuständigkeitskonflikte mit Hilfe des Arbeitskampfes lösen können.[465] Ist die Tarifzuständigkeit Wirksamkeitsvoraussetzung eines Tarifvertrages, umschreibt sie damit zugleich auch den Bereich, in dem die Tarifparteien rechtmäßig Arbeitskämpfe führen können. Eine zuständige Koalition kann damit zum Beispiel ihre Tarifzuständigkeit nicht mittels eines Arbeitskampfes durchsetzen und einen Tarifabschluß erzwingen, wenn der Sozialpartner infolge einer Zuständigkeitsänderung in diesem tariflichen Bereich nicht mehr tätig sein

---

[464] So *Kraft*, Festschr. Schnorr von Carolsfeld, S. 255 (262, 270 f.); zusimmend *Heckelmann*, ZfA 1973, 425 (434); *Heß*, ZfA 1976, 45 (49); *Hofmann*, ZfA 1974, 333 (343 f.); *Konzen*, Festschr. Kraft, S. 291 (303, 304), der allerdings Modifikationen des Vertretungsrechts beim Umfang der Vertretungsmacht und bei den Rechtsfolgen fehlender Vertretungsmacht vornehmen will, vgl. dazu *Konzen*, Festschr. Kraft, S. 291 (301). Im Ansatz auch *Hillebrand*, Tarifzuständigkeit, S. 63 ff., 77 ff.

[465] Ausführlich dazu S. 226 ff.

will. Schließlich wird es im letzten Teil der Arbeit um die Tarifzuständigkeit des Einzelarbeitgebers gehen.[466] Auch hier wird die Relevanz der Tarifzuständigkeit als Wirksamkeitsvoraussetzung deutlich: Eine Einschränkung der Zuständigkeit des Einzelarbeitgebers im Hinblick auf Firmentarifverträge ist mit einer vertretungsrechtlichen Konstruktion der Tarifzuständigkeit nicht erklärbar.

I. Gesetzliche Grundlage

Gesetzliche Erwähnung hat das Merkmal der Tarifzuständigkeit allein in den §§ 2a I Nr. 4, 97 ArbGG erfahren, eingefügt durch Gesetz vom 21.5.1979.[467] Eine materielle Anerkennung der Tarifzuständigkeit als Wirksamkeitsvoraussetzung durch den Gesetzgeber war damit jedoch nicht verbunden.[468] Denn bereits vor dieser Neufassung des Arbeitsgerichtsgesetzes war anerkannt, daß über die Tarifzuständigkeit einer Vereinigung im Wege des Beschlußverfahrens zu entscheiden sei, auch wenn das Gesetz diesen Begriff neben der Tariffähigkeit nicht erwähnt;[469] diese Judikatur des Bundesarbeitsgerichts hat der Gesetzgeber schlicht übernommen, ohne dabei die Tarifzuständigkeit als Wirksamkeitsvoraussetzung anzuerkennen. Aus den Gesetzesmaterialien geht eindeutig hervor,[470] daß lediglich eine Klarstellung hinsichtlich der Zuordnung zum Beschlußverfahren im Sinne der Rechtsprechung intendiert war. Rückschlüsse auf eine materiellrechtliche Bedeutung der Tarifzuständigkeit als Wirksamkeitsvoraussetzung läßt die Regelung in §§ 2 a I Nr. 4, 97 ArbGG also nicht zu.[471]

Auch das Tarifvertragsgesetz enthält keine Anhaltspunkte für die Existenz der Tarifzuständigkeit als Wirksamkeitserfordernis. Das Gesetz statuiert in den §§ 3, 4 TVG allerdings Grenzen für den persönlichen Geltungsbereich der normativen Bestimmungen gültiger Tarifverträge. Den tariflichen Normen unterfallen danach nur die Mitglieder der Parteien des jeweiligen Tarifvertrags im Rahmen seines Geltungsbereiches. Das Erfordernis der Tarifzuständigkeit soll die Norm-

---

[466] Siehe S. 271 ff.
[467] BGBl. I, S. 545.
[468] Anders *Buchner*, ZfA 1995, 95 (98); *Löwisch/Rieble*, § 2 TVG Rn. 89.
[469] BAGE 16, 329 (333 f.); 22, 295 (299); *Hueck/Nipperdey*, Lehrbuch des Arbeitsrechts II/1, § 20 VIII 7, S. 447.
[470] Vgl. BT-Drucks. 8/1567, S. 27.
[471] *Grunsky*, § 2a ArbGG Rn. 35; *Blank*, Tarifzuständigkeit, S. 44; *Kutscher*, Tarifzuständigkeit, S. 5; *van Venrooy*, ZfA 1983, 49 (71 f.); *Kempen/Zachert*, § 2 TVG Rn. 110; *Hillebrand*, Tarifzuständigkeit, S. 12.

setzungsmacht der Tarifparteien jedoch noch darüber hinaus auf den in der Satzung festgelegten Organisationsbereich beschränken. Ein solches zusätzliches Wirksamkeitserfordernis „Tarifzuständigkeit" kann aus den §§ 3, 4 TVG aber nicht abgeleitet werden[472], zumal die beschränkte Anwendbarkeit der Tarifnormen auf die Mitglieder der beteiligten Tarifpartner keinen Rückschluß auf die Unwirksamkeit der Tarifnormen erlaubt. Vielmehr ist die Wirksamkeit eines Tarifvertrags davon unabhängig, ob tatsächlich tarifgebundene Adressaten vorhanden sind; sind sie es nicht, wäre die einzige Konsequenz, daß die normativen Bestimmungen ins Leere gehen würden. [473] Auf eine mittelbare Anerkennung der Tarifzuständigkeit ließe sich allenfalls unter Hinzuziehung des § 5 I TVG schließen, wenn der Gesetzgeber mit der Regelung der Allgemeinverbindlichkeit zum Ausdruck bringen wollte, daß ein Tarifvertrag, der den Organisationsbereich der Vertragsparteien überschreitet und nicht den Anforderungen des § 5 TVG genügt, nicht anwendbar und damit unwirksam ist.[474] Dem ist jedoch nicht so. Da die Allgemeinverbindlicherklärung einen wirksamen Tarifvertrag voraussetzt,[475] läßt sich eine einzelne Wirksamkeitsvoraussetzung, wie es die Tarifzuständigkeit ja gerade sein soll, gerade nicht aus § 5 TVG herauslesen.[476] Die Tarifzuständigkeit läßt sich damit weder aus dem Tarifvertragsgesetz noch aus dem Arbeitsgerichtsgesetz ableiten. Da das Merkmal auch im übrigen gesetzlich keinen Niederschlag gefunden hat,[477] läßt sich insgesamt keine gesetzli-

---

[472] *Blank*, Tarifzuständigkeit, S. 43; *Delheid*, Tarifzuständigkeit, S. 9; *Kraft*, Festschr. Schnorr von Carolsfeld, S. 255 (261); *Kutscher*, Tarifzuständigkeit, S. 8; so aber *Dietz*, Festschr. Nipperdey II, S. 141 (142); *Hueck/Nipperdey*, Lehrbuch des Arbeitsrechts II/1, § 20 VIII 4, S. 447; ähnlich *Lehna*, DB 1959, 916, ohne allerdings den Begriff der Tarifzuständigkeit zu verwenden. Ein anderes Ergebnis hätte auch ansonsten vor dem Hintergrund erklärt werden müssen, daß das TVG die Struktur der Tarifbindung inhaltsgleich von der früheren TVVO übernommen hat, welche unstreitig das Merkmal der Tarifzuständigkeit nicht regelte, vgl. *Blank*, Tarifzuständigkeit, S. 43; *Hillebrand*, Tarifzuständigkeit, S. 9; *Kutscher*, S. 6. Ueberall, Tariflegitimation, S. 36.

[473] v. *Eisenhart Rothe*, Probleme der Tarifzuständigkeit, S. 20 f.; *Hillebrand*, Tarifzuständigkeit, S. 9; *Link*, Tarifzuständigkeit, S. 33 ff.; *Kraft*, Festschr. Schnorr von Carolsfeld, S. 255 (261); *Kutscher*, Tarifzuständigkeit, S. 7; zurückhaltender *Delheid*, Tarifzuständigkeit, S. 8.

[474] Vgl. *Kutscher*, Tarifzuständigkeit, S. 7.

[475] *Däubler*, Tarifvertragsrecht, Rn. 1248; *Kempen/Zachert*, § 5 TVG Rn. 12; *Löwisch/Rieble*, § 5 TVG Rn. 32.

[476] *Hillebrand*, Tarifzuständigkeit, S. 10; *Link*, Tarifzuständigkeit, S. 35; *Kutscher*, Tarifzuständigkeit, S. 7 f.

[477] Vgl. insbesondere die §§ 74 II 1 BetrVG, 66 II 3 BPersG, in denen die Tariffähigkeit erwähnt wird.

che Grundlage für die Qualifizierung des Kriteriums der Tarifzuständigkeit als Wirksamkeitsvoraussetzung ausmachen.

II. ultra-vires-Lehre

Mit dem Merkmal der Tarifzuständigkeit soll im Ergebnis erreicht werden, daß Tarifverträge, die den Organisationsbereich der Vertragsparteien überschreiten oder nicht betreffen, unwirksam sind. Da der Organisationsbereich als ein Teilbereich des Koalitionszweckes in der Satzung bestimmt wird, liegt die Parallele zur ultra-vires-Lehre des anglo-amerikanischen Rechtskreises auf der Hand: Auch nach dieser Lehre kann ein Verband nicht über seinen satzungsmäßigen Zweck hinaus rechtswirksam tätig werden.[478] Die Plausibilität des ultra-vires-Gedankens zeigt sich etwa auch an der Organisationsstruktur des DGB. Das Schlagwort, daß das rechtliche Wollen die Grenze des rechtlichen Könnens bezeichnet, trifft hier den richtigen Kern. Mit der Aufteilung ihrer Zuständigkeiten nach dem Industrieverbandsprinzip und dem Organisationsgrundsatz der Einheitsgewerkschaft haben jedenfalls die DGB-Gewerkschaften ihren tariflichen Handlungsumfang satzungsmäßig eingeschränkt. Diese Struktur ist prägend für das gesamte Tarifsystem. Für die DGB-Gewerkschaften scheint es deshalb in sich schlüssig zu sein, daß sie im Innen- wie im Außenverhältnis an ihre selbst gewählte Zuständigkeitsordnung gebunden sind und infolgedessen tarif- und arbeitskampfrechtlich nicht mehr „ultra-vires" handeln können.[479]

Die ultra-vires-Lehre ist im deutschen Zivilrecht jedoch nicht anerkannt. Der Gesetzgeber hat sich aus Gründen des Verkehrsschutzes bewußt gegen die Rezeption der dem anglo-amerikanischen Rechtskreis entstammenden ultra-vires-Lehre entschieden.[480] Diese ist bei heutigen Vereinsstrukturen mit weitgehender wirtschaftlicher Betätigung nicht tragbar, häufig wird überdies zweifelhaft sein, wo die Grenzen des Vereinszwecks zu ziehen sind. Wesentlich ist außerdem, daß der Verein einer Begrenzung solcher Art nicht bedarf, denn es steht ihm frei, die Vertretungsmacht durch Satzung zu beschränken (§§ 26 II, 64 S. 2

---

[478] Zur Begründung der Tarifzuständigkeit greifen auf die ultra-vires-Lehre zurück: *Delheid*, Tarifzuständigkeit, S. 41; *Hueck/Nipperdey*, Lehrbuch des Arbeitsrechts II/1, § 20 VIII 3, S. 446; *Link*, Tarifzuständigkeit, S. 39 ff. (56); *Ueberall*, Tariflegitimation, S. 27 f.
[479] Vgl. *Blank*, Tarifzuständigkeit, S. 42.
[480] *Oetker*, RdA 1999, 96 (102); *Reuter*, Festschr. Söllner, S. 937 (955); *Soergel/Hadding*, § 26 BGB Rn. 20; vgl. auch MünchKomm/*Reuter*, § 26 BGB Rn. 15.

BGB). Wird dies unterlassen, können evident zweckwidrige Geschäfte nach den Grundsätzen des Mißbrauchs der Vertretungsmacht nicht oder nicht voll zugerechnet werden.[481] Entgegen der ultra-vires-Lehre ist die Rechtsfähigkeit von Vereinen – so sie gewährt ist – immer eine umfassende Eigenschaft, die nicht durch den gesetzten Zweck begrenzt ist.[482]

Auch aus Sicht der individuellen Koalitionsfreiheit ist die Geltung der ultra-vires-Doktrin nicht gefordert. Der Belastung des Mitglieds, ein pflichtwidriges oder dem Koalitionszweck zuwiderlaufendes Handeln des Vorstandes zu dulden, steht die Angewiesenheit des Verbandes auf eine im Außenverhältnis funktionsfähige Vertretungsorganisation gegenüber. Einer unverhältnismäßigen Zurückdrängung der individuellen Koalitionsfreiheit kann mittels der innerverbandlich bestehenden Mechanismen gegen pflichtwidriges Organverhalten abgeholfen werden.[483]

Dieser Einwand[484] schließt jedoch nicht aus, daß eine tarifunzuständige Koalition aus tarif- und arbeitskampfrechtlichen Gründen gehindert ist, Tarifverträge zu vereinbaren und Arbeitskämpfe zu führen, was mit dem Verbot, ultra vires zu handeln, treffend beschrieben wäre. Diese Gründe müssen allerdings entwickelt werden. Der bloße Verweis auf die ultra-vires-Lehre kann die Begründung nicht ersetzen. Und so ist es ein berechtigter Kritikpunkt, daß mit dieser Lehre vorrangig nur die Folgen der fehlenden Tarifzuständigkeit, die Unwirksamkeit von Tarifverträgen, beschrieben werden, nicht aber begründet wird, wie das Verbot des Handelns ultra vires in bezug auf die Tarifzuständigkeit überhaupt überzeugend erklärt werden kann.[485] Hinzu kommt die Schwierigkeit, daß es sich bei der „Grenze des Wollens" um eine veränderbare Größe handelt, da sie aufgrund der Satzungsautonomie im Ermessen der Koalitionen selbst steht. Insoweit fehlt es an einer der ultra-vires-Lehre vergleichbaren Ausgangssituation, die von einem statischen Aufgabenbereich ausgeht.[486]

---

[481] Vgl. dazu *Reichert*, Hdb. Vereinsrecht, Rn. 1397, 1448 ff.
[482] *Soergel/Hadding*, § 26 BGB Rn. 20; *Reichert*, Hdb. Vereinsrecht, Rn. 1396.
[483] Vgl. *Oetker*, RdA 1999, 96 (106).
[484] Vgl. *Biedenkopf*, Grenzen, S. 9 ff.; *Däubler*, Tarifvertragrecht, Rn. 89; *v. Eisenhart Rothe*, Probleme der Tarifzuständigkeit, S. 24; *Kraft*, Festschr. Schnorr von Carolsfeld, S. 255 (258 f.).
[485] *Blank*, Tarifzuständigkeit, S. 42; *Kutscher*, Tarifzuständigkeit, S. 11; vgl auch *Hillebrand*, Tarifzuständigkeit, S. 24, van Venrooy, ZfA 1983, 49 (79).
[486] *Biedenkopf*, Grenzen, S. 91 Fn. 116; *Hillebrand*, Tarifzuständigkeit, S. 25.

Ein weiterer Einwand ergibt sich aus der Funktion der ultra-vires-Lehre im anglo-amerikanischen Rechtskreis. Es geht dort um die Rechtsfolgen von Kompetenzüberschreitungen im Interesse der Erhaltung des Gesellschaftsvermögens. Bei der Tarifzuständigkeit geht es dagegen nicht um die Regelung innerverbandlicher Kompetenzstreitigkeiten, sondern um Zuständigkeitsfragen zwischen ranggleichen Berufsverbänden, also um völlig anders gelagerte Probleme und Interessen.[487] Diese aufgeworfenen Fragen lassen sich nicht allein mit der ultra-vires-Lehre an sich lösen. Der Gesetzgeber hat die Normsetzungsbefugnis der Tarifparteien allgemein dadurch beschränkt, daß die Tarifbindung sich grundsätzlich nur auf die Mitglieder der Tarifparteien erstreckt und eine Ausdehnung der Tarifnormen auf Außenseiter einen Hoheitsakt voraussetzt. Eine weitergehende Beschränkung sieht das Gesetz nicht vor. Vielmehr ergibt sich aus Art. 9 III GG eine generelle Vermutung zugunsten der Regelungsbefugnis der Tarifpartner.[488] Da die Tarifzuständigkeit den Handlungsrahmen der Koalition einschränkt, müssen die Voraussetzungen, unter denen sie zum Tragen kommt, mit dem Grundrecht der Koalitionsfreiheit vereinbar sein. Diesen notwendigen Begründungszusammenhang kann der ultra-vires-Ansatz nicht abkürzen; er kann aber möglicherweise konstruktiv erklären, warum eine tarifunzuständige Koalition keine Tarifverträge vereinbaren kann.

III. Tarifzuständigkeit als Beschränkung der Vertretungsmacht

Auch wenn die ultra-vires-Lehre keinen Einzug ins deutsche Privatrecht gehalten hat, ist es doch dem Vereins- und Gesellschaftsrecht nicht gänzlich fremd, daß der Verbandszweck das wirksame Handeln im Außenverhältnis beschränken kann. So wird teilweise entgegen starker Bedenken[489] vertreten, daß die Vertre-

---

[487] *Blank*, Tarifzuständigkeit, S. 42; *Jacobs*, Tarifeinheit, S. 123; *Oetker*, in: Wiedemann, § 2 TVG Rn. 48; *Reuter*, RdA 1996, 201 (203).

[488] *Biedenkopf*, Grenzen, S. 60 f.; 120 ff.; *Blank*, Tarifzuständigkeit, S. 42; *Däubler*, Tarifvertragsrecht, Rn. 89.

[489] Diese gründen darauf, daß weder der Verein noch Dritte insoweit eines Schutzes bedürfen, vgl. *Reichert*, Hdb. Vereinsrecht, Rn. 1396; *Soergel/Hadding*, § 26 BGB Rn. 20; *Staudinger/Weick*, § 26 BGB Rn. 9. Der Verein haftet grundsätzlich nach § 31 BGB, wenn der Vorstand die Grenzen seiner Vertretungsmacht überschreitet, es sich aber noch innerhalb des ihm zugewiesenen Wirkungskreises bewegt. Außerhalb dieses Wirkungskreises kommt eine Zurechnung nach den Grundsätzen der Anscheins oder Duldungsvollmacht in Betracht. Nur wenn diese Voraussetzungen nicht vorliegen, haftet der Vorstand nach § 179 I, II BGB.

tungsmacht des Vorstands nicht nur ausdrücklich (§ 26 II BGB), sondern unter bestimmten engen Voraussetzungen auch konkludent durch den Verbandszweck begrenzt werden kann.[490] Konkret sei dies der Fall, wenn für den Geschäftsgegner auch ohne nähere Kenntnis der internen Verhältnisse des Vereins erkennbar ist, daß das betreffende Geschäft nach der ganzen Anlage und dem typischen Betätigungsfeld des Vereins ganz außerhalb des Vereinszwecks liegt. Dieser Bezugspunkt ermöglicht es, die in der Satzung festgeschriebene Tarifzuständigkeit als Beschränkung der Vertretungsmacht des Vorstands aufzufassen.[491] Demnach handelt ein die Tarifzuständigkeit überschreitender Vorstand als vollmachtloser Vertreter. Der abgeschlossene Tarifvertrag ist nicht nichtig, sondern nach § 177 I BGB schwebend unwirksam. Die Koalitionen können ihn durch Satzungsänderung oder Beschluß genehmigen und damit rückwirkend voll wirksam werden lassen (§ 184 I BGB). Die Nichtigkeitsfolge tritt erst ein, wenn die Genehmigung verweigert wird.[492]

Die Einbindung der Tarifzuständigkeit in das allgemeine Privatrecht ist dabei nicht allein rechtssystematisch bedeutsam. Gegenüber einer eigenen tarifrechtlichen Fundierung der Tarifzuständigkeit, wie sie beispielsweise unter Hinweis auf die ultra-vires-Lehre versucht wird, zeigen sich auch erhebliche praktische Abweichungen. Dies zeigt sich zum einen beim späteren Wegfall der Tarifzuständigkeit. Eine nachträgliche Unwirksamkeit des Tarifvertrags aufgrund eines Wegfalls der Tarifzuständigkeit kann es auf vertretungsrechtlicher Grundlage nicht geben. Ändert sich die Tarifzuständigkeit etwa durch eine Satzungsänderung oder einen DGB-Schiedsspruch nach § 16 DGB-Satzung[493], so wirkt sich das auf laufende Tarifverträge nur aus, wenn der Wegfall der Tarifzuständigkeit die tarifvertragliche Normwirkung beseitigt, also eine eigenständige Wirksamkeitsvoraussetzung vorliegt. Zum anderen kann beispielsweise eine Einschränkung der Tarifzuständigkeit des Einzelarbeitgebers beim Firmentarifvertrag, wie

---

[490] Vgl. *Blank*, Tarifzuständigkeit, S. 109; *Däubler*, Tarifvertragsrecht, Rn. 89; *Kraft*, Festschr. Schnorr von Carolsfeld, S. 255 (262); *Larenz/Wolf*, BGB AT, § 10 Rn. 75; *Sauter/Schweyer/Waldner*, Der eingetragene Verein, Rn. 233.
[491] *Kraft*, Festschr. Schnorr von Carolsfeld, S. 255 (262, 270 f.); zusimmend *Heckelmann*, ZfA 1973, 425 (434); *Heß*, ZfA 1976, 45 (49); *Hofmann*, ZfA 1974, 333 (343 f.); *Konzen*, Festschr. Kraft, S. 291 (303, 304), der allerdings Modifikationen des Vertretungsrechts beim Umfang der Vertretungsmacht und bei den Rechtsfolgen fehlender Vertretungsmacht vornehmen will, vgl. dazu *Konzen*, Festschr. Kraft, S. 291 (301). Im Ansatz auch *Hillebrand*, Tarifzuständigkeit, S. 63 ff., 77 ff.
[492] *Kraft*, Festschr. Schnorr von Carolsfeld, S. 255 (262 und 271).
[493] Dazu eingehend S. 255 ff., 265 ff.

im Schrifttum teilweise propagiert,[494] mit einer vertretungsrechtlichen Konstruktion nicht erklärt werden. Beide Problemfelder sind wesentliche Diskussionspunkte im Rahmen des hier behandelten Themas, so daß der Vorfrage nach dem Grundverständnis der Tarifzuständigkeit erhebliche Relevanz zukommt.

Es ist allerdings fraglich, ob sich diese vereinsrechtliche Lehre auf das Tarifvertragsrecht übertragen läßt, denn es geht im Vereins- und Arbeitsrecht um unterschiedliche Interessen. Dort geht es um den Schutz des Vereins, hier um den Schutz des Tarifgegners. Das Vereinsvermögen haftet nach dieser Lehre nicht für die Erfüllung von Rechtsgeschäften, die der Vorstand in einer für den Dritten erkennbaren Weise nach der Satzung nicht abschließen durfte. Die Tarifzuständigkeit als Wirksamkeitserfordernis bewahrt dagegen den sozialen Gegenspieler vor der Erfüllung von Tarifverträgen, die er mit einer tarifunzuständigen Gewerkschaft vereinbart hat.[495]

Aber nicht nur die unterschiedliche Interessenlage wirft Probleme auf. Auch die Besonderheit des Tarifvertrags als Normenvertrag muß berücksichtigt werden. Die Vorstellung einer schwebenden Unwirksamkeit des Tarifvertrags im Falle fehlender Tarifzuständigkeit ist für den normativen Teil des Tarifvertrags ungeeignet,[496] egal ob die Normwirkung des Tarifvertrags als staatlich abgeleitete Rechtsetzungsmacht[497] gedeutet wird oder als privatrechtliche, mitgliedschaftlich legitimierte Gestaltungsmacht.[498] Andererseits stimmt ein Schwebezustand auch nicht mit der Durchführung eines legitimen Streikes überein. Gleichgültig, ob dessen Wirkung auf ein Gestaltungsrecht der Gewerkschaft oder auf deren Zustimmung zu einem Gestaltungsrecht der Arbeitnehmer zurückzuführen ist, in beiden Fällen erfordert die Ausübung eines Gestaltungsrechts, soweit aus Gesetz

---

[494] Vgl. *Buchner*, ZfA 1995, 95 (110 ff., 114 ff.); *Heinze*, DB 1997, 2122 (2123); ausführlich dazu S. 285 ff.
[495] Vgl. *Blank*, Tarifzuständigkeit, S. 109; *Oetker*, in: Wiedemann, § 2 TVG Rn. 48.
[496] *Heß*, ZfA 1976, 45 (49); *Hillebrand*, Tarifzuständigkeit, S. 90; *Hofstetter*, Tariffähigkeit und Tarifzuständigkeit, S. 168; *Kempen/Zachert*, § 2 TVG Rn. 110; *Konzen*, ZfA 1975, 401 (416); *Kutscher*, Tarifzuständigkeit, S. 18 Fn. 69.
[497] Für eine Form der Delegation der Rechtsetzungsmacht: *Hinz*, Tarifhoheit, S. 68 ff.; 134 ff.; *Säcker*, Grundprobleme, S. 74; *Wiedemann*, in: Wiedemann, § 1 TVG Rn. 47; für eine verfassungsrechtlich anerkannte Normsetzungsbefugnis: BVerfGE 34, 307 (317); 64, 208 (215); *Biedenkopf*, Grenzen, S. 102; *Däubler*, Tarifvertragsrecht, Rn. 19; *Waltermann*, Festschr. Söllner, S. 1251 (1257).
[498] *Richardi*, Kollektivgewalt, S. 137 ff.; *Rieble*, Arbeitsmarkt und Wettbewerb, Rn. 1194 ff.; *Singer*, ZfA 1995, 611 (620).

oder Vereinbarung nichts anderes folgt, Rechtsklarheit.[499] Im Sinne von Rechtsklarheit und Rechtssicherheit muß ein Tarifvertrag daher, soweit einer Partei die Tarifzuständigkeit fehlt, unwirksam, ein Streik grundsätzlich rechtswidrig sein. Darüber hinaus gilt es zu bedenken, daß im privatrechtlichen Vertretungsrecht ein Gutglaubensschutz der gegnerischen Vertragspartei besteht. Hinzuweisen ist hier auf die §§ 70, 68 BGB und den Schutz des Vertrauens an den Rechtsschein der Vertretungsmacht.[500] Dieser Gutglaubensschutz ist im Tarifvertragsrecht aber nur gerechtfertigt, solange nicht Interessen der einzelnen Arbeitgeber und Arbeitnehmer entgegenstehen, da letztere durch die normativen Bestimmungen des Tarifvertrags in einem für sie vitalen Bereich gebunden werden.[501] Denkbar ist zum Beispiel eine Satzungsbestimmung eines Regionalverbandes, die es verbietet, diejenigen Arbeitnehmer, die zugleich Mitglied des Landesverbandes sind, in Tarifverhandlungen zu vertreten. Täte der Regionalverband dieses dennoch, könnte den Arbeitnehmern, welche sich lieber vom mächtigeren Landesverband vertreten lassen, nicht zugemutet werden, aufgrund des Gutglaubensschutzes der Arbeitgeberseite dem regionalen Tarifvertrag unterstellt zu werden.[502] Auch der Aspekt des Verkehrsschutzes steht damit einer Zuordnung der Tarifzuständigkeit zum Vertretungsrecht entgegen. Selbst wenn man die Rechtsfolgen der Tarifzuständigkeit an den Maßstab der Offensichtlichkeit binden wollte,[503] änderte sich an dieser Einschätzung nichts. Ziel dieser Überlegung scheint vor allem die Erweiterung der Normsetzungsmacht und des legitimen Streiks zu sein. Damit geht es dann aber gar nicht mehr um den Verkehrsschutz, der hinter dem Prinzip der statutarischen Beschränkung der Vertretungsmacht steht, sondern um eine Kompetenzausweitung der Verbände, die wesentlich zu Lasten Dritter geht. Dies zeigt sich besonders beim Streik um einen Firmentarifvertrag außerhalb des Geschäftsbereichs einer Gewerkschaft.[504] Das zudem nur schwer zu konkretisierende Merkmal der offensichtlichen Tarifunzuständigkeit

---

[499] *Konzen*, Festschr. Kraft, S. 291 (301); vgl. auch *Kutscher*, Tarifzuständigkeit, S. 18.
[500] Die §§ 70, 68 BGB sind auf Arbeitgeberverbände sowie auf Gewerkschaften in der Form des e.V. (ver.di) anwendbar. Bei den nichtrechtsfähigen Vereinen sind nach § 54 S. 1 BGB die Grundsätze über den Schutz des Vertrauens an die Vertretungsmacht bei der BGB-Gesellschaft anzuwenden, siehe dazu MünchKomm/*Ulmer*, § 714 BGB Rn. 20, 36 f.; *Soergel/Hadding*, § 714 BGB Rn. 20, 34.
[501] *Hofstetter*, Tariffähigkeit und Tarifzuständigkeit, S. 167; *Konzen*, Festschr. Kraft, S. 191 (301).
[502] Vgl. *Hofstetter*, Tariffähigkeit und Tarifzuständigkeit, S. 167.
[503] So *Blank*, Tarifzuständigkeit, S. 95 f., 109 f.; *Däubler*, Tarifvertragsrecht, Rn. 89.
[504] *Konzen*, Festschr. Kraft, S. 291 (301).

vermag somit den Konflikt zwischen Tarif- und Vertretungsrecht im Anwendungsbereich der Verkehrsschutzregeln nicht zu lösen.

Die Koalitionssatzungen selbst enthalten zwar Eingrenzungen der Geschäftsbereiche. Dies kann jedoch nicht als Beschränkung der Vertretungsmacht des Vorstands auf eben diesen Bereich gedeutet werden.[505] Die Beschreibung des Geschäftsbereiches erfolgt vielmehr in der vorrangigen Absicht, innerhalb der Berufsverbände eine Abgrenzung untereinander vorzunehmen, um Kompetenzstreitigkeiten und gewerkschaftsinterne Konkurrenz bei der Mitgliederaufnahme zu vermeiden.[506] Einen deutlichen Hinweis darauf geben die Gewerkschaftsatzungen selbst, in denen häufig die Regelung des Organisationsbereiches in Verbindung mit den Voraussetzungen zum Erwerb der Mitgliedschaft behandelt wird.[507]

Schon die Koalitionssatzungen selbst machen es daher schwer, die Tarifzuständigkeit als Beschränkung der Vertretungsmacht einzuordnen. Insgesamt betrachtet geht es bei der Tarifzuständigkeit auch gar nicht um eine Frage der Vertretungsmacht innerhalb jeder einzelnen Koalition. Die Tarifzuständigkeit hat wie bereits angedeutet vielmehr ordnungspolitische Funktion. Sie soll dem Koalitionswesen und dem Tarifsystem überschaubare und verläßliche Strukturen geben und das Zusammen- und Gegeneinanderwirken der Verbände im Rahmen der Tarifautonomie ordnen. Das frei gewährleistete Verhandlungs- und Kampfsystem soll so im Interesse der Beteiligten aber auch der Drittbetroffenen beherrschbar und berechenbar gemacht werden. Letztlich geht es also um eine ordnende Ausformung der Tarifautonomie. Die Grundlage für die Tarifzuständigkeit als Wirksamkeitserfordernis kann somit auch nur in diesem Regelungssystem tariflicher Normsetzung zu suchen sein.

---

[505] *Hillebrand*, Tarifzuständigkeit, S. 69 ff., 76; *Konzen*, Festschr. Kraft, S. 291 (301).
[506] *Hillebrand*, Tarifzuständigkeit, S. 70 f.; *Kutscher*, Tarifzuständigkeit, S. 22.
[507] Vgl. §§ 1, 3 Ziff. 1 der Satzung der IG Metall; § 1 Ziff. 3 der Satzung der IG Bergbau, Chemie, Energie; §§ 1, 6 der Satzung der Gewerkschaft ver.di.

IV. Tarifzuständigkeit als Merkmal demokratisch legitimierter Tarifnormsetzung

Die Tarifautonomie als Betätigungsgarantie wurzelt in der individuellen Koalitionsfreiheit und ist den Koalitionen funktionsgebunden zur Wahrung und Förderung der Arbeits- und Wirtschaftsbedingungen gewährt, zugleich aber auch als Aufgabe überantwortet. Diese Determinanten wirken wie bereits gesehen auf die Verbandsautonomie ein; so müssen die Koalitionen unter anderem eine demokratische Verbandsverfassung aufweisen, um an der Tarifautonomie teilnehmen zu können.[508] Wesentlicher Faktor für die Einhaltung demokratischer Verfahrensweisen ist dabei die Legitimation tariflicher Normsetzung. Dabei geht es konkret um die Frage, inwieweit die tarifschließenden Organe von den Normunterworfenen zur Rechtsetzung ermächtigt sind. In diesen Zusammenhang läßt sich auch die Tarifzuständigkeit einordnen.

Im Ergebnis setzt die verfassungsrechtliche Legitimation für die Schaffung von Tarifnormen zweierlei voraus: Sowohl der Tarifvertrag selbst als auch die in der Satzung manifestierte Tarifzuständigkeit als Grundlage der Normsetzung müssen vom Mitgliederwillen getragen, mithin demokratisch legitimiert sein.[509] Letzteres hat zur Folge, daß ein Tätigwerden der Koalitionen über diesen Bereich hinaus nicht mehr legitimiert ist und die Unwirksamkeit eines außerhalb des satzungsmäßigen Zuständigkeitsbereiches abgeschlossenen Tarifvertrages nach sich zieht. Der Bezug demokratischer Legitimation auf den Mitgliederwillen widerspricht zunächst zwar der üblichen Differenzierung zwischen mitgliedschaftlicher und demokratischer Legitimation. Wie im folgenden zu sehen sein wird, verläßt die tarifliche Normsetzung jedoch den realistischen Bereich der Legitimation durch Verbandsbeitritt und schlägt zu heteronomer Rechtsetzung um. Dementsprechend läßt sich die Legitimation der Tarifnormsetzung im Grundkonzept als mitgliedschaftliche Legitimation in demokratischen Formen definieren. Im Unterschied dazu ist die betriebliche Rechtsetzung rein demokratisch legitimiert.

---

[508] Vgl. S. 93 ff.
[509] Vgl. BAG AP Nr. 7 zu § 2 TVG Tarifzuständigkeit, Bl. 4R; *Kempen/Zachert*, § 2 TVG Rn. 110, die dies aber nur für die Gewerkschaften gelten lassen; in diesem Sinne auch schon *Biedenkopf*, Grenzen, S. 53 Fn. 46; *Hoffmann*, ArbuR 1964, 169 (170).

1. Demokratische Legitimation des Tarifabschlusses

Die Legitimation des Tarifabschlusses erfordert die mittelbare Beteiligung der Verbandsmitglieder bei der Normsetzung mittels Teilhabe an der tarifpolitischen Willensbildung und Wahl der Verbandsorgane. Diesem Erfordernis wird durch verschiedene Ebenen demokratischer Legitimation Rechnung getragen. Zuerst ist die Gestaltungsmacht der Tarifparteien vertraglich durch die Koalitionsmitgliedschaft legitimiert. Wegen der Angewiesenheit der einzelnen Arbeitgeber und Arbeitnehmer auf die Verbandszugehörigkeit[510] ist dieses Element der Legitimation koalitionären Handelns nur eingeschränkt aussagekräftig, so daß als zweite Stufe der Legitimation die Organisationsdemokratie den notwendigen Ausgleich schaffen muß.[511] Bei den Gewerkschaften wird die so schon vorhandene demokratische Legitimation tariflichen Handelns zusätzlich noch durch das institutionalisierte Verfahren tarifpolitischer Sonderwillensbildung verstärkt. Gewerkschaftliche Tarifpolitik ist in besonders hohem Maße auf die Zustimmung der tarifgebundenen Mitglieder angewiesen, da das Druckpotential einer Gewerkschaft in Tarifverhandlungen von einer glaubwürdigen Streikdrohung abhängt. Wächst die Diskrepanz zwischen den Erwartungen der Mitglieder und den Tarifergebnissen, muß die Gewerkschaft sinkende Kampfbereitschaft und Mitgliederverluste befürchten. Um das zu vermeiden, haben alle Gewerkschaften besondere Verfahren für die tarifpolitische Willensbildung vorgesehen. So sollen Tarifkommissionen die Rückkopplung und Vermittlung der Tarifpolitik zu der „betrieblichen Basis" durch Einbeziehung betrieblicher Mitglieder gewährleisten und in ihrer Zusammensetzung die Mitglieder- und Beschäftigtenstruktur des jeweiligen Geltungsbereiches der Tarifverträge repräsentieren.[512] Auch die Entscheidung über einen Streik liegt in der Regel bei den Mitgliedern selbst. Bis auf wenige Ausnahmen[513] sehen die Satzungen der Gewerkschaften

---

[510] Vgl. S. 80 ff.
[511] Siehe S. 93 ff.; *Blank*, Tarifzuständigkeit, S. 103 f., setzt hier einen anderen Schwerpunkt. Er sieht den Aussagegehalt der vertraglichen Mitgliedschaft unberührt von einer Angewiesenheit der Mitglieder auf die Koalitionszugehörigkeit in der Zustimmung zur Tarifpolitik und ordnet die Organisationsdemokratie zuvorderst dem Problem des Mitgliederschutzes zu, welches nicht die Legitimation der Tarifnormen durch die Mitgliedermehrheit tangiere.
[512] Eingehend *Föhr*, Willensbildung in den Gewerkschaften, S. 63 f.; vgl. auch *Blank*, Tarifzuständigkeit, S. 104 f.
[513] Diese bilden z. B: die Satzung der IG Bergbau, Chemie, Energie und der IG Medien, die die Urabstimmung nicht zwingend vorsehen.

eine Urabstimmung vor, in der mindestens 75 % der stimmberechtigten Mitglieder für den Streik stimmen müssen.[514] Die Annahme des Verhandlungsergebnisses nach einem Streik setzt bei einigen Gewerkschaften eine weitere Urabstimmung voraus, in der über 25 % der Mitglieder dem Ergebnis zustimmen müssen. Diese Verfahrensweisen rechtfertigen die Annahme einer „Legitimation durch Entscheidungsbeteiligung".[515] Nur durch dieses institutionelle Verfahren der Sonderwillensbildung ist es den Gewerkschaften möglich, den in der Tarifautonomie strukturell angelegten Zielkonflikt zwischen Kompromißfähigkeit und Verpflichtungsfähigkeit zu bewältigen. Diese Struktur der Willensbildung und Mitgliederbeteiligung trägt daher gerade auch angesichts des Spannungsverhältnisses zwischen Satzungsautonomie, Demokratiepostulat und Funktionsfähigkeit des Tarifsystems dem Erfordernis demokratischer Legitimation des konkreten Tarifergebnisses hinreichend Rechnung.[516]

2. *Übertragung des staatlichen Legitimationskonzeptes auf die Tarifnormsetzung*

Der zweite Aspekt demokratischer Legitimation der Tarifnormsetzung besteht in der Begrenzung der Normsetzungskompetenz auf den Zuständigkeitsbereich. Die Festlegung der Tarifzuständigkeit in der Satzung muß dabei als erster Schritt ebenfalls vom Mitgliederwillen getragen sein. Bei der Tarifzuständigkeit geht es um die Basis des tariflichen Handelns der Koalitionen, mithin um einen wesentlichen Teilbereich des Koalitionszweckes, der daher nur unter demokratischer Beteiligung der Mitglieder festgelegt oder geändert werden kann. Dies entspricht der zutreffenden verbandsrechtlichen Sichtweise, daß Grundlagengeschäfte wie etwa die Zweckänderung, zwingend der Mitgliederversammlung obliegen.[517]

---

[514] Zum Erfordernis einer Urabstimmung ausführlich *Kehrmann/Bobke*, ZRP 1985, 78 ff.
[515] *Teubner*, Organisationsdemokratie, S. 251 ff.; vgl. auch *Blank*, Tarifzuständigkeit, S. 105 f.; *Löwisch*, ZfA 1970, 295 (306); *Popp*, Öffentliche Aufgaben und Willensbildung, S. 127 ff.
[516] *Blank*, Tarifzuständigkeit, S. 106; de lege lata auch *Schüren*, Legitimation tariflicher Normsetzung, S. 275; *Teubner*, Organisationsdemokratie, S. 251 f.
[517] Vgl. dazu *Reichert*, Hdb. Vereinsrecht, Rn. 1397; *Soergel/Hadding*, § 26 BGB Rn. 20; im Ergebnis auch BGH JZ 1953, 474 (475).

Der nächste Schritt, die Rechtsfolge der Unwirksamkeit zuständigkeitsüberschreitender Tarifverträge mangels demokratischer Legitimation kann aus dem bisher Gesagten jedoch nicht hergeleitet werden. Insbesondere läßt sich dies nicht aus den Prinzipien der Organisationsdemokratie und der tariflichen Sonderwillensbildung herleiten.[518] Zwar können Kompetenzüberschreitungen der Verbandsorgane im Innenverhältnis rechtswidrig sein und Unterlassungsansprüche der Mitglieder begründen; im Außenverhältnis kann der Verband jedoch trotz Kompetenzüberschreitung wirksam verpflichtet werden. Die innerverbandliche Rechtswidrigkeit schlägt nicht auf das Außenverhältnis durch. Deshalb kann auch die Wirksamkeit eines Tarifvertrags nicht ohne weiteres von bestimmten Anforderungen an die innerverbandliche Willensbildung abhängig gemacht werden.[519] Die Schlußfolgerung der mangelnden demokratischen Legitimation eines zuständigkeitsüberschreitenden Tarifabschlusses ist zudem nicht zwingend, da die handelnden Organe nach demokratischen Grundsätzen gewählt sind.[520]

Entscheidend ist vielmehr der Aspekt, daß die Tarifnormsetzung durch die Sanktion der Unwirksamkeit bei Mißachtung der Tarifzuständigkeit in diesem singulären Bereich der staatlichen Rechtssetzung gleichgestellt wird. Die Zuständigkeit einer Tarifpartei ist sonach wie bei einer staatlichen Behörde Geltungsvoraussetzung ihrer Rechtsakte.[521] In der Übertragung des öffentlichrechtlichen Legitimationskonzeptes auf die Koalitionen[522] liegt ein zunächst plausibles, aber zugleich auch problematisches Unterfangen. Denn Tarifparteien sind

---

[518] Vgl. *Blank*, Tarifzuständigkeit, S. 98, 102; *Konzen*, Festschr. Kraft, S. 291 (303); *Kutscher*, Tarifzuständigkeit, S. 14.

[519] Teilweise wird erwogen, der gegenerischen Koalition das Recht zu geben, die Voraussetzung einer demokratisch geordneten Verbandsverfassung mit dem Ziel überprüfen zu lassen, Tarifverhandlungen ablehnen zu können und die Tariffähigkeit einer Gewerkschaft zu verneinen, vgl. *Wiedemann/Stumpf*, § 2 TVG Rn. 162; ähnlich *Biedenkopf*, in: Duvernell, Koalitionsfreiheit und Tarifautonomie als Probleme der modernen Demokratie, S. 199 (208); vgl. auch *Schüren*, Legitimation tariflicher Normsetzung, S. 277 f. Eine derartige Außenwirkung des Demokratiepostulats ist mit Art. 9 III GG nicht zu vereinbaren; seine Aufgabe liegt allein im Schutz der Mitgliederrechte, vgl. auch *Blank*, Tarifzuständigkeit, S. 102 Fn. 144.

[520] *Blank*, Tarifzuständigkeit, S. 98; vgl. auch *Konzen*, Festschr. Kraft, S. 291 (303).

[521] *Jacobs*, Tarifeinheit, S. 123; *Löwisch/Rieble*, § 2 TVG Rn. 89; *Oetker*, in: Wiedemann, § 2 TVG Rn. 47; *Reuter*, Anm. zu BAG AP Nr. 4 zu § 2TVG Tarifzuständigkeit, Bl. 10R; im Ansatz auch *Kutscher*, Tarifzuständigkeit, S. 14.

[522] Zur „spiegelbildlichen" Übertragung der staatlichen Binnenstruktur auf die Binnenorganisation der Verbände siehe S. 95.

weder öffentliche Verbände noch bedienen sie sich hoheitlicher Handlungsformen.[523] Entstehungsvoraussetzung der tarifvertraglichen Normen ist die vertragliche Einigung zwischen den Tarifpartnern, und deren Legitimation im Verhältnis zu den Normunterworfenen beruht jedenfalls *auch*[524] auf dem spezifisch privatautonomen Akt des Verbandsbeitritts. Die Tarifautonomie kann daher durchaus zu Recht als „Kollektive Privatautonomie" bezeichnet werden.[525] Ihr Grundgedanke ist nämlich die selbstbestimmte vertragliche Regelung des gesellschaftlichen Bereichs „Arbeitsmarkt" durch potentiell gleichgewichtige Vertragsparteien, die die hinreichende Sicherheit dafür bieten, daß der getroffenen Regelung eine Richtigkeitsgewähr innewohnt. Genau damit vereinigt die Tarifautonomie aber auch die Strukturen in sich, die die Privatautonomie selbst als Grundprinzip legitimieren: die Selbstbestimmung der einzelnen als Fundamentalwert und die Richtigkeitschance, die der gefundenen Regelung präsumtiv zukommt.[526] Auf dieser Grundlage läßt sich die Befugnis zu tariflicher Normsetzung als übertragene kumulierte Privatautonomie erklären (sog. mandatarisches Modell).[527] Die rechtlich-formal bestehende Befugnis eines jeden einzelnen Arbeitnehmers zur Aushandlung seiner Arbeitsbedingungen, die nur infolge ökonomischer Unterlegenheit zu wenig genutzt werden kann, wird durch die Bündelung einer Vielzahl von Einzelpositionen im Kollektiv wieder wirksam. Das Kollektiv handelt dann kraft Auftrags für die Arbeitnehmer- oder Arbeitgebergruppe, die es gebildet hat.

Die privatautonomen Elemente der Tarifautonomie vermögen die Rechtsnormwirkung der tariflichen Regelungen und deren Legitimation im Verhältnis zu den Normunterworfenen aber nicht umfassend zu erklären. Die Legitimation durch Beitritt bezieht sich zunächst nur auf die Mitregelung der Arbeits- und Wirtschaftsbedingungen durch die jeweilige Koalition, also auf die satzungsmäßige Aufgabe des Verbandes. Die Tarifwirkung, wie sie in den §§ 1, 4 TVG formuliert ist, kann durch die mitgliedschaftliche Legitimation allein aber nicht

---

[523] Kritisch in diese Richtung auch *Blank*, Tarifzuständigkeit, S. 41, 97 f.; *Däubler*, Tarifvertragsrecht, Rn. 89a; *Konzen*, Festschr. Kraft, S. 291 (303).
[524] Siehe S. 98.
[525] Vgl. *Richardi*, Kollektivgewalt, S. 164 f.; *Rieble*, ZfA 2000, 5 (23 ff.); *Rüthers*, DB 1973, 1649 (1651); *ders.*, JurA 1970, 89 (104); *Singer*, ZfA 1995, 611 (617); *Zöllner*, Rechtsnatur der Tarifnormen, S. 36 f.; *Picker*, ZfA 1998, 573 (673 ff.), 680, 681).
[526] Vgl. *Picker*, Warnstreik, S. 151; *Richardi*, Kollektivgewalt, S. 37 f.; 42 ff.; *Rüthers*, JurA 1970, 89 (102 ff.).
[527] Zu diesem Begriff vgl. *Adomeit*, Rechtsquellenfragen, S. 127.

erklärt werden.[528] Zweifelhaft ist schon, ob die durch Beitritt erfolgte Unterwerfung unter die Satzungsgewalt der Koalition für sich genommen das tarifautonome Regeln der Koalition als solches erklären kann, das in der Regel auf einem Kompromiß nach kontroversen Verhandlungen oder einem Arbeitskampf beruht.[529] Dem steht schon das oben erwähnte Verfahren tarifpolitischer Sonderwillensbildung bei den Gewerkschaften entgegen, das allein die Diskrepanz zwischen Mitgliedererwartung und Kompromißlösung im Sinne des Legitimationsgedankens zu bewältigen vermag. Darüber hinaus schwächt auch die Angewiesenheit des einzelnen auf die Koalitionszugehörigkeit[530] die legitimierende Wirkung des Koalitionsbeitritts.

Im übrigen läßt sich die Geltung tarifvertraglicher Normen nicht immer auf einen privatautonomen Akt der Normunterworfenen zurückführen. So in Fällen des Verbandsaustritts, in denen gemäß §§ 3 III, 4 V TVG die Tarifnormen weitergelten. Ein stärkerer Entzug der privatautonomen Legitimation als durch Austritt ist dabei kaum denkbar.[531] Gleiches gilt für die begrenzte Außenseiterwirkung von betrieblichen oder betriebsverfassungsrechtlichen Tarifnormen nach § 3 II TVG.[532] Aber auch Inhaltsnormen können in ihrer Wirkung Außenseiter erfassen und diese sogar belasten, ein Umstand, der mit dem Erfordernis strenger mitgliedschaftlicher Legitimation nicht in Einklang zu bringen ist. Bei-

---

[528] *Biedenkopf*, Grenzen, S. 13; *Hillebrand*, Tarifzusändigkeit, S. 27; *Säcker*, Gruppenautonomie, S. 246; *Waltermann*, Festschr. Söllner, S. 1251 (1269); anders *Hanau*, RdA 1993, 1 (6); *Loritz*, Tarifautonomie und Gestaltungsfreiheit, S. 42; *Picker*, ZfA 1998, 573 (673 ff., 681); *Richardi*, Kollektivgewalt, S. 164 f., 214; *Rieble*, Arbeitsmarkt und Wettbewerb, Rn. 1194 ff.; *Schüren*, Legitimation tariflicher Normsetzung, S. 238 f.; *Singer*, ZfA 1995, 611 (616 f.); *Walker*, Festschr. Kissel, S. 1203 (1221); *A. Wiedemann*, Bindung der Tarifnormen, S. 75 ff.; *Zöllner*, Rechtsnatur der Tarifnormen, S. 31 f.

[529] *Belling*, ZfA 1999, 547 (594 f.); *Gamillscheg*, Kollekt. ArbR I, S. 565; *Kemper*, Schutzbereich, S. 67 ff.; *Waltermann*, Festschr. Söllner, S. 1251 (1268).

[530] Siehe S. 80 f.

[531] *Gamillscheg*, Kollekt. ArbR I, S. 562; *Waltermann*, Festschr. Söllner, S. 1251 (1269). Auch die Regelung des § 613a I 2, 4 BGB ist vor dem Hintergrund des Legitimationserfordernisses problematisch. Die in das Arbeitsverhältnis übergeleiteten tariflichen Ansprüche verlieren ihre zwingende Wirkung schon vor Ablauf der Jahresfrist des § 613a I 2 BGB, wenn der Tarifvertrag vorher endet, und dies kann durch Handlungen von Tarifparteien geschehen, die jede Zuständigkeit für den übergegangenen Betrieb verloren haben, vgl. § 613a I 4 BGB; vgl. dazu *Gamillscheg*, Kollekt. ArbR I, S. 563, 782.

[532] *Gamillscheg*, Kollekt. ArbR I, S. 563; *Hillebrand*, Tarifzuständigkeit, S. 27; *Söllner*, ArbuR 1966, 257 (261); *Waltermann*, Festschr. Söllner, S. 1251 (1269); *Wiedemann*, in: Wiedemann, § 1 TVG Rn. 42;.

spielhaft seien Altersgrenzen genannt.[533] Diese können nicht auf die Mitglieder der vertragsschließenden Gewerkschaft begrenzt werden, wenn von ihrer Befolgung der Schutz Dritter abhängt (etwa bei Piloten). Die Vorstellung, nur das Mitglied dürfte der Norm unterworfen werden, steht überdies mit der Existenz tarifdispositiven Gesetzesrechts in Widerspruch, wie auch mit der Möglichkeit, Ruhestandsbezüge nach Beendigung des Arbeitsverhältnisses tariflich zu gestalten.[534] Dem beitretenden Arbeitnehmer oder Arbeitgeber würde es wegen §§ 1 I, 4 I TVG zudem nichts nützen, wenn er ausdrücklich erklären würde, er wolle sich nicht unterwerfen, oder wenn er dies mit seiner Koalition vereinbaren würde. Auch dies ist mit einem mandatarischen Verständnis der tariflichen Normsetzungsmacht nicht vereinbar.

Schließlich enthalten der Arbeitskampf und die Betriebsverfassung Eingriffe in die Rechtsposition des Außenseiters, die auf der Basis eines Modells notwendiger verbandsrechtlicher Legitimation tariflichen Handelns der Koalition nicht erklärbar ist. Denn hinter diesem Modell steht gleichsam als Kehrseite, die Berührung des Außenseiters mit Tarifnomen und dem System ihrer Entstehung zu vermeiden. Dann aber dürfte die Auseinandersetzung um den Tarifvertrag, das ganze Tarifwesen den Außenseiter nicht behelligen. Das Gegenteil ist der Fall. Der Arbeitgeber-Außenseiter kann durch Streik zum Tarifvertrag gezwungen werden, der Arbeitnehmer-Außenseiter rechtmäßig an ihm teilnehmen, er wird von der Aussperrung ergriffen, ja darf von ihr sogar nicht ausgenommen werden. Selbst in einem vom Arbeitskampf nicht erfaßten Betrieb verliert ein Außenseiter seinen Lohnanspruch, wenn die Parität der Tarifparteien dies erfordert.[535] Im Rahmen der Betriebsverfassung unterstellen die §§ 77 III und 87 BetrVG ohne weiteres, daß die Gewerkschaft repräsentativ ist, was sie für die Außenseiter unter dem Blickwinkel mitgliedschaftlicher Legitimation aber gerade nicht sein kann. Schon daß die tarifliche Regelung üblich ist, verhindert die Regelung durch Betriebsvereinbarung, auch wenn im Betrieb niemand der

---

[533] Vgl. *Gamillscheg*, Kollekt. ArbR I, S. 563, 679.
[534] *Gamillscheg*, Kollekt. ArbR I, S. 563; *Wiedemann*, in: Wiedemann, § 1 TVG Rn. 42.
[535] Vgl. zum Ganzen BAG AP Nr. 66 zu Art. 9 GG Arbeitskampf Bl. 3 ff.; *Gamillscheg*, Kollekt. ArbR I, S. 564; *Schwarze*, Betriebsrat, S. 151, wendet dagegen ein, die arbeitskampfrechtlichen Überwirkungen würden die „Intensität unmittelbarer Machtausübung" durch Unterwerfung unter die durch den Außenseiter nicht legitimierten Normen nie erreichen. Angesichts der ebenfalls hohen Intensität von Aussperrung und Lohnverlust überzeugt dieser Einwand jedoch nicht, vgl. *Gamillscheg*, Kollekt. ArbR I, S. 564 Fn. 153.

Gewerkschaft angehört. Eine vollständige tarifliche Regelung läßt das Mitbestimmungsrecht des Betriebsrats entfallen, weil mit ihr dem Schutzbedürfnis „der Arbeitnehmer" Genüge getan sei,[536] obwohl dem Außenseiter damit der Schutz der Betriebsverfassung genommen wird, ohne daß er den Schutz des Tarifvertrages gewinnt.[537] Dieses alles geschieht zum Erhalt der Funktionsfähigkeit des Tarifsystems und zur Stärkung der Werbungskraft der Koalitionen, mit dem Gedanken verbandsrechtlicher Legitimation der Tarifparteien allein kann es jedoch nicht erklärt werden.

Würde man das Prinzip der mitgliedschaftlichen Legitimation mit aller Konsequenz verfolgen, wäre die Koalition auf den Status eines einfachen Vereins zurückgestuft, der in der Satzung ebenfalls Verbindliches nur für die Mitglieder vorsehen kann. Die Entwicklung ist jedoch vom Mitgliederverband zur repräsentativen Einheit gegangen. Eine allein mitgliedschaftliche Legitimation der Tarifautonomie findet sodann in der Entwicklungsgeschichte der Tarifautonomie auch keinen zwingenden Anhalt.[538] Die Tarifparteien und ihre Vereinbarungen haben im nationalen wie europäischen Recht vielmehr eine Sonderstellung gewonnen, die jeden Vergleich mit anderen privaten Satzungsgebern erschwert.[539] Diese Entwicklung trägt der den Koalitionen zugewiesenen Aufgabe der Ordnung und Befriedung des Arbeitslebens Rechnung.[540] Der Rechtsordnung war nicht verborgen, daß nur eine Minderheit der Arbeitnehmer in Verbänden organisiert ist; wenn diese aber nur für ihre Mitglieder zu sprechen berechtigt sind, kann der Staat seine eigene Gesetzgebungszuständigkeit nicht insgesamt im Bereich der Regelung der Arbeits- und Wirtschaftsbedingungen so weit zurücknehmen, wie er dies getan hat.[541] Die Ordnungsaufgabe der Koalitionen und der ihnen durch die Wahrnehmung dieses Verfassungsauftrags

---

[536] So BAG AP Nr. 21 zu § 77 BetrVG 1972 Bl. 4R, 5.
[537] Vgl. *Buchner*, RdA 90, 1 (4); *Gamillscheg*, Kollekt. ArbR I, S. 564.
[538] Vgl. *Gamillscheg*, Kollekt. ArbR I, S. 567; *Waltermann*, ZfA 2000, 53 (70 ff.)
[539] Vgl. Art. 118, 137 n.F. EGV; Art. 3, 4 des Elfer-Abkommens zwischen den Mitgliedsstaaten der EG über die Sozialpolitik (BGBl. 1992 II, S. 1314, 1315); *Wiedemann*, in: Wiedemann, § 1 TVG Rn. 42.
[540] Vgl. dazu BVerfGE 4, 96 (107); 50, 290 (367 f., 372); 58, 233 (246 f.); *Gamillscheg*, Kollekt. ArbR I, S. 291 f.; *Kempen/Zachert*, TVG, Grundlagen Rn. 80; *Moll*, Tarifausstieg, S. 26 f.; *Säcker*, Gruppenautonomie, S. 236 f.
[541] Vgl. dazu BVerfGE 34, 307 (316); 50, 290 (367); 58, 233 (246); *Gamillscheg*, Kollekt. ArbR I, S. 289; *Kempen/Zachert*, TVG, Grundlagen Rn. 82, 84.

zugewachsene Status in der Gesellschaftsordnung[542] machen vielmehr deutlich, daß die tarifliche Normsetzung den realistischen Bereich der Legitimation durch Verbandsbeitritt verläßt und zu heteronomer Rechtssetzung umschlägt.[543]

3. Tarifverträge als heteronome Rechtsetzung

Kennzeichnend für die Einordnung des Tarifvertrages als heteronome Rechtsetzung ist auch der Gegenstand des Tarifvertrags, der grundlegend vom Objekt sonstiger privatrechtlicher Verträge abweicht: Die Sozialpartner tauschen nicht addierte einzelne Arbeits- oder Entgeltleistungen aus, Gegenstand des Vertrages ist vielmehr eine kollektivierte und damit qualitativ veränderte Angebots- und Nachfragestruktur. Der Tarifvertrag unterfällt damit nicht nur der iustitia commutativa, sondern auch der iustitia distributiva.[544]

Der Wandel von autonomer zu heteronomer Regelbildung zeigt sich bei Tarifverträgen schließlich daran, daß Individual- und Minderheiteninteressen von den Großverbänden bei der Erzielung eines tariflichen Kompromisses nicht ausreichend berücksichtigt werden können.[545] Die im Verbandsrecht geltenden

---

[542] Vgl. *Biedenkopf*, in: Duvernell, Koalitionsfreiheit und Tarifautonomie als Probleme moderner Demokratie, S. 199 ff., der die Koalitionen als faktische Mitträger der freiheitlichen, demokratischen Gesellschaftsordnung sieht; allgemein zur Gesamtverantwortung der Koalitionen für das wirtschaftliche und sozialpolitische Geschehen: *Weber*, DVBl. 1969, 413 (417); darauf Bezug nehmend *Säcker*, Gruppenautonomie S. 252 f.

[543] Vgl. *Badura*, RdA 1999, 8 (12); *Biedenkopf*, Grenzen, S. 31; *Gamillscheg*, Kollekt. ArbR I, S. 562, 567 f.; *Krüger*, 46. DJT, Bd. I, S. 7 (33); *Ridder*, Stellung der Gewerkschaften im Sozialstaat, S. 32 f.; *Säcker*, Gruppenautonomie, S. 241-243; *Wiedemann*, in: Wiedemann, § 1 TVG Rn. 42. Dies bedeutet nicht, daß der Mitgliedschaft keinerlei legitimierende Wirkung zukommt. Die Mitgliedschaft bestimmt die personelle Reichweite der Tarifautonomie und ist tatbestandliche Voraussetzung für die Tarifwirkung. Die Ausdehnung tarifautonomen Regelns auf Außenseiter bedarf immer besonderer Rechtfertigung. Die Mitgliedschaft wird aber nicht zur eigentlichen Legitimationsbasis des tarifautonomen Handelns und der in § 4 I TVG normierten unmittelbaren und zwingenden Tarifwirkung. Angesichts der Angewiesenheit des einzelnen Arbeitnehmers und Arbeitgebers auf die Koalitionszugehörigkeit, der Bedeutung und des Umfangs des tariflichen Regelungsgegenstandes und des Prinzips der Kollektivvertretung (vgl. dazu im einzelnen den folgenden Abschnitt) kommt dem Verbandsbeitritt nur eingeschränkt legitimierende Wirkung bezüglich des tariflichen Regelns der Koalition zu.

[544] *Wiedemann*, in: Wiedemann, § 1 TVG Rn. 47.

[545] Vgl. dazu *Blomeyer*, ZfA 1980, 1 (22); *Reuter*, ZfA 1978, 1 (21 ff.); *Schüren*, ArbuR 1988, 245 (246); *Singer*, ZfA 1995, 611 (627 ff.); *A. Wiedemann*, Bindung der Tarifnormen, S. 117 ff.; *Wiedemann*, in: Wiedemann, § 1 TVG Rn. 47; abweichend *Kempen/Zachert*, TVG, Grundlagen Rn. 155; *Löwisch/Rieble*, § 1 TVG Rn. 152; *Rieble*, Arbeitsmarkt und Wettbewerb, Rn. 1206; *Zachert*, ArbuR 1988, 248 (250).

Schutzmechanismen können für die tarifvertragliche Normsetzung nicht ausreichen. Die Vereinsgewalt erstreckt sich grundsätzlich auf den durch Verbandszweck und Mitgliedschaft eng umgrenzten Lebenssachverhalt; dies ist mit der Einflußnahme der Gewerkschaften auf das Fundament der Arbeits- und Berufsgestaltung ihrer Mitglieder nicht vergleichbar. Zum anderen vermag sich der Schutz des einzelnen Arbeitgebers und Arbeitnehmers schon im eigenen „Lager" nicht ausreichend durchzusetzen,[546] noch viel weniger aber beim kollektiven Normsetzungskompromiß. Die Tarifparteien repräsentieren die Interessen einer Vielzahl von Mitgliedern, die nicht unbedingt übereinstimmen müssen. Dies zeigt sich deutlich bei den wirtschaftspolitisch umstrittenen Fragen der Arbeitszeitverkürzung und des Rationalisierungsschutzes, bei denen die Interessen der Arbeitsplatzbesitzer mit denen der Arbeitsuchenden in Gegensatz geraten. Das System der kollektiven Interessenvertretung bietet in diesen Fällen keine ausreichende Gewähr dafür, daß die Interessen der jeweils benachteiligten Gruppe bei den Tarifverhandlungen genügend repräsentiert werden. Die notwendige Mitwirkung des gegnerischen Interessenverbandes bietet keinen Ausgleich, weil dieser typischerweise kein Interesse daran hat, die Benachteiligung von Mitgliedern der Gegenseite zu verhindern. Zumutbare Möglichkeiten des Selbstschutzes der einzelnen Arbeitgeber und Arbeitnehmer existieren nicht. Bei kollektiver Interessenvertretung besteht weder die Möglichkeit, die Vertretungsmacht einzuschränken, noch sie im Innenverhältnis Bindungen zu unterwerfen. Auch die Bindung der tariflichen Regelungsmacht an die Grenze des für die Normunterworfenen Zumutbaren hilft hier nicht weiter.[547] Zwar kann den Bedenken gegen die mangelnde Konkretisierbarkeit des Merkmals der „Unzumutbarkeit" mit dem Evidenzpostulat abgeholfen werden.[548] Neben den tarifrechtlichen Einwänden gegen diesen Ansatz[549] steht die „Lehre von der

---

[546] Zur Problematik der demokratischen Willensbildung in den Berufsverbänden vgl. S. 93 ff.
[547] Vgl. *Blomeyer*, ZfA 1980, 1 (15 f.); *Bötticher*, Die gemeinsamen Einrichtungen der Tarifvertragsparteien, S. 121 ff.; *Kraft*, ZfA 1976, 243 (259); *Loritz*, ZfA 1990, 133 (197 f.); *ders.*, ZfA 1982, 77 (100); *Thiele*, Festschr. Larenz, S. 1043 (1056); *Zöllner*, Maßregelungsverbote, S. 49 ff.
[548] *Blomeyer*, ZfA 1980, 1 (16); *Zöllner*, Maßregelungsverbote, S. 50.
[549] Als Haupteinwand muß hier vorgebracht werden, daß der Tarifvertrag aufgrund der durch das Arbeitskampfrecht gesicherten Parität der Tarifparteien eine Richtigkeitsgewähr enthält. Stehen sich gleich starke Verhandlungspartner gegenüber, ist davon auszugehen, daß der Tarifvertrag keine unzumutbaren Regelungen für die Normunterworfenen enthält. Außerdem besteht die Gefahr, daß mittels des Kriteriums der Unzumutbarkeit der Weg zu einer allgemeinen Billigkeitskontrolle der Tarifverträge geebnet wird. Dies ist jedoch nicht wünschenswert, *Säcker/Oetker*, Grundlagen und Grenzen der Tarifauto-

Unzumutbarkeit" jedenfalls auch in Widerspruch zu § 26 II BGB, wonach das rechtsgeschäftliche Handeln des Vorstands unabhängig davon wirksam ist, ob er hierdurch gegen mitgliedschaftliche Pflichten im Innenverhältnis verstößt oder im Widerspruch zum Verbandszweck handelt. Diese Wertung würde umgangen und die vom Gesetzgeber im Interesse des Verkehrsschutzes nicht übernommene ultra-vires-Lehre durch die Hintertür des Tarifrechts als Schranke für die Vertretungsmacht des Vorstands ins Vereinsrecht eingeführt.[550] Schließlich und entscheidend können die Mitglieder sich solchen Tarifabschlüssen, die ihren Interessen zuwiderlaufen, nicht entziehen. Der Verbandsaustritt ist angesichts der Angewiesenheit des Einzelnen auf die Verbandszugehörigkeit nicht zumutbar,[551] zudem aufgrund der monopolistischen Organisation der Gewerkschaften und Arbeitgeberverbände nur eine beschränkte Auswahlfreiheit hinsichtlich der Person des Vertreters besteht.

Der Gesichtspunkt der Kollektivvertretung weckt also Bedenken an der Richtigkeitsgewähr des Tarifvertrags in bezug auf den Güter- und Interessenschutz des einzelnen Arbeitnehmers und Arbeitgebers. Genau aus diesem Grunde ist eine Grundrechtskontrolle der Tarifverträge erforderlich.[552] Gleichgültig, ob man diese in vollem Umfang[553] oder nur eingeschränkt vollzieht,[554] sie belegt nochmals

---

nomie, S. 229; vgl. auch die ablehnenden Stellungnahmen von *Däubler*, Tarifvertragsrecht, Rn. 1172 f., 1200; *Herschel*, ArbuR 1970, 193 (195 f.); *v. Hoyningen-Huene*, Die Billigkeit im Arbeitsrecht, S. 169 f.; *Gitter*, ArbuR 1970, 129 (133 f.); *Konzen*, ZfA 1980, 77 (118); *Wiedemann*, Anm. BAG SAE 1969, 246 (268); *Wlotzke*, RdA 1976, 80 (83).

[550] *Oetker*, RdA 1999, 96 (106).

[551] Vgl. *Singer*, ZfA 1995, 611 (627 f.); *Wiedemann*, in: Wiedemann, § 1 TVG Rn. 47.

[552] Damit ist lediglich die prinzipielle Geltung der Grundrechte für Kollektivvereinbarungen angesprochen, deren Intensität diskussionsbedürftig ist, deren Ob aber nicht angezweifelt wird. Unerheblich ist in diesem Zusammenhang die davon zu trennende Frage des Geltungsgrundes der Grundrechte für Tarifverträge, der neuerdings vermehrt in einem Schutzauftrag der staatlichen Gewalt für die Grundrechte der Bürger gesehen wird und nicht mehr in einer unmittelbaren Grundrechtsbindung der Tarifparteien; vgl. zum Ganzen *Wiedemann*, in: Wiedemann, TVG, Einleitung Rn. 198 ff.

[553] Grundlegend BAGE 1, 258 (262 ff.); *Bengelsdorf*, ZfA 1990, 563 (568); *Biedenkopf*, Grenzen, S. 73 f.; *Blomeyer*, ZfA 1980, 1 (22); *Däubler*, Tarifvertragsrecht, Rn. 416; *Gamillscheg*, AcP 164 (1964), 385 (399 f.); *Kempen/Zachert*, TVG, Grundlagen Rn. 126; *Lerche*, Festschr. Steindorff, S. 897 (906); *Löwisch/Rieble*, § 1 TVG Rn. 155; *Säcker/Oetker*, Grundlagen und Grenzen der Tarifautonomie, S. 242 ff.; *Söllner*, ArbuR 1966, 257 (262); *ders.*, ArbuR 1991, 45 (49).

[554] *Richardi*, Kollektivgewalt, S. 165; *Rieble*, Arbeitsmarkt und Wettbewerb, Rn. 1276; *Singer*, ZfA 1995, 611 (629); *A. Wiedemann*, Bindung der Tarifnormen, S. 116 ff., 147 f., 149 ff.; *Zöllner*, Rechtsnatur der Tarifnormen, S. 36 f.

die Einordnung der tariflichen Normsetzung als wenigstens überwiegend heteronome Rechtsetzung.[555]

4. Rechtsgrundlage der privaten Normsetzung durch die Tarifparteien

Die heteronome Rechtsetzung durch Tarifvertrag beruht wohl nicht auf einer staatsrechtlichen Delegation.[556] Die Delegation ist im öffentlichen Recht für ein festes Zuständigkeitssystem entwickelt worden, in dem der übertragende Rechtsträger in einem genau bestimmten Ausmaß seine Kompetenz verliert, die umgekehrt der Erwerber mit der Befugnisübertragung gewinnt.[557] Eine Übertragung staatlicher Rechtsetzungskompetenz auf die Tarifparteien muß diese zwangsläufig in eine öffentlichrechtliche Funktion einweisen. Die staatliche Rechtsetzungskompetenz kann sich im Wege der Delegation nicht in eine eigene privatrechtliche Normsetzunskompetenz der Tarifparteien verwandeln, die sie aber unzweifelhaft ist.[558] Diese eigene, nichtstaatliche Regelungskompetenz der Sozialpartner gründet sich auf Art. 9 III GG. Diese Norm weist die Regelung der Arbeits- und Wirtschaftsbedingungen prinzipiell den Koalitionen als Aufgabe zu und garantiert ihnen neben Bestand und Wirken auch die Zuständigkeit zur Gestaltung des Arbeitslebens.[559] Zwar ist es grundsätzlich auch Aufgabe des Staa-

---

[555] Vgl. *Gamillscheg*, Kollekt. ArbR I, S. 562 (2).
[556] So aber BAGE 1, 258 (264); 4, 240 (250, 252 ff.); *Hinz*, Tarifhoheit, S. 68 f., 134 ff.; *Peters/Ossenbühl*, Übertragung öffentlichrechtlicher Befugnisse, S. 13 ff., 15; *Säcker*, Gruppenautonomie, S. 265 ff., 267; vgl. auch *Säcker/Oetker*, Grundlagen und Grenzen der Tarifautonomie, S. 102 ff.
[557] *Kirchhof*, Private Rechtsetzung, S. 163-177; *Waltermann*, Rechtsetzung durch Betriebsvereinbarung, S.115; *ders.*, Festschr. Söllner, S. 1251 (1256).
[558] Vgl. *Kirchhof*, Private Rechtsetzung, S. 170; *Nikisch*, Arbeitsrecht II, S. 216 ff.; *Richardi*, Kollektivgewalt, S. 142 f.; *Scholz*, Koalitionsfreiheit, S. 58 Fn. 54; *Wiedemann*, in: Wiedemann, § 1 TVG Rn. 44; anders *Hueck/Nipperdey*, Lehrbuch des Arbeitsrechts II/1, § 18 III 2, S. 347 f. Der Tarifvertrag wird daher ganz überwiegend als privatrechtliches Institut eingestuft, vgl. *Richardi*, Kollektivgewalt, S. 164; *Waltermann*, Festschr. Söllner, S. 1251 (1265); *Wiedemann*, in: Wiedemann, § 1 TVG Rn. 11. Aus diesem Grunde vermag die öffentlichrechtliche Variante der Delegationstheorie auch nicht zu überzeugen, die die tarifliche Normsetzung als übertragene und damit immer noch hoheitige Rechtsetzungsmacht deutet, vgl. dazu *Scholz*, Koalitionsfreiheit, S. 58 Fn. 54.
[559] Vgl. BVerfGE 4, 96 (106); 19, 303 (313); 44, 322 (340 f.); *Biedenkopf*, Grenzen, S. 71 ff., 102 ff.; *Däubler*, Tarifvertragsrecht, Rn. 19; *Gamillscheg*, Kollekt. ArbR I, S. 558; *Singer*, ZfA 1995, 611 (619); *Söllner*, ArbuR 1966, 257 (261 f.); *Waltermann*, Festschr. Söllner, S. 1251 (1257); *Wiedemann*, RdA 1997, 297 (302); vgl. auch *Kirchhof*, Private Rechtsetzung, S. 181 f.

tes, die Arbeits- und Wirtschaftsbedingungen zu regeln. Dies zeigt schon Art. 74 I Nr. 12 GG. Wegen Art. 9 III GG liegt die primäre Zuständigkeit zur Regelung der Arbeits- und Wirtschaftsbedingungen jedoch von Verfassungs wegen bei den Tarifparteien, so daß es einer Delegation dieser Aufgabe auf die Tarifpartner schon nicht bedarf.[560] Zudem müßte die Ermächtigung zur Setzung (staatlicher) Normen den Anforderungen des Art. 80 GG genügen, woran es beim Tarifvertrag jedoch mangelt. Auch fehlt die staatliche Aufsicht als Pendant zur verliehenen Kompetenz.[561] Entscheidend gegen die Vorstellung einer staatlichen Delegation der tariflichen Normsetzungsmacht spricht auch ein weiterer Gesichtspunkt: Wenn Art. 9 III GG die Tarifautonomie grundrechtlich gewährleistet, genügt es nicht, die Normsetzungsbefugnis mit der Delegationstheorie allein auf § 1 TVG zu stützen, der vom Gesetzgeber auch wieder aufgehoben werden könnte.[562]

Indem Art. 9 III GG den Tarifparteien eine eigene Regelungsbefugnis eröffnet, läßt die Rechtsordnung also im Bereich der Arbeits- und Wirtschaftsbedingungen private Normsetzung zu. Dem widerspricht die Vorstellung eines staatlichen Rechtsetzungsmonopols, die eng mit der Delegationstheorie verwoben ist.[563] Ein staatliches Rechtsetzungsmonopol im Sinne eines Monopols zur Rechtschöpfung gibt es aber nicht.[564] Der Rechtsordnung ist kein Anhaltspunkt für ein derartiges Normsetzungsmonopol zu entnehmen. Im Gegenteil, Pluralismus ist ein Hauptelement der Rechtsordnung; die gesellschaftlichen Kräfte sollen aktiviert werden und die Regelung von Angelegenheiten, die sie selbst betreffen und die sie besonders sachkundig bewerten können, sollen durch sie in eigener Verantwortung wahrgenommen werden.[565] Auch die Wirklichkeit spricht deutlich gegen ein staatliches Rechtssetzungsmonopol. Dies zeigt sich gerade an gemeinhin

---

[560] *Waltermann*, Festschr. Söllner, S. 1251 (1258).
[561] Vgl. *Richardi*, Kollektivgewalt, S. 147; *Scholz*, Kolalitionsfreiheit, S. 58 Fn. 54; *Zöllner*, RdA 1964, 443 (446).
[562] *Gamillscheg*, Kollekt. ArbR I, S. 558; *Kemper*, Schutzbereich, S. 81; *Schnorr*, JR 1966, 327 (329 f.); *Weber*, Koalitionsfreiheit und Tarifautonomie als Verfassungsproblem, S. 24.
[563] Zur Existenz eines solchen Rechtsetzungsmonopols vgl *Kreutz*, Grenzen der Betriebsautonomie, S. 55 f.; 82 ff.; *Richardi*, Kollektivgewalt, S. 32; *Säcker*, Gruppenautonomie, S. 271 ff. mit Fn. 83, 85.
[564] Eingehend und überzeugend *Kirchhof*, Private Rechtsetzung, S. 107 ff.; *Meyer-Cording*, Rechtsnormen, S. 39 ff.; *Waltermann*, Rechtsetzung durch Betriebsvereinbarung, S. 122 ff.; siehe ferner *Biedenkopf*, Grenzen, S. 104; *Galperin*, Festschr. Molitor, S. 143 (156).
[565] Vgl. BVerfGE 33, 125 (156 f.); 34, 307 (317).

anerkannten partikularen Ordnungen im Arbeitsrecht (Tarifautonomie, Betriebsautonomie) im Rahmen derer eine Selbstregelung der Angelegenheiten erfolgt.[566]

Die staatliche Befugnis zur Zulassung privater Normsetzung[567] ergibt sich insoweit aus dem Grundrecht der Koalitionsfreiheit selbst. Das Grundrecht erweist sich insofern nicht als Abwehrrecht gegen den Staat, sondern als staatliche Befugnis, die demselben Ziel dienen soll: die durch das Grundrecht geschützte Freiheit zu effektuieren.[568] Ist die Rechtsschöpfung aber privatrechtlichen Subjekten überlassen, muß der Staat die Voraussetzungen für die Anerkennung autonomer Rechtsschöpfung bestimmen und für deren Durchsetzung sorgen. Mithin ist ein staatlicher Geltungsbefehl für die autonome Regelbildung notwendig, nur dann wird die Regel zum objektiven Recht.[569] Dem Staat als Träger der Gesamtrechtsordnung und Garant der Einheitlichkeit der Rechtsordnung muß die Entscheidung obliegen, ob und inwieweit von anderen gestaltetes Recht anzuerkennen ist. Insoweit gilt es zwischen Regelbildung und Ausstattung der Regel mit normativer Wirkung zu differenzieren. Nur die Rechtsanerkennung ist beim Staat monopolisiert.[570] Eben diese Rechtsanerkennung ist für die tarifliche Normsetzung durch die §§ 1 I, 4 I TVG erfolgt. Aufgrund dieses Geltungsbefehls enthält der Tarifvertrag Rechtsnormen, die den Inhalt von Arbeitsverhältnissen sowie betriebliche und betriebsverfassungsrechtlichen Fragen ordnen können.[571] Der Tarifvertrag entsteht also zweigleisig: Die Tarifparteien erlassen selbstbestimmt die private Regelung und der Staat ordnet die normative Geltung an. Bei privater Rechtsetzung verklammert der staatliche Geltungsbefehl an der

---

[566] *Waltermann*, Festschr. Söllner, S. 1251 (1262).
[567] Zum Erfordernis einer solchen Befugnis des Staates zur Zulassung privater Normsetzung vgl. *Kirchhof*, Private Normsetzung, S. 506; *Vieweg*, Festschr. Lukes, S. 809 (810).
[568] *Kirchhof*, Private Rechtsetzung, S. 512; *Vieweg*, Festschr. Lukes, S. 809 (810 f.); daneben läßt sich die staatliche Zulassung privater Normsetzung mit Traditionsargumenten und der partiellen Offenheit der deutschen Rechtsordnung für fremdes Recht begründen, vgl. Art. 24, 25 GG für fremdes staatliches Recht, Art. 20 III GG für private Normsetzung, sowie die IPR-Vorschriften des EGBGB. *Kirchhof*, Private Rechtsetzung, S. 508, 525, bejaht eine prinzipielle Offenheit der deutschen Rechtsordnung für fremdes Recht.
[569] *Kirchhof*, Private Rechtsetzung, S. 133 ff.; *Waltermann*, Festschr. Söllner, S. 1251 (1263); vgl. auch BVerfG 34, 307 (317); 44, 322 (345, 349).
[570] Eingehend und überzeugend *Kirchhof*, Private Rechtsetzung, S. 133 ff.; *Waltermann*, Festschr. Söllner, S. 1251 (1263).
[571] Vgl. BVerfGE 34, 304 (317); *Schnorr*, JR 1966, 327 (328, 329 f.); *Söllner*, ArbuR 1966, 257 (260 ff.); *Waltermann*, Festschr. Söllner, S. 1251 (1264) vgl. auch *Biedenkopf*, Grenzen, S. 102 ff.; *Galperin*, Festschr. Molitor, S. 142 (153 ff.).

Nahtstelle von Staat und Gesellschaft das private Regelsystem mit der staatlichen Rechtsordnung.[572]

Dieses System ändert jedoch nichts daran, daß es sich bei der Schaffung von Tarifverträgen wie bereits ausgeführt um überwiegend heteronome, also der staatlichen Gesetzgebung vergleichbare Rechtsetzung handelt. Deren privatrechtliche Qualifizierung ergibt sich allein aus der Eigenschaft der Rechtsschöpfer – der Tarifparteien – als Privatrechtssubjekte. Der heteronome, gesetzesgleiche Charakter der tariflichen Regelbildung rechtfertigt es, das öffentlichrechtliche Konzept der Legitimation der Rechtsakte auf die Tarifparteien zu übertragen. Der Tarifvertrag ist daher wie staatliche Rechtsakte auch an die Zuständigkeit der handelnden Parteien als Geltungsvoraussetzung gebunden. Die staatliche Anerkennung der tariflichen Normsetzung nimmt also wegen der heteronomen Qualität der tariflichen Rechtsetzung eine Begrenzung der Normsetzungsmacht auf die von den Koalitionen selbst gewählte Zuständigkeit vor.

V. Wirksamkeitsvoraussetzung und Selbstbestimmungsrecht der Koalitionen

Durch das Merkmal der Tarifzuständigkeit wird die Betätigung der Koalitionen im Rahmen der Tarifautonomie Regeln unterstellt. Nicht jede tariffähige Koalition kann mit jeder anderen tariffähigen Koalition Tarifverträge abschließen. Die Tarifzuständigkeit engt also in gewissem Maße das koalitionsspezifische Betätigungsfeld ein und beschränkt damit den Schutzbereich von Art. 9 III GG. Darin ist jedoch kein Eingriff in das Grundrecht der Koalitionsfreiheit zu sehen.[573] Der Ausgestaltungsauftrag umfaßt gegenständlich die Organisation der Sozialpartner, das Verfahren der vertraglichen Normsetzung sowie die Vorgaben für die Wirkungen der Kollektivverträge.[574] Maßgebliche Gesichtspunkte bilden dabei

---

[572] *Kirchhof*, Private Rechtsetzung, S. 151; *Waltermann*, Festschr. Söllner, S. 1251 (1265).
[573] Anders *Kutscher*, Tarifzuständigkeit, S. 13 Fn. 55 und wohl auch *Blank*, Tarifzuständigkeit, S. 68, beide allerdings ohne Differenzierung zwischen Ausgestaltung der Koalitionsfreiheit und Eingriff in das Grundrecht; *Hillebrand*, Tarifzuständigkeit, S. 47, geht ebenfalls von einem Eingriff in Art. 9 III GG aus, wobei seine Abgrenzung zur Ausgestaltung (S. 44) inhaltlich nicht überzeugt, da es bei der Tarifzuständigkeit nicht nur um den organisatorischen Verbandsaufbau, sondern auch um einen Ausgleich zwischen Interessen der Sozialpartner geht.
[574] Vgl. zum Ganzen *Wiedemann*, in: Wiedemann, TVG, Einleitung Rn. 131, 134, und bereits S. 70 ff.

die Einfügung der Verbände in die Rechtsordnung und die Berücksichtigung schutzbedürftiger Belange Dritter oder öffentlicher Interessen. Der Gesetzgeber muß vor allem die richtige Balance zwischen den widerstreitenden Interessen der Sozialpartner herstellen und dabei verhindern, daß die Ausübung der Arbeitskampf- und Normsetzungsbefugnis übermäßig in Rechte und Interessen außenstehender Dritter einwirkt. Speziell im Tarifvertragssystem sind die Voraussetzungen der Kollektivvereinbarung und ihre Wirkungen im einzelnen festzulegen. Umfang und Dichte dieser Regulierung stehen dabei im sachorientierten Ermessen des Gesetzgebers. Die Tarifzuständigkeit hat vornehmlich die Funktion, Kompetenzkonflikte ranggleicher Berufsverbände zu lösen und den Arbeitgeber im Firmenarbeitskampf vor unzuständigen Gewerkschaften zu schützen. Zudem geht mit der Tarifzuständigkeit als Geltungsvoraussetzung eines Tarifvertrags eine Stärkung der Mitgliederhoheit einher; der Verband kann nicht über den von den Mitgliedern bestimmten Zuständigkeitsbereich hinaus wirksam Tarifverträge schließen. Mit der Tarifzuständigkeit ist also eine Regelung geschaffen worden, die das Verhältnis der Sozialpartner beim Arbeitskampf sowie der Berufsverbände untereinander und zu ihren Mitgliedern betrifft und Zuständigkeitskonflikte zwischen den Trägern der Tarifautonomie handhabbar macht. Im Interesse Dritter und der Allgemeinheit werden die Konstellationen möglicher Tarifauseinandersetzungen und Arbeitskämpfe durch die Tarifzuständigkeit zudem vorhersehbar und im Ausmaß im Vergleich zu einer Allzuständigkeit der Koalitionen begrenzt. Damit liegt aber ein klassischer Fall zulässiger Ausgestaltung der Koalitionsfreiheit vor.

Auch die Ausgestaltung muß die Grenzen der Verhältnismäßigkeit wahren.[575] Den Tarifvertrag in seiner Wirksamkeit an das Bestehen der Tarifzuständigkeit zu knüpfen, ist ein geeignetes Mittel um die soeben benannten Aufgaben der Tarifzuständigkeit zu verwirklichen. Andere im Blick auf die vielseitigen von der Tarifzuständigkeit angesprochenen Interessen gleich effektive aber mildere Mittel sind nicht ersichtlich. Insbesondere gilt es zu bedenken, daß sich die Beschränkung des Handlungsspielraums im Rahmen der Tarifautonomie durch eine Satzungsänderung beheben läßt. Das Kriterium der Tarifzuständigkeit in der hier befürworteten richterrechtlichen Ausgestaltung bedeutet also nur, daß die Tarifparteien nach außen wirksam solange an die von ihnen selbst getroffene Festlegung der Tarifzuständigkeit gebunden sind, bis sie eine formal gültige

---

[575] Vgl. BVerfGE 92, 26 (42 ff.); 92, 365 (395 f.).

Neubestimmung treffen. Angesichts der Bedeutung der Tarifzuständigkeit für den Einzelarbeitgeber im Firmenarbeitskampf, für konkurrierende Berufsverbände und für die Sicherung der Mitgliederhoheit auch im Bezug auf die satzungsmäßige Grundlage tariflichen Handelns ist diese Einschränkung der Koalitionen in ihrer Betätigungsfreiheit auch angemessen. Dieser Gedankengang macht zugleich aber auch die Bedeutung und Richtigkeit der Anbindung der Tarifzuständigkeit an das Selbstbestimmungsrecht der Verbände deutlich. Die Tarifzuständigkeit als Wirksamkeitsvoraussetzung ist also auch gerade deshalb gerechtfertigt, weil die Bestimmung der Tarifzuständigkeit den Koalitionen selbst obliegt. Letztlich werden die Koalitionen lediglich mit Außenwirkung an eine Zuständigkeitsordnung gebunden, die sie selbst geschaffen haben. Die autonome Festlegung und Änderung der Tarifzuständigkeit durch die Berufsverbände schafft damit den Ausgleich zur Einschränkung der Betätigungsfreiheit der Koalitionen. Ausgangspunkt jeglicher Betrachtung der Tarifzuständigkeit muß daher immer ein möglichst großer Spielraum der Verbände bei der satzungsautonomen Festlegung der Tarifzuständigkeit sein.[576]

Zusammenfassend läßt sich also festhalten, daß es sich bei der tariflichen Normsetzung um heteronome Rechtsetzung handelt. Die Mitgliedschaft im Tarifverband vermag demzufolge allein die Tarifnormsetzung nicht zu legitimieren. Es müssen vielmehr wie bei jeder heteronomen Rechtsetzung Elemente demokratischer Legitimation hinzutreten. Tragendes Element demokratischer Legitimation ist bei der Tarifnormsetzung neben Organisationsdemokratie und tariflicher Sonderwillensbildung die Beschränkung der tariflichen Regelungsmacht auf den von den Koalitionen selbst gewählten Zuständigkeitsbereich. Die materielle Grundlage für diese Beschränkung tariflicher Normsetzungsmacht auf die Tarifzuständigkeit erschließt sich bei einem Blick auf die rechtliche Entstehung der Tarifnormen. Ein Tarifvertrag mit der ihm eigenen normativen Wirkung entsteht zweigleisig: Die Tarifparteien erlassen selbstbestimmt auf der Grundlage von Art. 9 III GG die tarifliche Regelung. Der Staat ordnet sodann durch die §§ 1 I, 4 I TVG auf Grundlage seines Rechtsanerkennungsmonopols die normative Geltung des Tarifvertrages an. Die staatliche Anerkennung der tariflichen Regelungen als Rechtsnormen verklammert damit das Regelungssystem der Tarifautonomie mit der staatlichen Ordnung. Wegen der heteronomen Qualität der Tarifnormen wird durch die staatliche Rechtsanerkennung das Legitimations-

---

[576] So ebenfalls *Blank*, Tarifzuständigkeit, S. 68, 69.

modell für staatliche Rechtsetzung auf die Tarifnormsetzung übertragen. In der Konsequenz wird so die tarifliche Regelungsmacht auf den selbst gewählten Zuständigkeitsbereich der Koalitionen begrenzt. Die Qualifizierung der Tarifzuständigkeit als Wirksamkeitsvoraussetzung ist damit tragendes Element einer mitgliedschaftlichen Legitimation der Tarifnormsetzung in demokratischen Formen.

KAPITEL 3

Normative Schranken der Satzungsautonomie im Regelungsbereich der Tarifzuständigkeit

Im folgenden sollen nun die zuvor gewonnenen Einsichten verknüpft und untersucht werden, welche normativen Schranken der satzungsautonomen Festlegung der Tarifzuständigkeit gezogen sind. Besonderes Augenmerk gilt der grundrechtlichen Überlagerung des einfachgesetzlichen Vereinsrechts und der Frage, wie die Gewährleistungsinhalte des Art. 9 III 1 GG, insbesondere das bestehende Tarifsystem mit seinen Aufgaben und Funktionsbedingungen, die Grenzen der Satzungsautonomie im Regelungsbereich der Tarifzuständigkeit definieren. Eine Normativkontrolle auch des kollektivautonomen Regelungsbereiches der Tarifzuständigkeit ist unverzichtbar, da im Rechtsstaat weder der Einzelarbeitgeber noch Arbeitnehmer- und Arbeitgeberverbände ausschließlich auf eine kampfweise Durchsetzung ihrer Interessen verwiesen werden können, so denn ein Arbeitskampf in diesen rechtlichen Zusammenhängen überhaupt zulässig ist. Auch die Mitglieder sind auf eine Normativkontrolle angewiesen, da die innerverbandlichen Möglichkeiten keine ausreichende Gewähr für eine effektive Rechtsverfolgung bieten.

A.   Normative Schranken der koalitionären Satzungsautonomie

Entsprechend obiger Erkenntnisse, daß die Satzungsautonomie der Berufsverbände in Art. 9 III GG ihre verfassungsrechtliche Grundlage findet und gleichzeitig vom bürgerlichen Vereinsrecht näher ausgestaltet wird,[577] können sich die Schranken der Satzungsautonomie ebenfalls sowohl aus dem einfachgesetzlichen Rahmen des privaten Vereinsrechts wie auch aus Art. 9 III GG ergeben. In einem ersten Schritt sollen diese normativen Schranken der Satzungsautonomie nun nach Rechtsquellen systematisiert dargestellt werden. Sodann wird es darauf ankommen, diese Schranken im Hinblick auf Satzungsregelungen zur Tarifzuständigkeit im einzelnen auszufüllen.

---

[577] Siehe S. 70 ff.

I. Vereinsrechtliche Schranken

Da die Organisationsverfassung der Koalitionen durch das private Vereinsrecht der §§ 21 ff. BGB ausgestaltet wird, gelten für die Satzungsautonomie der Koalitionen zunächst die allgemeinen vereinsrechtlichen Schranken.[578] Dies sind zum einen die zwingenden Vorschriften des Vereinsrechts, die das Außenverhältnis des Vereins (§§ 26, 28 II, 29 bis 31 BGB) oder die Ausgestaltung der Satzung (§§ 27 II, 39, 41 BGB) betreffen. Auch der Satzungsvorbehalt des § 25 BGB beinhaltet eine Grenze der Vereinsautonomie.[579]

Mit der Treuepflicht, der Rücksichtspflicht und dem Grundsatz der Gleichbehandlung werden auch allgemeine Regeln des Gesellschaftsrechts als Inhaltsschranken der Vereinsautonomie herangezogen.[580] Das Gebot der gleichen Behandlung aller Mitglieder ist ein allgemeiner Rechtssatz für privatrechtliche Personenzusammenschlüsse.[581] Ausdrücklich normiert ist er in den §§ 53 a AktG, 21 I VAG. In den §§ 21 ff. BGB ist er zwar nicht erwähnt, seine Existenz wird in § 35 BGB aber vorausgesetzt.[582] Dennoch ist die Anwendung des Gleichbehandlungsgrundsatzes als generelle Schranke der Mehrheitsherrschaft in Verbänden nicht unzweifelhaft, denn das normale Schutzrecht des einzelnen Mitglieds gegenüber der Mehrheit liegt in § 39 BGB.[583] Bei Gewerkschaften wie Arbeitgeberverbänden ist das Austrittsrecht in seiner Wertigkeit jedoch aufgrund der Angewiesenheit des Einzelnen auf die Mitgliedschaft zur Wahrnehmung der individuellen Koalitionsfreiheit gemindert und als Schutzrecht nur bedingt geeignet.[584] Deshalb muß der Gleichbehandlungsgrundsatz in dieser besonderen Situation als Schranke der Mehrheitsherrschaft wirken und nicht nur als Auslegungsmaxime.

---

[578] Vgl. dazu allgemein *Hanau/Kania*, Festschr. Däubler, S. 437 (438 ff.); *Reichert*, Hdb. Vereinsrecht, Rn. 299 f.; *Sauter/Schweyer/Waldner*, Der eingetragene Verein, Rn. 51; *Soergel/Hadding*, § 25 BGB Rn. 25; *Steinbeck*, Vereinsautonomie, S. 26 f.
[579] *Hanau/Kania*, Festschr. Däubler, S. 437 (441); *Steinbeck*, Vereinsautonomie, S. 27.
[580] Vgl. *Bär*, Schranken der inneren Vereinsautonomie, S. 218 ff., 222 ff.; *Reichert*, Hdb. Vereinsrecht, Rn. 543, 608 ff., 615 ff.
[581] Für den Verein BGHZ 55, 381 (385); für die Genossenschaft RGZ 62, 303 (310); für die Aktiengesellschaft BGH NJW 1978, 1316 (1317); für die GmbH BGH NJW 1990, 2625.
[582] Vgl. *Hueck*, Grundsatz, S. 91 f.; *Reichert*, Hdb. Vereinsrecht, Rn. 543.
[583] *Reuter*, RdA 1996, 201 (206).
[584] Siehe S. 80 ff.

II. Schranken der Privatautonomie

Da die Vereinsautonomie ein Teilbereich der Privatautonomie ist,[585] leiten sich weitere Schranken der Vereinsautonomie aus den allgemeinen Grenzen der Privatautonomie her. Neben §§ 134, 138 BGB kann auch die an § 242 BGB geknüpfte Inhaltskontrolle von Vereinssatzungen[586] zu einer Einschränkung der Vereinsautonomie führen. Durch die Inhaltskontrolle werden privatautonome Regelungen einer Angemessenheitsprüfung unterzogen, wenn eine typische Ungleichgewichtslage zwischen den Vertragspartnern besteht, die die objektive Richtigkeit und Willensgemäßheit der vertraglichen Abrede und damit die tragenden Säulen der Privatautonomie in Frage stellt.[587] Eine typische Ungleichgewichtslage zwischen Mitglied und Koalition, die eine Inhaltskontrolle von Koalitionssatzungen legitimiert, ergibt sich aus der Angewiesenheit des einzelnen Mitglieds auf die Koalitionszugehörigkeit,[588] die vor allem in der individuellen Koalitionsfreiheit wurzelt und bereits im Zusammenhang mit Aufnahme- und Ausschlußregelungen als besonderer Faktor des Koalitionsrechts entwickelt wurde.[589] Durch diese Angewiesenheit entfällt das Korrektiv der Austrittsfreiheit und mit ihr auch die privatautonome Legitimation der Verbandssatzung. Ist ein Bewerber nämlich auf die Mitgliedschaft in einem Verband angewiesen, muß er dessen vorgegebene Satzungsgestaltung und die Aufnahmebedingungen akzeptieren. Kann er dagegen auf die Mitgliedschaft verzichten, so

---

[585] *Beuthien*, ZGR 1989, 255 (257); *Coing*, Festschr. Flume I, S. 429 (430); *Flume*, Festschr. Bötticher, S. 101 ff.; *Leßmann*, Wirtschaftsverbände, S. 207; RGRK/*Steffen*, Vor § 21 BGB Rn. 32; *Säcker/Oetker*, Repräsentation von Großvereinen, S. 12; *Soergel/Hadding*, Vor § 21 BGB Rn. 79; *Staudinger/Weick*, Vorbem. § 21 BGB Rn. 38; *Steinbeck*, Vereinsautonomie, S. 26.

[586] Der Bundesgerichtshof (BGHZ 105, 306 (316 ff.), bestätigt durch BGH NJW 1994, 43) hat die Zulässigkeit einer Inhaltskontrolle bei Verbänden mit überragender Machtstellung im sozialen oder wirtschaftlichen Bereich anerkannt und knüpft damit an die Grundsätze an, die ihn bei tariffähigen Gewerkschaften zur Anerkennung eines Aufnahmeanspruches geführt haben; ebenso MünchArbR-*Löwisch/Rieble*, § 245 Rn. 36 f.

[587] Vgl. dazu *Coester-Waltjen*, AcP 190 (1990), 1 (15); *Schmidt-Rimpler*, AcP 147 (1947), 130 (165).

[588] *Oetker*, RdA 1999, 96 (105); *Schmiegel*, Inhaltskontrolle, S. 10, 14 ff.; im Ergebnis ebenso BGHZ 105, 306 (319), der die Angewiesenheit allerdings faktisch begründet, mit einer Machtstellung des betreffenden Verbandes im sozialen oder wirtschaftlichen Bereich und nicht normativ mit Art. 9 III GG; allgemein auf den Gesichtspunkt der Angewiesenheit zur Legitimation einer Inhaltskontrolle abstellend: *Coester-Waltjen*, AcP 190 (1990), 1 (22); *Fastrich*, Richterliche Inhaltskontrolle, S. 232 ff.; ähnlich auch *Wolf*, Rechtsgeschäftliche Entscheidungsfreiheit, S. 180.

[589] Siehe S. 80 ff.

kann ihm selbst ein Monopolverband die Beitrittsbedingungen nicht einseitig auferlegen.[590]

Beispielhaft aufgezeigt wurden diese Zusammenhänge bereits anhand von Mitgliederaufnahme und Verbandsausschluß. Die Angewiesenheit auf die Koalitionsmitgliedschaft zur effektiven Ausübung der individuellen Koalitionsfreiheit führt hier in der Konsequenz zu einem Aufnahmezwang der Koalitionen und zu Beschränkungen beim Verbandsausschluß, weil weder die konkurrierende Verbandsneugründung noch der Beitritt in einen Konkurrenzverband gleichwertige Alternativen zur gewünschten Mitgliedschaft darstellen.[591] Abweichend davon gestaltet sich die Lage bei Tarifzuständigkeitsregelungen, die wie im eingangs zitierten Allfloor-Fall[592] einzelne Mitglieder des gegnerischen Verbandes zum Verlassen ihrer Koalition zwingen, weil diese sie nicht mehr in gewohnt effektiver Weise tarifpolitisch vertreten kann. Wie bereits angedeutet, besteht ein Zusammenhang zwischen beiden Problemkreisen insofern, als die Tarifzuständigkeitsregelung in ihrer Wirkung faktisch einem Verbandsausschluß entspricht.[593] Im Unterschied zur Ausschlußregelung besteht hier jedoch kein unmittelbares mitgliedschaftliches Verhältnis zwischen dem satzungsgestaltenden Verband und dem gegnerischen Mitglied und damit keine der soeben beschriebenen typischen Ungleichgewichtslagen. Bei der Überprüfung dieser Zuständigkeitsregelung könnte aber als Wertungsgesichtspunkt zu berücksichtigen sein, ob das betroffene gegnerische Mitglied in vergleichbarer Weise wie bei beschriebenen Aufnahme- und Ausschlußregeln auf die Mitgliedschaft in dieser Koalition angewiesen ist. Insoweit wird es darauf ankommen, ob das zum Verlassen des

---

[590] Aus dieser Überlegung ergibt sich zugleich, daß eine generelle Inhaltskontrolle aller Verbandsnormen nicht zulässig ist, so aber OLG Frankfurt ZIP 1984, 61 (63); *Grunewald*, ZHR 152 (1988), 242 (261); *Reichert*, Hdb. Vereinsrecht, Rn. 300; *Soergel/Hadding*, § 25 BGB Rn. 25 a; *Vieweg*, Festschr. Lukes, S. 809 (817). Denn offensichtlich besteht zwischen Verein und Mitglied nicht stets eine Ungleichgewichtslage. Zudem bezieht sich die privatautonome Legitimation im Verbandsrecht gerade auch auf abstraktgenerelle Regelungen, die frühere Mitglieder oder spätere Mehrheiten ohne Rücksicht auf die Zustimmung aller Betroffenen geschaffen haben. Eben deshalb gibt es im Verbandsrecht das kurzfristige Austrittsrecht, welches gewährleistet, daß die privatautonome Legitimation der Verbandsregelungen durch das freiwillige Verbleiben im Verband stets erneuert werden muß, vgl. MünchKomm/*Reuter*, Vor § 21 BGB Rn. 116; zur Unzulässigkeit der generellen Inhaltskontrolle ausführlich *Schmiegel*, Inhaltskontrolle, S. 8.
[591] Siehe S. 80 f.
[592] Siehe dazu S. 3 f.
[593] Siehe S. 78.

Verbandes gezwungene Mitglied gleichwertige Alternativen zur Wahrnehmung der individuellen Koalitionsfreiheit hat. Bei Zuständigkeitsregelungen wie im Allfloor-Fall, bei denen die Zuständigkeitsbereiche in der Regel nur neu verteilt werden, ohne daß dabei Zuständigkeitslücken entstehen, hat das betroffene gegnerische Mitglied die Möglichkeit, durch einen Verbandswechsel gleichwertige Unterstützung im Arbeitskampf und in der Tarifpolitik zu erlangen, da in diesen Fällen ein anderer Verband die bisherige Zuständigkeit ausfüllt. Eine in ihrer Ausprägung vergleichbare Angewiesenheit auf die gewählte Koalitionsmitgliedschaft wie bei Aufnahme- und Ausschlußregelungen besteht bei diesen Zuständigkeitsänderungen mithin nicht. Anders sind Zuständigkeitsregelungen zu beurteilen, die bestimmte Mitglieder gegnerischer Koalitionen von tariflichen Regelungen ausgrenzen und bei denen diese Mitglieder keine Möglichkeit haben, gleichwertigen Koalitionsschutz zu erlangen. Diese Unterschiede werden bei der Zulässigkeitsprüfung benannter Zuständigkeitsregelungen zu berücksichtigen sein.

Überdies wird eine Ungleichgewichtslage zwischen Verband und Mitglied angenommen, wenn der Verband – unabhängig von seiner Beziehung zum Mitglied - wirtschaftliche oder soziale Macht ausübt,[594] eine hohe Mitgliederzahl hat[595] oder öffentliche Funktionen wahrnimmt.[596] Diese Faktoren allein beeinträchtigen die Selbstbestimmungsmöglichkeit der Mitglieder nicht und rechtfertigen für sich genommen daher auch keinen besonderen Schutz durch Inhaltskontrolle. Ein wirtschaftliches Gefälle zwischen Vertragspartnern allein ist im Bürgerlichen Gesetzbuch prinzipiell kein Grund für Sonderregelungen.[597] Außerdem kann eine wirtschaftlich starke Partei nicht generell günstigere Vertragsbedingungen aushandeln als eine schwächere in der gleichen Position.[598] Bei Vereinen mit hoher Mitgliederzahl beziehungsweise ansonsten mächtigen Vereinen ist nicht unbedingt die Parität der Partner bei Abschluß des Beitrittsvertrages gestört. Der Gründungsvertrag bietet wegen der gleichgerichteten Interessen der Gründungsmitglieder eine hinreichende Richtigkeitsgewähr, auf die später beitretende Mitglieder vertrauen können.[599] Ein besonderer Schutz der

---

[594] *Kohler*, Mitgliedschaftliche Regelungen, S. 218; vgl. auch *Grunewald*, Ausschluß, S. 138, 141 ff.
[595] *Fastrich*, Richterliche Inhaltskontrolle, S. 144, 230 f.
[596] *Birk*, JZ 1972, 343 (349); *Leßmann*, Wirtschaftsverbände, S. 240.
[597] *Flume*, Allg. Teil des Bürgl. Rechts II, S. 10.
[598] *Coester-Waltjen*, AcP 190 (1990), 1 (19); *Schmiegel*, Inhaltskontrolle, S. 9.
[599] *Röhricht*, AcP 189 (1989), 386 (393); *Schmiegel*, Inhaltskontrolle, S. 9.

Mitglieder ist auch deshalb nicht erforderlich, weil ihre Freiheit, über die Vereinszugehörigkeit zu entscheiden, nicht gemindert ist. Erst wenn eine Angewiesenheit auf die Mitgliedschaft hinzutritt, ändert sich die Beurteilung dieser Fallgruppen.

III. Allgemeine verfassungsrechtliche Schranken

Neben den einfachgesetzlichen Grenzen sind aber auch die verfassungsrechtlichen Grenzen der Vereinsautonomie zu beachten. Eine ausdrückliche Schranke setzt Art. 9 III 2 GG. Danach sind Satzungsregelungen unwirksam, die die Koalitionsfreiheit der Mitglieder oder gegnerischer Verbände behindern. Überdies unterliegt die Koalitionsfreiheit auch den allgemeinen grundrechtsimmanenten Schranken.[600] Die Satzungsautonomie der Berufsverbände findet ihre Grenze also auch dort, wo ihre Ausübung allgemein mit Grundrechten Dritter und anderen mit Verfassungsrang ausgestatteten Rechtsgütern kollidiert.[601] In diesen Fällen kann die Satzung einer Rechtskontrolle nach § 134 BGB unterzogen werden.

IV. Funktionsbindung als Schranke

In diesem Zusammenhang ist als Schranke der Satzungsautonomie weiterhin ihre Funktionsbindung zu berücksichtigen. Wie die Koalitionsfreiheit insgesamt, so ist auch die Satzungsautonomie nicht um ihrer selbst willen, sondern funktionsgebunden verliehen. Auch Satzungsautonomie erfährt daher durch den in Art. 9 III GG normierten Koalitionszweck ihren Inhalt und ihre Grenze.[602] Die Satzungsautonomie muß und darf daher nur so weit reichen, wie es der übertragenen Aufgabe einer sinnvollen Ordnung des Arbeitslebens entspricht.[603] Diese

---

[600] Diese Schranken werden teilweise um einen Kontroll- und Korrekturvorbehalt des Staates ergänzt, der aufgrund seiner Justizgewährungspflicht gerichtlichen Rechtsschutz zur Verfügung stellen müsse, um sog. „Grundrechtsfehlabgrenzungen" zu korrigieren; vgl. *Vieweg*, Normsetzung, S. 159 ff. Für vorliegende Untersuchung ist dieser Aspekt jedoch ohne Bedeutung.
[601] Vgl. dazu insgesamt *Steinbeck*, Vereinsautonomie, S. 22 ff.
[602] Siehe schon S. 49 ff.
[603] So im Ergebnis auch *Haußmann*, Verbandswechsel des Arbeitgebers, S. 11 f; *Hanau/Kania*, Festschr. Däubler, S. 437 (444); *Hottgenroth*, Verhandlungspflicht, S. 56; *Martens*, Anm. BAG SAE 1987, 1 (9); *Moll*, Tarifausstieg, S. 26; *Oetker*, in: Wiedemann, § 2 TVG Rn. 61; *Reuter*, Anm. zu BAG AP Nr. 4 zu § 2 TVG Tarifzuständigkeit, Bl. 9R (10R); *Säcker*, Grundprobleme, S. 61; *Wiedemann*, RdA 1975, 78 (81 f.).

immanente Schranke der Satzungsautonomie wird auch bei Festlegung der Tarifzuständigkeit wirksam. Angesichts der normativen Bedeutung der Tarifzuständigkeit als Wirksamkeitsvoraussetzung eines Tarifvertrages sind die aus der Ordnungsaufgabe folgenden Grenzen der satzungsautonomen Regelungsbefugnis dabei auch auf das Außenverhältnis zu erstrecken.[604] Die Satzungsautonomie erreicht damit ihre objektive Regelungsgrenze, wenn die Koalitionen durch eine funktionswidrige Abgrenzung der Tarifzuständigkeit die Erfüllung ihres verfassungsrechtlichen Ordnungsauftrages und das Funktionieren des Tarifsystems gefährden. Eine Konkretisierung läßt sich hier zumindest im Blick auf die Gefährdung der Funktionsfähigkeit des Tarifsystems treffen. Die Tarifautonomie gewährleistet die autonome staatsfreie Regelung der Arbeitsbedingungen und ist darauf angelegt, die strukturelle Unterlegenheit des einzelnen Arbeitnehmers beim Abschluß von Tarifverträgen durch kollektives Handeln auszugleichen und damit ein annähernd gleichgewichtiges Aushandeln der Löhne und Arbeitsbedingungen zu ermöglichen. Funktionsfähig ist sie daher nur, wenn zwischen den Tarifvertragsparteien ein ungefähres Kräftegleichgewicht besteht,[605] die Staatsneutralität gewahrt bleibt und die Koalitionen über ausreichend Werbungskraft verfügen.[606]

Die Regelung der Tarifzuständigkeit kann weder die Staatsneutralität noch die koalitionäre Werbungskraft beeinflussen. Von einer Tarifzuständigkeitsregelung kann also eine Gefahr für das Funktionieren des Tarifsystems praktisch nur in den Fällen einer durch sie verursachten Paritätsstörung ausgehen. Eine Paritätsstörung kann etwa dann vorliegen, wenn eine Zuständigkeitsregelung typischerweise einen der Sozialpartner in eine benachteiligte Verhandlungs- oder Arbeitskampfposition bringt. Beispielhaft kann hier wieder der eingangs geschilderten Allfloor-Fall[607] herangezogen werden. Ändert die Gewerkschaft ihre Tarifzuständigkeit punktuell hinsichtlich eines Arbeitgebers, ist dieser tariflichen Forderungen einer anderen Gewerkschaft ausgesetzt als die übrigen Mitglieder seines Verbandes und kann in der Folge möglicherweise nicht auf eine gleichermaßen solidarische Unterstützung im Arbeitskampf zählen. Die Zustän-

---

[604] *Hottgenroth*, Verhandlungspflicht, S. 57; *Martens*, Anm. BAG SAE 1987, 1 (9); *Reuter*, Anm. zu BAG AP Nr. 4 zu § 2 TVG Tarifzuständigkeit, Bl. 9R (10R).
[605] BVerfGE 84, 212 (229); 92, 365 (395); BAGE 46, 322 (350 f.); *Rüthers*, in: Brox/ Rüthers, Arbeitskampfrecht, Rn. 166; *Seiter*, Streikrecht und Aussperrungsrecht, S. 156 ff., 160 ff.
[606] Vgl. *Badura*, RdA 1999, 8 (12); *Gellings*, Rechtsschutzmöglichkeit, S. 46 f.
[607] Siehe S. 3 f.

digkeitsänderung könnte deshalb die Kampfparität zu Lasten der Arbeitgeberseite verschieben. Der Aspekt der Paritätsstörung spielt außerdem eine Rolle bei Verbandsfusionen, wie zuletzt bei Gründung der Gewerkschaft ver.di geschehen. Bei diesen Fusionen werden zahlreiche berufliche und fachliche Zuständigkeiten unter einem Verbandsdach zusammengeführt. Dies gibt dem Verband nicht nur die Möglichkeit, die personellen, sachlichen und finanziellen Ressourcen vormals mehrerer Verbände in einer Hand zu konzentrieren. Eine Verstärkung der eigenen Verhandlungsposition könnte zusätzlich auch durch eine Verknüpfung unterschiedlicher Regelungsbereiche erreicht werden. Schwächere Fachabteilungen könnten auf diese Weise von der Stärke durchsetzungsfähiger Fachabteilungen profitieren. Dies könnte die Verhandlungsparität zum Nachteil der Arbeitgeberseite beeinflussen. Angesichts der Gründungsfreiheit des Art. 9 III GG kann die Gewerkschaftsfusion selbst nicht verhindert und auch nicht in ihrem Umfang beschränkt werden. Ebensowenig kann von den Arbeitgeberverbänden verlangt werden, daß sie sich in Entsprechung zur Gewerkschaftsseite verbinden. Deshalb stellt sich die Frage, inwieweit die Koalitionen dann aber gehalten sind, beim Zuständigkeitszuschnitt auf diese Verbandskonzentrationen zu reagieren. Denkbar wäre insoweit, von den Großverbänden die Bildung von Unterzuständigkeiten zu verlangen. Da sie dann tarifpolitisch nur getrennt nach Fachbereichen auftreten könnten, wäre für eine paritätsstörende Verknüpfung unterschiedlicher Regelungsbereiche im Rahmen tariflicher Auseinandersetzungen nur noch begrenzt Raum.

Auch der Aspekt der Funktionswidrigkeit läßt sich in das System der Satzungskontrolle einfügen. § 138 I BGB dient der „Absicherung anerkannter Ordnungen".[608] Im ersten Entwurf des Bürgerlichen Gesetzbuches war der Verstoß gegen die öffentliche Ordnung noch ausdrücklich vorgesehen. Die Enstehungsgeschichte der heutigen Fassung belegt, daß die Textänderung keine Sinnänderung in der Sache andeutet, sondern im Interesse der Normklarheit Mißverständnisse ausschließen soll.[609] § 138 I BGB vermag daher auch anerkannte Rechts- und Grundwerte des Gemeinschaftslebens und Gebote sozialer Gerechtigkeit zu schützen.[610] Einen solchen rechtlich ausgestalteten Grundwert der Gesellschaft stellt das Tarifsystem dar. Die Koalitionsfreiheit konstituiert nicht nur ein sub-

---

[608] MünchKomm/*Mayer-Maly*, § 138 BGB Rn. 33, 40 ff; *Reuter*, Anm. zu BAG AP Nr. 4 zu § 2 TVG Tarifzuständigkeit, Bl. 9R (10R); *Soergel/Hefermehl*, § 138 BGB Rn. 7.
[609] *Flume*, Allg. Teil des Bürgerl. Rechts II, S. 365 ff.; *Reuter*, Anm. zu BAG AP Nr. 4 zu § 2 TVG Tarifzuständigkeit, Bl. 9R (10R).
[610] *Soergel/Hefermehl*, § 138 BGB Rn. 6

jektives Freiheitsrecht, sondern auch ein objektives Ordnungsprinzip, dessen gesellschaftspolitischer Anspruch weit über den dem gesamten Art. 9 GG immanenten Grundsatz gesellschaftlicher Selbstorganisation hinausgeht. Art. 9 III GG intendiert die „autonome Ordnung des Arbeitslebens" durch die Koalitionen.[611] Deren Aufgabe ist es, die gegensätzlichen Interessen von organisierten Arbeitnehmern und Arbeitgebern zu definieren, im Interessenkampf zur Geltung zu bringen und so einen Interessenausgleich zu erzielen.[612] Zur Zeit unverzichtbarer Bestandteil und Instrument zur verfahrensmäßigen Realisierung dieses Ordnungsprinzips ist das Tarifvertragssystem. Die Funktionsfähigkeit dieses Regelungssystems und die Zweckerfüllung durch die Koalitionen sind also anerkannte Grundwerte der Rechtsordnung und vermögen mithin gemäß § 138 I BGB der Satzungsautonomie der Koalitionen Grenzen zu ziehen.

B. Fallgruppenspezifische Konkretisierung der Schranken im Regelungsbereich der Tarifzuständigkeit

Eine genaue Bestimmung der Grenzen einer satzungsautonomen Regelung der Tarifzuständigkeit soll nun anhand von Fallgruppen erfolgen, da insbesondere die Schranken der Funktionsfähigkeit des Tarifsystems und der effektiven Koalitionszweckverfolgung sich nicht in einer deduktiv einsetzbaren Definition festlegen lassen. Bei beiden Merkmalen handelt es sich um unbestimmte Rechtsbegriffe, die aus sich heraus nicht subsumtionsfähig sind. Sie bedürfen vielmehr in hohem Maße der Konkretisierung und Wert-ausfüllung, was nur anhand konkreter Fälle gelingen kann. Die fallgruppenbezogene Ausfüllung unbestimmter Rechtsbegriffe hat in der Rechtsfindung ihren festen Platz.[613] Beispielhaft anzuführen sind hier die Konkretisierungen der §§ 138 I, 242, 826 BGB durch die Rechtsprechung. Die Bildung von Anwendungsfällen gehört grundsätzlich zu jeder Begriffsauslegung. Ausdruck dieser grundsätzlichen und umfassenden Bedeutung des Falldenkens ist die vordringende „Beispiels-" oder „Regelbeispielstechnik", wie sie der Gesetzgeber etwa im mietrechtlichen Kündigungsschutz oder in zahlreichen Straftatbeständen verwendet.[614] Im weiteren

---

[611] BVerfGE 44, 322 (341).
[612] Vgl. *Badura*, ArbRGegw. Bd. 15, 17 (19); *Scholz*, in: Maunz/Dürig, Komm. z. GG., Art. 9 Rn. 164.
[613] Vgl. dazu *Schmalz*, Methodenlehre, Rn. 293 ff.; *Vogel*, Juristische Methodik, S. 143 ff.; *Zippelius*, Methodenlehre, S. 72 ff.
[614] *Vogel*, Juristische Methodik, S. 144.

Vorgehen ist es dann zweckmäßig, die Bildung der Fallgruppen an den schon eingangs skizzierten Interessenskonstellationen zu orientieren und diese dann mit Hilfe der verschiedenen Geltungsbereiche der Tarifzuständigkeit weiter auszudifferenzieren.

I. Regelungen der Tarifzuständigkeit im Konflikt mit den Interessen der gegnerischen (Arbeitnehmer- oder Arbeitgeber-)Koalition

Da ein wirksamer Tarifvertrag die kongruente Tarifzuständigkeit beider tarifschließenden Koalitionen voraussetzt, berührt die konkrete Ausgestaltung der Tarifzuständigkeit eines Berufsverbandes unmittelbar auch die Interessen des sozialen Gegenspielers. Die Interessen eines jeden Verbandes, gleich welchen sozialen Lagers, sind betroffen, regelt der potentielle Tarifpartner seine Tarifzuständigkeit in sachlicher und räumlicher Hinsicht oder bestimmt er in der Satzung den Kreis seiner zukünftigen Vertragspartner.

1. *Ausgrenzung einzelner gegnerbezogen definierter persönlicher oder sachlicher Regelungsbereiche aus der Tarifzuständigkeit*

Angesprochen sind hier die Fälle, in denen Koalitionen einzelne grundsätzlich tariflich regelbare Sachfragen oder bestimmte Mitgliedergruppen des gegnerischen Verbandes[615] aus der Tarifzuständigkeit ausschließen. Das Problem der sachlich beschränkten Tarifzuständigkeit ist bekannt[616]. Für die Berufsverbände ist die Ausgrenzung einzelner tariflich regelbarer Sachfragen aus der Tarifzuständigkeit interessant, wenn der Zustand der Nichtregelung, die bestehende (tarifdispositive) Gesetzesregelung oder die geltende Tarifabrede günstiger erscheinen als der zu erwartende neue tarifliche Kompromiß. So war es für die Arbeitgeberverbände beispielsweise Anfang der 70er Jahre durchaus erwägenswert, die Tarifzuständigkeit für die damals aktuell gewordenen Fragen der Vermögensbildung und des Schutzes gewerkschaftlicher Vertrauensleute auszu-

---

[615] Zu dieser Fallgruppe vgl. *Hanau/Kania*, Festschr. Däubler, S. 437 ff.
[616] Vgl. *Beuthien*, BB 1975, 477 (481 f.); *Däubler*, Tarifvertragsrecht, Rn. 94; *Gamillscheg*, Kollekt. ArbR I, S. 531; *Hanau/Kania*, Festschr. Däubler, S. 437 (441 ff.); *Hueck/Nipperdey*, Lehrbuch des Arbeitsrechts II/1, § 6 III 3, S. 106 f.; *Kempen/Zachert*, § 2 TVG Rn. 120; *Löwisch*, ZfA 1974, 29 (34-37); *Löwisch/Rieble*, § 2 TVG Rn. 91; *Martens*, Anm. BAG SAE 1987, 1 (9); *Oetker*, in: Wiedemann, § 2 TVG Rn. 66; *Wiedemann*, RdA 1975, 79 (80).

schließen, während es für die Arbeitnehmerseite etwa interessant sein könnte, Schutzregelungen wie die Lohnfortzahlung im Krankheitsfall aus der Zuständigkeit auszunehmen, wenn die Arbeitgeberseite über eine Senkung des Schutzstandards verhandeln will.

Weniger diskutiert wird die Ausgrenzung einzelner Personengruppen des gegnerischen Lagers aus der Tarifzuständigkeit. Dies ist beispielsweise der Fall, wenn Arbeitgeberverbände eine bestimmte Beschäftigtengruppe ihrer Mitgliedsunternehmen oder Gewerkschaften bestimmte Unternehmen aus ihrem Zuständigkeitsbereich ausklammern. In diesen Fällen handelt es sich nicht um eine der üblichen Beschränkungen der persönlichen Tarifzuständigkeit. Die weitgehend anerkannte Möglichkeit der Koalitionen, ihre persönliche Tarifzuständigkeit frei festzulegen und gegebenenfalls auf bestimmte Gruppen zu beschränken,[617] betrifft nämlich immer nur die Eingrenzung hinsichtlich der eigenen Mitglieder. Beispiele sind etwa die Beschränkung der persönlichen Tarifzuständigkeit einer Gewerkschaft auf Arbeitnehmer einer bestimmten Branche oder die Ausklammerung bestimmter Mitgliedsunternehmen aus der Tarifzuständigkeit des Arbeitgeberverbandes. Darum geht es hier jedoch nicht. Die persönliche Zuständigkeit für die eigenen Mitglieder wird nicht angetastet, wenn etwa der Arbeitgeberverband nur für bestimmte Arbeitnehmergruppen solcher Unternehmen keine Tarifverträge abschließen darf, die an sich von seiner persönlichen Zuständigkeit erfaßt werden, oder die Gewerkschaft Unternehmen aus ihrer tariflichen Regelungsmacht ausklammert, obwohl deren Beschäftigte zu ihrem Organisationsbereich gehören. Diese unübliche Bestimmung der persönlichen Tarifzuständigkeit im Hinblick auf die Mitglieder der Gegenseite ist grundsätzlich möglich und kann nicht bereits im Ansatz verworfen werden.[618] Zwar kann die satzungsmäßige Regelungsmacht nur gegenüber Mitgliedern Verbindlichkeit erzeugen und nicht in Rechte Dritter eingreifen.[619] Denn auch die Definition der persönlichen Tarifzuständigkeit unter Bezugnahme auf bestimmte Personengruppen des sozialen Gegenspielers betrifft zunächst allein die Regelungsmacht

---

[617] BAG AP Nr. 4 zu § 2 TVG Tarifzuständigkeit, Bl. 7 (7R); *Hanau/Kania*, Festschr. Däubler, S. 437 (442); *Löwisch/Rieble*, § 2 TVG Rn. 91; *Oetker*, in: Wiedemann, § 2 TVG Rn. 64.
[618] So aber *Löwisch/Rieble*, § 2 TVG Rn. 91; MünchArbR-*Löwisch/Rieble*, § 255 Rn. 66.
[619] Dieser Gedanke liegt wohl zugrunde, wenn teilweise die Ansicht vertreten wird, ein Verband könne die persönliche Tarifzuständigkeit nur im Hinblick auf seine eigenen Mitglieder, nicht dagegen im Hinblick auf die Gegenseite festlegen, vgl. *Löwisch/Rieble*, § 2 TVG Rn. 91; MünchArbR-*Löwisch/Rieble*, § 255 Rn. 66.

des eigenen Verbandes. Daß sich die Beschränkung der Tarifzuständigkeit in der Ausklammerung bestimmter Mitglieder des sozialen Gegenspielers auswirkt, ist Folge davon, daß sich die Tarifzuständigkeit des Arbeitgeberverbandes zwingend auf die in den Mitgliedsunternehmen beschäftigten Arbeitnehmer erstrekken muß, genauso wie die Tarifzuständigkeit der Gewerkschaft notwendig auch die Unternehmen erfassen muß, bei denen ihre Mitglieder tätig sind. Mitglieder des sozialen Gegenspielers sind genauso tangiert, wenn beispielsweise ein Arbeitgeberverband branchenfremde Betriebe seiner Mitgliedsunternehmen aus dem Zuständigkeitsbereich ausklammert. Die Beschneidung des sozialen Gegenspielers ergibt sich erst mittelbar daraus, daß für den wirksamen Abschluß eines Tarifvertrages beide Seiten tarifzuständig sein müssen.[620] Letztlich geht es hier wie bei der sachlich beschränkten Tarifzuständigkeit auch darum, eine bestimmte Thematik aus dem Regelungsbereich möglicher Tarifverträge auszuschließen und auf diese Weise eine „Tabuzone" zu schaffen. Beide Fallgruppen sind damit in ihrem Wesen vergleichbar und lassen sich zusammenfassend als Ausgrenzung gegnerbezogen definierter persönlicher oder sachlicher Regelungsbereiche aus der Tarifzuständigkeit beschreiben und werten.

Durch die Schaffung solcher „Tabu-Kataloge", ihre Wirksamkeit einmal unterstellt, verhindern die Koalitionen, daß ein Verbandstarifvertrag für diese Regelungsbereiche geschlossen und durch einen Arbeitskampf erzwungen werden kann, denn ein rechtmäßiger Arbeitskampf setzt regelmäßig voraus, daß die beiden sozialen Gegenspieler für einen späteren Tarifabschluß zuständig sind.[621] Eine tarifliche Regelung dieser Bereiche ist damit auf unabsehbare Zeit ausgeschlossen. Die Zulassung solcher Regelungsformen[622] entspricht sicherlich dem Grundsatz möglichst autonomer Gestaltung der Tarifzuständigkeit durch die Tarifpartner.

---

[620] *Hanau/Kania*, Festschr. Däubler, S. 437 (442).
[621] Allg. Meinung, vgl. BAG AP Nr. 3 zu § 2 TVG Tarifzuständigkeit, Bl. 3R; LAG Hamm DB 1991, 1126; *Buchner*, ZfA 1995, 95 (106, 120); *Hanau/Kania*, Festschr. Däubler, S. 437 (437 f.); *Koberski/Clasen/Menzel*, § 2 TVG Rn. 93; MünchArbR/*Otto*, § 285 Rn. 48; *Oetker*, in: Wiedemann, § 2 TVG Rn. 83; *Rüthers*, in: Brox/Rüthers, Arbeitskampfrecht, Rn. 135; *Söllner*, Grundriß des Arbeitsrechts, § 16 I 2.
[622] Befürwortend *Bruhn*, Tariffähigkeit, S. 164; *Nipperdey/Säcker*, AR-Blattei [D], Berufsverbände I, C III 1; *Otto*, NZA 1996, 624 (625); *Richardi*, Kollektivgewalt, S. 158.

a)   Funktionswidrigkeit

Die Satzungsautonomie der Koalitionen stößt hier jedoch an ihre funktionalen Grenzen. Die Koalitionen dürfen durch die konkrete Abgrenzung der Tarifzuständigkeit weder die effektive Erfüllung ihrer Ordnungsaufgabe noch das Funktionieren des Tarifsystems gefährden. Genau dies könnte aber eintreten, wenn es den Tarifparteien freigestellt wird, die Tarifzuständigkeit im Hinblick auf Sachfragen oder Mitgliedergruppen des Sozialpartners nach Belieben zu begrenzen.

aa)   Beeinträchtigung der Ordnungsfunktion des Tarifsystems

Der den Koalitionen verfassungsrechtlich erteilte und bindende Ordnungsauftrag bezieht sich auf die Gestaltung der Arbeitsverhältnisse der Mitglieder. Die Koalitionen sollen die Arbeitsbedingungen durch handhabbare Normen sinnvoll und sozial gerecht ordnen, dadurch Abschluß und Abwicklung der Arbeitsverhältnisse rationalisieren und den Parteien eine gesicherte Kalkulationsgrundlage verschaffen.[623] Werden Sachbereiche oder bestimmte Mitglieder des Tarifpartners aus der Tarifzuständigkeit ausgeschlossen, besteht die Gefahr, daß die Arbeitsbedingungen tarifvertraglich nur noch bruchstückhaft geregelt werden.[624] Denn wie gesehen scheidet eine verbandstarifliche Regelung dieser Bereiche durch die betroffenen Sozialpartner aus und kann auch nicht durch einen Arbeitskampf erzwungen werden. Angesichts der monopolartigen Strukturen der Berufsverbände läßt sich zudem ausschließen, daß sich zur Regelung der ausgegrenzten Themenkreise ein anderer Verband findet. Auch ein Firmentarifvertrag wird sich nur sehr schwer erreichen lassen,[625] wenn es um einzelne Sachfragen oder Personengruppen und damit um einen geringen Teilbereich der zu regelnden Arbeitsbedingungen geht. Einerseits wird es die Gewerkschaft schwer haben, ihre Mitglieder für die Auseinandersetzungen um eine Vielzahl von Firmentarifverträgen zu mobilisieren, die nur einen geringen sachlichen oder personellen Regelungsumfang haben und damit für die Mehrheit der Arbeitnehmer von geringerem Interesse sind. Andererseits wird, wenn schon der Arbeitgeber-

---

[623]   Vgl. S. 41 ff.

[624]   *Beuthien*, BB 1975, 477 (481); *Däubler*, Tarifvertragsrecht, Rn. 75; *Löwisch*, ZfA 1974, 29 (36); ähnlich *Hanau/Kania*, Festschr. Däubler, S. 437 (444).

[625]   Dieser dürfte auch durch einen Arbeitskampf erzwungen werden, ohne daß sich eine Tarifpartei auf die Möglichkeit eines Verbandstarifvertrages berufen kann. Die tarifvertragliche Friedenspflicht schließt hier, bei der selbst ausgeschlossenen Möglichkeit eines Verbandstarifes für bestimmte Regelungsbereiche, den Arbeitskampf nicht aus.

verband die Regelung dieser Bereiche ablehnt, auch der Arbeitgeber an solchen Firmentarifverträgen wenig Interesse haben, zumal ihm für diese einzelnen Themenbereiche auch andere praktikable Regelungsinstrumente zur Verfügung stehen. Den Berufsverbänden ist es damit kaum möglich, in diesen ausgeklammerten Bereichen die Arbeitsbedingungen ihrer Mitglieder sinnvoll zu gestalten und ihrem Ordnungsauftrag zu genügen.

Zudem gilt es zu bedenken, daß die Ordnungs- und damit auch die Friedensfunktion des Tarifvertrages Elemente der Gleichbehandlung und auch der sachgerechten Ungleichbehandlung beinhaltet. Der Tarifvertrag enthält regelmäßig Vorschriften über allgemeine Arbeitsbedingungen, die für alle organisierten Arbeitnehmer gelten, und etwa bei Lohn- und Gehaltsregelungen differenzierende Regelungen, die sich an sachlichen Kriterien orientieren und eine gerechte Hierarchie innerhalb des Betriebes gewährleisten sollen. Beide Elemente, die Schaffung einheitlicher Arbeitsbedingungen und die Schaffung ausgewogener Lohnstrukturen, können nicht verwirklicht werden, wenn einzelne Sachbereiche oder Beschäftigtengruppen ausgeklammert werden.[626] Denn für diese würde regelmäßig kein Tarifvertrag, bestenfalls ein Firmentarifvertrag bestehen. Die Ordnungsfunktion des Tarifvertrags wäre also erheblich gestört.

Ein Blick auf das Gesetz über die Festsetzung von Mindestarbeitsbedingungen bestätigt diese Bedenken. Das Gesetz macht in § 1 II für den Erlaß von Mindestarbeitsbedingungen zur Voraussetzung, daß „Gewerkschaften oder Vereinigungen von Arbeitgebern für den Wirtschaftszweig oder die Beschäftigungsart nicht bestehen oder nur eine Minderheit der Arbeitnehmer und Arbeitgeber umfassen." Könnten die Koalitionen durch eine sachlich oder eine auf einzelne gegnerische Mitgliedergruppen beschränkte Tarifzuständigkeit der Regelung bestimmter Arbeitsbedingungen ausweichen, hätte der Staat dennoch nicht die Möglichkeit, die Lücke durch Mindestarbeitsbedingungen zu schließen. Denn auch bei einer insoweit beschränkten Tarifzuständigkeit sind die gesetzlichen Merkmale des § 1 II a nicht erfüllt. Dies kann aber nicht im Sinne dieses Gesetzes sein. Man muß vielmehr annehmen, daß der gesetzlichen Grundkonzeption nur eine sachlich umfassende und unteilbare Tarifzuständigkeit entspricht.[627]

---

[626] *Hanau/Kania*, Festschr. Däubler, S. 437 (444).
[627] Vgl. *Löwisch*, ZfA 1974, 29 (37); auf diesen Zusammenhang hebt auch *Beuthien*, BB 1975, 477 (481) ab, der daraus allerdings nicht auf die Funktionswidrigkeit der Satzungsregelung schließt, sondern die Frage aufwirft, ob das Gesetz über die Mindestarbeitsbedingungen nicht immer dort eingreifen muß, wo Koalitionen ihre Tariffähigkeit und -zuständigkeit bewußt ausschließen.

Speziell die Möglichkeit einer sachlich beschränkten Tarifzuständigkeit gefährdet außerdem den bei jeder Normsetzung zu beachtenden Grundsatz der Rechtsklarheit.[628] Da die Tarifzuständigkeit Wirksamkeitsvoraussetzung eines Tarifvertrages ist, bedeutet jede Unsicherheit in der Abgrenzung der Tarifzuständigkeit auch eine solche in bezug auf die Gültigkeit der tariflichen Norm. Diese Abgrenzungsprobleme lassen sich auch durch noch so gut formulierte Satzungen nicht ganz ausräumen, geschweige denn lassen sie sich für neu hinzutretende Sachfragen verhindern. Für diese entsteht jeweils der Zweifel, in wessen Kompetenz sie fallen. Dann aber droht sogleich die Gefahr, daß ein für den Gegenstand nicht zuständiger Verband den Tarifvertrag schließt, der in diesem Fall ungültige Rechtsnormen enthielte. Auch das Gebot der Rechtsklarheit steht damit der Ausgrenzung einzelner Sachbereiche aus der Tarifzuständigkeit entgegen.

bb) Paritätsstörung

Wie gesehen gehört zur Funktionsfähigkeit des Tarifsystems, daß sich annähernd gleich starke Verhandlungspartner gegenüberstehen.[629] Eine Satzungsregelung kann daher auch funktionswidrig sein, wenn sie die abstrakt-materielle Verhandlungsparität[630] der Tarifparteien nachhaltig beeinträchtigt.[631] Konkrete Maßstäbe, nach denen das Kräftegleichgewicht der Tarifparteien beurteilt werden könnte, lassen sich Art. 9 III GG nicht entnehmen. Gute Gründe sprechen dafür, die reale Verhandlungsstärke der Gegenspieler und deren Beeinflussung durch Arbeitskampfmaßnahmen anhand normativ-wertender Kriterien zu beurteilen, ohne alle jeweiligen Besonderheiten des Arbeitskampfes zu berücksichtigen.[632] Diese Betrachtungsweise bietet einen angemessenen Maßstab für die ge-

---

[628] *Beuthien* BB 1975, 477 (481); *Löwisch*, ZfA 1974, 29 (35).
[629] BVerfGE 84, 212 (229); 92, 365 (395); BAGE 46, 322 (350 f.); *Rüthers*, in: Brox/Rüthers, Arbeitskampfrecht, Rn. 166; *Seiter*, Streikrecht und Aussperrungsrecht, S. 156 ff., 160 ff.
[630] Dieser Paritätsbegriff wird von der überwiegenden Ansicht vertreten, vgl. BVerfGE 84, 212 (230); BAG AP Nr. 64 zu Art. 9 GG Arbeitskampf, Bl. 8R; MünchArbR/*Otto*, § 282 Rn. 68 ff; *Rüthers*, in: Brox/Rüthers, Arbeitskampfrecht, Rn. 168.
[631] Vgl. im Bezug auf gesetzliche Regelungen BVerfGE 92, 365 (394 ff.); für Satzungsregelungen *Besgen*, OT-Mitgliedschaft, S. 40; *Buchner*, NZA 1995, 761 (768 f.); *Reuter*, RdA 1996, 201 (205).
[632] BVerfGE 84, 212 (230); 92, 365 (395); BAG AP Nr. 64 zu Art. 9 GG Arbeitskampf, Bl. 8R.

richtliche Überprüfung umstrittener Arbeitskampfmaßnahmen unter dem Gesichtspunkt der Proportionalität.[633]

Fraglich ist damit, ob die Zulassung einer auf bestimmte Sachfragen oder gegnerische Mitgliedergruppen beschränkten Tarifzuständigkeit die so verstandene Parität der Tarifpartner verschiebt. Die beschriebene Zuständigkeitsregelung schließt im Bezug auf die betroffenen Mitgliedergruppen und Sachfragen die Möglichkeit einer wirksamen tariflichen Regelung wie auch einen rechtmäßigen Arbeitskampf zur Durchsetzung einer solchen Regelung aus.[634] In der Konsequenz kann ein sozialer Gegenspieler dem anderen nach Belieben den sachlichen und persönlichen Bereich vorschreiben, um den überhaupt verhandelt und gekämpft werden kann.[635] Dies benachteiligt im wesentlichen die Arbeitnehmerseite, weil sie in der Tarifauseinandersetzung regelmäßig die Initiativlast trägt. Ihr wird zudem das Risiko zugeschoben, zu beurteilen, ob die angestrebte tarifliche Regelung von der Tarifzuständigkeit des Arbeitgeberverbandes noch gedeckt ist oder nicht. Dieses Risiko wirkt sich gerade im Arbeitskampf besonders aus, weil die Legitimität des Arbeitskampfes von der tariflichen Regelbarkeit des Arbeitskampfzieles abhängt. Insgesamt würde sich also die Gleichgewichtslage der Tarifparteien zu Ungunsten der Gewerkschaften verschieben.[636]

Die Ausgrenzung einzelner Sachfragen oder Mitgliedergruppen des sozialen Gegenspielers aus der Tarifzuständigkeit gefährdet also sowohl die effektive Erfüllung des Verfassungsauftrages der Koalitionen zur Ordnung und Befriedung des Arbeitslebens als auch die Verhandlungsparität der Tarifpartner und ist deshalb funktionswidrig. Diese Form der satzungsautonomen Festlegung der Tarifzuständigkeit ist damit nach § 138 I BGB wegen Verletzung eines anerkannten Grundwertes der Gesellschaftsordnung unwirksam.

---

[633] BVerfGE 92, 365 (395).
[634] Allg. Meinung, vgl. BAG AP Nr. 3 zu § 2 TVG Tarifzuständigkeit, Bl. 3R; LAG Hamm DB 1991, 1126; *Buchner*, ZfA 1995, 95 (106, 120); *Hanau/Kania*, Festschr. Däubler, S. 437 (437 f.); *Koberski/Clasen/Menzel*, § 2 TVG Rn. 93; MünchArbR/*Otto*, § 285 Rn. 48; *Oetker*, in: Wiedemann, § 2 TVG Rn. 83; *Rüthers*, in: Brox/Rüthers, Arbeitskampfrecht, Rn. 135; *Söllner*, Grundriß des Arbeitsrechts, § 16 I 2.
[635] Vgl. *Hanau/Kania*, Festschr. Däubler, S. 437 (444); *Däubler*, Tarifvertragsrecht, Rn. 75; *Oetker*, in: Wiedemann, § 2 TVG Rn. 66; *Löwisch*, ZfA 1974, 29 (36).
[636] *Däubler*, Tarifvertragsrecht, Rn. 75; *Löwisch*, ZfA 1974, 29 (36); im Ergebnis auch *Beuthien*, BB 1975, 477 (481).

Dieses Ergebnis läßt sich auch durch die Erkenntnisse zu Aufnahme- und Ausschlußregeln[637] absichern. Danach sind die Verweigerung der Aufnahme oder ein Verbandsausschluß grundsätzlich nicht zulässig, weil die einzelnen Arbeitnehmer und –geber auf die Koalitionsmitgliedschaft angewiesen sind, um ihre individuelle Koalitionsfreiheit effektiv ausüben zu können. In diesem Sinne ist auch die individuelle Koalitionsfreiheit der hier ausgegrenzten gegnerischen Mitglieder beeinträchtigt. Da diese Mitglieder von einer in dem fraglichen räumlichen und fachlichen Geltungsbereich möglichen Tarifregelung ausgeschlossen werden, entsteht für sie damit eine Tariflücke. Eine Möglichkeit, dennoch Tarifschutz zu erlangen, besteht für diese gegnerischen Mitglieder nicht. Aufgrund bestehender Monopolstrukturen bei den Berufsverbänden wird sich ein anderer Verband zur Vertretung nur dieser Mitglieder kaum finden. Auch die eigene Verbandsgründung stellt keine realistische Chance zur Erreichung einer tariflichen Regelung dar, da diese neue Koalition zu schwach wäre, um sich in einer Tarifauseinandersetzung mit dem etablierten gegnerischen Verband behaupten zu können. Die von der Tarifzuständigkeit ausgeschlossenen gegnerischen Mitglieder haben also keine Möglichkeit, eine tarifliche Regelung ihrer Arbeitsbedingungen zu erlangen. Sie sind damit an der effektiven Ausübung ihrer Koalitionsfreiheit gehindert. Wenn es mit Rücksicht auf die individuelle Koalitionsfreiheit unzulässig ist, eigene Mitglieder, die sich freiwillig der Verbandsgewalt unterworfen haben, von der Verbandsmitgliedschaft und damit auch von der Tarifgeltung auszuschließen, dann kann es erst recht nicht zulässig sein, Dritte aus dem eigenen Zuständigkeitsbereich und damit von der Tarifgeltung auszuschließen, die nicht der Verbandsgewalt unterstehen.

b) Beeinträchtigung gegnerischer Grundrechtspositionen

Die Beschränkung der Tarifzuständigkeit hinsichtlich bestimmter Mitgliedergruppen des gegnerischen Lagers oder hinsichtlich einzelner Sachbereiche könnte zudem gegen das Verbot des Art. 9 III 2 GG verstoßen und damit nach § 134 BGB unwirksam sein. Die den Berufsverbänden durch Art. 9 III GG gewährleistete Satzungsautonomie zur Festlegung der Tarifzuständigkeit wird in diesem Fall durch die Koalitionsfreiheit des gegnerischen Verbandes begrenzt,

---

[637] Siehe S. 80 ff.

wobei die Auflösung dieser Grundrechtskollision durch eine Interessenabwägung im Einzelfall zu erfolgen hat.[638]

Diese Abwägung fällt hier zugunsten des Rechts der gegnerischen Koalition auf freie koalitionsspezifische Betätigung zur Verfolgung des Koalitionszweckes aus. Die Möglichkeit einer Koalition, bestimmte Sachbereiche oder Mitglieder des sozialen Gegenspielers aus der Tarifzuständigkeit auszunehmen, erschwert ihrem Gegenspieler die Schaffung einer sinnvollen Ordnung des Arbeitslebens und damit die Koalitionsbetätigung ganz erheblich. Ursache dafür ist vor allem die tarifrechtliche und auch arbeitskampfrechtliche Außenwirkung der Beschränkung der Tarifzuständigkeit. Denn für den Abschluß eines Tarifvertrages ist es erforderlich, daß Arbeitgeberverband und Gewerkschaft für eine bestimmte Sachfrage oder Mitgliedergruppe gemeinsam zuständig sind. Arbeitskampfrechtlich wird dies dadurch verfestigt, daß nach überwiegender Auffassung eine Erweiterung der eingeschränkten Tarifzuständigkeit nicht erzwingbar ist. Ein Arbeitskampf um die Ausdehnung der Tarifzuständigkeit auf die ausgeschlossenen Sachbereiche oder gegnerischen Mitglieder ist rechtswidrig.[639] In der Folge werden die einseitig ausgeschlossenen Sachbereiche oder Mitgliedergruppen insgesamt einer tariflichen Regelung mit dem jeweiligen Verband entzogen. Da die von der Ausgrenzung betroffene Koalition wie bereits ausgeführt zudem kaum auf eine verbandstarifliche Regelung dieser Fragen mit einem anderen Tarifpartner hoffen kann und auch die Durchsetzung vielzähliger Firmentarifverträge zur Regelung dieser Bereiche äußerst schwer sein wird, besteht die Gefahr, daß die ausgeschlossenen Regelungsfelder jeglicher tariflichen Gestaltung entzogen werden. Der von der Zuständigkeitsregelung betroffenen Koalition wird damit in sachlichen Teilbereichen die tarifpolitische Interessenvertretung ihrer Mitglieder wesentlich erschwert oder sogar unmöglich gemacht. Dieser Beeinträchtigung der Betätigungsfreiheit steht kein gleichwertiges Interesse der anderen Seite an dieser konkreten Wahrnehmung der Satzungsautonomie gegenüber. Folglich verstößt eine Satzungsvorschrift, die die Tarifzuständigkeit im Hinblick auf einzelne Mitglieder der Gegenseite oder im Hinblick auf be-

---

[638] BVerfGE 28, 243 (261); 35, 202 (225); *v. Münch*, in: v. Münch, Vorbem. Art. 1-19 GG Rn. 57.
[639] So die überwiegende Meinung, vgl. *Hanau/Kania*, Festschr. Däubler, S. 437 (437 f., 444); *Heinze*, DB 1997, 2122 (2126); *Löwisch/Rieble*, § 2 TVG Rn. 94; *Martens*, Anm. BAG SAE 1987, 1 (9 f.); *Moll*, Tarifausstieg, S. 41 ff.; abweichend *Kempen/Zachert*, § 2 TVG Rn. 121 ff.; *Zachert*, ArbuR 1982, 181 (183 ff.); siehe dazu S. 226 ff.

stimmte Sachfragen einschränkt, gegen Art. 9 III 2 GG und ist damit auch nach § 134 BGB unwirksam.[640]

Die Ausgrenzung von Sachfragen und gegnerischen Mitglieder(-gruppen) aus der Tarifzuständigkeit ist also in mehrfacher Hinsicht unwirksam: nach § 138 I BGB, weil sie einer sachgerechten Wahrnehmung der Ordnung des Arbeitslebens entgegensteht und zu Paritätsstörungen führt; nach § 134 BGB, weil sie die kollektive Betätigungsfreiheit des Sozialpartners beeinträchtigt (Art. 9 III 2 GG).

2. Strukturelle Änderungen der Tarifzuständigkeit in räumlicher oder betrieblich-fachlicher Hinsicht

Räumlich bestimmen die Koalitionen für welchen maximalen regionalen Geltungsbereich sie Tarifverträge zu schließen bereit sind. Die regionale Einteilung der Tarifbezirke und die Verleihung der Tariffähigkeit an Unterorganisationen richtet sich dabei im einzelnen nach der Tradition und den Bedürfnissen der Praxis. Auch in räumlicher Hinsicht ist die Tarifzuständigkeit der Koalitionen nach Maßgabe des satzungsmäßigen Organisationskreises begrenzt.[641] Wenn früher vereinzelt vertreten wurde, die Tarifparteien könnten den Geltungsbereich ihrer Tarifverträge nach Belieben, also auch über ihr räumliches Organisationsgebiet hinaus festlegen,[642] so ist dies mit der hier vorgenommenen Qualifizierung der Tarifzuständigkeit als Wirksamkeitsvoraussetzung nicht vereinbar. Den Koalitionen steht ein Recht auf freie Bestimmung des Geltungsbereiches ihrer Tarifverträge nur insoweit zu, als sie überhaupt zum Tarifabschluß befähigt sind. Dies sind sie qua definitione des Merkmals der Tarifzuständigkeit aber nur in den Grenzen des satzungsmäßig abgesteckten Organisationsbereiches.[643] Folglich besteht auch das Recht der Koalitionen auf freie Wahl des Tarifgebietes ausschließlich im Rahmen des in der Satzung niedergelegten räumlichen Organisationsbereiches. Fachlich bestimmen die Verbände die Branche ihrer tarifli-

---

[640] Im Ergebnis so auch *Däubler*, Tarifvertragsrecht, Rn. 75; *Hanau/Kania*, Festschr. Däubler, S. 437 (444); *Martens*, Anm. BAG SAE 1987, 1 (9).
[641] Heute allgemeine Meinung, vgl. *Delheid*, Tarifzuständigkeit, S. 69; *Gamillscheg*, Kollekt. ArbR I, S. 530; *Kempen/Zachert*, § 2 TVG Rn. 108; *Link*, Tarifzuständigkeit, S. 77; *Löwisch/Rieble*, § 2 TVG Rn. 87; *Oetker*, in: Wiedemann, § 2 TVG Rn. 47.
[642] *Gumpert*, BB 1955, 606; *ders.*, Anm. BAG BB 1959, 487 (488); *Kaskel/Dersch*, Arbeitsrecht, S. 66.
[643] Vgl. S. 106 ff.

chen Normsetzung. Sie können dabei ein Unternehmen oder einen Betrieb als Ganzes räumlich und fachlich zuordnen; sie können sich aber genauso auch auf branchenspezifische oder in einem bestimmten Gebiet gelegene Betriebe oder Betriebsteile eines Unternehmens beschränken.[644]

Ändern die Berufsverbände ihre räumliche oder fachliche Tarifzuständigkeit, so bezieht sich dies häufig auf einen ganzen Wirtschaftszweig oder Tarifbezirk. Es handelt sich also um eine strukturelle Zuständigkeitsänderung.[645] Ursachen dafür liegen oft in veränderten Unternehmens- oder Mitgliederstrukturen. Die strukturelle Zuständigkeitsänderung ist grundsätzlich in zweierlei Weise denkbar: Die Koalitionen können ihre Tarifzuständigkeit für eine Branche oder einen Tarifbezirk aufgeben. Speziell in räumlicher Hinsicht wurde die Frage aufgeworfen und bislang noch nicht entschieden, ob Regionalverbände auf ihre Tarifzuständigkeit zugunsten des Gesamtverbandes auf Bundes- oder Landesebene verzichten können. Daran kann durchaus ein Interesse der Koalitionen bestehen, wenn der Verband sich bei überregional geführten Tarifverhandlungen dem sozialen Gegenspieler gegenüber als durchsetzungsfähiger empfindet, etwa weil er auf größere finanzielle und personelle Ressourcen zurückgreifen kann. Praktisch diskutiert wurde diese Frage in der Metallindustrie. Während die Arbeitgeberseite dort zentrale Verhandlungen durch den Gesamtverband anstrebt, besteht die IG-Metall regelmäßig auf regionalen Verhandlungen mit den einzelnen Arbeitgeberverbänden. Dies hat auf Arbeitgeberseite zu der Überlegung geführt, ob nicht eine Konzentration der Verhandlungszuständigkeit auf den Gesamtverband erfolgen könne. Erwogen worden ist dabei nicht eine Fusion der Regionalverbände, sondern ein Verzicht auf die Tarifzuständigkeit in bestimmten Sachbereichen zugunsten des Gesamtverbandes.[646] Die Koalitionen können aber auch ihre räumliche oder fachliche Tarifzuständigkeit auf einen anderen Wirtschaftssektor oder eine andere Region ausdehnen.

---

[644] Vgl. *Kempen/Zachert*, § 2 TVG Rn. 118; *Löwisch/Rieble*, § 2 TVG Rn. 90, *Oetker*, in: Wiedemann, § 2 TVG Rn. 54 f.
[645] Zum selteneren Fall einer punktuellen Zuständigkeitsänderung S. 181 ff.
[646] Vgl. die Darstellung bei *Löwisch*, ZfA 1974, 29 (30) unter Verweis auf „Die Welt" vom 1.6.1971, S. 9.

a) Aufgabe der räumlichen oder fachlichen Tarifzuständigkeit

Der Verzicht auf die Tarifzuständigkeit kommt hier in seiner Wirkung einem Verzicht auf die Tariffähigkeit gleich, da der Verband seine Regelungskompetenz für einen ganzen Wirtschaftszweig oder Tarifbezirk aufgibt und damit in diesem umfassenden Bereich nicht mehr am Tarifgeschehen teilnimmt. Die Wertungen zum Problem der gewollten Tarifunfähigkeit[647] können deshalb auch hier herangezogen werden.[648] Ausgehend vom Selbstbestimmungsrecht der Koalitionen und der Garantie der satzungsautonomen Festlegung der Tarifzuständigkeit durch Art. 9 III GG steht es den Koalitionen grundsätzlich frei, ihre Tarifzuständigkeit zu ändern und sie gegebenenfalls auch einzuschränken.

aa) Funktionswidrigkeit

Der Verzicht auf die Zuständigkeit hinsichtlich eines ganzen Wirtschaftssektors oder einer Region kann tarifliche Regelungslücken verursachen, wenn kein anderer Verband diesen Bereich zu seiner Zuständigkeit zählt. Der gegnerischen Koalition ist damit der Tarifpartner genommen. Eine Gewerkschaft kann bei Wegfall des zuständigen Arbeitgeberverbandes versuchen, Firmentarifverträge zu schließen. Dem Arbeitgeberverband ist im umgekehrten Fall mangels Verhandlungspartner jegliche tarifliche Handlungsmöglichkeit genommen. Die in der Folge jeweils drohenden Lücken der tariflichen Regelung der Arbeitsbedingungen könnten eine Funktionswidrigkeit der Zuständigkeitsänderung begründen.

Entscheidend ist in diesem Zusammenhang, daß die kollektive Arbeitsrechtsordnung auf der freiwilligen Bildung von Arbeitnehmer- und Arbeitgebervereinigungen aufbaut. Nach bestehender Rechtsordnung muß damit sogar in Kauf genommen werden, daß sich gar keine Vereinigungen zur Wahrung und Förderung der Arbeits- und Wirtschaftsbedingungen finden. Der Gesetzgeber hat für

---

[647] Diese ist nach heute allgemeiner Auffassung als zulässig zu qualifizieren, vgl. *Gamillscheg*, Kollekt. ArbR I, S. 527; *Hueck/Nipperdey*, Lehrbuch des Arbeitsrechts I/1, § 20 III A 10, S. 433 f.; *Löwisch*, ZfA 1974, 29 (32-34); *Richardi*, Kollektivgewalt, S. 156; *Oetker*, in: Wiedemann, § 2 TVG Rn. 23; dazu ausführlich S. 211 ff.

[648] *Löwisch*, ZfA 1974, 29 (30); *Oetker*, in: Wiedemann, § 2 TVG Rn. 62; *Wiedemann*, RdA 1975, 78 (82). Der einzelne Arbeitgeber kann deshalb mit Blick auf § 2 I TVG nicht auf seine Tarifzuständigkeit zugunsten des Arbeitgeberverbandes verzichten.

diese Fälle durch die stets gegebene Möglichkeit zum Abschluß von Firmentarifverträgen nach § 2 I TVG und durch das Gesetz zur Festsetzung von Mindestarbeitsbedingungen die notwendigen Sicherungen für ein funktionsfähiges Tarifsystem geschaffen.[649] Angesichts dessen ist es auch systemkonform, wenn Koalitionen auf Teilbereiche ihrer Tarifzuständigkeit verzichten und sich in der Folge für diesen Wirtschaftssektor oder Tarifbezirk möglicherweise überhaupt keine zuständigen Arbeitgeber- oder Arbeitnehmerkoalitionen finden. Wie der Verzicht auf die Tariffähigkeit ist auch der Verzicht auf Teilbereiche der Tarifzuständigkeit Ausdruck der negativen Koalitionsfreiheit, die in gleichem Maße geschützt ist wie die Wahrnehmung der positiven Koalitionsfreiheit.[650] Wenn die gewollte Tarifunfähigkeit vom rechtlichen Konzept der Freiwilligkeit getragen und mithin nicht als funktionswidrig einzuordnen ist,[651] muß dies in gleicher Weise für den Verzicht auf Teilbereiche der Tarifzuständigkeit gelten.[652]

bb) Beeinträchtigung gegnerischer Grundrechtspositionen

Existiert im Falle des Verzichts auf die räumliche oder fachliche Tarifzuständigkeit kein anderer Verband, der diesen Geltungsbereich abdeckt, sind zwei Varianten zu unterscheiden: Existiert keine zuständige Gewerkschaft für diesen Bereich, hat der Arbeitgeberverband keine Möglichkeit mehr, für diesen Geltungsbereich Tarifverträge abzuschließen. Die Einzelarbeitgeber sind dann auf Betriebsvereinbarungen oder individualrechtliche Instrumente wie arbeitsvertragliche Einheitsregelungen oder Bezugnahmen auf andere Tarifverträge zur Regelung der Arbeitsbedingungen verwiesen. Eine Verletzung arbeitgeberseitiger Rechtspositionen kann darin aber nicht gesehen werden. Da die kollektive Arbeitsrechtsordnung die freiwillige Bildung von Vereinigungen zur Wahrung und Förderung der Arbeits- und Wirtschaftsbedingungen zum Prinzip erhebt, haben weder ein Einzelarbeitgeber noch eine Koalition einen Anspruch darauf,

---

[649] Vgl. zum Ganzen *Löwisch*, ZfA 1974, 29 (34).
[650] Siehe S. 23 f.
[651] Vgl. dazu S. 211 ff.
[652] Bei tarifzuständigen Verbänden ist allerdings das Gesetz über die Festsetzung von Mindestarbeitsbedingungen nach § 1 II a nicht anwendbar. Es bleibt lediglich die Möglichkeit des Firmentarifes zur Sicherung der Tarifautonomie. Es könnte aber erwogen werden, den Gesetzgeber auch dann Mindestarbeitsbedingungen festlegen zu lassen, wenn zwar tariffähige Koalitionen existieren, diese aber bewußt auf ihre Tarifzuständigkeit verzichtet haben, vgl. *Beuthien*, BB 1975, 477 (481).

daß ihr ein tariffähiger und tarifzuständiger Tarifpartner gegenübersteht.[653] Die Situation stellt sich nicht anders dar als beim rechtlich zulässigen Verzicht auf die Gründung oder der jederzeit möglichen Auflösung einer Arbeitnehmervereinigung.

Verzichtet dagegen der Arbeitgeberverband in Teilbereichen auf seine räumliche oder fachliche Tarifzuständigkeit und hat keinen Nachfolger, ist die Gewerkschaft auf den Abschluß von Firmentarifverträgen angewiesen. Dies bringt im Vergleich zur branchenweiten Regelung der Arbeitsbedingungen durch Verbandstarifvertrag zwar eine Erschwernis im tarifpolitischen Handeln mit sich. Diese wird den Gewerkschaften jedoch von Verfassungs wegen zugemutet, steht es doch wie bereits erwähnt jedem sozialen Lager frei, auf den Zusammenschluß in einem Verband gänzlich zu verzichten.[654] Die Rechtsordnung setzt diese Möglichkeit des Firmentarifvertrages sogar bewußt als Mittel zur Sicherung der Tarifautonomie ein. Die Gewerkschaft hat daher keinen Anspruch darauf, daß ihr immer ein Arbeitgeberverband als Gegenspieler gegenübersteht und sie ihre tarifpolitischen Ziele auf möglichst einfachem Wege erreichen kann.[655] Die koalitionsmäßige Betätigung der Gewerkschaften ist also durch einen strukturellen Verzicht auf die räumliche oder fachliche Tarifzuständigkeit auch dann nicht in rechtlich erheblicher Weise beeinträchtigt, wenn kein anderer Arbeitgeberverband diesen Zuständigkeitsbereich ausfüllt.

Tritt ein anderer tarifzuständiger Verband an die Stelle der verzichtenden Koalition, muß sich die stetig zuständige Koalition auf einen neuen Tarifpartner einstellen. Auch dies ist koalitionsrechtlich ohne Bedeutung. Art. 9 III GG ist durch ein hohes Maß an entwicklungspolitischer Offenheit gekennzeichnet.[656] Eine Auslegung des Art. 9 III 1 GG kann sich daher nicht dem statischen Schutz

---

[653] Vgl. BAG AP Nr. 4 zu § 2 TVG Tarifzuständigkeit, Bl. 9; *Blank*, Tarifzuständigkeit, S. 62, 64, 138; *Heinze*, DB 1997, 2122 (2123); *Konzen*, Festschr. Kraft, S. 291 (316); *Oetker*, Anm. zu BAG AP Nr. 10, 11 zu § 2 TVG Tarifzuständigkeit, Bl. 5R (14).

[654] *Besgen*, OT-Mitgliedschaft, S. 38 f.; ebenso im Bezug auf eine OT-Mitgliedschaft: *Buchner*, NZA 1995, 761 (769); *Junker*, Anm. BAG SAE 1997, 172 (179 f.); *Moll*, Tarifausstieg, S. 29; *Ostrop*, Mitgliedschaft ohne Tarifbindung, S. 127; *Reuter*, RdA 1996, 201 (205).

[655] Vgl. *Besgen*, OT-Mitgliedschaft, S. 38 f.

[656] BVerfGE 50, 290 (368); *Blank*, Tarifzuständigkeit, S. 64; *Lambrich*, Tarif- und Betriebsautonomie, S. 172 f.; *Lerche*, Zentralfragen. S. 26 ff.; *Säcker/Oetker*, Grundlagen und Grenzen der Tarifautonomie, S. 64; *Scholz*, in: Maunz/Dürig, Komm. z. GG., Art. 9 Rn. 163.

überkommener Verbandsstrukturen verschreiben, sondern muß offen für Veränderungen sein, egal ob diese wirtschaftlich, gesellschaftlich oder von den Koalitionen selbst hervorgerufen sind.[657] Ein Wechsel des bislang zuständigen Gegenspielers wird daher vom Grundrecht der Koalitionsfreiheit nicht ausgeschlossen. Die Koalitionsfreiheit kann somit auch kein Recht auf einen bestimmten Koalitionsgegner beinhalten.[658]

Die Ausgrenzung fachlich-betrieblicher und räumlicher Zuständigkeitsbereich ist also zulässig.

Die unterschiedliche Behandlung dieses Verzichts auf räumliche und fachliche Zuständigkeitsbereiche im Vergleich zu der im Abschnitt zuvor erörterten sachlichen und personellen Ausgrenzung beruht auf folgendem Wertungsunterschied: Bei der sachlichen und personellen Zuständigkeitsbeschränkung ist generell eine tarifliche Regelung für die Koalitionsangehörigen in dem fraglichen Tarifgebiet gewollt. Es sollen lediglich einzelne Sachfragen oder einzelne Mitgliedergruppen des gegnerischen Verbandes von diesem Tarifvertrag ausgeklammert werden. Konsequenz ist, daß eine tarifliche Regelung dieser ausgeklammerten Bereiche wie dargelegt[659] kaum mehr erreichbar sein wird. Im Gegensatz dazu besteht bei einer Aufgabe räumlicher und fachlicher Zuständigkeitsbereiche gar keine tarifliche Regelung für diesen Wirtschaftsraum. Alle Koalitionsmitglieder in diesem Gebiet sind damit gleichermaßen von dem Zuständigkeitsverzicht betroffen. Für einen solchen zusammenhängenden Wirtschaftsbereich einen Ersatzverband zu finden, ist aber ungleich leichter als für eine einzelne Mitgliedergruppe oder einzelne Sachfragen. Im Unterschied zur sachlichen und personellen Ausgrenzung ist hier also für die Zukunft eine tarifliche Regelung für die aufgegebenen räumlichen und fachlichen Zuständigkeitsbereiche nicht ausgeschlossen.

---

657 Vgl. *Blank*, Tarifzuständigkeit, S. 64; *Lambrich*, Tarif- und Betriebsautonomie, S. 174.
658 BAG AP Nr. 4 zu § 2 TVG Tarifzuständigkeit, Bl. 9; *Blank*, Tarifzuständigkeit, S. 62, 64.
659 Siehe S. 146.

b) Erweiterung der räumlichen oder fachlichen Tarifzuständigkeit

Erweitert eine Koalition ihre Tarifzuständigkeit um einen ganzen Wirtschaftssektor oder Tarifbezirk, ergibt sich möglicherweise eine konkurrierende Zuständigkeit zu einem Verband des gleichen sozialen Lagers, der ebenfalls für diesen Geltungsbereich zuständig ist. In der Folge sieht sich die gegnerische Koalition nunmehr mehreren potentiellen Tarifpartnern gegenüber und muß damit rechnen, gegebenenfalls in mehrere Tarifauseinandersetzungen verwickelt zu werden.

Die Belastung des Tarifgegners mit einer Mehrzahl von potentiellen Verhandlungs- und Arbeitskampfgegnern erschwert die zügige tarifliche Ordnung des Arbeitslebens im Verhandlungsweg und wirkt sich daher nachteilig auf die Erfüllung des koalitionären Ordnungsauftrages aus. Zugleich beeinträchtigt sie die koalitionsspezifische Betätigung des Tarifgegners, was insgesamt die Frage nach der Funktionswidrigkeit der Zuständigkeitsänderung und ihrer Vereinbarkeit mit dem Grundrecht der Koalitionsfreiheit des Gegenspielers aufwirft. Die Existenz einer Mehrzahl von Tarifpartnern ist jedoch unmittelbare Folge einerseits der den Koalitionen in Art. 9 III GG garantierten autonomen Bestimmung des eigenen tariflichen Tätigkeitsfeldes und andererseits der verfassungsrechtlichen Gewährleistung des Koalitionspluralismus.[660] Mit Blick auf diese Wertentscheidung des Art. 9 III GG für den Verbandspluralismus und das organisatorische Selbstbestimmungsrecht der Koalitionen kann es weder als funktionswidrig noch als Verstoß gegen die koalitionäre Betätigungsgarantie eingeordnet werden, wenn eine Koalition sich innerhalb eines Tarifgebietes mit mehreren sozialen Gegenspielern auseinandersetzen muß.

Eine strukturelle Erweiterung der Tarifzuständigkeit in fachlicher oder räumlicher Hinsicht ist im Blick auf den Tarifgegner mithin rechtlich nicht zu beanstanden.

Der Aspekt der Schaffung einer konkurrierenden Tarifzuständigkeit durch die Erweiterung des Organisationsbereiches gehört systematisch zur Fallgruppe der Tarifzuständigkeitsregelungen, die einen Interessenskonflikt innerhalb des gleichen sozialen Lagers verursachen und soll deshalb dort behandelt werden.[661] Zur besseren Übersicht sei das Ergebnis vorweggenommen: Die Koalitionen unter-

---

[660] Vgl. *Kempen/Zachert*, § 2 TVG Rn. 118; *Konzen*, Festschr. Kraft, S. 291 (309).
[661] Siehe S. 218 ff.

liegen keiner Pflicht, ihre Zuständigkeitsbereiche überschneidungsfrei abzugrenzen und sind nicht daran gehindert, ihre Tarifzuständigkeit auf Bereiche zu erstrecken, die bereits dem Tätigkeitsfeld einer anderen Koalition unterfallen.

3. Beschränkung der Tarifzuständigkeit auf bestimmte potentielle Tarifpartner

Als weitere Fallgruppe zu würdigen ist das Vorgehen eines Berufsverbandes, der sich in seiner Satzung auf bestimmte gegnerische Verhandlungspartner festlegt oder die Verhandlung und den Tarifabschluß mit bestimmten tariffähigen und tarifzuständigen Gegenspielern ausschließt. Der Verband will sich dadurch auf einzelne oder wenige Verhandlungsgegner konzentrieren und eine Erschwerung der Verhandlungen durch Beteiligung vieler Koalitionen vermeiden. Eine derartige Regelung kann dabei auch durch die Gegenseite veranlaßt sein, die Vergünstigungen, zum Beispiel einen Verzicht auf Arbeitskampfmaßnahmen gewährt und im Gegenzug als einziger Verhandlungspartner akzeptiert werden will.[662] Den Hintergrund bildet hier das Ziel, die Konkurrenz im eigenen Lager auszuschalten und ein Erstarken konkurrierender kleiner Koalitionen zu verhindern.[663]

Grundsätzlich können die Koalitionen sich ihre Vertragspartner frei auswählen, da die Betätigungsgarantie des Art. 9 III 1 GG wie auch die den Koalitionen gemäß Art. 2 I, 19 III GG gewährte Vertragsfreiheit das Recht beinhalten, frei zu entscheiden, ob überhaupt, mit wem und unter welchen Bedingungen Tarifverträge geschlossen werden.[664] Wird die Tarifzuständigkeit auf bestimmte Vertragspartner beschränkt, ist als Folgewirkung zudem zu berücksichtigen, daß die abgewiesenen Koalitionen - die Zulässigkeit dieser Regelung einmal unterstellt

---

[662] Solche Abreden sind in England bekannt als sogenannte single union agreements, vgl. dazu *Gamillscheg*, Kollekt. ArbR. I, S. 283. Vergleichbares wird jedoch auch in Deutschland praktiziert und von der Rechtsprechung gebilligt, vgl. dazu die Beispiele bei *Gamillscheg*, Kollekt. ArbR I, S. 281.

[663] Als Beispiel kann hier auch der von den Gerichten ausgetragene Konkurrenzkampf zwischen der ehemaligen Gewerkschaft ÖTV und der damals noch nicht dem DGB beigetretenen Gewerkschaft der Polizei angeführt werden, vgl. BAGE 21, 201 ff.; BGHZ 42, 210 ff.

[664] BAG AP Nr. 1 zu § 1 TVG Verhandlungspflicht, Bl. 3; *Böttcher*, Anm. BAG SAE 1964, 94, (99); *Däubler*, Tarifvertragsrecht, Rn. 108; *Galperin*, ArbuR 1965, 1 (5 f.); *Konzen*, Anm. zu BAG EzA Art. 9 GG Nr. 33, S. 261 (262a); *Reichel*, ArbuR 1960, 266 (267); *Zacher*, Festschr. Fröhler, S. 509 (517).

– an einem rechtmäßigen Arbeitskampf zur Erzwingung von Tarifgesprächen gehindert sind, da die Tarifzuständigkeit als Wirksamkeitsvoraussetzung eines Tarifvertrages den Bereich umschreibt, innerhalb dessen die Koalitionen Tarifverträge abschließen und Arbeitskämpfe führen können.[665]

Bedenken gegen einen Ausschluß einzelner Koalitionen als mögliche Vertragspartner ergeben sich allein aus koalitionsverfassungsrechtlicher Hinsicht. Es liegt auf der Hand, daß sowohl die Bestands- als auch die Betätigungsfreiheit der abgewiesenen Berufsverbände betroffen ist, wenn ihnen Verhandlungen verweigert werden und sie möglicherweise sogar daran gehindert sind, diese unter Einsatz des Arbeitskampfes zu erzwingen. Außerdem begründet eine in der Satzung getroffene Auswahl potentieller Tarifpartner eine Benachteiligung der abgelehnten Verbände gegenüber den als Verhandlungspartnern anerkannten Koalitionen. Die satzungsmäßige Festschreibung eines bestimmten Kreises potentieller Verhandlungspartner ist also daran zu messen, ob sie das Bestands- und Betätigungsrecht der abgelehnten Koalitionen verletzt. Außerdem hängt ihre Zulässigkeit davon ab, ob den Berufsverbänden eine Pflicht zur Gleichbehandlung der gegnerischen Koalitionen erwächst.

a)   Pflicht zur Gleichbehandlung gegnerischer Koalitionen

Die Unzulässigkeit einer statutarischen Ausgrenzung bestimmter gegnerischer Koalitionen von Tarifgesprächen könnte sich aus Art. 3 I GG herleiten, wenn die Koalitionen untereinander zur Gleichbehandlung verpflichtet wären. Dies könnte zunächst dann zu bejahen sein, wenn Art. 3 I GG unmittelbare Wirkung zwischen den Tarifparteien entfaltet.[666] Art. 1 III GG benennt nur Träger öffentlicher Gewalt als Grundrechtsadressaten, so daß dem Wortlaut des Grundgesetzes nach eine unmittelbare Bindung privater Rechtssubjekte an Grundrechte ausscheidet. Dafür spricht auch der geschichtliche Ursprung der Grundrechte, die vornehmlich als Abwehrrechte gegen den Staat erfochten und konzipiert worden sind. Auch wenn die Grundrechte in ihren Funktionen als objektive

---

[665] Allg. Meinung, vgl. BAG AP Nr. 3 zu § 2 TVG Tarifzuständigkeit, Bl. 3R; LAG Hamm DB 1991, 1126; *Buchner*, ZfA 1995, 95 (106, 120); *Hanau/Kania*, Festschr. Däubler, S. 437 (437 f.); *Koberski/Clasen/Menzel*, § 2 TVG Rn. 93; MünchArbR/*Otto*, § 285 Rn. 48; *Oetker*, in: Wiedemann, § 2 TVG Rn. 83; *Rüthers*, in: Brox/Rüthers, Arbeitskampfrecht, Rn. 135; *Söllner*, Grundriß des Arbeitsrechts, § 16 I 2.

[666] Einen Verhandlungsanpruch aus dem Gleichbehandlungsgrundsatz bejaht *Stecher*, Verhandlungsanspruch, S. 62 f., 76 f.

Wertentscheidungen der Verfassung, als Teilhaberechte, Leistungsansprüche oder als Grundlage einer staatlichen Schutzpflicht angesprochen sind, richten sie sich immer an die staatliche Gewalt und vermögen daher ebenfalls keine unmittelbare Grundrechtsbindung privater Rechtssubjekte plausibel zu machen. In die gleiche Richtung weist die systematische Auslegung der Verfassung. Da ausschließlich in Art. 9 III 2 GG eine unmittelbare Drittwirkung des Grundrechts angeordnet wird, folgt daraus im Umkehrschluß, daß die Grundrechte ansonsten ausschließlich gegen den Staat gerichtet sind. Eine Erstreckung der Grundrechtsbindung auf Private würde zudem dem Sinn und Zweck der Grundrechte zuwiderlaufen. Die grundrechtlich gesicherte Freiheit der Bürger besteht im Grundsatz gerade darin, nicht selbst an die Grundrechte gebunden zu sein. Diese selbstverantwortliche Freiheit würde weitgehend beschränkt, wenn auch Private an Grundrechte gebunden wären.[667] Eine unmittelbare Drittwirkung der Grundrechte muß daher abgelehnt werden.[668] Sie kann in bezug auf Gewerkschaften und Arbeitgeberverbände auch nicht unter dem Gesichtspunkt einer überlegenen sozialen Machtstellung befürwortet werden, die zum Schutz des Einzelnen eine Grundrechtsbindung der Koalition notwendig machen.[669] Dieses Argument kann allenfalls im Verhältnis der normsetzungsbegabten Koalition zu den tarifunterworfenen Arbeitgebern und Arbeitnehmern berücksichtigt werden, wenngleich auch in diesem Bereich unverkennbar eine Tendenz zur Abkehr von der unmittelbaren Grundrechtswirkung besteht.[670] Das Verhältnis der Koalitionen zueinander ist jedoch entsprechend dem Grundsatz abstrakt-materieller Parität durch Gleichberechtigung und Gleichgewichtigkeit gekennzeichnet. In dieser Beziehung besteht weder ein staatsähnliches Herrschaftsgefüge noch ein tatsächliches Machtgefälle.[671] Dem Gleichheitssatz des Art. 3 I GG kommt also keine unmit-

---

[667] Vgl. zum ganzen *Dürig*, in Maunz/Dürig, Komm. z. GG., Art. 1 Rn. 130; *Hesse*, Grundzüge des Verfassungsrechts, Rn. 354; *Jarass/Pieroth*, Art. 1 GG Rn. 27 f.
[668] Im Ergebnis so auch BVerfGE 73, 261 (269); 81, 242 (255); 89, 214 (232 ff.); *Canaris*, AcP 184 (1984), 201 (203 ff.); *Stern*, Staatsrecht, Band III/1, § 76 IV 8 c. Das BAG hat früher eine unmittelbare Drittwirkung angenommen, vgl. BAG AP Nr. 4 zu Art. 3 GG, Bl. 2R; AP Nr. 16 zu Art. 3 GG, Bl. 5 ff.; anders nunmehr BAG NZA 1998, 715 (716); BAG NZA 1998, 716 (718 f.). Gelegentlich ist auch der BGH von einer unmittelbaren Grundrechtsbindung Privater ausgegangen, vgl. BGHZ 13, 334 (338); 33, 145 (149 f.); 38, 317 (319 f.).
[669] So *Gamillscheg*, AcP 164 (1964), 385 (407 ff.); *Nipperdey*, in: Bettermann/Nipperdey, Grundrechte IV/2, S. 741 (753 f.).
[670] Vgl. dazu *Wiedemann*, in: Wiedemann, TVG, Einleitung, Rn. 204 m.w.N.
[671] *Hottgenroth*, Verhandlungspflicht, S. 136; allgemein für Privatrechtssubjekte *Canaris*, AcP 184 (1984), 201 (205 f.); *Stern*, Staatsrecht, Band III/1, § 76 IV 8 c.

telbare Geltung zwischen den Tarifparteien zu.[672] Eine Pflicht zur Gleichbehandlung der gegnerischen Koalitionen könnte sich daneben auch aus einer mittelbaren Drittwirkung des Art. 3 I GG ergeben. Art. 3 I GG erlangt in diesem Fall aber nur über die Generalklauseln, insbesondere die §§ 242, 826 BGB Bedeutung und kann daher auch nur unter den zusätzlichen Voraussetzungen der Normen Wirkung entfalten. Eine generelle Aussage über die Zulässigkeit oben beschriebener Tarifzuständigkeitsregelung läßt sich auf diese Weise aber nicht gewinnen. Die statutarisch festgelegte Eingrenzung der möglichen Tarifpartner kann mithin nicht aufgrund einer generellen Gleichbehandlungspflicht der Koalitionen untereinander verworfen werden.

b) Verhandlungspflicht der Tarifparteien

Wird die Tarifzuständigkeit auf bestimmte Verhandlungspartner beschränkt, sollen die übrigen Koalitionen dauerhaft schon keinen Zugang zu Tarifgesprächen erhalten. Darin könnte eine Verletzung der positiven Koalitionsfreiheit liegen, wenn jeder tariffähige und tarifzuständige Berufsverband gegenüber dem Sozialpartner einen Anspruch auf Tarifvertragsverhandlungen hat.[673] Sollte den Tarifparteien ein derartiger unbedingter Verhandlungsanspruch zustehen, wäre eine Beschränkung der Tarifzuständigkeit auf bestimmte Verhandlungspartner als Umgehung dieses Anspruches unzulässig. Im folgenden ist deshalb zu untersuchen, ob und inwieweit die Tarifparteien gegenseitig einer Verhandlungspflicht unterliegen.

Im vorliegenden Zusammenhang kommt es darauf an, ob unabhängig vom Willen der Tarifparteien eine generelle Verhandlungspflicht besteht. Das geltende

---

[672] Etwas anderes gilt auch dann nicht, wenn der Staat als Tarifvertragspartei auftritt, da er insoweit nicht unmittelbar zur Erfüllung öffentlicher Aufgaben tätig wird, sondern vielmehr ein privatrechtliches Hilfsgeschäft abschließt. In diesem Fall unterliegt er keiner unmittelbaren Grundrechtsgeltung, vgl. *Dürig*, in: Maunz/Dürig, Komm. z. GG., Art. 1 Rn. 135; anders *Gamillscheg*, Kollekt. ArbR I, S. 281 f.; *Hesse*, Grundzüge des Verfassungsrechts, Rn. 348; *Hottgenroth*, Verhandlungspflicht, S. 132 ff.

[673] Einen Verhandlungsanspruch bejahen *Gamillscheg*, Kollekt. ArbR I, S. 276 f.; *Hottgenroth*, Verhandlungspflicht, S. 17 ff.; *Löwisch*, ZfA 1971, 319 (339); *Mayer-Maly*, RdA 1966, 201 (205 f.); *Seiter*, Festschr. Juristische Gesellschaft, S. 729 ff.; *Stecher*, Verhandlungsanspruch, S. 62 f., 76 f.; *Wiedemann*, in: Wiedemann TVG § 1 TVG Rn. 182 ff.

Recht sieht keine ausdrückliche Verhandlungspflicht der Tarifparteien vor.[674] Diese kann zwar schuldrechtlich vereinbart werden,[675] hängt damit aber vom Willen der Sozialpartner ab. In besonderen Fällen kann sich eine Verhandlungspflicht auch aus den §§ 242, 826 BGB ergeben. So begründet § 242 BGB eine Verhandlungspflicht, wenn zwischen den Koalitionen durch wiederholten Tarifabschluß[676] eine rechtliche Sonderverbindung entstanden ist. Demgegenüber greift § 826 BGB ein, wenn die verhandlungsabweisende Koalition in ihrem Tarifgebiet über eine Monopolstellung verfügt und die Gegenseite in diskriminierender Weise von Tarifgesprächen ausschließt.[677]

Zur Begründung einer generellen gesetzlichen Verhandlungspflicht der Tarifparteien bleibt damit nur der Rückgriff auf Art. 9 III 1 GG. Dabei ist von dem Grundsatz auszugehen, daß jede Koalition das Recht hat, die Regelung der Arbeits- und Wirtschaftsbedingungen durch Tarifvertrag überhaupt, mit einem bestimmten Partner oder unter bestimmten Bedingungen abzulehnen.[678] Die Funk-

---

[674] Dies gilt auch für die internationalen Verträge soweit sie innerstaatliches Recht geworden sind. Die in diesem Zusammenhang vornehmlich untersuchten Art. 11, 14 EMRK und Teil II Art. 6 ESC gehen zwar auf die kollektive Koalitionsfreiheit ein, ihnen kann aber nicht entnommen werden, daß ein Vertragsstaat verpflichtet ist, ein Recht auf Aufnahme und Führung von Tarifverhandlungen anzuerkennen. Zu den Einzelheiten vgl. *Hottgenroth*, Verhandlungspflicht, S. 137 ff.; im Ergebnis so auch *Mayer-Maly*, Festschr. Molitor, S. 239 (247); *Seiter*, Anm. BAG SAE 1984, 98 (101); *ders.*, Festschr. Juristische Gesellschaft, S. 729 (745 Fn. 47), die Teil II Art. 6 ESC allerdings eine Tendenz zur Anerkennung eines Verhandlungsanspruchs entnehmen.
[675] Vgl. BAGE 54, 191 (199); *Gamillscheg*, Kollekt. ArbR I, S. 278; *Wiedemann*, in: Wiedemann, § 1 TVG Rn. 182.
[676] Vgl. dazu *Arnold*, Tarifrechtliche Dauerrechtsbeziehung, S. 34 ff.; *Mayer-Maly*, Anm. zu BAG AP Nr. 5 zu Art. 9 GG, Bl. 4R (5); *ders.*, RdA 1966, 201 (207); *ders.*, Festschr. Molitor, S. 239 (243); *Seiter*, ZfA 1989, 283 (294 ff.); *Zöllner/Loritz*, Arbeitsrecht, § 33 III 4. Im Ansatz auch *Hottgenroth*, Verhandlungspflicht, S. 170 ff., der jedoch zusätzlich verlangt, daß die verhandlungsunwillige Partei eine Monopolstellung im Tarifgebiet innehat und den Verhandlungsanspruch sodann auf § 242 BGB i.V.m. Art. 3 I GG stützt. Im einzelnen ist hier fraglich, ob zur Begründung der Sonderverbindung zwischen den Tarifparteien eher der Aspekt eines Wiederkehrschuldverhältnisses oder eher der einer „laufenden Geschäftsbeziehung" heranzuziehen ist.
[677] *Hottgenroth*, Verhandlungspflicht, S. 177 ff.
[678] Siehe S. 159. Aus diesem Grund wird überwiegend ein Verhandlungsanspruch der Tarifparteien abgelehnt, vgl. BVerfG AP Nr. 2 zu § 1 TVG Verhandlungspflicht, Bl. 1R; BAG AP Nr. 1 zu § 1 TVG Verhandlungspflicht, Bl. 3; *Konzen*, Anm. zu BAG EzA Art. 9 GG Nr. 33, S. 261 (262a); ähnlich *Coester*, ZfA 1977, 87 (108); *Däubler*, Tarifvertragsrecht, Rn. 108; *Hanau*, ArbuR 1983, 257 (263); *Herschel*, 46. DJT, Bd. II, D 7 (D 17 f.); *Hirschberg*, ZfA 1982, 505 (511 f.); *Müller*, Arbeitskampf und Recht, S. 155 f.; *Waas*, ArbuR 1991, 334 (335).

tionsfähigkeit dieses autonomen Regelungssystems ist von der Verfassung selbst durch das Mittel des Arbeitskampfes abgesichert worden. Der Arbeitskampf als letzte Möglichkeit zur Erzwingung einer tariflichen Einigung entspricht dabei dem Art. 9 III GG zugrunde liegenden Konzept der selbstbestimmten Regelung der Arbeits- und Wirtschaftsbedingungen durch paritätische gesellschaftliche Kräfte. Eine unbedingte Verhandlungspflicht erscheint in diesem System als Fremdkörper. Gerade aus dem beschriebenen Funktionszusammenhang von freien Tarifverhandlungen und Arbeitskampf ergibt sich aber in der Kosequenz, daß eine Verhandlungspflicht in den Fällen notwendig ist, in denen der Arbeitskampf als Sicherung des tariflichen Einigungsprozesses ausfällt und damit kein Mittel zur Erzwingung der tariflichen Einigung zur Verfügung steht. Aus diesem Grund wird überwiegend ein Verhandlungsanspruch bejaht, wenn der Arbeitskampf rechtlich ausgeschlossen ist[679], wie zum Beispiel im Bereich der lebensnotwendigen Daseinsvorsorge.

Daran schließt sich die Frage an, ob eine Verhandlungspflicht auch dann erforderlich ist, wenn ein Arbeitskampf faktisch ausgeschlossen ist, wie dies etwa bei schwachen Koalitionen der Fall ist, die nicht durchsetzungsfähig genug sind, um Verhandlungen erzwingen zu können. Eine ähnliche Situation zeigt sich auf Firmenebene, wenn ein Einzelarbeitgeber sich gegenüber einer Großgewerkschaft behaupten muß.

aa)   Teilnahmeanspruch an Tarifverhandlungen

Einen wichtigen Ansatzpunkt liefert insoweit der von Art. 9 III GG garantierte Koalitionspluralismus. Von Verfassungs wegen kann es durch die Garantie der freien Koalitionsbildung sowie der kollektiven Koalitionsbestandsgarantie zu einer Vielzahl von Vereinigungen auf jeder Seite des Arbeitslebens kommen, die untereinander im Wettbewerb um die Mitglieder stehen. Daraus resultieren die im Rahmen der Koalitionsbestandsgarantie anzusiedelnden Gewährleistungen der freien Koalitionskonkurrenz und der freien Koalitionspluralität.[680] Die Verfassung sichert den Koalitionspluralismus als Möglichkeit[681] und verlangt

---

[679] Vgl. *Birk*, ArbuR 1979, Sonderheft, S. 9 (20); *Coester*, Anm. BAG SAE 1985, 339 (345); *Konzen*, Anm. zu BAG EzA Art. 9 GG Nr. 33, S. 261 (262a, b); *Müller*, RdA 1979, 71 (78 f.); *Ramm*, JZ 1977, 737 (741).
[680] Vgl. *Scholz*, in: Maunz/Dürig, Komm. z. GG., Art. 9 Rn. 253.
[681] *Dütz*, ArbuR 1976, 65 (76); *Konzen*, RdA 1978, 146 (154); *Söllner*, ArbuR 1976, 321 (324); *Zacher*, Festschr. Fröhler, S. 509 (533 f.).

damit, daß allen Koalitionen in gleicher Weise die Möglichkeit gegeben ist, sich zu etablieren und an Einfluß zu gewinnen. Die Garantie des Koalitionspluralismus sichert den Koalitionen deshalb eine reale Erfolgschance.[682] Diese wird kleinen oder neu gegründeten Koalitionen genommen, die sich gegen die Verweigerung von Tarifverhandlungen nicht mit Arbeitskampfmaßnahmen zur Wehr setzen können und sich in der Folge auf Aktivitäten außerhalb der Tarifautonomie beschränken müssen. Da Koalitionen ihre Werbungskraft und gesellschaftliche Bedeutung gerade auch durch die Betätigung im Tarifgeschehen gewinnen, werden ihre Aufstiegs- und Erfolgschancen zunichte gemacht, können sie nicht auf rechtlichem Wege die Teilhabe an Tarifgesprächen durchsetzen. Der Grundsatz des Koalitionspluralismus erfordert deshalb zumindest die Anerkennung eines Anspruchs auf Teilnahme an mit anderen geführten Tarifverhandlungen.[683] Nur so haben alle Koalitionen die reale Erfolgschance, sich neben großen Verbänden zu etablieren und deren Monopolstellung zu durchbrechen. Das hiergegen vorgebrachte Argument der unzumutbaren Erschwerung der Tarifverhandlungen durch die Hinzuziehung einer Vielzahl von Koalitionen[684] ist rechtlich nicht stichhaltig.[685] Selbst wenn der Abschluß von Tarifverträgen verzögert oder erschwert würde, so ist dies als Konsequenz der verfassungsrechtlichen Entscheidung für den Koalitionspluralismus und das Konkurrenzprinzip hinzunehmen. Auch der Parteienpluralismus beispielsweise erschwert die Durchsetzung politischer Ziele in der parlamentarischen Demokratie, dennoch ist er als Grundentscheidung für eine freiheitliche Gesellschaft auch in seinen Nachteilen anzunehmen.[686]

Wird gerade auch unter dem Gesichtspunkt des Koalitionspluralismus ein Teilnahmeanspruch an geführten Verhandlungen gefordert, von dem vor allem kleine und schwache Koalitionen profitieren, wird das von der Rechtsprechung entwickelte und für die Tariffähigkeit maßgebliche Kriterium der sozialen Mächtigkeit in Frage gestellt und mit ihm ordnungspolitische Vorstellungen, die auf

---

[682] *Hottgenroth*, Verhandlungspflicht, S. 81; *Löwisch*, RdA 1975, 53 (56); *Zöllner*, Anm. BAG SAE 1969, 137 (140); ähnlich *Mayer-Maly*, RdA 1966, 201 (206).
[683] Vgl. *Hottgenroth*, Verhandlungspflicht, S. 87; *Mayer-Maly*, RdA 1966, 201 (206); *Stecher*, Verhandlungsanspruch, S. 70 ff.; auch *Rüthers*, in: Brox/Rüthers, Arbeitskampfrecht, Rn. 201 Fn. 271; *Zacher*, Festschr. Fröhler, S. 509 (517 f.; 533 f.), weisen auf die Gefahr für den Kolitonspluralismus durch die Zurückweisung der kleinen Koalitionen hin.
[684] So BAGE 14, 282 (290)
[685] Im Ergebnis so auch *Mayer-Maly*, RdA 1966, 201 (203 f.).
[686] Vgl. *Mayer-Maly*, RdA 1966, 201 (206).

eine breitflächige Regelung der Arbeits- und Wirtschaftsbedingungen durch mächtige (Monopol-)Verbände zielen.[687] Diese ordnungspolitischen Vorstellungen haben sich jedoch aus verfassungsrechtlicher Sicht als nicht tragfähig erwiesen[688] und können daher auch bei der Frage nach der Verhandlungspflicht eine Schwächung des Grundsatzes der Koalitionspluralität und eine Begünstigung mächtiger Koalitionen nicht rechtfertigen. Die Koalitionen können deshalb nicht darauf verwiesen werden, selbst für ihre Durchsetzungsfähigkeit und damit die Möglichkeit zu sorgen, den sozialen Gegenspieler durch Druck zu Verhandlungen bewegen zu können.[689] Mit Blick auf die Gewährleistung des Koalitionspluralismus ist deshalb die rechtliche Anerkennung eines Anspruches kleiner und schwacher Verbände auf die Teilnahme an geführten Tarifverhandlungen erforderlich.

bb) Verhandlungspflicht bei Firmentarifverträgen

Ein Machtungleichgewicht, das einen Arbeitskampf zur Durchsetzung von Verhandlungen faktisch kaum zuläßt, zeigt sich auch auf Firmenebene. Man denke an ein sanierungsbedürftiges Unternehmen, das eine Neuregelung der übertariflichen Leistungen im Wege eines Firmentarifvertrages erreichen will, die (Groß-)Gewerkschaft sich aber verhandlungsunwillig zeigt. Da der Einzelarbeitgeber im Arbeitskampf in der Regel ein geringeres Durchhaltevermögen haben wird als die (Groß-)Gewerkschaft, besteht faktisch für ihn kaum die Chance, Verhandlungen zu erzwingen. Abgesehen davon würde die Ablehnung einer Verhandlungspflicht für den Arbeitgeber im Regelfall die sofortige Verweisung auf die Angriffsaussperrung bedeuten.[690] Da die Zulässigkeit einer Angriffsaussperrung auf seltene Ausnahmefälle zu beschränken ist,[691] kann der Arbeitgeberseite nicht die Befugnis eingeräumt werden, eine Angriffsaussperrung lediglich zur Erzielung von Tarifgesprächen zu führen.[692] Bei gleichzeitiger Ablehnung

---

[687] BAG AP Nr. 52 zu Art. 9 GG, Bl. 4R; in diesem Sinne auch *Däubler*, Ideal, S. 54; *Müller*, Arbeitskampf und Recht, S. 155 f.
[688] Vgl. S. 63 ff.
[689] So *Müller*, Arbeitskampf und Recht, S. 156 f.; ähnlich *Scholz*, in: Maunz/Dürig, Komm. z. GG., Art. 9 Rn. 253.
[690] Vgl. *Hottgenroth*, Verhandlungspflicht, S. 167 f.; *Seiter*, Festschr. Juristische Gesellschaft, S. 729 (743).
[691] Vgl. *Rüthers*, in: Brox/Rüthers, Arbeitskampfrecht, Rn. 187; *Müller*, Arbeitskampf und Recht, S. 125-127; *Seiter*, RdA 1981, 65 (92).
[692] *Hottgenroth*, Verhandlungspflicht, S. 168; anders *Rüthers*, in: Brox/Rüthers, Arbeitskampfrecht, Rn. 136.

einer Verhandlungspflicht wäre dies wegen der Garantie wirksamer Koalitionszweckverfolgung aber erforderlich. Aus diesem Grund macht auch die Einschränkung der Angriffsaussperrung die Anerkennung eines Verhandlungsanspruchs auf Firmenebene notwendig.[693]

In vergleichbarer Weise kann sich auch für den Arbeitgeberverband das Bedürfnis nach einem Verhandlungsanspruch einstellen,[694] beispielsweise wenn eine Gewerkschaft unter Umgehung des gegnerischen Verbandes versucht, mit einzelnen Firmen inhaltsgleiche Tarifverträge abzuschließen, weil sie damit rechnet, daß der Arbeitgeberverband der angestrebten Regelung Widerstand entgegensetzen würde.[695] Möchte der Arbeitgeberverband die Regelung selbst mit der Gewerkschaft treffen, verweigert die Gewerkschaft jedoch die Verhandlungen mit dem Arbeitgeberverband, wäre dieser ohne Verhandlungsanspruch auf den Weg der Angriffsaussperrung verwiesen. Auch für den Arbeitgeberverband erweist sich damit aufgrund der nur sehr eingeschränkt zulässigen Angriffsaussperrung ein Verhandlungsanspruch als erforderlich, wenn eine Gewerkschaft unter Umgehung des Arbeitgeberverbandes auf Firmenebene angreift.

cc) *Genereller Verhandlungsanspruch der Tarifparteien*

Mit den bisherigen Ausführungen wurde immer nur eine Verhandlungspflicht in besonderen Situationen hergeleitet, in denen der Arbeitskampf als Mittel zur Erzwingung von Tarifgesprächen versagt. Damit allein läßt sich aber noch keine allgemeingültige Aussage über die Zulässigkeit einer Beschränkung der Tarifzuständigkeit auf bestimmte Vertragspartner gewinnen. Die Ausgrenzung einzelner Sozialpartner aus der Tarifzuständigkeit kann erst dann als generell unzulässig verworfen werden, wenn den Tarifparteien ein unbedingter Verhandlungsanspruch zusteht.

Zur Begründung einer unbegrenzten Verhandlungspflicht werden neben der Koalitionszweckverfolgungsgarantie vor allem tarifrechtliche und arbeitskampfrechtliche Merkmale wie die Tarifwilligkeit, der ultima-ratio-Grundsatz oder die Schlichtungspflicht angeführt. Neben der materiellrechtlichen Herleitung der

---

[693] So auch BAG AP Nr. 1 zu § 1 TVG Kündigung, Bl. 6R; im Bezug auf eine Verhandlungspflicht vor Ausspruch der außerordentlichen Kündigung eines Firmentarifvertrages.
[694] Vgl. *Hottgenroth*, Verhandlungspflicht, S. 14 ff.; *Mayer-Maly*, RdA 1966, 201; *Seiter*, Festschr. Juristische Gesellschaft, S. 729 (734).
[695] Fallbeispiel nach ArbG Düsseldorf DB 1965, 935.

Verhandlungspflicht darf auch die Frage ihrer praktischen Umsetzung und Durchsetzbarkeit nicht außer Betracht bleiben.

aaa) Koalitionszweckverfolgungsgarantie

Ein Verhandlungsanspruch der Tarifparteien kann im Wege funktionaler Grundrechtsauslegung installiert werden, wenn seine Anerkennung trotz bestehender Arbeitskampfmöglichkeit unter dem Blickwinkel der wirksamen Koalitionszweckverfolgung geboten ist.

Die Koalitionsfreiheit ist den Berufsverbänden funktionsgebunden zur Befriedung sozialer Konflikte zwischen Arbeitgeber- und Arbeitnehmerseite und zur Ordnung der Arbeits- und Wirtschaftsbedingungen durch handhabbare Normen gewährleistet. Mit diesem Ordnungsauftrag kann für die Koalitionen allerdings nur dann eine Verhandlungspflicht verbunden sein, wenn die Funktionsgebundenheit der Koalitionsfreiheit auch eine Verpflichtung der Sozialpartner begründet, überhaupt im Hinblick auf die Erfüllung des Koalitionszwecks tätig zu werden. Denn grundsätzlich gilt es zu unterscheiden zwischen der Verpflichtung, eine Aufgabe zu erfüllen, und der Verpflichtung, bei tatsächlicher Befassung mit einer Aufgabe besondere Bindungen zu beachten.[696] Fraglich ist also, ob die den Koalitionen in Art. 9 III 1 GG zugewiesene Aufgabe zur Ordnung des Arbeitslebens eine entsprechende Pflicht zum gemeinsamen ordnenden Tätigwerden nach sich zieht.

Eine Rechtspflicht der Koalitionen, zur Erfüllung des Koalitionszweckes tätig zu werden, besteht jedenfalls nicht.[697] Denn grundsätzlich kann es keine Pflicht zur Ausübung der Grundrechte geben. Dies ergibt sich allgemein und gerade auch für Art. 9 III GG schon daraus, daß die Nichtwahrnehmung grundrechtlicher Freiheit in den sachlichen Schutzbereich des Grundrechts einbezogen ist.[698] Nur im Einzelfall kann sich aus der Grundrechtsbindung der Tarifvertragsparteien eine tarifliche Regelungspflicht ergeben, etwa eine Pflicht zur Beseitigung gleichheitswidriger Zustände.[699] Allerdings kennt das Grundgesetz mit dem

---

[696] *Coester*, ZfA 1977, 87 (95); *ders.*, Vorrangprinzip des Tarifvertrages, S. 69-72.
[697] So im Ergebnis BAG AP Nr. 136 zu Art. 3 GG; *Baumann*, RdA 1994, 272 (276); *Dieterich*, Festschr. Schaub, S. 117 (130 f.); *Gamillscheg*, Kollekt. ArbR I, S. 294; *Säcker/ Oetker*, Grundlagen und Grenzen der Tarifautonomie, S. 93 ff.; *Schwarze*, Betriebsrat, S. 203 ff.
[698] Vgl. dazu S. 23 f.
[699] Vgl. zum Ganzen *Baumann*, RdA 1994, 272 (276 f.).

Elternrecht des Art. 6 II GG auch sog. „Pflichtrechte", die zum Zwecke der Erfüllung einer bestimmten Aufgabe eingeräumt werden.[700] Auch den Koalitionen ist mit der Ordnung des Arbeitslebens eine bestimmte Aufgabe zugewiesen und zu diesem Zweck ist ihnen die Normsetzungskompetenz übertragen. Die Unterschiede zum Elternrecht sind jedoch deutlich sichtbar: Art. 6 II GG spricht ausdrücklich von einer „Pflicht" und mit dieser Pflicht korrespondiert eine staatliche Aufsicht (Art. 6 III 2 GG). Beides trifft auf Art. 9 III GG nicht zu. Eine Regelungspflicht der Koalitionen ist nur sinnvoll, wenn sie auch erzwingbar ist.[701] Dazu müßte der Staat die Koalitionen im Fall ausbleibender, aber erforderlicher Regelungstätigkeit mit Zwangsmitteln zum tariflichen Handeln bewegen. Es müßte also eine ständige staatliche Überwachung stattfinden, die auch über die inhaltliche Frage der Regelungsnotwendigkeit zu entscheiden hätte. Staatliche Zwangsschlichtung wäre die letzte Konsequenz. Dies alles ist mit dem Grundgedanken einer staatsfreien autonomen Ordnung der Arbeitsbedingungen durch die Koalitionen, wie er Art. 9 III GG zugrunde liegt, nicht vereinbar.[702] Ein Versagen der Tarifparteien kann allein durch regelndes Eingreifen des Gesetzgebers behoben werden.[703] Dieser Aspekt macht zugleich deutlich, daß keine Alleinzuständigkeit der Tarifparteien zur Ordnung des Arbeitslebens besteht; nach Art. 74 Nr. 12 GG sind der Gesetzgeber ebenso wie die Betriebspartner zur Regelung der Arbeitsbedingungen berufen. Allenfalls eine Alleinzuständigkeit der Tarifparteien zur Ordnung des Arbeitslebens könnte jedoch Grundlage einer Regelungspflicht der Sozialpartner sein.[704] Eine einklagbare rechtliche Ordnungspflicht der Koalitionen, die Basis für eine Verhandlungspflicht sein könnte, besteht also nicht.

Eine unbegrenzte Verhandlungspflicht läßt sich letztlich auch nicht durch die Annahme einer gesellschaftlichen Regelungsverpflichtung der Koalitionen als Kehrseite der ihnen gewährten Autonomie begründen.[705] Zwar ist der Gedanke einer Verknüpfung von Tarifautonomie mit tariflicher Regelungsverantwortung

---

[700] *Coester-Waltjen*, in: v. Münch, Art. 6 GG Rn. 77.
[701] *Baumann*, RdA 1994, 272 (278) bejaht die Möglichkeit der Arbeitsgerichte, den Koalitionen eine Frist zur tarifvertraglichen (Neu-)Regelung zu setzen.
[702] MünchArbR-*Löwisch/Rieble*, § 246 Rn. 98 ff.; *Schwarze* Betriebsrat, S. 205.
[703] *Dieterich*, Festschr. Schaub, S. 117 (131); *Säcker/Oetker*, Grundlagen und Grenzen der Tarifautonomie, S. 95; *Schwarze*, Betriebsrat, S. 206.
[704] *Säcker/Oetker*, Grundlagen und Grenzen der Tarifautonomie, S. 94 f.
[705] In diesem Sinne *Gamillscheg*, Kollekt. ArbR I, S. 293 f.; *Hottgenroth*, Verhandlungspflicht, S. 98 ff., 119; MünchArbR-*Löwisch/Rieble*, § 258 Rn. 9; *Preis*, ZfA 1972, 271 (294); *Scholz*, Koalitionsfreiheit, S. 185.

nicht von der Hand zu weisen, da Rechtsgewährung und soziale Pflichtigkeit in der Rechtsordnung häufig einhergehen.[706] Auch das Sozialstaatsgebot wendet sich jedenfalls sekundär an die gesellschaftlichen Mächte.[707] Überdies spricht auch der öffentliche Status,[708] in den die Koalitionen aufgrund ihrer Mitwirkungsbefugnisse an staatlichen Entscheidungen und ihren durch die Tarifverträge vermittelten Einfluß auf das gesamtwirtschaftliche und soziale Gefüge[709] hineingewachsen sind, für eine gesellschaftliche Regelungsveranwortlichkeit.[710] Aus dieser sozialen Verantwortung läßt sich jedoch keine unbedingte Verhandlungspflicht der Tarifparteien herleiten. Der Begriff der gesellschaftlichen Regelungsverantwortung ist zu allgemein und unbestimmt, um konkrete Verhaltenspflichten daraus abzuleiten. Verläßliche Maßstäbe für die Beurteilung, ob eine Handlungsweise der Koalitionen der sozialen Regelungsverantwortung entspricht oder nicht, sind nicht erkennbar. Der Schluß von einer gegenüber der Allgemeinheit bestehenden Verantwortung auf eine gegenüber jedem Sozialpartner bestehende Verhandlungspflicht ist deshalb keineswegs zwingend.

---

[706] *Fechner*, Rechtsstaatlichkeit und Sozialstaatlichkeit, S. 73 ff.; *Herschel*, 46. DJT, Bd. II, D 7 (D 17); *Preis*, ZfA 1972, 271 (294); *Scholz*, Koalitionsfreiheit, S. 185.
[707] Vgl. *Hesse*, Grundzüge des Verfassungsrechts, Rn. 213; *Preis*, ZfA 1972, 271 (294); *Ridder*, Stellung der Gewerkschaften im Sozialstaat, S. 8 f., 11.
[708] Vgl. *Hottgenroth*, Verhandlungspflicht, S. 117; *Kemper*, Schutzbereich, S. 9 f.; *Lerche*, Zentralfragen, S. 28 f.; *W. Martens*, Rechtsbegriff, S. 165 f.; *Nipperdey/Säcker*, AR-Blattei [D], Berufsverbände I, E IV 1 a; *Ossenbühl*, NJW 1965, 1561 (1562 f.); *Ridder*, Stellung der Gewerkschaften im Sozialstaat, S. 3; *Scheffler*, NJW 1965, 849 (850 f.); *Scholz*, in: Maunz/Dürig, Komm. z. GG., Art. 9 Rn. 15. Dieser Öffentlichkeitsstatus der Koalitionen ist ein soziologischer Befund, der nicht mit einer öffentlich-rechtlichen Eingliederung in hoheitliche Strukturen verbunden ist. Dies wäre mit dem grundrechtlichen Charakter der Koalitionsfreiheit unvereinbar, vgl. *Hottgenroth*, Verhandlungspflicht, S. 117 f.; *Kemper*, Schutzbereich, S. 10; *W. Martens*, Rechtsbegriff, S. 165 f.; *Scheuner*, Rolle der Sozialpartner, S. 27; *Säcker*, Gruppenautonomie, S. 240; anders lediglich *Scheffler*, NJW 1965, 849 (851); *Siegfried*, NJW 1957, 738 (740).
[709] Vgl. S. 41 f.
[710] Vgl. *Gamillscheg*, Kollekt. ArbR I, S. 293 f.; *Hottgenroth*, Verhandlungspflicht, S. 119; MünchArbR-*Löwisch/Rieble*, § 258 Rn. 10 f.; *Säcker/Oetker*, Grundlagen und Grenzen der Tarifautonomie, S. 93 f.; *Schwarze*, Betriebsrat, S. 203 ff. Im Ergebnis auch *Bulla*, Festschr. Nipperdey II, S. 79 (89 ff.), *Stecher*, Verhandlungsanspruch, S. 53 ff., die allerdings nicht auf den öffentlichen Status der Koalitionen abheben, sondern auf die als Rechtsprinzip verstandene soziale Selbstverwaltung, die ihre Grundlage im Sozialstaatsprinzip finden soll. Das Sozialstaatsprinzip vermag jedoch nur inhaltliche Vorgaben für staatliches Wirken in Richtung auf die Schaffung einer gerechten Sozialordnung zu liefern, ist aber außerstande, neue Kompetenzen zu begründen oder bestehende Kompetenzen abzuändern; vgl. *Gießen*, Gewerkschaften, S. 121; *Hottgenroth*, Verhandlungspflicht, S. 113; *Scholz*, Koalitionsfreiheit, S. 184, 187.

Außerdem impliziert die von der Verfassung vorgegebene Konzeption der Tarifautonomie gerade die Möglichkeit der Tarifparteien, die Aufnahme von Tarifgesprächen zu verweigern. Der Gesetzgeber hat diese Situation einkalkuliert und mit dem Arbeitskampf und – im Fall des verhandlungsunwilligen Arbeitgeberverbandes - mit der Tariffähigkeit des Einzelarbeitgebers Auffangmöglichkeiten zur Sicherung des tariflichen Einigungsprozesses geschaffen. Solange diese Sicherungsmechanismen greifen, machen die Koalitionen also in systemkonformer Weise Gebrauch von ihrem Recht, Tarifverhandlungen abzulehnen. Unter dem Blickwinkel einer effektiven Koalitonszweckverfolgung kann damit eine generelle Verhandlungspflicht nicht als erforderlich angesehen werden.

bbb) Tarif- und arbeitskampfrechtliche Begründungsansätze

Auch wenn von einer tariffähigen Koalition erwartet wird, daß sie den Zweck verfolgt, Tarifverträge abzuschließen,[711] können aus dem Merkmal der Tarifwilligkeit keine Rückschlüsse auf einen Verhandlungsanspruch der Tarifparteien gezogen werden. Zwar wird die Tarifwilligkeit teilweise so ausgelegt, daß sie von den Koalitionen auch die Bereitschaft verlangt, mit jedem einzelnen potentiellen Vertragspartner in Verhandlungen zu treten.[712] Dem kann jedoch nicht zugestimmt werden. Das Vorliegen der Tarifwilligkeit besagt nur, daß es sich eine Koalition überhaupt zur Aufgabe gemacht hat, Tarifverträge für ihre Mitglieder abzuschließen. Dementsprechend kann die Tarifwilligkeit auch nur als generelle Bereitschaft zu Tarifverhandlungen gedeutet werden, nicht hingegen als Verhandlungsbereitschaft im konkreten Einzelfall.[713] Letzteres wäre aber für die Herleitung einer Verhandlungspflicht aus dem Begriff der Tarifwilligkeit erforderlich.

Auch aus dem ultima-ratio-Prinzip kann eine unbedingte Verhandlungspflicht der Tarifpartner nicht hergeleitet werden. Nach diesem ganz überwiegend aner-

---

[711] BAG AP Nr. 32 zu § 2 TVG, Bl. 2; AP Nr. 34 zu § 2 TVG, Bl. 3R; *Kempen/Zachert*, § 2 TVG Rn. 17, 79; *Koberski/Clasen/Menzel*, § 2 TVG Rn. 53; *Oetker*, in: Wiedemann, § 2 TVG Rn. 292; *Löwisch/Rieble*, § 2 TVG Rn. 32; *Richardi*, Kollektivgewalt, S. 153 ff.
[712] *Mayer-Maly*, RdA 1966, 201 (205); *Müller*, RdA 1979, 71 (78) für den Bereich des Kirchenrechts; *Stecher*, Verhandlungsanspruch, S. 90 f.; *Wiedemann*, in: Wiedemann, § 1 TVG Rn. 186; *Wiedemann/Thüsing*, RdA 1995, 280 (286).
[713] Vgl. *Kempen/Zachert*, § 2 TVG Rn. 17; *Hottgenroth*, Verhandlungspflicht, S. 146.

kannten arbeitskampfrechtlichen Grundsatz[714] dürfen Arbeitskampfmaßnahmen erst nach Ausschöpfung aller Verständigungsmöglichkeiten ergriffen werden.[715] Der Arbeitskampf muß also das letzte mögliche Mittel sein.[716] Unabhängig von der konkreten inhaltlichen Ausformung des ultima-ratio-Prinzips kann aus dem Gebot zur Ausschöpfung aller Verhandlungsmöglichkeiten allein nicht das Bestehen einer Verhandlungspflicht abgeleitet werden.[717] Denn dieses Gebot besagt nur, daß eine Koalition zur Vermeidung nicht erforderlicher Kampfmaß-

---

[714] BAG AP Nr. 1 (Bl. 4R); Nr. 34 (Bl. 4); Nr. 43 (Bl. 6R); Nr. 64 (Bl. 4) zu Art. 9 GG Arbeitskampf; AP Nr. 1 zu § 1 TVG Verhandlungspflicht, Bl. 2; *Hueck/Nipperdey*, Lehrbuch des Arbeitsrechts II/2, § 49 B II 7, S. 1022 ff.; *Löwisch*, ZfA 1985, 53 (59 ff.); *Müller*, Arbeitskampf und Recht, S. 223 ff.; MünchArbR/*Otto*, § 285 Rn. 96; *Rüthers*, Gedächtnisschr. Dietz, S. 299 (307 f.); *Zöllner/Loritz*, Arbeitsrecht, § 40 VI 4.

[715] Nur selten wird die Anwendbarkeit des ultima-ratio-Prinzips sowie des Verhältnismäßigkeitsgrundsatzes im Arbeitskampfrecht verneint, vgl. *Bieback*, in: Däubler, Arbeitskampfrecht, Rn. 343 ff.; *Bobke*, BB 1982, 865 (868 f.); *Kittner*, in: AK-GG, Art. 9 III Rn. 66; *Schumann*, in: Däubler, Arbeitskampfrecht, Rn. 199 ff.; *Wohlgemuth*, ArbuR 1982, 201 (205 f.). Als Argument wird vornehmlich auf die Arbeitskampffreiheit verwiesen, die durch das ultima-ratio-Prinzip übermäßig eingeschränkt werde. Dieser Einwand verkennt jedoch die funktionsgebundene Gewährleistung des Arbeitskampfes. Der Arkeitskampf ist nur soweit verfassungsrechtlich geschützt, als er für die Funktionsfähigkeit der Tarifautonomie erforderlich ist, also nur, wenn Verhandlungen und sonstige Lösungsmöglichkeiten gescheitert sind. in diesem Sinne ist das ultima-ratio-Prinzip Ausdruck der funktionalen Beschränkung der Arbeitskampffreiheit. Nicht tragfähig ist auch der Hinweis auf den öffentlichrechtlichen Charakter des Verhältnismäßigkeitsgrundsatzes, der auf das privatrechtliche Phänomen des Arbeitskampfes keine Anwendung finden könne, vgl. *Bobke*, BB 1982, 865 (868). Denn der Arbeitskampf hat ebenso wie die ihn legitimierende Tarifautonomie einen ihn maßgeblich prägenden öffentlichen Bezug und kann daher nicht allein als privatrechtliches Geschehen eingestuft werden, *Hottgenroth*, Verhandlungspflicht, S. 161; *Müller*, Arbeitskampf und Recht, S. 218. Im übrigen hat sich der Verhältnismäßigkeitsgrundsatz als übergeordnetes Prinzip im öffentlichen wie im gesamten Privatrecht durchgesetzt, vgl. BAG AP Nr. 64 zu Art. 9 GG Arbeitskampf Bl. 14; *Hanau*, DB 1982, 377; *Larenz/Canaris*, Methodenlehre, S. 308 ff. Da Arbeitskämpfe notwendig in Rechte Dritter und der Allgemeinheit eingreifen und dies durch die Rechtsordnung geduldet wird, ist die Anwendung des Verhältnismäßigkeitsgebots zur Eingrenzung dieser Schäden sachlich gerechtfertigt, auch wenn dieser Grundsatz vom Ursprung her eine Schranke für freiheitsbegrenzende Eingriffe in Grundrechte, nicht aber eine Schranke grundrechtlicher Freiheitsausübung darstellt, vgl. *Hottgenroth*, Verhandlungspflicht, S. 161; *Mayer-Maly*, ZfA 1980, 473 (481 f.); *Müller*, Arbeitskampf und Recht, S. 219; anders *Säcker*, GewMH 1972, 287 (297 f.).

[716] BAG AP Nr. 43 zu Art. 9 GG Arbeitskampf, Bl. 6R.

[717] So aber *Gamillscheg*, Kollekt. ArbR I, S. 277; *Löwisch*, ZfA 1971, 319 (339); *Mayer-Maly*, RdA 1966, 201 (206); *Seiter*, Festschr. Juristische Gesellschaft, S. 729 (742); *Stecher*, Verhandlungsanspruch, S. 113; für den Bereich des Kirchenrechts: *Müller*, RdA 1979, 71 (78 f.).

nahmen die ihr offenstehenden real existierenden Möglichkeiten einer friedlichen Einigung wahrnehmen muß, bevor sie einen Arbeitskampf beginnt. Wann derartige Verhandlungsmöglichkeiten bestehen, ist damit jedoch noch nicht festgelegt.[718] Vielmehr setzt die Bejahung einer friedlichen Einigungschance geradezu umgekehrt die Entscheidung über die Existenz eines Verhandlungsanspruchs voraus. Hinzu tritt der Umstand, daß das ultima-ratio-Prinzip sich immer nur auf Arbeitskampfmaßnahmen bezieht, nicht aber auf sonstige, im Vorfeld des Arbeitskampfes liegende Maßnahmen[719] wie die Zurückweisung eines Verhandlungsgesuches. Zwar kann der verhandlungsunwilligen Partei grundsätzlich nicht der Vorwurf erspart werden, die andere Seite zur Einleitung eines Arbeitskampfes zu zwingen, einen Verstoß gegen das ultima-ratio-Gebot begründet dieses Verhalten deshalb jedoch nicht.[720]

Als nicht stichhaltig zur Herleitung einer Verhandlungspflicht erweist sich schließlich auch die häufig aus dem ultima-ratio-Grundsatz abgeleitete Pflicht zur Durchführung eines Schlichtungsverfahrens vor jedem Arbeitskampf.[721] Schlichtungsvereinbarungen knüpfen zwar nicht unbedingt,[722] aber doch regelmäßig an das Scheitern der Tarifverhandlungen als tatbestandliche Voraussetzung an.[723] Dieses Merkmal setzt jedoch nicht unbedingt tatsächlich geführte

---

[718] BAG AP Nr. 1 zu § 1 TVG Verhandlungspflicht, Bl. 2; *Däubler*, Tarifvertragsrecht, Rn. 109; *Hottgenroth*, Verhandlungspflicht, S. 155; *Waas*, ArbuR 1991, 334 (336); *Wiedemann*, Anm. zu BAG AP Nr. 1 zu § 1 TVG Verhandlungspflicht, Bl. 3 R (4R); ähnlich *Rüthers*, in: Brox/Rüthers, Arbeitskampfrecht, Rn. 201.

[719] *Hottgenroth*, Verhandlungspflicht, S. 155; *Waas*, ArbuR 1991, 334 (336 f.). Auch das BAG bezieht das Gebot der ultima ratio ausdrücklich nur auf Arbeitskampfmaßnahmen, vgl. BAG AP Nr. 43 zu Art. 9 GG, Bl. 6R f.; nicht einleuchtend deshalb *Coester*, ZfA 1977, 87 (96).

[720] So aber *Seiter*, Festschr. Juristische Gesellschaft, S. 729 (742), der den ultima-ratio-Grundsatz als Ausdruck der Gesamtverantwortung beider Tarifvertragsparteien für das Allgemeinwohl versteht; vgl. dazu auch *Coester*, ZfA 1977, 87 (96).

[721] Eine generelle Schlichtungspflicht bejahend: BAG AP Nr. 43 zu Art. 9 GG Arbeitskampf, Bl. 6R; *Hueck/Nipperdey*, Lehrbuch des Arbeitsrechts II/2, § 49 B II 7, S. 1023; *Rüthers*, in: Brox/Rüthers, Arbeitskampfrecht, Rn. 164, 202; *Zöllner/Loritz*, Arbeitsrecht, § 40 VI 4 aa) a); einschränkend bzgl. sog. privilegierter Kampfmittel: *Seiter*, Streikrecht und Aussperrungsrecht, S. 518; ablehnend *Hanau*, DB 1982, 377; *Konzen*, AcP 177 (1977), 473 (515); MünchArbR/*Otto*, § 285 Rn. 104; *Picker*, RdA 1982, 331 (349); *Schumann*, in: Däubler, Arbeitskampfrecht, Rn. 204a, 218; die eine Pflicht zur Schlichtung nur befürworten, wenn diese vertraglich vereinbart ist.

[722] Zu abweichenden Gestaltungen vgl. die Beispiele bei *Hottgenroth*, Verhandlungspflicht, S. 152.

[723] Vgl. MünchArbR/*Otto*, § 285 Rn. 102 ff.

Tarifverhandlungen voraus. Denn Tarifverhandlungen können auch dann als gescheitert gelten, wenn dies allein durch Erklärung beider oder nur einer Tarifpartei festgestellt wird.[724] Als Scheitern der Verhandlungen kann es ebenso gelten, wenn eine Partei schriftlich auf Verhandlungen verzichtet[725] oder sich nicht innerhalb einer bestimmten Frist zu Gesprächen bereit findet oder diese gar ausdrücklich ablehnt.[726] Nicht in jedem Fall müssen also tatsächlich Gespräche zwischen den Koalitionen stattgefunden haben, um ein Scheitern der Verhandlungen annehmen und ein Schlichtungsverfahren einleiten zu können. Deshalb kann aus der Pflicht, ein Schlichtungsverfahren durchzuführen, nicht notwendig auf eine im Vorfeld der Schlichtung bestehende Verhandlungspflicht der Tarifparteien geschlossen werden.[727]

ccc) Durchsetzbarkeit der Verhandlungspflicht

Zweifelhaft erscheint nicht zuletzt auch die Durchsetzbarkeit einer Verhandlungspflicht. Ohne innere Verhandlungsbereitschaft und deshalb nur zum Schein geführte Verhandlungen können einem Verhandlungsanspruch nicht genügen,[728] da sie nicht im mindesten die Chancen auf eine schnelle und kampflose Einigung erhöhen und damit weder den Interessen der Sozialpartner noch denen der Allgemeinheit dienen. Ein Verhandlungsanspruch bedarf daher der Einbeziehung des subjektiven Elements der inneren Einigungsbereitschaft. Diese Einigungsbereitschaft ist als innere Einstellung von den Tarifparteien aber nicht

---

[724] Vgl. § 4 IV Nr. a, b der Schieds- und Schlichtungsvereinbarung zwischen dem Arbeitgeberverband der Deutschen Kautschukindustrie und der IG Chemie, Papier, Keramik vom 2.5.1977; § 2 II der Schlichtungsvereinbarung zwischen dem Deutschen Reisebüro-Verband und der Gewerkschaft ÖTV vom 18.12.1984; § 1 II 2 der Schlichtungsordnung für die Deutsche Kalkindustrie vom 1.4.1981.
[725] Vgl. Ziff. I Abs. 2 S. 2 Nr. a der Schlichtungsvereinbarung zwischen der Vereinigung Hamburger Kautschuk-, Asbest- und Kunststoffverarbeiter und der IG Chemie, Papier, Keramik vom 3.12.1965.
[726] Vgl. § 5 III Nr. a des Bundes-Schieds- und schlichtungsabkommens für die Ziegelindustrie zwischen dem Bundesverband der Deutschen Ziegelindustrie und der IG Bau, Steine, Erden und der IG Chemie, Papier, Keramik vom 10.12.1980.
[727] So aber *Seiter*, Festschr. Juristische Gesellschaft, S. 729 (744); *ders.*, RdA 1986, 165 (187); dagegen *Hottgenroth*, Verhandlungspflicht, S. 152 f.
[728] So im Ergebnis BAG AP Nr. 1 zu § 1 TVG Verhandlungspflicht, Bl. 2; *Coester*, ZfA 1977, 87 (106); *Waas*, ArbuR 1991, 334 (335); dies wird auch von den Befürwortern einer Verhandlungspflicht anerkannt, vgl. *Hottgenroth*, Verhandlungspflicht, S. 211 ff.; *Mayer-Maly*, RdA 1966, 201 (207); *Seiter*, Festschr. Juristische Gesellschaft, S. 729 (736 f.).

erzwingbar. Da sie zudem gerichtlich nicht nachprüfbar ist,[729] muß auf äußere Umstände zurückgegriffen werden, die auf das Vorhandensein oder Fehlen der Verhandlungsbereitschaft schließen lassen. Da die Wertung des Tarifergebnisses als äußeres Indiz zur Feststellung der inneren Einigungsbereitschaft dienen kann, begünstigt ein Verhandlungsanspruch letztlich die Inhaltskontrolle der Tarifverträge[730] und läßt eine gewisse Annäherung an Kontrahierungszwang und Zwangsschlichtung befürchten.[731] Dem kann nicht die bloße zeitliche Abfolge von Verhandlungsprozedur und Verhandlungsergebnis entgegen gehalten werden.[732] Fordert man Verhandlungen, die von einem inneren Willen zur Einigung getragen sind, sind die Verhandlungen immer zielorientiert auf einen Tarifabschluß gerichtet. Diese innere Einigungsbereitschaft wird sodann durch den Abschluß positiv bestätigt.[733] Qualitativ betrachtet ist das Verhandlungsstadium also eng verwoben mit dem Tarifergebnis. Allein die zeitliche Differenzierung zwischen Verhandlung und Vertragsabschluß kann letztlich also nicht darüber hinwegtäuschen, daß eine Verhandlungspflicht mit dem qualitativen Erfordernis innerer Einigungsbereitschaft einen der Tarifautonomie zuwider laufenden Eingriff in die Vertragsfreiheit bedeutet.

Diese Sichtweise verdeutlicht zudem, daß ein Verhandlungsanspruch nicht vollstreckt werden könnte. Der Hinweis auf eine mögliche Vollstreckung nach §§ 888, 890 ZPO[734] hilft letztlich nicht weiter. Der Verhandlungsanspruch muß verlangen, daß der Schuldner ein Eingehen auf die Forderung der Gegenseite ernsthaft in Betracht zieht.[735] Von der Ausübung staatlichen Zwanges darf die Verhandlungsbereitschaft dabei aber nicht abhängig gemacht werden, weil sonst

---

[729] *Hottgenroth*, Verhandlungspflicht, S. 210; *Konzen*, Anm. zu BAG EzA Art. 9 GG Nr. 33, S. 261 (262d); *Seiter*, Streikrecht und Aussperrungsrecht, S. 515.
[730] BAG AP Nr. 1 zu § 1 TVG Verhandlungspflicht, Bl. 2; *Coester*, ZfA 1977, 87 (106, 107 f.); *Waas*, ArbuR 1991, 334 (335).
[731] BAG AP Nr. 5 zu Art. 9 GG, Bl. 3R; dagegen *Hottgenroth*, Verhandlungspflicht, S. 149, 181 f.; *Mayer-Maly*, RdA 1966, 201 (203); ders., Festschr. Molitor, S. 239 (245).
[732] So aber *Hottgenroth*, Verhandlungspflicht, S. 182; *Mayer-Maly*, Festschr. Molitor, S. 239 (245, 246); im Ergebnis ebenso *Seiter*, Festschr. Juristische Gesellschaft, S. 729 (735); *Müller*, Arbeitskampf und Recht, S. 155 f.; *Wiedemann*, Anm. zu BAG AP Nr. 1 zu § 1 TVG Verhandlungspflicht, Bl. 3 R (3R, 4).
[733] *Waas*, ArbuR 1991, 334 (335 f.).
[734] *Bötticher*, Anm. BAG SAE 1964, 94 (99); *Seiter*, Festschr. Juristische Gesellschaft, S. 729 (749); *Wiedemann*, in: Wiedemann, § 1 TVG Rn. 189; *Wiedemann/Thüsing*, RdA 1995, 280 (286); kritisch *Rüthers*, in: Brox/Rüthers, Arbeitskampfrecht, Rn. 136; *Waas*, ArbuR 1991, 334 (336).
[735] *Hottgenroth*, Verhandlungspflicht, S. 213; *Waas*, ArbuR 1991, 334 (336).

nicht wie von der Tarifautonomie intendiert die Durchsetzungsfähigkeit der Tarifparteien über den Willen zur Einigung entscheidet, sondern die Höhe des richterlich verfügten Zwangsgeldes.[736]

Im Ergebnis kann daher eine unbegrenzte Verhandlungspflicht der Sozialpartner nicht anerkannt werden. Die Beschränkung der Tarifzuständigkeit auf bestimmte soziale Gegenspieler, ist deshalb nicht schon aus dem Gesichtspunkt einer Umgehung des koalitionären Verhandlungsanspruches als unzulässig zu verwerfen.

c) Verstoß gegen die Bestandsgarantie des Art. 9 III 1 GG

Die Besonderheit der Ausgrenzung einzelner Koalitionen aus dem Kreis möglicher Vertragspartner in Form einer Tarifzuständigkeitsregelung liegt wie bereits angedeutet in ihren arbeitskampfrechtlichen Folgewirkungen. Wird eine Koalition von der Tarifzuständigkeit ihres Gegners ausgenommen, besteht zwischen beiden Tarifparteien keine kongruente Zuständigkeit. Es kann also weder ein wirksamer Tarifvertrag zwischen ihnen zustande kommen noch kann die abgewiesene Partei einen rechtmäßigen Arbeitskampf zur Erzwingung von Tarifgesprächen führen.[737] Auch wenn die abgewiesene Partei einen Arbeitskampf mit dem Ziel führt, den gegnerischen Verband zu einer Änderung dieser Zuständigkeitsregelung zu bewegen und damit als Vertragspartner anerkannt zu werden, ist dieses Vorgehen als rechtswidrig einzustufen.[738] Auf diese Problematik wird später ausführlich einzugehen sein.[739]

Den auf diese Weise von der gegnerischen Tarifzuständigkeit ausgeschlossenen Koalitionen wird jede tarifpolitische Betätigung unmöglich gemacht. Sie werden von ihrem unmittelbaren sozialen Gegenspieler, der fachlich, betrieblich und räumlich einen dem ihren entsprechenden Organisationsbereich aufweist, als Vertragspartner abgewiesen und gleichzeitig daran gehindert, Tarifgespräche

---

[736] *Waas*, ArbuR 1991, 334 (336).
[737] Allg. Meinung, vgl. BAG AP Nr. 3 zu § 2 TVG Tarifzuständigkeit, Bl. 3R; LAG Hamm DB 1991, 1126; *Buchner*, ZfA 1995, 95 (106, 120); *Hanau/Kania*, Festschr. Däubler, S. 437 (437 f.); *Koberski/Clasen/Menzel*, § 2 TVG Rn. 93; MünchArbR/*Otto*, § 285 Rn. 48; *Oetker*, in: Wiedemann, § 2 TVG Rn. 83; *Rüthers*, in: Brox/Rüthers, Arbeitskampfrecht, Rn. 135; *Söllner*, Grundriß des Arbeitsrechts, § 16 I 2.
[738] So die überwiegende Meinung, vgl. *Hanau/Kania*, Festschr. Däubler, S. 437 (437 f., 444); *Heinze*, DB 1997, 2122 (2126); *Löwisch/Rieble*, § 2 TVG Rn. 94; *Martens*, Anm. BAG SAE 1987, 1 (9 f.); *Moll*, Tarifausstieg, S. 41 ff.; abweichend *Kempen/Zachert*, § 2 TVG Rn. 121 ff.; *Zachert*, ArbuR 1982, 181 (183 ff.).
[739] Siehe dazu S. 226 ff.

durch einen Arbeitskampf zu erzwingen. Da die Tarifvertragsparteien sich auf dem Arbeitsmarkt wie bilaterale Monopole gegenüberstehen, können sie anders als im wirtschaftlichen Wettbewerb in diesem Fall auch kaum auf andere Tarifpartner ausweichen. Letztlich ist damit allen abgewiesenen Koalitionen, egal ob sozial mächtig oder nicht, die Teilnahme am Tarifgeschehen verwehrt. Sie können folglich nur noch im außertariflichen Bereich tätig werden. Aufgrund der historischen Entwicklung ist die Betätigung im tariflichen Bereich aber die wichtigste Aufgabe der Koalitionen. Gerade durch den Abschluß von Tarifverträgen gewinnen sie ihre sozialpolitische Bedeutung und verwirklichen ihren Zweck[740] der Wahrung und Förderung der jeweiligen Mitgliederinteressen auf dem Arbeitsmarkt. Ohne Beteiligung am Tarifgeschehen werden sie daher als Interessenvertretung an Attraktivität verlieren und längerfristig weder neue Mitglieder werben und ihre Organisation ausbauen[741] noch den gewonnenen Mitgliederbestand aufrecht erhalten können. Die Ausgrenzung einer Koalition aus der gegnerischen Tarifzuständigkeit wird deshalb auf lange Sicht den Bestand der betroffenen Koalitionen gefährden und ist deshalb gemäß Art. 9 III 2 GG, § 134 BGB unwirksam.

Diese Sichtweise bestätigt sich durch einen Blick auf die Rechtsprechung zur selektiven Aussperrung von Gewerkschaftsmitgliedern. Diese Kampfmaßnahme beeinträchtigt das von Art. 9 III GG mitumfaßte Gewerkschaftsinteresse an der Erhöhung des Mitgliederbestandes, da sie verhindert, daß die Außenseiter ihre mangelnde Kampfvorsorge erkennen und um der Streikunterstützung willen der Gewerkschaft beitreten.[742] Aber auch das Interesse an der Erhaltung des Mitgliederbestandes ist betroffen. Die alleinige Aussperrung von Gewerkschaftsmitgliedern stellt die Außenseiter in ihrem Einkommen besser als die ausgesperrten Gewerkschaftsmitglieder, deren Streikunterstützung die Höhe des Arbeitslohnes nicht erreicht, so daß einige Gewerkschaftsmitglieder sich sogar zum Austritt veranlaßt sehen könnten.[743] Wenn aber der Bestand einer Koalition

---

[740] BVerfGE 38, 281 (305 f.)
[741] Der Schutzbereich des Rechts auf freien Koalitionsbestand umfaßt sowohl den Bestandsschutz für die Organisation als solche als auch den Schutz des Mitgliederbestandes, und zwar nicht nur bezüglich des Interesses an der Erhaltung des status quo, sondern auch bezüglich des Interesses an der Erhöhung der Mitgliederzahl und dem Ausbau der Organisation, vgl. BVerfGE 28, 295 (305).
[742] BAG AP Nr. 66 zu Art. 9 GG Arbeitskampf, Bl. 3R; ebenso *Rüthers*, in: Brox/Rüthers, Arbeitskampfrecht, Rn. 216; *Scholz/Konzen*, Aussperrung, S. 260.
[743] *Hottgenroth*, Verhandlungspflicht, S. 41; *Rüthers*, in: Brox/Rüthers, Arbeitskampfrecht, Rn. 216; *Scholz/Konzen*, Aussperrung, S. 260.

schon dadurch beeinträchtigt wird, daß einer Koalition die Möglichkeit verwehrt wird, den Arbeitnehmern durch die Zahlung von Streikunterstützung die Vorteile einer Gewerkschaftszugehörigkeit vor Augen zu führen, dann wird der Bestand einer Koalition erst recht beeinträchtigt, wenn eine Koalition durch den Ausschluß aus der gegnerischen Tarifzuständigkeit von ihrer wichtigsten Betätigung, der tarifpolitischen Vertretung ihrer Mitglieder ferngehalten wird.[744]

Diese Argumentation auf der Grundlage des kumulativen Ausschlusses der beiden Koalitionsmittel Tarifverhandlung und Arbeitskampf wirft die Frage auf, warum hier zur Problemlösung der Weg der Rechtskontrolle beschritten wird, anstatt ausnahmsweise in den Fällen der Ausgrenzung potentieller Tarifpartner aus der Tarifzuständigkeit eine kampfweise Veränderung der Tarifzuständigkeit zuzulassen. Zum einen gilt es, den Arbeitskampf als schädigenden Eingriff in die Volkswirtschaft im Allgemeininteresse möglichst zu begrenzen.[745] Die Zulässigkeit von Kampfmaßnahmen sollte demzufolge nicht auf solche Fälle erweitert werden, die sich auch durch eine rechtliche Kontrolle lösen lassen. Zum anderen würde der Verweis auf den Arbeitskampf nicht für alle Koalitionen eine angemessene Lösung bieten. Schwache oder neue Koalitionen hätten nämlich keine Chance, ihre Tarifzuständigkeit im Wege des Arbeitskampfes durchzusetzen. Gleiches gilt für den Einzelarbeitgeber, der einen Firmentarifvertrag erstrebt. Zeigt sich die Gewerkschaft verhandlungsunwillig, wird er nicht in der Lage sein, Verhandlungen zu erzwingen. Unabhängig von dem bestehenden Machtungleichgewicht zwischen dem Einzelarbeitgeber und der Gewerkschaft ergibt sich dies bereits aus der nur sehr eingeschränkt zulässigen Angriffsaussperrung,[746] auf die der Arbeitgeber dann als Kampfmittel angewiesen wäre.

---

[744] *Hottgenroth*, Verhandlungspflicht, S. 41; ähnlich *Seiter*, Festschr. Juristische Gesellschaft, S. 729 (739); ders., Anm. BAG SAE 1984, 98 (100).
[745] Dies ist richtigerweise auch der Grundgedanke des ultima-ratio-Prinzips, vgl. *Mayer-Maly*, BB 1981, 1774 (1779 f.); *Reuter*, JuS 1986, 19 (23); *Rüthers*, Gedächtnisschr. Dietz, S. 299 (310); *Seiter*, Anm. zu BAG EzA Art. 9 GG Arbeitskampf Nr. 54, S. 630a (630z 12); vgl. auch *Picker*, RdA 1982, 331 (333); anders *Heinze*, NJW 1983, 2409 (2413 ff.); *Loritz*, ZfA 1985, 185 (205 ff); *Picker*, RdA 1982, 331 (341 ff.); ders., Warnstreik, S 186 ff., die den Zweck des ultima-ratio-Prinzips bei der Sicherung einer freien Verhandlungsphase ansiedeln und damit letztlich als Mittel zur Erhaltung des Selbstbestimmungsgedankens sehen.
[746] Vgl. *Rüthers*, in: Brox/Rüthers, Arbeitskampfrecht, Rn. 187; *Müller*, Arbeitskampf und Recht, S. 125-127; *Seiter*, RdA 1981, 65 (92).

d) Verstoß gegen die Betätigungsgarantie des Art. 9 III 1 GG

Wichtigstes Mittel, das Arbeitsleben zu ordnen und sozial zu befrieden und damit den Koalitionszweck zu erfüllen, ist der Abschluß von Tarifverträgen. Werden einzelne Koalitionen aus der Tarifzuständigkeit ihres unmittelbaren sozialen Gegenspielers ausgeklammert, verweigert dieser ihnen mit der Aufnahme von Tarifverhandlungen eine jedem Tarifvertrag vorgelagerte und damit elementare Form koalitionsspezifischer Betätigung. Gleichzeitig sind die abgewiesenen Koalitionen im Fall einer Ausgrenzung aus der Tarifzuständigkeit daran gehindert, einen rechtmäßigen Arbeitskampf zur Durchsetzung von Tarifgesprächen zu führen.[747] Gerade in Fällen, in denen Verhandlungsgesuche abgelehnt werden, ist der Arbeitskampf unverzichtbares Koalitionsmittel, denn nur durch ihn ist eine wirksame Koalitionszweckverfolgung gesichert.[748] Werden den abgewiesenen Koalitionen wie im Fall der Tarifzuständigkeitsregelung kumulativ beide Koalitionsmittel zur Erzielung von Tarifabschlüssen genommen, wird ihnen damit insoweit die Koalitionszweckverfolgung unmöglich gemacht, da wie bereits angesprochen auch ein Ausweichen auf andere Tarifpartner ausscheidet.

Diesem schwerwiegenden Eingriff in das Recht auf koalitionsspezifische Betätigung tritt die Betätigungs- und Vertragsfreiheit des sozialen Gegenspielers gegenüber, die ihn wie gesehen grundsätzlich frei entscheiden läßt, ob überhaupt, mit wem und unter welchen Bedingungen er Tarifverträge abschließt.[749] Es stehen sich also zwei Rechtspositionen gegenüber, die gegeneinander abgewogen werden müssen. Als Leitlinie kann dabei die Funktionsgebundenheit der Koalitionsfreiheit dienen. Eine rechtswidrige Verletzung der Betätigungsfreiheit der abgewiesenen Koalitionen liegt danach vor, wenn die Vertragsfreiheit gegenüber dem Recht der verhandlungsbegehrenden Partei entweder auf Aufnahme

---

[747] Allg. Meinung, vgl. BAG AP Nr. 3 zu § 2 TVG Tarifzuständigkeit, Bl. 3R; LAG Hamm DB 1991, 1126; *Buchner*, ZfA 1995, 95 (106, 120); *Hanau/Kania*, Festschr. Däubler, S. 437 (437 f.); *Koberski/Clasen/Menzel*, § 2 TVG Rn. 93; MünchArbR/*Otto*, § 285 Rn. 48; *Oetker*, in: Wiedemann, § 2 TVG Rn. 83; *Rüthers*, in: Brox/Rüthers, Arbeitskampfrecht, Rn. 135; *Söllner*, Grundriß des Arbeitsrechts, § 16 I 2.

[748] Aus diesem Grund wird für den Fall des rechtlich ausgeschlossenen Arbeitskampfes auch von denjenigen ausnahmsweise eine Verhandlungspflicht der Tarifparteien bejaht, die grundsätzlich einem Verhandlungsanspruch ablehnend gegenüberstehen, vgl. *Birk*, ArbuR 1979, Sonderheft, S. 9 (20); *Coester*, Anm. BAG SAE 1985, 339 (345); *Konzen*, Anm. zu BAG EzA Art. 9 GG Nr. 33, S. 261 (262a, b); *Müller*, RdA 1979, 71 (78 f.); *Ramm*, JZ 1977, 737 (741).

[749] Siehe dazu S. 159.

oder Erzwingung von Tarifverhandlungen zurücktreten muß, weil sie für eine wirksame Koalitionszweckverfolgung von geringerer Wertigkeit ist. Das Recht zu tariflicher Abstinenz und freier Wahl der Vertragspartner ist zwar ein geeignetes Mittel zur Verfolgung des Koalitionszwecks. Die Koalitionen sind darauf aber keineswegs in dem Maße angewiesen wie alternativ auf die Aufnahme von Tarifverhandlungen oder die Erzwingung derselben durch einen Arbeitskampf, wenn wie im Fall der Tarifzuständigkeitsregelung beide Betätigungsformen kumulativ ausgeschlossen werden und in der Folge die Koalitionszweckverfolgung unmöglich machen. Denn das Recht, Tarifverträge nur mit bestimmten Tarifpartnern oder überhaupt nicht zu schließen, geht nicht verloren, wenn die Parteien zumindest ihre Haltung in einem gemeinsamen Gespräch erörtern[750] oder alternativ dazu den Arbeitskampf zur Durchsetzung von Tarifgesprächen einsetzen können. Der ablehnenden Seite bleibt es auch in diesem Fall unbenommen, die Verhandlungen für gescheitert zu erklären oder einem Arbeitskampf zu widerstehen, während die zunächst abgewiesene Koalition nur auf diese Weise überhaupt Gelegenheit erhält, der Erfüllung des Koalitionszweckes nachzugehen. Gemessen an einer wirksamen Koalitionszweckverfolgung stellt die Beschränkung der Tarifzuständigkeit auf bestimmte Verbände mithin einen rechtswidrigen Eingriff in die Betätigungsfreiheit der ausgegrenzten Koalitionen dar. Die Satzungsregelung ist damit gemäß Art. 9 III 2 GG, § 134 BGB auch wegen Verletzung der Betätigungsgarantie unwirksam.

Auch hier ist der kumulative Ausschluß der Koalitionsmittel Verhandlungen und Arbeitskampf also wesentlicher Faktor für die Unzulässigkeit der Zuständigkeitsbeschränkung auf bestimmte Tarifpartner. Die Wahl der Rechtskontrolle anstatt der Zulassung einer kampfweisen Durchsetzung der Tarifzuständigkeit hat auch hier aus den oben gennanten Gründen[751] ihre Berechtigung: Der Verweis auf den Arbeitskampf ist für neu gegründete oder schwache Koalitionen keine angemessene Alternative zur rechtlichen Kontrolle, da sie sich im Rahmen des Arbeitskampfes nicht durchsetzen könnten und damit gegenüber mächtigen Koalitionen benachteiligt wären. Auch gilt es, den Arbeitskampf mit seinen sozial und wirtschaftlich schädlichen Folgen auf das zur Sicherung der Tarifautonomie erforderliche Maß zu begrenzen. Bei einer möglichen Konfliktlösung durch eine Rechtskontrolle hat der Arbeitskampf daher keinen Raum.

---

[750] *Hottgenroth*, Verhandlungspflicht, S. 76; in diesem Sinne auch *Seiter*, Festschr. Juristische Gesellschaft, S. 729 (735).
[751] Siehe S. 178 f.

Die Beschränkung der Tarifzuständigkeit auf bestimmte Verhandlungspartner ist damit im Ergebnis gemäß Art. 9 III 2 GG, § 134 BGB unwirksam, weil sie die Bestands- und Betätigungsfreiheit der ausgeschlossenen Koalitionen verletzt.

In diesem Teilbereich der Zuständigkeitskonflikte auf der Ebene der Sozialpartner läßt sich damit folgendes Ergebnis festhalten: Räumliche und fachlich-betriebliche Zuständigkeitsänderungen sind rechtlich nicht zu beanstanden. Die Ausgrenzung von Sachfragen, gegnerischen Mitglieder(-gruppen) und gegnerischer Koalitionen aus der Tarifzuständigkeit beeinträchtigt die kollektive Koalitionsfreiheit des Gegenspielers und ist damit gemäß § 134 BGB, Art. 9 III 2 GG unwirksam. Die Ausgrenzung von Sachfragen und einzelner Mitglieder(-gruppen) ist zudem funktionswidrig und damit auch nach § 138 I BGB unwirksam, weil sie systemwidrige Tariflücken entstehen läßt und die Parität der Sozialpartner verschiebt.

II. Gewerkschaftliche Regelung der Tarifzuständigkeit im Konflikt mit den Interessen des Einzelarbeitgebers

Als weitere typische Fallgruppe gilt es, solche gewerkschaftlichen Zuständigkeitsänderungen zu betrachten, die in besonderem Maße die Interessen des Einzelarbeitgebers berühren. Dies ist der Fall bei einer punktuellen Änderung der Verbandszuständigkeit, die lediglich einen einzelnen Betrieb oder ein einzelnes Unternehmen eines Wirtschaftszweiges erfaßt, während die übrigen Konkurrenzunternehmen derselben Branche in den Zuständigkeitsbereich einer anderen Gewerkschaft fallen, so geschehen im Fall der Firma Allfloor.[752] Diese Form der Zuständigkeitserweiterung[753] berührt in massiver Weise die Interessen des Einzelarbeitgebers, weil er im Hinblick auf den Tarifabschluß von den übrigen Unternehmen seines Wirtschaftszweiges isoliert wird. In der Folge sind nicht nur Wettbewerbsverzerrungen innerhalb des einschlägigen Wirtschaftszweiges zu erwarten; der Einzelarbeitgeber muß vielmehr auch eine verschlechterte Position im Arbeitskampf befürchten, da die übrigen Unternehmen gegenüber einem tarifpolitisch ausgesonderten Unternehmen kaum Solidarität üben werden. Im Gegensatz zur strukturellen Änderung der Tarifzuständigkeit, die einen ganzen

---

[752] So der vereinfachte Sachverhalt von BAG AP Nr. 4 zu § 2 TVG Tarifzuständigkeit.
[753] Gleiches gilt für eine punktuelle Zuständigkeitsverengung einer Gewerkschaft, bei der ein einzelnes Unternehmer eines Wirtschaftszweiges aus der Tarifzuständigkeit ausgenommen wird. Dieser Fall ist praktisch jedoch eher unwahrscheinlich.

Wirtschaftszweig und damit alle Unternehmen potentiell in gleichem Maße erfaßt und bei der die besondere Betroffenheit einzelner Unternehmen nur vorübergehende Folge anfänglicher Anpassungsschwierigkeiten ist, geht es hier um die planmäßige und dauerhafte Änderung der tarifpolitischen Situation eines einzelnen Unternehmens.[754]

1. Verletzung der arbeitgeberseitigen Koalitionsfreiheit

Eine Einschränkung der Satzungsautonomie könnte sich darüber hinaus aus dem Umstand rechtfertigen, daß eine punktuelle Änderung der Tarifzuständigkeit die Koalitionsfreiheit des betroffenen Unternehmens und des Arbeitgeberverbandes verletzt.

Zwar wird durch das gewerkschaftliche Vorgehen die Erwartung des Arbeitgebers enttäuscht, mit dem Beitritt an der Tarifgemeinschaft der Arbeitgeberkoalition teilzuhaben und damit dem gleichen Verbandstarifvertrag zu unterliegen wie seine Konkurrenten auch.[755] Dieser Ausschluß von der gemeinsamen tarifpolitischen Zweckverfolgung führt aber nicht zu einer Verletzung der individuellen Koalitionsfreiheit des Einzelarbeitgebers.[756] Der von der Zuständigkeitsänderung betroffene Einzelarbeitgeber wird nicht gezwungen, aus dem Verband auszutreten. Er hat vielmehr die freie Wahl, ob er bei seinem bisherigen Verband bleibt oder sich einem anderen Arbeitgeberverband anschließt, der seine Interessen möglicherweise besser vertreten kann.[757] Eine weitergehende Gewährleistung dahin, stets einen bestimmten und kongruenten Koalitionsgegner zu behalten, kann der individuellen Koalitionsfreiheit dagegen nicht entnommen

---

754 Beide Formen der Zuständigkeitsänderung sind also in ihren Wirkungen nicht vergleichbar. Die vom BAG vorgenommene Parallelwertung kann deshalb nicht überzeugen, vgl. BAG AP Nr. 4 zu § 2 TVG Tarifzuständigkeit, Bl. 8R.
755 Die Problematik der punktuellen Zuständigkeitsänderung auf Gewerkschaftsseite ist eng verknüpft mit der Frage der Erstreikbarkeit eines Firmentarifvertrages bei verbandsangehörigen Arbeitgeber. Dennoch ist beides differenziert zu behandeln, da ein erheblicher qualitativer Unterschied zwischen der bloßen Satzungsänderung und dem Ergreifen von Kampfmaßnahmen liegt.
756 So aber *Kutscher*, Tarifzuständigkeit, S. 60 f.; im Hinblick auf die streikweise Durchsetzung eines Firmentarifvertrages mit dem verbandsangehörigen Unternehmen auch *Boldt*, RdA 1971, 257 (261); *Buchner*, DB 1970, 2074 (2077); *Heß*, ZfA 1976, 45 (64); *Krichel*, NZA 1986, 731 (732); *Weiss*, Betriebsnahe Tarifverträge, S. 73.
757 BAG AP Nr. 4 zu § 2 TVG Tarifzuständigkeit, Bl. 9; *Blank*, Tarifzuständigkeit, S. 62; *Hensche*, RdA 1971, 9 (11).

werden,[758] da Art. 9 III GG durch sein hohes Maß an entwicklungspolitischer Offenheit gekennzeichnet ist.[759] Eine Auslegung des Art. 9 III 1 GG kann sich daher nicht dem statischen Schutz überkommener Besitzstände und bestehender Ordnungen verschreiben, sondern muß offen für Veränderungen sein, egal ob diese wirtschaftlich, gesellschaftlich oder von den Koalitionen selbst hervorgerufen sind.[760] Veränderungen der bestehenden Verbandsstrukturen werden daher vom Grundrecht der Koalitionsfreiheit nicht ausgeschlossen. Zudem wird auch der einzelne Arbeitnehmer allein durch seine Gewerkschaftszugehörigkeit nicht davor geschützt, bei einem Wechsel seines Arbeitgebers neue Arbeitsbedingungen akzeptieren zu müssen, wenn dieser keiner passenden Tarifbindung unterliegt. Der Beitritt zum Arbeitgeberverband kann dem Einzelarbeitgeber aber keine weitergehenden Vorteile gewähren als die Verbandszugehörigkeit dem Arbeitnehmer.[761]

Gleiches gilt im Bezug auf den Arbeitgeberverband. Auch aus der kollektiven Koalitionsfreiheit kann in Entsprechung zu obigen Ausführungen kein Recht auf eine bestimmte und kongruente Arbeitnehmerkoalition hergeleitet werden.[762] Der Arbeitgeberverband kann nur erwägen, ob er auch mit der neuen Gewerkschaft einen Verbandstarif abschließt oder ob er dem betroffenen Einzelarbeitgeber den Abschluß eines Firmentarifes gestattet. Selbst wenn der Einzelarbeitgeber sich in Folge der gewerkschaftlichen Zuständigkeitsänderung zu einem Verbandswechsel entschließt, ist die Koalitionsfreiheit des Arbeitgeberverbandes nicht verletzt. Die Koalitionen haben bezogen auf ihren Mitgliederbestand keine Statusgarantie. Sie sind nicht vor Veränderungen in der tarifpolitischen

---

[758] Vgl. BAG AP Nr. 4 zu § 2 TVG Tarifzuständigkeit, Bl. 9; *Blank*, Tarifzuständigkeit, S. 62, 64, 138; *Heinze*, DB 1997, 2122 (2123); *Konzen*, Festschr. Kraft, S. 291 (316); *Oetker*, Anm. zu BAG AP Nr. 10, 11 zu § 2 TVG Tarifzuständigkeit, Bl. 5R (14).
[759] BVerfGE 50, 290 (368); *Blank*, Tarifzuständigkeit, S. 64; *Lambrich*, Tarif- und Betriebsautonomie, S. 172 f.; *Lerche*, Zentralfragen, S. 26 ff.; *Säcker/Oetker*, Grundlagen und Grenzen der Tarifautonomie, S. 64; *Scholz*, in: Maunz/Dürig, Komm. z. GG., Art. 9 Rn. 163.
[760] Vgl. *Blank*, Tarifzuständigkeit, S. 64; *Lambrich*, Tarif- und Betriebsautonomie, S. 174; *Kutscher*, Tarifzuständigkeit, S. 52.
[761] Vgl. *Oetker*, in: Wiedemann, § 2 TVG Rn. 132 für den Fall eines Firmenarbeitskampfes gegen einen verbandsangehörigen Arbeitgeber.
[762] Vgl. BAG AP Nr. 4 zu § 2 TVG Tarifzuständigkeit, Bl. 9; *Blank*, Tarifzuständigkeit, S. 62, 64, 138; *Heinze*, DB 1997, 2122 (2123); *Konzen*, Festschr. Kraft, S. 291 (316); *Kutscher*, Tarifzuständigkeit, S. 52 f., 59; *Oetker*, Anm. zu BAG AP Nr. 10, 11 zu § 2 TVG Tarifzuständigkeit, Bl. 5R (14).

2. Funktionswidrigkeit einer punktuellen Zuständigkeitsänderung

Zwar steht es den Koalitionen aufgrund der ihnen durch Art. 9 III 1 GG gewährleisteten Satzungsautonomie grundsätzlich frei, den einmal gewählten Zuständigkeitsbereich auch zu ändern. Angesichts der vorstehend kurz angerissenen Problematik stellt sich jedoch die Frage, ob eine punktuelle Neuregelung der Tarifzuständigkeit mit ihren tarifpolitischen, wettbewerbsmäßigen und arbeitskampfrechtlichen Folgen für den Einzelarbeitgeber nicht als funktionswidrig, weil einer sinnvollen Ordnung des Arbeitslebens widersprechend, einzustufen ist. Dies kann nur mittels einer genauen Betrachtung der einzelnen Konsequenzen einer punktuellen Änderung der gewerkschaftlichen Verbandszuständigkeit ermittelt werden.

a)   Störung der Homogenität des Arbeitgeberverbandes

Das betroffene Unternehmen wird durch diese Änderung der Tarifzuständigkeit koalitionspolitisch von den übrigen Mitgliedern seines Verbandes abgekoppelt. Bleibt das betroffene Unternehmen Mitglied in seinem angestammten Arbeitgeberverband, ist es in Zukunft abweichenden Tarifforderungen mehr ausgesetzt als die übrigen verbandsangehörigen Unternehmen. Dementsprechend wird es bei der tariflichen Regelung der Arbeits- und Wirtschaftsbedingungen andere Interessen als die übrigen Verbandsmitglieder verfolgen und muß deshalb auch ein anderes Verhalten des Verbandes bei Tarifverhandlungen fordern. Dies stört die einheitliche Willensbildung des Verbandes und erschwert zudem die Interessenvertretung der Mitglieder durch den Verband. Letztlich wird damit die Interessen- und Verbandshomogenität des Arbeitgeberverbandes in dem betroffenen Wirtschaftszweig erschüttert,[764] ohne die der Verband an der wirksamen Erfüllung des Schutz- und Gestaltungsauftrages gehindert ist. Bleibt das ausgegrenzte Unternehmen weiterhin Mitglied des bisherigen Arbeitgeberverbandes, spricht dieser koalitionspolitische Aspekt mithin für die Funktionswidrigkeit einer

---

[763] Vgl. *Hensche*, RdA 1971, 9 (11); *Heß*, DB 1975, 548 (549); *v. Hoyningen-Huene*, ZfA 1980, 453 (464); *Kutscher*, Tarifzuständigkeit, S. 52.
[764] BAG AP Nr. 4 zu § 2 TVG Tarifzuständigkeit, Bl. 8; *Hottgenroth*, Verhandlungspflicht, S. 57; *Martens*, Anm. BAG SAE 1987, 1 (10).

punktuellen Zuständigkeitsregelung. Anders stellt sich die Situation dar, wenn das betroffene Unternehmen den Verband wechselt. Eine Störung der Verbandshomogenität liegt in diesem Fall nicht vor.

b) Störung der Kampfparität

Die Störung der Verbandshomogenität bleibt auch arbeitskampfrechtlich nicht ohne Folgen. Es ist kaum zu erwarten, daß der Verband zugunsten dieses einzelnen Mitglieds dieselbe Kampfkraft mobilisieren kann wie in Tarifkonflikten, an denen die übrigen Mitglieder beteiligt sind. Ganz abgesehen davon stellt sich auch die Frage, ob die unterstützende Beteiligung der übrigen Mitglieder an der Tarifauseinandersetzung angesichts des nur sehr begrenzt zulässigen Symphatiearbeitskampfes[765] überhaupt rechtmäßig ist. Es ist deshalb zu befürchten, daß das einzelne, von der Zuständigkeitsänderung betroffene Unternehmen, nicht nur im Hinblick auf den Tarifabschluß, sondern auch im Hinblick auf einen etwaigen Arbeitskampf isoliert wird. Zwangsläufige Folge ist die Verschiebung der Kampfparität zu Lasten des betroffenen Einzelarbeitgebers.[766]

Insofern ist die Situation dieses Einzelarbeitgebers auch im Vergleich zur Betroffenheit eines verbandsgebundenen Unternehmens anläßlich einer gewerkschaftlichen Forderung nach Abschluß eines Firmentarifvertrages[767] ungleich schwieriger. In diesen Fällen befinden sich auch die anderen Verbandsmitglieder in einer potentiell vergleichbaren Lage, können sie doch in Zukunft ebenfalls Adressaten derartiger Gewerkschaftsforderungen sein. Im Fall der punktuellen Zuständigkeitserweiterung haben sie jedoch vorerst mangels weitergehender Tarifzuständigkeit der Gewerkschaft nichts zu befürchten.[768] Da die Kampfparität eine normative Funktionsvoraussetzung des bestehenden Tarifsystems ist, kann ihr Erhalt nicht in das Belieben der Tarifparteien gestellt werden. Eine Regelung der Tarifzuständigkeit, die das paritätische Gleichgewicht der Tarifpartner beeinträchtigt, stößt deshalb an eine funktionale objektive Regelungsschranke.

---

[765] Vgl. dazu BAG AP Nr. 85 zu Art. 9 GG Arbeitskampf.
[766] *Hottgenroth*, Verhandlungspflicht, S. 57; *Martens*, Anm. BAG SAE 1987,1 (10); *Reuter*, Anm. zu BAG AP Nr. 4 zu § 2 TVG Tarifzuständigkeit, Bl. 9R (10R). Eine dahingehende Befürchtung äußert auch das BAG, vgl. BAG AP Nr. 4 zu § 2 TVG Tarifzuständigkeit, Bl. 8, 8R.
[767] Dazu eingehend S. 271 ff.
[768] *Martens*, Anm. BAG SAE 1987, 1 (10).

c) Wettbewerbsverzerrung

Schließlich beeinflußt eine Zuständigkeitsänderung, die sich allein auf ein Unternehmen eines Wirtschaftszweiges erstreckt, auch den Wettbewerb der Unternehmen des betroffenen Wirtschaftszweiges. Unterliegt ein einzelnes Unternehmen materiell anderen Tarifforderungen als seine Konkurrenten und ist zu anderen Zeiten Tarifkonflikten ausgesetzt als jene, kann dies zu Wettbewerbsverzerrungen führen.[769] Ein Ordnungsprinzip der Gleichheit der Wettbewerbschancen gilt im Tarifrecht jedoch nicht unbesehen.[770] Gerade bei einem zulässigen Nebeneinander von Firmen- und Verbandstarifverträgen in einer Branche unterliegt die Arbeitgeberseite im Ausgangspunkt unterschiedlichen Wettbewerbsbedingungen.[771] Der Aspekt zu befürchtender Wettbewerbsverzerrungen vermag für sich also die Funktionswidrigkeit der neuen gewerkschaftlichen Zuständigkeitsabgrenzung nicht zu begründen.

Eine punktuelle Neuregelung der Tarifzuständigkeit verletzt demnach keine Rechte des betroffenen Unternehmens und seines Arbeitgeberverbandes. Die Satzungsregelung ist daher nicht nach Art. 9 III 2 GG unwirksam. Eine derartige Festlegung der Tarifzuständigkeit muß jedoch als funktionswidrig qualifiziert werden, weil sie die Parität der Tarifparteien und und bei einem Verbleib des Einzelarbeitgebers in seinem angestammten Verband die Verbandshomogenität dieses Arbeitgeberverbandes beeinträchtigt. In letzter Konsequenz läuft dies der sinnvollen Ordnung des Arbeitslebens durch die Koalitionen zuwider. Eine punktuelle Änderung der Tarifzuständigkeit ist damit gemäß § 138 I BGB unwirksam.

III. Arbeitgeberseitige Regelung der Tarifzuständigkeit im Konflikt mit gewerkschaftlichen Interessen

Ging es im vorigen Kapitel um eine einseitig auf gewerkschaftlicher Seite relevante Zuständigkeitsänderung, die im Besonderen mit den Interessen des Einzelarbeitgebers kollidiert, sind ebenso Regelungen denkbar, die allein von Ar-

---

[769] BAG AP Nr. 4 zu § 2 TVG Tarifzuständigkeit, Bl. 8; *Haußmann*, Verbandswechsel des Arbeitgebers, S. 10 f.; *Reuter*, Anm. zu BAG AP Nr. 4 zu § 2 TVG Tarifzuständigkeit, Bl. 9R (10R).

[770] Vgl. KG AP Nr. 60 zu Art. 9 GG, Bl. 2R ff.; *Haußmann*, Verbandswechsel des Arbeitgebers, S. 11; *Wiedemann*, in: Wiedemann, TVG, Einleitung Rn. 34 ff.

[771] Vgl. *Kempen/Zachert*, TVG, Grundlagen, Rn. 95.

beitgeberverbänden praktiziert werden und die sodann in Widerspruch mit den Interessen der Arbeitnehmerseite geraten. Konkret geht es dabei um die von den Arbeitgeberverbänden beschrittenen Wege zur Einführung einer OT-Mitgliedschaft. Die Arbeitgeberverbände wollen damit der Verbandsflucht der tarifunwilligen Arbeitgeber entgegenwirken und ihren Mitgliederbestand sichern. Aber auch die tarifunwilligen Arbeitgeber haben ein Interesse an der Einführung der OT-Mitgliedschaft, denn ein Verbandsaustritt führt zugleich zum Verlust aller sonstigen Leistungen des Verbandes, wie der gerichtlichen Vertretung in Rechtsstreitigkeiten, der Rechtsberatung und der allgemeinen arbeits- und sozialpolitischen Interessenvertretung durch den Verband, die keinesfalls nur Randbedeutung haben.

Vom Grundprinzip her werden zwei Wege diskutiert und praktiziert, um den tarifunwilligen Arbeitgebern eine Mitgliedschaft im Arbeitgeberverband ohne gleichzeitige Tarifbindung zu ermöglichen. Ein Weg führt über die Aufteilung des Arbeitgeberverbandes in einen tarifunfähigen Dienstleistungs- und Interessenverband und eine Tarifgemeinschaft, auf die Tariffähigkeit und Tarifzuständigkeit konzentriert werden. Diese Tarifgemeinschaft, in der nur die tarifwilligen Arbeitgeber Mitglieder werden, kann als rechtlich selbständige Unterorganisation innerhalb des an sich tarifunfähigen Hauptverbandes konstituiert werden, sie kann aber auch als selbständiger Verband neben den tarifunfähigen Arbeitgeberverband treten. Seltener ist es, wenn der bestehende Arbeitgeberverband als Tarifgemeinschaft fungiert, während ein neu gegründeter Parallelverband mit Ausnahme der Tarifpolitik die fachliche, arbeits- und sozialpolitische Interessenvertretung der Arbeitgeber übernimmt.[772] Der zweite Weg, auch Stufenmodell bezeichnet,[773] verzichtet auf die Bildung einer Tarifgemeinschaft und führt über die Schaffung der weiteren Mitgliedschaftskategorie, der Mitgliedschaft „Ohne Tarifbindung", die zusätzlich zur herkömmlichen Vollmitgliedschaft angeboten wird. Bei diesem Modell tritt nach außen ein einheitlich erscheinender tariffähiger Verband auf, da die Beschränkung der Tarifbindung rein innerverbandlich durch eine differenzierte Ausgestaltung der Satzung im Hinblick auf die Mitgliedschaftsform herbeigeführt wird. Rechtlich läßt sich diese Differenzierung über eine Beschränkung der Tarifzuständigkeit in persönlicher Hinsicht erfassen, mit der gleichzeitig die tarifliche Normsetzungskompetenz des Ver-

---

[772] Zu diesen Modellen vgl. im Überblick *Besgen*, OT-Mitgliedschaft, S. 15 f, 68 f.; *Ostrop*, Mitgliedschaft ohne Tarifbindung, S. 69 ff.; *Wieland*, Firmentarifverträge, Rn. 167.
[773] Vgl. *Otto*, NZA 1996, 624 (624, 627 ff.); *Schlochauer*, Festschr. Schaub, S. 699 (702).

bandes auf die Mitgliedergruppe der tarifwilligen Arbeitgeber begrenzt wird.[774] Beide Modelle betreffen die satzungsmäßige Ausgestaltung der Tariffähigkeit und –zuständigkeit der Arbeitgeberverbände und sollen im folgenden auf ihre Zulässigkeit untersucht werden.

1. Schaffung einer Mitgliedschaft „Ohne Tarifbindung"

Die Aufmerksamkeit soll zunächst der Einführung einer zusätzlichen Mitgliedschaftskategorie, der Mitgliedschaft „Ohne Tarifbindung" gelten. Die Satzungsautonomie der Arbeitgeberverbände muß bei Schaffung einer OT-Mitgliedschaft in zwei Richtungen wirken: Zum einen muß sie es den Verbänden erlauben, ihre Tarifzuständigkeit und damit ihre tarifliche Normsetzungskompetenz auf bestimmte Verbandsangehörige zu beschränken.[775] Zum anderen muß die Satzungsautonomie auch in Richtung der Tarifgebundenheit der Mitglieder wirken und die Einführung unterschiedlicher Mitgliedschaftsformen gestatten, die einer differenzierten Tarifbindung unterliegen. Soll die satzungsmäßige Beschränkung der persönlichen Tarifzuständigkeit nicht durch § 3 I TVG außer Kraft gesetzt werden, muß die satzungsautonome Ausgestaltung und Definition einer Mitgliedschaft auch die daran geknüpfte Tarifgebundenheit beeinflussen können.

---

[774] So LAG Rheinland-Pfalz NZA 1995, 800 (802 f.); *Besgen*, OT-Mitgliedschaft, S. 84 f.; *Buchner*, NZA 1994, 2 (5 f.); *Moll*, Tarifausstieg, S. 39 ff.; *Ostrop*, Mitgliedschaft ohne Tarifbindung, S. 114 ff.; *Otto*, NZA 1996, 624 (629); *Schlochauer*, Festschr. Schaub, S. 699 (704 ff.); *Thüsing*, ZTR 1996, 481 (483); *Wieland*, Firmentarifverträge, Rn. 188 ff.; zweifelnd und nur auf § 3 I TVG abstellend *Däubler*, NZA 1996, 225 (231); *Oetker*, in: Wiedemann, § 2 TVG Rn. 65.

[775] Dabei handelt es sich entgegen *Däubler*, ZTR 1994, 448 (453) nicht um eine Form partieller Tarifunfähigkeit, die als unzulässig verworfen werden müßte. Denn die OT-Mitgliedschaft ist rechtssystematisch der Tarifzuständigkeit zuzuordnen und nicht der Tariffähigkeit. Die Tariffähigkeit betrifft die Frage, ob der Verband die von der Rechtsordnung anerkannte objektive Fähigkeit besitzt, Tarifverträge abzuschließen. Werden hingegen durch Einrichtung einer OT-Mitgliedschaft einzelne Mitglieder durch Satzungsregelung von der Tarifbindung ausgenommen, legt sich der Verband eine subjektive Beschränkung hinsichtlich seiner Regelungskompetenz auf. Es geht dabei um die Frage, welche Mitglieder von den Rechtsnormen erfaßt werden und also nicht um eine Begrenzung der mit der Tariffähigkeit umschriebenen objektiven Fähigkeit des Verbandes zur Normsetzung, die immer nur generell vorliegen kann.

a) Beschränkung der Tarifzuständigkeit in persönlicher Hinsicht

Durch die Einführung einer OT-Mitgliedschaft soll die Zuständigkeit des Verbandes zur Normsetzung auf die Gruppe der tarifwilligen Arbeitgeber beschränkt werden. Demnach ist zunächst zu klären, ob das Merkmal der Tarifzuständigkeit auch in persönlicher Hinsicht durch die Koalitionen frei bestimmbar ist.

Als Ausgangspunkt ist dabei festzuhalten, daß die Tarifzuständigkeit als eigenständige Anwendungsvoraussetzung für den Tarifvertrag neben dem Merkmal der Tarifgebundenheit steht. Die nach § 3 I TVG durch die Mitgliedschaft vermittelte Tarifgebundenheit stellt die äußerste personelle Grenze für den Geltungsbereich des Tarifvertrages und die äußerste Grenze für die Tarifzuständigkeit in subjektiver Hinsicht dar.[776] Die Funktion der Tarifzuständigkeit kann also nur in einer weiteren Eingrenzung des tariflichen Wirkungsbereiches bestehen. Anderenfalls wäre die Tarifzuständigkeit neben der gesetzlichen Regelung der Tarifbindung überflüssig.[777] Damit ist aber noch nicht geklärt, ob der Arbeitgeberverband den Organisationsbereich neben räumlichen, betrieblichen und fachlichen auch nach persönlichen Kriterien abstecken und auf einzelne Mitglieder beziehen kann.[778]

Im Rahmen ihrer autonomen Zwecksetzung bestimmen die Koalitionen auf Grundlage ihrer Satzungsautonomie selbst, ob, in welchem Umfang und mit welchen Mitteln sie am Tarifgeschehen teilnehmen. Dementsprechend wird ihnen weitestgehende Freiheit bei der Ausgestaltung der Tarifzuständigkeit gewährt,[779] die insbesondere in betrieblicher, räumlicher und fachlicher Hinsicht nicht angezweifelt wird. Diese Organisationsautonomie gilt für die Arbeitgeber-

---

[776] *Oetker*, in: Wiedemann, § 2 TVG Rn. 47; *Wiedemann*, RdA 1975, 78 (79).
[777] Vgl. LAG Rheinland-Pfalz NZA 1995, 800 (802 f.); *Buchner*, NZA 1994, 2 (6); *Moll*, Tarifausstieg, S. 39; *Otto*, NZA 1996, 624 (629).
[778] Anders LAG Rheinland-Pfalz, NZA 1995, 800 (802 f.); *Buchner*, NZA 1994, 2 (6); *Otto*, NZA 1996, 624 (629), die aus der Tarifgebundenheit aller Mitglieder auf die persönliche Beschränkbarkeit der Tarifzuständigkeit schließen, da das Merkmal der persönlichen Tarifzuständigkeit sonst deckungsgleich mit dem Merkmal der Tarifbindung und damit sinnlos wäre. Dies überzeugt jedoch nicht, da es gerade darum geht, ob die Tarifzuständigkeit in persönlicher Hinsicht gegenüber der Reichweite des § 3 I TVG eingegrenzt werden kann, vgl. *Junker*, Anm. BAG SAE 1997, 169 (175).
[779] *Däubler*, Tarifvertragsrecht, Rn. 87; *Kempen/Zachert*, § 2 TVG Rn. 113; *Löwisch/Rieble*, § 2 TVG Rn. 87 ff.; *Schlochauer*, Festschr. Schaub, S. 699 (707 f.); *Thüsing*, ZTR 1996, 481 (483).

verbände in dem gleichen Maße wie für Gewerkschaften.[780] In Konsequenz dieser weit gesteckten Autonomie muß es den Koalitionen auch möglich sein, die Kriterien selbst zu definieren, mit denen sie ihre Zuständigkeit abgrenzen. Auch die Wahl persönlicher Merkmale zur Abgrenzung des eigenen Organisationsbereiches ist demnach grundsätzlich zulässig.[781]

In diese Richtung ist auch die Rechtsprechung zu deuten. Das Bundesarbeitsgericht hatte bislang zwar ausschließlich über die Rechtmäßigkeit von Verbandssatzungen zu urteilen, in denen der Zuständigkeitsbereich abstrakt nach fachlichen Merkmalen umschrieben war.[782] In seiner neueren Rechtsprechung hat das Bundesarbeitsgericht jedoch den Verbänden ausdrücklich die Befugnis zugesprochen, den Zuständigkeitsbereich frei zu bestimmen. Die gewählten fachlichen und unternehmerischen Bezugsgrößen weisen dabei nur beispielhaften Charakter auf. Aufgrund der Organisationsautonomie sollen die Verbände berechtigt sein, auch auf andere Kriterien zurückzugreifen.[783] Auch das Bundesarbeitsgericht anerkennt damit die Möglichkeit der Koalitionen, die Merkmale zur Abgrenzung des Betätigungsgebietes selbst auszuwählen. Damit gestattet die Rechtsprechung also den Koalitionen, die Tarifzuständigkeit in persönlicher Hinsicht frei festzulegen. Dafür spricht zudem der Umstand, daß das Bundesarbeitsgericht im Allfloor-Fall den Gewerkschaften das Recht eingeräumt hat, sich gegenüber einem einzelnen Unternehmen für tarifzuständig zu erklären.[784] Es wäre wenig einleuchtend, dieses Recht dann nicht zugleich den Arbeitgeberverbänden zu geben.[785]

Für die Differenzierbarkeit der Tarifzuständigkeit in persönlicher Hinsicht spricht zudem die praktische Erwägung, daß die verschiedenen Geltungsberei-

---

[780] Vgl. S. 32 f.
[781] LAG Rheinland-Pfalz, NZA 1995, 800 (802 f.); *Besgen*, OT-Mitgliedschaft, S. 89 f.; ders., Anm. BAG SAE 2000, 141 (147); *Buchner*, NZA 1994, 2 (6); *Löwisch*, ZfA 1974, 29 (37); *Löwisch/Rieble*, § 2 TVG Rn. 93; *Moll*, Tarifausstieg, S. 40; *Oetker*, in: Wiedemann, § 2 TVG Rn. 63 ff.; *Ostrop*, Mitgliedschaft ohne Tarifbindung, S. 114 ff.; *Otto*, NZA 1996, 624 (629); *Schlochauer*, Festschr. Schaub, S. 699 (707 f.); *Thüsing*, ZTR 1996, 481 (483); *Wiedemann*, RdA 1975, 78 (82).
[782] Vor diesem Hintergrund an der Möglichkeit zweifelnd, die Tarifzuständigkeit personenbezogen zu definieren, *Däubler*, ZTR 1994, 448 (453); ders., NZA 1996, 225 (231).
[783] BAG AP Nr. 10 zu § 2 TVG Tarifzuständigkeit, Bl. 4R.
[784] Vgl. BAG AP Nr. 4 zu § 2 TVG Tarifzuständigkeit.
[785] LAG Rheinland-Pfalz, NZA 1995, 800 (802); *Besgen*, OT-Mitgliedschaft, S. 92; *Junker*, Anm. BAG SAE 1997, 169 (177); *Schlochauer*, Festschr. Schaub, S. 699, (707); *Thüsing*, ZTR 1996, 481 (483).

che der Tarifzuständigkeit nicht immer trennscharf abgrenzbar sind. Eine fachliche Beschränkung der Tarifzuständigkeit auf Arbeitgeberseite etwa bedeutet zugleich immer auch eine persönliche Beschränkung derselben, da im Ergebnis bestimmte Unternehmen aus dem Organisationsbereich ausgenommen werden.[786] Gleiches gilt auf Gewerkschaftsseite für eine Begrenzung der betrieblichen Zuständigkeit. Mit ihr werden gleichzeitig die Arbeitnehmer von der Zuständigkeit ausgeschlossen, die im Betrieb eines bestimmten Unternehmens tätig sind.[787] Im übrigen ist die Möglichkeit einer persönlich beschränkten Tarifzuständigkeit auf gewerkschaftlicher Seite längst anerkannt, denn mit den beamteten Mitgliedern verfügen etwa die Gewerkschaft ver.di oder die einzelnen Mitgliedsgewerkschaften des Deutschen Beamtenbundes über Mitglieder, für die sie keine Tarifzuständigkeit besitzen.[788]

Dieses Ergebnis findet seine Bestätigung durch die den Tarifvertragsparteien gewährten Regelungsspielräume bei der Festlegung des tariflichen Geltungsbereiches. Der tarifliche Geltungsbereich ist in persönlicher Hinsicht durch die Vertragspartner bis zur Grenze der Tarifzuständigkeit frei bestimmbar, da seine Festschreibung zum Bereich der Tarifpolitik gehört und damit dem Selbstbestimmungsrecht der Tarifparteien unterliegt. Die Vereinbarung des tariflichen Geltungsbereiches ist als Ausfluß der Tarifautonomie damit grundsätzlich von Art. 9 III 1 GG geschützt.[789] Vor diesem Hintergrund hat das Bundesarbeitsgericht zunächst die Herausnahme einzelner Arbeitnehmergruppen aus dem tariflichen Geltungsbereich gebilligt, wie zum Beispiel die Ausklammerung der leitenden Angestellten aus den Sozialkassentarifverträgen des Baugewerbes oder die der Lektoren aus dem Bundesangestelltentarifvertrag.[790] Zwar liegt in jeder Entscheidung, bestimmte Beschäftigte aus dem Geltungsbereich auszunehmen, auch eine Unterlassung. Darin kann jedoch zu Recht nicht immer ein Verstoß gegen Art. 3 I GG gesehen werden, da dann jede Differenzierung des tariflichen Geltungsbereiches unmöglich würde. Differenzierungen des tariflichen Gel-

---

[786] *Besgen*, OT-Mitgliedschaft, S. 92; *ders.*, Anm. BAG SAE 2000, 141 (147).
[787] *Junker*, Anm. BAG SAE 1997, 169 (177); *Thüsing*, ZTR 1996, 481 (483); *ders.*, Anm. zu LAG Rheinland-Pfalz LAGE Nr. 10 zu Art. 9 GG, S. 10 (13 f.).
[788] *Junker*, Anm. BAG SAE 1997, 169 (178); *Schlochauer*, Festschr. Schaub, S. 699 (701 f.); *Thüsing*, ZTR 1996, 481 (483).
[789] BAGE 48, 307 (311); BAG NZA 1991, 857 (858); *Besgen*, OT-Mitgliedschaft, S. 75 ff.; *Däubler*, Tarifvertragsrecht, Rn. 252; *Löwisch/Rieble*, § 4 TVG Rn. 22; *Ostrop*, Mitgliedschaft ohne Tarifbindung, S. 94 f.; *Wank*, in: Wiedemann, § 4 TVG Rn. 107.
[790] Vgl. BAGE 48, 307 (310 ff.); BAG NZA 1991, 857 (858).

tungsbereiches in persönlicher Hinsicht sind deshalb bis zur Willkürschwelle zulässig.[791] Für die Herausnahme einzelner Arbeitgebergruppen aus dem tariflichen Geltungsbereich kann nichts anderes gelten.[792] Auch diese Festlegung ist Ausfluß der Tarifautonomie und ein zwingender Sachgrund für eine differenzierte Behandlung der Arbeitgeberseite in dieser Frage ist nicht ersichtlich. Zu Recht hat das Bundesarbeitsgericht deshalb zuletzt auch die Ausgrenzung einzelner Arbeitgebergruppen aus dem tariflichen Geltungsbereich für zulässig erachtet.[793] Angesichts der Akzeptanz firmenbezogener Verbandstarifverträge ist dies auch nur konsequent, denn wenn diese mit einem auf ein Mitgliedsunternehmen beschränkten persönlichen Geltungsbereich abgeschlossen werden können, muß es ebenso möglich sein, ein oder mehrere Unternehmen aus dem persönlichen Geltungsbereich eines Verbandstarifvertrages auszuklammern.[794]

Grundsätzlich können damit also auch tarifunwillige Arbeitgeber aus dem tariflichen Geltungsbereich ausgespart werden.[795] Wenn nun der tarifliche Geltungsbereich in diesem Sinne in persönlicher Hinsicht differenzierbar ist, ist nicht erkennbar, warum dies nicht bereits bei Festlegung der Tarifzuständigkeit möglich sein sollte.[796] Zwar handelt es sich bei der Festlegung des tariflichen Geltungsbereiches um eine konsensuale Entscheidung beider Tarifparteien,[797] während die Beschränkung der Tarifzuständigkeit auf die tarifwilligen Arbeitgeber auf einem einseitigen Akt des Arbeitgeberverbandes beruht. Dieser Aspekt der gemeinsamen Regelung mit dem sozialen Gegenspieler ist jedoch auf der Ebene der Tarifzuständigkeit nicht entscheidend, denn so wenig wie die Gewerkschaft

---

[791] BAGE 48, 307 (311); BAG NZA 1991, 857 (858); *Besgen*, OT-Mitgliedschaft, S. 78; *Buchner*, Anm. BAG SAE 1986, 104 (114); enger wohl *Ostrop*, Mitgliedschaft ohne Tarifbindung, S. 98 f.

[792] *Besgen*, OT-Mitgliedschaft, S. 78 f.; *Buchner*, NZA 1994, 2 (3); *Ostrop*, Mitgliedschaft ohne Tarifbindung, S. 95.

[793] BAG SAE 2000, 141 (143); ebenso *Besgen*, OT-Mitgliedschaft, S. 78 f.; *ders.*, Anm. BAG SAE 2000, 141 (146); *Buchner*, NZA 1994, 2 (3); *Zachert*, Anm. BAG RdA 2000, 104 (108).

[794] *Besgen*, OT-Mitgliedschaft, S. 79 f.; *Buchner*, NZA 1994, 2 (3).

[795] *Besgen*, OT-Mitgliedschaft, S. 74 ff.; *ders.*, Anm. BAG SAE 2000, 141 (146); *Buchner*, NZA 1994, 2 (3); *Ostrop*, Mitgliedschaft ohne Tarifbindung, S. 94 ff.; *Otto*, NZA 1996, 624 (627); *Zachert*, Anm. BAG RdA 2000, 104 (108).

[796] Vgl. *Besgen*, OT-Mitgliedschaft, S. 90, 91; *ders.*, Anm. BAG SAE 2000, 141 (147).

[797] *Zachert*, Anm. BAG RdA 2000, 104 (108), hebt diesen Aspekt als entscheidenden Unterschied zur OT-Mitgliedschaft im Arbeitgeberverband hervor und stützt darauf seine Ablehnung der OT-Mitgliedschaft.

einen Anspruch auf Existenz eines tarifzuständigen Gegenspielers hat, so wenig hat sie Anspruch darauf, daß sich ein Arbeitgeber der Tarifzuständigkeit eines Verbandes unterwirft, oder daß dieser Verband seine Tarifzuständigkeit möglichst umfassend gestaltet.[798] Bedeutung erlangt dieser Umstand erst, wenn die Grenzen für die satzungsautonome Festlegung der Tarifzuständigkeit gezogen werden. Dann sind auch die Rechte der Gewerkschaft als Tarifpartnerin zu berücksichtigen, deren tarifliches Regelungsfeld durch die Herausnahme der OT-Mitglieder aus der Tarifzuständigkeit des Arbeitgeberverbandes eingeschränkt wurde, ohne daß sie darauf Einfluß nehmen konnte.

Die Tarifzuständigkeit darf also durchaus auf die Vollmitglieder beschränkt werden, während Arbeitgeber, die eine Mitgliedschaft „Ohne Tarifbindung" gewählt haben, von der tariflichen Rechtsetzungsmacht des Arbeitgeberverbandes ausgeschlossen werden können.

Als problematisch könnte sich aber schließlich der Aspekt mangelnder Publizität der persönlichen Tarifzuständigkeit erweisen. Grundsätzlich muß sich die Tarifzuständigkeit aus der Satzung ergeben. Hinsichtlich der einzelnen Arbeitgeber ergibt sich die persönliche Tarifzuständigkeit aber nur mittelbar aus der Satzung, genauer aus der Art der gewählten Mitgliedschaft. Damit stellt sich die Frage, ob dieser Publizitätsmangel, der dem sozialen Gegenspieler die Erkennbarkeit der Tarifzuständigkeit erschwert, trotz der getroffenen Satzungsregelung eine Tarifgebundenheit der OT-Mitglieder begründet.[799] Dem ist jedoch entgegenzuhalten, daß keines der Merkmale, von denen Anwendung und Wirksamkeit des Tarifvertrages abhängen (Tariffähigkeit, Tarifzuständigkeit, Geltungsbereich, Tarifbindung), von der Kenntnis des sozialen Gegenspielers oder Normunterworfenen abhängen.[800] Dieser Umstand ist für den Gegner auch nicht weiter schädlich, da die Gewerkschaft aus der tarifvertraglichen Durchführungspflicht einen Anspruch auf Offenlegung der tarifgebundenen Arbeitgeber hat, denn nur bei Bestehen eines solchen Auskunftsanspruches kann einerseits eine Einwirkungsklage gegen den Arbeitgeberverband auf Einschreiten gegen tarif-untreue Arbeitgeber erhoben und andererseits entschieden werden, welche OT-Mitglieder auf

---

[798] Näher dazu S. 155 f., 182 f.
[799] Bedenken in diesem Sinne äußern *Däubler*, NZA 1996, 225 (231); *Oetker*, in: Wiedemann, § 2 TVG Rn. 65.
[800] *Besgen*, OT-Mitgliedschaft, S. 93; im Ergebnis auch *Ostrop*, Mitgliedschaft ohne Tarifbindung, S. 121 f.

Abschluß eines Firmentarifvertrages in Anspruch genommen werden.[801] Diese Offenlegungspflicht ist auch kein Fremdkörper im Tarifrecht, da auch die Einzeltarifzuständigkeit des Arbeitgebers nach § 2 I TVG offengelegt werden muß. So hat das Bundesarbeitsgericht im Zusammenhang mit Arbeitskampffragen einen Anspruch der Gewerkschaft gegen den Arbeitgeberverband sowie den einzelnen Arbeitgeber auf Auskunft über das Bestehen eines Mitgliedschaftsverhältnisses in einem bestehenden Arbeitgeberverband anerkannt.[802] Und auch der einzelne verbands-angehörige Arbeitnehmer hat nach § 2 I Nr. 10 NachweisG einen Anspruch auf Auskunft, ob sein Arbeitgeber Mitglied einer Tarifvertragspartei ist.

b) *Statutarische Differenzierung der Tarifbindung nach Mitgliedschaftskategorien*

Grundsätzlich sind die Arbeitgeberverbände auf Grundlage des für sie geltenden allgemeinen privaten Vereinsrechts[803] berechtigt, unterschiedliche Mitgliedschaftsformen anzubieten. Auf vereinsrechtlicher Ebene ist insoweit anerkannt, daß ein Verein mehrere Mitgliedschaftskategorien einrichten und diese unter der Prämisse sachlicher Rechtfertigung mit unterschiedlichen Rechten und Pflichten ausstatten kann.[804] Für Aktiengesellschaften beispielsweise sind verschiedene Mitgliedschaften in Gestalt von Stammaktien und (stimmrechtslosen) Vorzugsaktien sogar gesetzlich vorgesehen. Geläufig sind in der vereinsrechtlichen Praxis zudem Formen der Gast-, Ehren- und Fördermitgliedschaft.[805] Die bei Berufsverbänden zu beachtende grundrechtliche Überlagerung des Vereinsrechts durch Art. 9 III GG fordert keine andere Sichtweise. Im Gegenteil, die den Arbeitgeberverbänden in gleicher Weise wie den Arbeitnehmerverbänden zustehende Organisationsautonomie[806] umfaßt neben der Selbstbestimmung über den

---

[801] Vgl. *Besgen*, OT-Mitgliedschaft, S. 93; *Buchner*, NZA 1994, 2 (3); *Ostrop*, Mitgliedschaft ohne Tarifbindung, S. 123; ähnlich *Moll*, Tarifausstieg, S. 30, der diesen Anspruch unmittelbar aus Art. 9 III GG herleitet.
[802] Vgl. BAG AP Nr. 116 zu Art. 9 GG Arbeitskampf, Bl. 3R.
[803] Vgl. S. 70 ff.
[804] BAG NJW 1996, 143 (151); *Buchner*, NZA 1995, 761 (765); *Soergel/Hadding*, § 38 BGB Rn. 4; *Moll*, Tarifausstieg, S. 26; *Ostrop*, Mitgliedschaft ohne Tarifbindung, S. 40 f; *Reichert*, Hdb. Vereinsrecht, Rn. 497 ff.; *Stöber*, Hdb. Vereinsrecht, Rn. 129.
[805] Ausführlich zur Gastmitgliedschaft in Tarifverbänden *Ostrop*, Mitgliedschaft ohne Tarifbindung, S. 63 ff.
[806] Vgl. S. 32 f.

inneren Aufbau[807] und der Wahl der Organisationsform, die der Koalitionszweckverfolgung am besten dient,[808] gerade auch das Recht, verschiedene Arten der Mitgliedschaft einzurichten.[809]

Den Arbeitgeberverbänden ist es auf Grundlage ihrer Satzungsautonomie also grundsätzlich gestattet, unterschiedliche Mitgliedschaftsformen zu schaffen und einzelne Mitgliedergruppen bei gegebenem Sachgrund im Vergleich zur Vollmitgliedschaft mit einer anderen Rechtsstellung auszustatten. Da durch die OT-Mitgliedschaft letztlich verhindert werden soll, daß die tarifunwilligen Arbeitgeber an den Verbandstarif gebunden werden, kann die Zulässigkeit dieser Mitgliedschaftsform nicht isoliert von § 3 I TVG betrachtet werden. Es stellt sich die Frage, ob die von § 3 I TVG geregelte Tarifgebundenheit über die statutarische Etablierung differenzierter Mitgliedschaftsformen beeinflußbar ist. Diese Frage muß verneint werden, sollte § 3 I TVG die Tarifgebundenheit aller Mitglieder mit Ausnahme der Gastmitglieder völlig unabhängig vom Willen der Mitglieder und von der konkreten Satzungsgestaltung anordnen.[810]

Diese Auslegung des § 3 I TVG hält einer näheren Überprüfung jedoch nicht stand. Der Wortlaut des § 3 I TVG spricht weniger dafür, daß *alle* Mitglieder der Tarifvertragsparteien kraft Mitgliedschaft tarifgebunden sind; überzeugender ist die Lesart, daß *nur* die Mitglieder der Tarifvertragsparteien der Tarifgebundenheit unterliegen. Die Norm stellt damit klar, was sich schon aus Art. 9 III GG ergibt: Die Normsetzungskompetenz der Koalitionen erstreckt sich im Grundsatz nur auf die Mitglieder der Tarifparteien.[811] Der systematische Zusammenhang mit § 3 II, III TVG, die ausnahmsweise Ausdehnungen der Tarifbindung auf Nichtmitglieder vorsehen, zielt in die gleiche Richtung.[812] § 3 I TVG enthält also keine Grundentscheidung des Gesetzgebers, daß ein Tarifvertrag sämtliche Koalitionsmitglieder erfassen muß, sondern nur, daß Nichtmitglieder grundsätzlich nicht erfaßt werden.

---

[807] BVerfGE 50, 290 (373); 92, 365 (403); 94, 268 (282 f.).
[808] *Moll*, Tarifausstieg, S. 26; *Säcker*, Grundprobleme, S. 61.
[809] *Moll*, Tarifausstieg, S. 26.
[810] Vgl. *Däubler*, ZTR 1994, 448 (453); *ders.*, NZA 1996, 225 (231); *Feger*, AiB 1995, 490 (502 f); ähnlich, *Dietz*, Festschr. Nipperdey II, S. 141 (143 f.); vgl. auch *Kempen/ Zachert*, § 2 TVG Rn. 90.
[811] *Besgen*, OT-Mitgliedschaft, S. 99; *Junker*, Anm. BAG SAE 1997, 169 (179); *Ostrop*, Mitgliedschaft ohne Tarifbindung, S. 118 f.; *Reuter*, RdA 1996, 201 (203); *Schlochauer*, Festschr. Schaub, S. 699 (709); *Thüsing*, ZTR 1996, 481 (483 f.).
[812] *Buchner*, NZA 1995, 761 (767 f.); *Junker*, Anm. BAG SAE 1997, 169 (179); *Reuter*, RdA 1996, 201 (203).

Damit kann es nur noch darauf ankommen, wer Mitglied im Sinne des § 3 I TVG ist. Da die Arbeitgeberverbände überwiegend als rechtsfähige Vereine organisiert sind, richtet sich der Mitgliedschaftsbegriff zunächst nach privatem Vereinsrecht. Maßgeblich für die Klassifizierung eines Rechtsverhältnisses als Mitgliedschaft ist damit die organisatorische Eingliederung in den Verein und die Innehabung der grundlegenden Teilhaberechte, zu denen das Stimmrecht, das aktive und das passive Wahlrecht gehören.[813] Das Mitglied ohne Tarifbindung hat mit Ausnahme der fehlenden Mitwirkungmöglichkeiten im Tarifbereich die gleichen Rechte und Pflichten wie das Mitglied mit Tarifbindung. Im übrigen sind beide in den statusmäßigen Rechten völlig gleichgestellt, zahlen den vollen Mitgliedschaftsbeitrag und haben die gleiche Förder- und Treuepflicht gegenüber dem Verein. Mitglieder ohne Tarifbindung sind daher vereinsrechtlich gesehen Vollmitglieder; diese sind grundsätzlich nach § 3 I TVG tarifgebunden.

Nicht außer acht gelassen werden darf jedoch, daß der Mitgliedschaftsbegriff hier insoweit tarifrechtlich überlagert wird, als der Sinn und Zweck der gesetzlichen Regelung der Tarifgebundenheit berücksichtigt werden muß. Tarifliche Normsetzung muß wie jede Normsetzung und jede drittbezogene Regelungszuständigkeit durch die Normunterworfenen legitimiert sein.[814] Ohne diese Rückkoppelung an den Individualwillen der Normgebundenen wäre die tarifvertragliche Rechtsetzung eine mit der Privatautonomie schwerlich zu vereinbarende Fremdbestimmung. Aus diesem Grund erfordert die tarifliche Normgebung die Ermächtigung durch die Arbeitgeber und Arbeitnehmer. Vor diesem Hintergrund will § 3 I TVG sicherstellen, daß nur diejenigen Arbeitgeber und Arbeitnehmer der normativen Tarifwirkung unterliegen, die durch ihre Mitgliedschaft die Verbände zur Normsetzung legitimieren und sich auf diese Weise ihrer Regelungsmacht unterwerfen. Hieraus folgt zugleich, daß diejenigen Mitglieder, die zwar dem Verband angehören wollen, sich aber nicht der tariflichen Regelungsmacht unterworfen haben, nicht tarifgebunden sein können. Die Tarifbin-

---

[813] BAG AP Nr. 12 zu § 3 TVG Verbandszugehörigkeit, Bl. 1R; *Reichert*, Hdb. Vereinsrecht, Rn. 470 ff.
[814] BVerfGE 44, 322 (347); 64, 208 (214 ff.); *Besgen*, OT-Mitgliedschaft, S. 94 f.; ders., Anm. BAG SAE 2000, 141 (147 f.); *Biedenkopf*, Grenzen, S. 47 f., 52; *Buchner*, NZA 1995, 761 (767 f.) *Dietz*, Festschr. Nipperdey II, S. 141 (142); *Gamillscheg*, Kollekt. ArbR I, S. 559; *Moll*, Tarifausstieg, S. 22 f.; *Schüren*, Legitimation tariflicher Normsetzung, S. 238. Siehe dazu schon, S. 97 f.

dung ist also nicht allein Ausfluß der Mitgliedschaft, vorhanden sein muß immer auch eine dem Verband erteilte Regelungsermächtigung.[815]
Die Tarifbindung nach § 3 I TVG verlangt also neben dem Verbandsbeitritt auch die Willensentschließung des einzelnen Mitglieds, sich der Normsetzungskompetenz des jeweiligen Verbandes zu unterwerfen. Ob das Mitglied mit der Beitrittserklärung dem Verband auch eine tarifliche Regelungsermächtigung erteilt, richtet sich nach dem erworbenen und in der Satzung näher ausgestalteten Mitgliederstatus. Bietet ein Arbeitgeberverband zusätzlich zur Vollmitgliedschaft eine OT-Mitgliedschaft an, legt die Satzung fest, daß die Arbeitgeber, die die Vollmitgliedschaft wählen, den Verband zum Abschluß von Tarifverträgen bevollmächtigen.[816] Diese Arbeitgeber ermächtigen den Verband folglich durch ihren Beitritt, ihnen gegenüber verbindliche Tarifregelungen zu treffen, und sie sind damit tarifgebunden. Demgegenüber verweigern die Arbeitgeber, die als Mitglieder „Ohne Tarifbindung" beitreten, dem Verband die Legitimation zur Normgebung. Diese Verbandsangehörigen sind mithin keine tarifgebundenen Mitglieder im Sinne des § 3 I TVG.

Die Schaffung einer OT-Mitgliedschaft verstößt also nicht gegen § 3 I TVG. Die satzungsmäßige Gestaltung verschiedener Mitgliedschaftsformen mit differenzierter Tarifbindung ist damit zulässig. Dieses Ergebnis läßt sich nicht mit einem Hinweis auf die Zulässigkeit von Gastmitgliedschaften und deren fehlender Tarifgebundenheit stützen.[817] Das Bundesarbeitsgericht rechtfertigt die Zulässigkeit fehlender Tarifbindung nämlich damit, daß es sich bei Gastmitgliedern gerade nicht um vereinsrechtliche Vollmitglieder handelt, da ihnen keinerlei Stimm-, Wahl- oder sonstiges Mitentscheidungsrecht eingeräumt wird.[818] Entnehmen läßt sich diesem Urteil aber jedenfalls, daß die Tarifgebundenheit nicht schlechthin von der Mitgliedschaft an sich abhängig gemacht werden kann, sondern daß dem Willen des Mitglieds und der satzungsmäßigen Gestaltung des

---

[815] *Besgen*, OT-Mitgliedschaft, S. 100; *ders.*, Anm. BAG SAE 2000, 141 (147 f.); *Buchner*, NZA 1995, 761 (767 f.); *Moll*, Tarifausstieg, S. 22 f.; *Ostrop*, Mitgliedschaft ohne Tarifbindung, S. 118 f.; *Otto*, NZA 1996, 624 (628); *Schlochauer*, Festschr. Schaub, S. 699 (709); ähnlich LAG Rheinland-Pfalz, NZA 1995, 800 (801 f.).

[816] Vgl. § 4 Ziff. 2 Satz 5 der Satzung des Verbandes der holz- und kunststoffverarbeitenden Industrie Rheinland-Pfalz e.V.; § 6 Ziff. 3 Satz 1 der Satzung des Verbandes der Nord-Westdeutschen Textilindustrie e.V.

[817] Vgl. dazu BAG AP Nr. 12 zu § 3 TVG Verbandszugehörigkeit.

[818] BAG AP Nr. 12 zu § 3 TVG Verbandszugehörigkeit, Bl. 1R; vgl. auch *Buchner*, Anm. BAG SAE 1987, 107 (110); *Thüsing*, ZTR 1996, 481 (482).

Mitgliedschaftsverhältnisses wesentlicher Einfluß auf die Definition der Mitgliedschaft im Sinne von § 3 I TVG zukommen.[819]

Die Zulässigkeit einer Mitgliedschaft ohne Tarifbindung kann sich schließlich zusätzlich auf die negative Koalitionsfreiheit stützen. Die Wahl dieser Mitgliedschaftsform ist als Inanspruchnahme des Grundrechts der negativen Koalitionsfreiheit zu sehen. Die verfassungsrechtliche Gleichstellung von negativer und positiver Koalitionsfreiheit[820] ist nicht ohne Einfluß auf die rechtliche Bewertung der OT-Mitgliedschaft. Zwar kann nicht logisch zwingend vom verfassungsrechtlichen Schutz des Außenseiters im Verbandstarifgeschen „erst recht" auf die Zulässigkeit der Verbandsmitgliedschaft geschlossen werden.[821] Aber der Schutz des „Fernbleiberechts" durch das Grundgesetz ist ein gewichtiges Argument gegen die Vorstellung, die Koalitionsfreiheit könne funktionsgerecht nur durch den Koalitionsbeitritt mit Unterwerfung unter den Verbandstarifvertrag ausgeübt werden.[822]

c)   Verbands- und koalitionsverfassungsrechtliche Schranken

Die Schaffung einer OT-Mitgliedschaft im Wege der Statuierung einer persönlich beschränkten Tarifzuständigkeit ist also grundsätzlich möglich. Die Satzungsautonomie unterliegt jedoch Beschränkungen. Gegen die Etablierung einer OT-Mitgliedschaft werden in vereinsrechtlicher Hinsicht vor allem Bedenken im Bezug auf den verbandsrechtlichen Gleichbehandlungsgrundsatz erhoben.

---

[819] *Besgen*, OT-Mitgliedschaft, S. 96 f.; *Buchner*, NZA 1995, 761 (768); *Schlochauer*, Festschr. Schaub, S. 699 (709).

[820] Vgl dazu S. 23 f.

[821] So aber LAG Rheinland-Pfalz, NZA 1995, 800 (802); ähnlich *Ostrop*, Mitgliedschaft ohne Tarifbindung, S. 118; *Schlochauer*, Festschr. Schaub, S. 699 (711); kritisch dazu *Junker*, Anm. BAG SAE 1997, 169 (174); *Reuter*, RdA 1996, 201 (202); *Thüsing*, Anm. zu LAG Rheinland-Pfalz LAGE Nr. 10 zu Art. 9 GG, S. 10 (11).

[822] *Junker*, Anm. BAG SAE 1997, 169 (179); *Reuter*, RdA 1996, 201 (203 f.); *Schlochauer*, Festschr. Schaub, S. 699 (711). In diesem Zusammenhang wird weiter darauf verwiesen, daß Art. 9 III GG sowohl den Beitritt eines Arbeitgebers zu einem tarifunfähigen Verband als auch den zu einem tariffähigen Verband schützt. Daraus kann jedoch entgegen *Besgen*, OT-Mitgliedschaft, S. 99; *ders.*, Anm. BAG SAE 2000, 141 (148), nicht gefolgert werden, daß die Bündelung beider Alternativen in einem Verband in Form der T- und OT-Mitgliedschaft zulässig sein muß. Denn es geht ja gerade um die Frage, ob diese Bündelung, die die Vorteile der Mitgliedschaft ohne Inkaufnahme der Tarifbindung gewährt, mit dem Tarifrecht in Einklang steht. Insoweit gilt es gerade zu klären, ob sich der Arbeitgeber nicht zwingend zwischen einem tariffähigen und einem nicht tariffähigen Verband entscheiden muß.

Koalitionsverfassungsrechtlich könnte die OT-Mitgliedschaft, weil sie zu einem Mehr an Firmentarifverträgen führt, die Ordnungsfunktion der Tarifverträge beeinträchtigen und die Betätigung der Gewerkschaften erschweren. Schließlich wird in dieser Mitgliedschaftsform auch eine Gefahr für die Parität der Tarifparteien gesehen.

aa) Vereinsrechtliche Schranken

Aus vereinsrechtlicher Warte werden Zweifel an der Vereinbarkeit der OT-Mitgliedschaft mit dem Gleichbehandlungsgrundsatz[823] geäußert. Die Einwände richten sich nicht gegen die Zulässigkeit der OT-Mitgliedschaft schlechthin, sondern gegen einzelne inhaltliche Ausformungen dieser Mitgliedschaftsform in den Satzungen. Dementsprechend zieht der Verstoß gegen den Gleichbehandlungsgrundsatz nur die Unwirksamkeit dieser konkreten Satzungsregelung nach sich, keinesfalls aber die Unwirksamkeit der OT-Mitgliedschaft oder die Tarifgebundenheit der OT-Mitglieder.

Der Gleichbehandlungsgrundsatz gebietet dem Verein, im Verhältnis zu seinen Mitgliedern gleiche Sachverhalte gleich zu behandeln,[824] woraus insbesondere die Verpflichtung folgt, den Mitgliedern gleiche Mitwirkungsrechte einzuräumen.[825] Sachliche Gründe können allerdings eine Ungleichbehandlung rechtfertigen.[826] Diese können insbesondere in einem Einverständnis des Mitglieds mit der Ungleichbehandlung liegen[827] oder aber sich aus der mitgliedschaftlichen Position des einzelnen innerhalb des Vereins ergeben.[828] Verstöße gegen den Gleichbehandlungsgrundsatz werden zum einen dem Ausschluß der OT-Mitglieder vom Stimmrecht in tarif- und arbeitskampfpolitischen Fragen[829] und zum

---

[823] Zur Rechtsgrundlage des verbandsrechtlichen Gleichbehandlungsgrundsatzes S. 135 f.
[824] *Reichert*, Hdb. Vereinsrecht, Rn. 545; *Stöber*, Hdb. Vereinsrecht, Rn. 129, 171 ff.; *Staudinger/Weick*, § 35 BGB Rn. 13.
[825] BGHZ 55, 381 (384); *Soergel/Hadding*, § 32 Rn. 22; *Staudinger/Weick*, § 32 BGB Rn. 19.
[826] BGHZ 47, 381 (385 f.); *Soergel/Hadding*, § 32 BGB Rn. 22; *Leßmann*, Wirtschaftsverbände, S. 253; *Reichert*, Hdb. Vereinsrecht, Rn. 545; *Stöber*, Hdb. Vereinsrecht, Rn. 172.
[827] *Hueck*, Grundsatz, S. 250 ff.; *Junker*, Anm. BAG SAE 1997, 169 (176); *Reichert*, Hdb. Vereinsrecht, Rn. 549; *Zöllner*, Schranken mitgliedschaftlicher Stimmrechtsmacht, S. 302 f.
[828] *Soergel/Hadding*, § 38 BGB Rn. 19; *Staudinger/Weick*, § 35 BGB Rn. 13.
[829] So *Schaub*, BB 1994, 2006 (2007); *ders.*, BB 1995, 2003 (2005).

anderen der einheitlichen Beitragsbelastung der T- und OT-Mitglieder entnommen.[830]

aaa) Ausgestaltung des Stimmrechts

OT-Mitglieder sind in der Mitgliederversammlung vom Stimmrecht ausgeschlossen, soweit es um tarifliche oder arbeitskampfpolitische Belange des Verbandes geht. In den Ausschüssen des Arbeitgeberverbandes, die sich mit Tarif- und Arbeitskampffragen befassen, ist entweder schon die Besetzung den tarifgebundenen Mitgliedern vorbehalten oder zumindest ist deren alleinige Entscheidungszuständigkeit statutarisch sichergestellt. Diese Differenzierung der Mitgliedschaftsrechte entspricht der unterschiedlichen Betroffenheit der Mitgliedergruppen durch diese Vereinsangelegenheiten und ist damit sachlich gerechtfertigt.[831] Der Ausschluß der OT-Mitglieder von der Willensbildung in Tarif- und Arbeitskampffragen ist vielmehr geradezu geboten, da der Gleichbehandlungsgrundsatz nicht nur sachbedingte Differenzierungen nicht verbietet, sondern sogar verlangt.

bbb) Beitragserhebung

Arbeitgeberverbände erheben Beiträge von Mitgliedern, aus denen neben der sonstigen Verbandstätigkeit auch die tarifpolitische Arbeit und der Arbeitskampffonds finanziert werden. Die Beitragsordnung differenziert in der derzeitigen Praxis nicht zwischen Verbandsmitgliedern mit und ohne tarifvertragliche Bindung,[832] so daß die OT-Mitglieder an der Aufbringung der Mittel für die tarif- und arbeitskampfpolitische Arbeit beteiligt werden.

---

[830] *Röckl*, DB 1993, 2382 (2383 f.).
[831] *Besgen*, OT-Mitgliedschaft, S. 123; *Buchner*, NZA 1995, 761 (766); *Däubler*, NZA 1996, 225 (230); *Feger*, AiB 1995, 490 (502); *Moll*, Tarifausstieg, S. 74, 75; *Ostrop*, Mitgliedschaft ohne Tarifbindung, S. 109 f.; *Otto*, NZA 1996, 624 (629); *Röckl*, DB 1993, 2382 (2383); *Schlochauer*, Festschr. Schaub, S. 699 (712); *Thüsing*, ZTR 1996, 481 (484).
[832] Vgl. etwa § 11 Ziff. 1 Satz 1 der Satzung des Verbandes der holz- und kunststoffverarbeitenden Industrie Rheinland-Pfalz e.V.; § 3 Ziff. 4 b Satz 7, § 14 der Satzung des Verbandes der Nord-Westdeutschen Textilindustrie e.V.

(1) Finanzierung der tarifpolitischen Arbeit

Die einheitliche Beitragsbelastung der T- und OT-Mitglieder behandelt ungleiche Sachverhalte gleich. Dies ist nach dem Gleichbehandlungsgrundsatz zulässig, wenn sachliche Gründe vorliegen. Da die OT-Mitglieder nicht unmittelbar an der tarifpolitischen Arbeit partizipieren, wird eine sachliche Rechtfertigung der einheitlichen Beiträge teilweise in Frage gestellt.[833] Zur Rechtfertigung kann auch nicht auf die Möglichkeit der OT-Mitglieder verwiesen werden, jederzeit zur Vollmitgliedschaft überzuwechseln.[834] Denn die tariflichen Regelungen wirken dann nur ex nunc ab dem Zeitpunkt des Übertritts. Die Zahlung des zur Finanzierung der Tarifpolitik vorgesehenen Beitragsteils läßt sich also für die Vergangenheit nicht rechtfertigen.[835] Etwas anderes könnte allenfalls gelten, wenn die Beitragsleistungen die Aussicht des OT-Mitglieds auf Aufnahme als Vollmitglied im Vergleich zum Außenseiter-Arbeitgeber verbessern. Dies ist jedoch nicht der Fall. Der Arbeitgeberverband unterliegt einem Aufnahmezwang[836] und kann Außenseiter nur bei Bestehen eines sachlichen Grundes abweisen. Genau dies gilt hinsichtlich eines Wechsels zur Vollmitgliedschaft aber auch.[837] Die Möglichkeit, den Mitgliedschaftsstatus zu wechseln, rechtfertigt also die gleichmäßige Beitragserhebung nicht.

Die Einbeziehung der nicht tarifgebundenen Mitglieder in die Finanzierung der tarifpolitischen Arbeit des Arbeitgeberverbandes könnte jedoch auf die mittelbaren Vorteile gestützt werden, die diese durch die verbandsweite Regelung der Arbeitsbedingungen erlangen. Die Tarifabschlüsse des Verbandes haben Leitfunktion auch für die Gestaltung der Arbeitsbedingungen bei den tariffreien Arbeitgebern; die durch den Verbandstarif gesetzten Maßstäbe innerhalb der Branche können auch Außenseiter bei der Aushandlung von Firmentarifverträgen, Betriebsvereinbarungen oder Einzelarbeitsverträgen nicht unberücksichtigt lassen.[838] Es ist deshalb nicht zu verkennen, daß die OT-Mitglieder durchaus ein

---

[833] *Däubler*, ZTR 1994, 448 (453); *Röckl*, DB 1993 2382 (2384).
[834] So aber *Buchner*, NZA 1995, 761 (766); *Otto*, NZA 1996, 624 (630); *Schlochauer*, Festschr. Schaub, S. 699 (713); *Thüsing*, ZTR 1996, 481 (484); vgl. auch *Buchner*, NZA 1994, 2 (8 Fn. 33).
[835] *Moll*, Tarifausstieg, S. 76; *Reuter*, RdA 1996, 201 (207) in bezug auf den Streikfond.
[836] Siehe S. 79 f.
[837] Vgl. BGHZ 105, 306 (317); *Moll*, Tarifausstieg, S. 77; *Reuter*, RdA 1996, 201 (207).
[838] *Buchner*, NZA 1995, 761 (766); *Junker*, Anm. BAG SAE 1997, 169 (176); *Otto*, NZA 1996, 624 (630); *Reuter*, RdA 1996, 201 (207); *Schlochauer*, Festschr. Schaub, S. 699 (713).

eigenes Interesse an einer offensiven und durchsetzungsstarken Tarifarbeit haben, die durch den Mitgliedsbeitrag gefördert wird. Der tarifunwillige Arbeitgeber wird indes gerade eine Mitgliedschaft ohne Tarifbindung erwerben, um von der tarifvertraglichen Regelungsmacht der Verbände ausgenommen zu sein. Ihm kommt es darauf an, für sein Unternehmen maßgeschneiderte Arbeitsbedingungen auszuhandeln, die seiner Wettbewerbssituation zuträglicher sind als der Verbandstarif. Gemessen daran ist die Signalwirkung des Verbandstarifvertrages eher nachteilig. Ein Arbeitgeber ohne Tarifbindung darf deshalb nicht zur Finanzierung derjenigen tariflichen Ordnung herangezogen werden, der er sich zulässigerweise zu entziehen sucht.[839] Zudem ist es widersprüchlich, die gleichen Pflichten mit dem Vorliegen und die ungleichen Rechte mit dem Fehlen des Interesses von OT-Mitgliedern an der Verbandstarifauseinandersetzung zu begründen.[840] Die undifferenzierte Beitragserhebung für T- und OT-Mitglieder kann sich mithin nicht auf ein mittelbares Interesse des OT-Mitglieds an erfolgreichen Tarifabschlüssen stützen.

Ein sachlicher Grund für die gleichmäßige Beitragserhebung liegt allerdings vor, wenn den OT-Mitgliedern vergleichbare Leistungen zur Verfügung gestellt werden wie den tarifgebundenen Mitgliedern.[841] Wenn die Satzung ihnen einen Anspruch auf Beratung, Mitwirkung und Vertretung durch den Verband beim Abschluß eines Firmentarifvertrages einräumt,[842] werden sie hinsichtlich der vom Verband angebotenen Leistungen nicht benachteiligt. In diesem Fall ist die einheitliche Beitragserhebung vor dem Hintergrund des Gleichbehandlungsgrundsatzes nicht zu beanstanden.

(2) Arbeitskampffonds

Eine weitere Kernfrage ist, ob nicht tarifgebundene Arbeitgeber über ihre Beitragsleistungen an der Finanzierung der Arbeitskampffonds in gleicher Weise beteiligt werden dürfen wie T-Mitglieder. Wie bei der Frage der Finanzierung der allgemeinen tarifpolitischen Arbeit hängt die Zulässigkeit auch hier davon

---

[839] *Moll*, Tarifausstieg, S: 78; *Reuter*, RdA 1996, 201 (207).
[840] *Reuter*, RdA 1996, 201 (207).
[841] *Buchner*, NZA 1995, 761 (767); *Moll*, Tarifausstieg, S. 78; *Ostrop*, Mitgliedschaft ohne Tarifbindung, S. 110.
[842] § 5 Ziff. 3 Satz 2 der Satzung des Verbandes der holz- und kunststoffverarbeitenden Industrie Rheinland-Pfalz e.V.

ab, ob die Satzung[843] den OT-Mitgliedern vergleichbare Leistungen aus dem Unterstützungsfonds zubilligt wie den tarifgebundenen Arbeitgebern.[844] Denn wie gesehen trägt weder der Hinweis auf den möglichen Wechsel des Mitgliedschaftsstatus[845] noch der auf ein mittelbares Interesse der OT-Mitglieder an einer offensiven und durchsetzungsfähigen Tarifarbeit einschließlich des Arbeitskampfes[846] eine gleichmäßige finanzielle Belastung der tarifgebundenen und der tariffreien Mitglieder zur Finanzierung der Tarif- und Arbeitskampfpolitik des Verbandes. Werden den OT-Mitgliedern also keine Unterstützungsleistungen aus dem Arbeitskampffonds gewährt, darf ihnen nach dem Gleichbehandlungsgrundsatz nicht die gleiche Beitragslast aufgebürdet werden wie den tarifgebundenen Mitgliedern. Sie muß mindestens auf einen in der Höhe geminderten Solidaritätsbeitrag zurückgeführt werden.[847] Haben die OT-Mitglieder dagegen Anteil an der Arbeitskampfunterstützung, kann damit eine einheitliche Beitragslast korrespondieren.[848]

Gegen eine solche Unterstützung der OT-Mitglieder im Arbeitskampf ist nichts einzuwenden. Der Verband muß lediglich auf Kampfmaßnahmen zugunsten des OT-Mitglieds verzichten, da diese als Sympathiearbeitskampf unzulässig wären.[849] Die Einbeziehung der OT-Mitglieder in Unterstützungsleistungen ist mit einem Sympatiearbeitskampf jedoch nicht vergleichbar, da es sich dabei um einen Akt innerverbandlicher Solidarität zwischen den Arbeitgebern handelt und nicht um den Einsatz von Kampfmitteln gegen einen tariflich nicht beteiligten

---

[843] Die Richtlinien des Verbandes der holz- und kunststoffverarbeitenden Industrie Rheinland-Pfalz e.V. beispielsweise sehen eine Unterstützung der OT-Mitglieder aus dem Arbeitskampffonds vor; anders dagegen § 4 II 1 der Satzung des Verbandes der mitteldeutschen Bekleidungsindustrie vom 3.12.1993.

[844] Eine gleichmäßige Finanzierung des Streikfonds generell verwerfend: *Däubler*, ZTR 1994, 448 (453); *ders.*, NZA 1996, 225 (230) *Feger*, AiB 1995, 490 (502); *Röckl*, DB 1993, 2382 (2384).

[845] So aber auch hinsichtlich des Arbeitskampffonds *Otto*, NZA 1996, 624 (630); *Schlochauer*, Festschr. Schaub, S. 699 (713 f.); *Thüsing*, ZTR 1996, 481 (484).

[846] So in bezug auf die Finanzierung des Streikfonds auch *Buchner*, NZA 1995, 761 (767); *Junker*, Anm. BAG SAE 1997, 169 (176).

[847] So auch *Reuter*, RdA 1996, 201 (207).

[848] *Besgen*, OT-Mitgliedschaft, S. 124; *Buchner*, NZA 1995, 761 (767); *Moll*, Tarifausstieg, S. 79; *Ostrop*, Mitgliedschaft ohne Tarifbindung, S. 112 ff.; *Otto*, NZA 1996, 624 (639).

[849] *Buchner*, NZA 1994 2 (8); *Otto*, NZA 1996, 624 (630); zur Zulässigkeit von Sympathiearbeitskämpfen allgemein vgl. BAG AP Nr. 85 zu Art. 9 GG Arbeitskampf.

Gegenspieler.[850] Im übrigen muß den wechselseitigen Interessen von Verband und OT-Mitgliedern im Arbeitskampf Rechnung getragen werden. Beim praktizierten Modell einer OT-Mitgliedschaft läßt sich das Arbeitskampfgeschehen um einen Ver-bandstarifvertrag nicht isoliert von dem um einen Firmentarifvertrag des OT-Mitglieds beurteilen. Denn in einen Verbandsarbeitskampf kann von der Gewerkschaft zumindest dann auch ein Außenseiter-Arbeitgeber einbezogen werden, wenn sie diesem gegenüber die gleiche Tarifforderung erhebt.[851] In dieser Situation kann dem Verband daran gelegen sein, auch die Außenseiter durch Unterstützungsleistungen in die Solidarität des Arbeitgeberlagers einzubeziehen. Bei OT-Mitgliedern ist dies im Gegensatz zu Nichtmitgliedern auch möglich, da mit ihnen Tarifziele und Tarifstrategien koordiniert werden können. Dementsprechend ist es zulässig, wenn der Verband die OT-Mitglieder zumindest auch zu seinem eigenen Vorteil an den Unterstützungsleistungen des Streikfonds teilhaben läßt.[852] Die Satzung kann also die finanzielle Unterstützung der nicht tarifgebundenen Arbeitgeber im Arbeitskampf vorsehen.[853]

Es bleibt die Frage nach den Mitwirkungsrechten der OT-Mitglieder an der Entscheidung über den Einsatz und die Verteilung der Finanzmittel aus dem Arbeitskampffonds. Letztlich muß ihnen dies verwehrt werden, um auszuschließen, daß sie bestimmenden Einfluß auf das Arbeitskampfverhalten und damit die Tarifpolitik gewinnen.[854] Eine Mitwirkung unterhalb dieser Schwelle, beispielsweise bei der Verwaltung des Fonds, ist jedoch zulässig.[855] Die Rechtsposition der OT-Mitglieder wird dadurch auch nicht in unzulässiger Weise beein-

---

[850] *Buchner*, NZA 1994, 2 (8). Die Gewerkschaft kann dies allerdings mit einem ausnahmsweise zulässigen Sympathiestreik gegen andere Verbandsmitglieder beantworten, vgl. dazu BAG AP Nr. 89 zu Art. 9 GG Arbeitskampf; *Besgen*, OT-Mitgliedschaft, S. 120 f.; *Reuter*, RdA 1996, 201 (205); enger *Zöllner/Loritz*, Arbeitsrecht, § 41 XI.

[851] Vgl. BAG AP Nr. 116 zu Art. 9 GG Arbeitskampf; *Buchner*, NZA 1994, 2 (8); *Junker*, Anm. BAG SAE 1997, 169 (180); *Moll*, Tarifausstieg, S. 81; *Ostrop*, Mitgliedschaft ohne Tarifbindung, S. 120, 124 f.

[852] So im Ergebnis: *Besgen*: OT-Mitgliedschaft, S. 123 f.; *Buchner*, NZA 1994, 2 (8); *Moll*, Tarifausstieg, S. 79 ff.; *Ostrop*, Mitgliedschaft ohne Tarifbindung, S. 112 f.; *Otto*, NZA 1996, 624 (630); *Reuter*, RdA 1996, 201 (205, 206 f.); *Schlochauer*, Festschr. Schaub, S. 699 (713 f.); *Thüsing*, ZTR 1996, 481 (484).

[853] Dadurch wird diese zu einer satzungsmäßigen Aufgabe des Verbandes. Damit handelt es sich dann nicht mehr um eine unzulässige Unterstützung verbandsfremder Ziele aus Verbandsmitteln, so die Kritik von *Röckl*, DB 1993, 2382 (2384); wie hier: *Moll*, Tarifausstieg, S. 79; *Otto*, NZA 1996, 624 (630); *Reuter*, RdA 1996, 201 (206).

[854] *Buchner*, NZA 1995, 761 (767); *Moll*, Tarifausstieg, S. 80; *Otto*, NZA 1996, 624 (630); vgl. dazu S. 189 f.

[855] Im Ergebnis so auch *Buchner*, NZA 1995, 761 (767); *Otto*, NZA 1996, 624 (630).

trächtigt[856]. Die Mittelzuweisung aus dem Arbeitskampffonds liegt zwar im Ermessen des zuständigen Organs,[857] dessen Entscheidung ist jedoch wieder an den Gleichbehandlungsgrundsatz gebunden.[858] Es ist also gewährleistet, daß der nicht tarifgebundene Arbeitgeber bei gleicher Sachlage die gleichen Mittel beanspruchen kann wie die in den Verbandstarif einbezogenen Mitglieder.[859]

bb) Koalitionsverfassungsrechtliche Schranken

Die Etablierung einer OT-Mitgliedschaft könnte jedoch die Grenzen überschreiten, die der Satzungsautonomie der Berufsverbände durch Art. 9 III GG gezogen sind. Zu untersuchen ist insoweit, ob sich aus der Funktionsgebundenheit koalitionärer Organisationsautonomie oder aufgrund kollidierender Rechtspositionen der Gewerkschaft Einwände gegen die Zulässigkeit des Modells einer OT-Mitgliedschaft ergeben.

Mit dem Modell der OT-Mitgliedschaft bündelt der Arbeitgeberverband seine Kräfte, ohne daß jedoch alle Arbeitgeber die Konsequenz der Tarifgebundenheit tragen müssen. Die Gewerkschaft ist in der Folge gezwungen, ein Mehr an Firmentarifverträgen anzustreben. Dies erschwert die koalitionsmäßige Betätigung der Arbeitnehmerverbände und zersplittert zudem in gewissem Umfang die Tariflandschaft. Die Einführung der OT-Mitgliedschaft könnte damit nachteilig auf die Parität der Sozialpartner und auf die Erfüllung der ihnen übertragenen Ordnungsfunktion einwirken und aus diesen Gründen die Funktionsfähigkeit der Tarifautonomie beeinträchtigen.

aaa) Funktionswidrigkeit der OT-Mitgliedschaft

Im Verzicht des einzelnen Arbeitgebers auf die Tarifbindung an sich kann keine unzulässige Beeinträchtigung der Tarifautonomie gesehen werden, da dieses Recht auf der negativen Koalitionsfreiheit beruht, die der positiven gleichgestellt ist. Die funktionsgerechte Wahrnehmung der Koalitionsfreiheit kann deshalb

---

[856] So aber *Reuter*, RdA 1996, 201 (207), der bei gleicher Beitragspflicht eine gleichberechtigte Mitsprache der OT-Mitglieder in tariflichen und arbeitskampfpolitischen Entscheidungen verlangt; im Ergebnis so auch *Ostrop*, Mitgliedschaft ohne Tarifbindung, S. 113 f.
[857] *Buchner*, NZA 1995, 761 (767); *Ostrop*, Mitgliedschaft ohne Tarifbindung, S. 59 f.; *Schlochauer*, Festschr. Schaub, S. 699 (713 f.).
[858] *Moll*, Tarifausstieg, S. 80; *Reuter*, RdA 1996, 201 (207).
[859] *Moll*, Tarifausstieg, S. 80.

nicht allein in der Teilnahme am tariflichen Wirken der Verbände gesehen werden.[860] Die kollektive Arbeitsrechtsordnung baut letztlich auf dem Prinzip der Freiwilligkeit auf und muß damit in Kauf nehmen, daß sich zur Förderung der Arbeitsbedingungen möglicherweise keine oder nur tarifunwillige Berufsverbände finden. In Kenntnis dessen hat der Gesetzgeber selbst durch die unbedingte Möglichkeit zum Abschluß von Firmentarifverträgen nach § 2 I TVG und durch das Gesetz über die Festsetzung von Mindestarbeitsbedingungen die notwendigen Sicherungen für ein funktionsfähiges Tarifsystem geschaffen. Eine Einschränkung der Satzungsautonomie läßt sich allein aus dem Aspekt der Tarifunwilligkeit oder des Verzichts der Arbeitgeber auf die Tarifgebundenheit nicht begründen.

(1) Paritätsstörung

Einwände gegen die OT-Mitgliedschaft können sich deshalb nur auf den Umstand stützen, daß die OT-Mitglieder den Verband ideell und finanziell unterstützen, die Lasten des Verbandstarifvertrages aber nicht tragen müssen.[861] Die Druckausübung auf die T-Mitglieder in der Tarifauseinandersetzung könnte sich dadurch erheblich erschweren, da sie aufgrund der Beitragszahlungen der OT-Mitglieder andere finanzielle Reserven haben als bei Fehlen von im Verbandsarbeitskampf unbestreikbaren Mitgliedern.[862] Dem läßt sich entgegenhalten, daß es für die Gewerkschaft ein leichtes ist, gegenüber OT-Mitgliedern die gleiche Tarifforderung zu erheben wie gegenüber dem Verband und diese sodann in den Arbeitskampf in gleicher Weise einzubeziehen wie die T-Mitglieder.[863] Überdies

---

[860] *Junker*, Anm. BAG SAE 1997, 169 (179); *Reuter*, RdA 1996, 201 (203, 204); *Schlochauer*, Festschr. Schaub, S. 699 (711); ähnlich *Besgen*, OT-Mitgliedschaft, S. 110. Diese Vorstellung findet sich aber bei *Wiedemann/Stumpf*, § 3 TVG Rn. 50, die einen Rechtsmißbrauch darin sehen, wenn ein Unternehmen die Vorteile des Verbandes nutzt, ohne tarifgebunden zu sein. In eine ähnliche Richtung tendiert *Däubler*, ZTR 1994, 448 (454), wenn er die gewollte Tariffunfähigkeit als widersprüchliches Verhalten einordnet, weil der Verband zwar die Arbeitgeberinteressen kollektiv vertrete, der kollektiven Auseinandersetzung aber aus dem Weg gehe.

[861] Aus diesem Grunde eine Paritätsstörung bejahend: *Schaub*, BB 1994, 2005 (2007); *ders.*, BB 1995, 2003 (2005); ihm folgend *Däubler*, NZA 1996, 225 (231).

[862] So auch *Thüsing*, Anm. zu LAG Rheinland-Pfalz LAGE Nr. 10 zu Art. 9 GG, S. 10 (16); *ders.*, ZTR 1996, 481 (484 f.), der allerdings einschränkend darauf hinweist, daß diese Erwägung bei dem zur Zeit geringen Anteil von Mitgliedern ohne Tarifbindung in den Verbänden (noch) nicht relevant ist.

[863] *Junker*, Anm. BAG SAE 1997, 169 (180); *Moll*, Tarifausstieg, S. 81; *Ostrop*, Mitgliedschaft ohne Tarifbindung, S. 120, 124 f.; vgl. auch *Buchner* NZA 1994, 2 (8). Zur Zulässigkeit dieses Vorgehens vgl. BAG AP Nr. 116 zu Art. 9 GG Arbeitskampf.

wäre es auf Seiten des Arbeitgeberverbandes sogar möglich, daß Nichtmitglieder den Verband finanziell unterstützen oder gegen Entgelt Dienstleistungen des Verbandes in Anspruch nehmen.[864] Entsprechendes gilt für die Gewerkschaftsseite. Und auch dort gibt es seit jeher eine Reihe von Mitgliedern, die – etwa als Rentner oder Arbeitslose – von Streik und Aussperrung nicht betroffen werden, aber die Gewerkschaft mit ihren Beiträgen unterstützen.[865] Abgesehen davon ist fraglich, ob das Finanzvolumen des Arbeitgeberverbandes überhaupt die maßgebliche Größe für das Durchhaltevermögen im Arbeitskampf darstellt, da die Arbeitskampfschäden der Unternehmen bei Just-in-Time-Fertigung und anderen modernen Organisationsformen zu hoch sind, als daß sie durch den Verband ausgeglichen werden könnten. Der Solidarität im Arbeitskampf kommt auf Arbeitgeberseite insoweit ein wesentlich höherer Stellenwert zu.[866] Eine Paritätsstörung durch die OT-Mitgliedschaft ist mithin nicht zu befürchten.

(2) Störung der Ordnungsfunktion der Tarifpartner

Die den Koalitionen erteilte Ordnungsaufgabe bezieht sich wie gesehen zunächst auf die Gestaltung der Arbeitsverhältnisse. Der Tarifvertrag rationalisiert die Gestaltung der Arbeitsverhältnisse und schafft für beide Vertragsparteien eine sichere Kalkulationsgrundlage, da sie darauf vertrauen können, daß die Arbeitsbedingungen während der Geltungsdauer des Tarifvertrages unverändert bleiben.[867] Diese genannten Funktionen beziehen sich auf das Innenverhältnis zwischen tarifgebundenem Arbeitgeber und gewerkschaftlich organisiertem Arbeitnehmer. Diese Beziehung wird nicht berührt, wenn es dem Arbeitgeberverband gestattet wird, einzelne Mitglieder aus seinem Zuständigkeitsbereich herauszunehmen. Für die beiderseits tarifgebundenen Arbeitsvertragsparteien wird der Verbandstarifvertrag weiterhin seiner Ordnungsfunktion gerecht.[868] Dies gilt auch für den Fall, daß sich eine größere Anzahl von Arbeitgebern für eine OT-Mitgliedschaft entscheidet. Dadurch verringert sich zwar die personelle Reichweite der Tarifnormen, ihre sachliche Regelungsfunktion bleibt aber unangeta-

---

[864] *Otto*, NZA 1996, 524 (628); *Ostrop*, Mitgliedschaft ohne Tarifbindung, S. 120; *Wieland*, Firmentarifverträge, Rn. 198; ausführlich dazu *Reuter*, RdA 1996, 201 (208).
[865] *Junker*, Anm. BAG SAE 1997, 169 (180).
[866] Vgl. *Junker*, Anm. BAG SAE 1997, 169 (180); *Ostrop*, Mitgliedschaft ohne Tarifbindung, S. 120.
[867] Siehe S. 41.
[868] *Moll*, Tarifausstieg, S. 27.

stet.[869] Im übrigen kann der Firmentarifvertrag diese Ordnungsfunktion übernehmen. Er muß aus verfassungsrechtlicher Sicht dem Verbandstarifvertrag als Mittel zur Koalitionszweckverfolgung gleichgestellt werden.[870]

Darüber hinaus werden den Tarifparteien wie gesehen auch Ordnungsfunktionen zugewiesen, die über die Gestaltung der Arbeitsverhältnisse der Mitglieder hinausgehen und die sie im Interesse der Allgemeinheit zu erfüllen haben.[871] Zu nennen ist hier die wirtschafts- und wettbewerbsordnende Funktion innerhalb einer Branche, die den Tarifvereinbarungen aufgrund ihrer kartellähnlichen Wirkung zukommt,[872] sowie ihre volkswirtschaftliche Lenkungsfunktion. Letztere beruht auf dem richtungsweisenden Einfluß der Tarifverträge auf die Rahmendaten für den gesamten Arbeitsmarkt.[873] Die branchenweise Bedeutung wie auch der richtungsweisende Einfluß auf die Gesamtwirtschaft nehmen mit rückläufiger Zahl tarifgebundener Arbeitsvertragsparteien zwangsläufig ab.[874]

Bei diesen gesamtwirtschaftlichen Wirkungen handelt es sich um faktische Folgen der Koalitionstätigkeit. Der rechtlich verpflichtende Ordnungsauftrag bezieht sich, wie die §§ 3 I, 4 I TVG belegen, lediglich auf die Mitglieder.[875] Dieser Aufgabe kann der Arbeitgeberverband weiterhin uneingeschränkt hinsichtlich der tarifgebundenen Mitglieder nachkommen. Die mögliche Einschränkung der faktisch gegebenen gesamtwirtschaftlichen Lenkungsfunktion durch die Zunahme nicht tarifgebundener Arbeitsverhältnisse und die daraus resultierende Zersplitterung der Tariflandschaft kann unter dem Gesichtspunkt der den Koalitionen übertragenen Ordnungsfunktion nicht beanstandet werden, da diese insoweit rechtlich nicht bindend ist.[876] Im übrigen ist auch hier auf die nur noch beschränkte Gültigkeit einer gesamtwirtschaftlich verstandenen Ordnungsfunktion

---

[869] *Moll*, Tarifausstieg, S. 27 f.
[870] In diesem Sinne *Junker*, Anm. BAG SAE 1997, 169 (179); *Reuter*, RdA 1996, 201 (203, 204); *Schlochauer*, Festschr. Schaub, S. 699 (711).
[871] Vgl S. 41 ff.
[872] *Hueck/Nipperdey*, Lehrbuch des Arbeitsrechts II/1, § 14 II 2, S. 235; MünchArbR-*Löwisch/Rieble*, § 252 Rn. 35; *Müller*, ArbuR 1992, 257 (258); *Schaub*, RdA 1995, 65 (68); *Wiedemann*, in: Wiedemann, TVG, Einleitung Rn. 34 ff.; vgl. auch S. 41 ff.
[873] *Müller*, ArbuR 1992, 257 (258 Fn. 6); *Zander*, BB 1987, 1315 (1316); vgl. auch S. .
[874] Vgl. *Moll*, Tarifausstieg, S. 28; *Zander*, BB 1987, 1315 (1316).
[875] Vgl. S. 41 ff.
[876] Im Ergebnis so auch *Besgen*, OT-Mitgliedschaft, S. 110 ff.; *Moll*, Tarifausstieg, S. 29; *Ostrop*, Mitgliedschaft ohne Tarifbindung, S. 123; *Reuter*, RdA 1996, 201 (204 f.); *Schlochauer*, Festschr. Schaub, S. 699 (701 f.).

des Tarifsystems hinzuweisen.[877] Da der internationale Wirtschaftsverkehr die Unternehmen im Bemühen um Konkurrenzfähigkeit zwingt, die Arbeitsbedingungen intern auf die eigenen wirtschaftlichen und betrieblichen Bedürfnisse abzustimmen, ist die Ordnung des Arbeitsmarktes durch Verbandstarife nur noch bedingt geeignet, die Arbeits- und Wirtschaftsbedingungen zu fördern. Das Modell der OT-Mitgliedschaft paßt sich dieser Situation an. Auch den Unternehmen wird der Zugang zu individuellen betrieblichen Arbeitsbedingungen eröffnet, die sich mangels hinreichender Durchsetzungskraft dem Außenseiterstatus und der damit verbundenen Gefahr der isolierten Tarifauseinandersetzung nicht stellen können.[878] Auch aus den Ordnungsaufgaben der Koalitionen lassen sich folglich keine Einwände gegen die OT-Mitgliedschaft herleiten.

bbb) Beeinträchtigung gewerkschaftlicher Rechtspositionen

Die Einrichtung einer Mitgliedschaft ohne Tarifbindung betrifft nicht nur den Arbeitgeberverband und seine Mitglieder, sondern auch die Gewerkschaft. Will diese die Arbeitsbedingungen aller bei ihr organisierten Arbeitnehmer durch Tarifvertrag regeln, ist sie neben dem bisherigen Abschluß eines Verbandtarifvertrages auf den Abschluß von Firmentarifverträgen mit den OT-Mitgliedern angewiesen. Auf diese Weise wird zwar ihre tarifpolitische Handlungsfähigkeit sichergestellt, sie muß sich allerdings um ein Mehr an Firmentarifverträgen bemühen und möglicherweise eine Vielzahl von unternehmensbezogenen Arbeitskämpfen führen. Dies erschwert die Koalitionsbetätigung der Gewerkschaft im Vergleich zu umfassender verbandsweiter Regelung der Arbeitsbedingungen. Diese erhöhte Beanspruchung der Gewerkschaft steht jedoch im Einklang mit der Rechtsordnung und muß von den Arbeitnehmerverbänden hingenommen werden, haben doch die Arbeitgeber wie auch die Arbeitnehmer das Recht, auf den Zusammenschluß in einem Verband zu verzichten.[879] Auch dann muß die Gewerkschaft den Abschluß von Firmentarifverträgen mit den einzelnen Arbeitgebern suchen.

---

[877] Siehe S. 43.
[878] *Reuter*, RdA 1996, 201 (205); *Schlochauer*, Festschr. Schaub, S. 699 (712); im Ergebnis ähnlich *Buchner*, NZA 1995, 761 (763 f.).
[879] *Buchner*, NZA 1995, 761 (769); *Junker*, Anm. BAG SAE 1997, 169 (179 f.); *Moll*, Tarifausstieg, S. 29; *Ostrop*, Mitgliedschaft ohne Tarifbindung, S. 127; *Reuter*, RdA 1996, 201 (205).

Zudem ist ein Verhalten, mit dem die Arbeitgeberseite die Gewerkschaft zu einer Vielzahl von Verhandlungen zwingt, ohne auf den Rückhalt des Verbandes zu verzichten, der Arbeitskampfordnung nicht fremd.[880] So ist insbesondere anerkannt, daß ein Unternehmen in einer Tarifauseinandersetzung von anderen Unternehmen unterstützt werden kann, auch wenn diese nicht an der Tarifauseinandersetzung teilnehmen. Dies kann durch Übernahme der Produktion oder auch durch finanzielle Unterstützungsleistungen aus dem Arbeitskampffonds geschehen.[881] In diesem Fall werden die Gewerkschaften auf den dann ausnahmsweise zulässigen Sympathiestreik als Mittel zur Selbsthilfe verwiesen[882] und damit zu zusätzlichen Arbeitskämpfen gezwungen. Auch die Koalitionsfreiheit der Gewerkschaft führt die Satzungsautonomie der Arbeitgeberverbände bei Einrichtung der OT-Mitgliedschaft daher keiner Grenze zu.

Die Schaffung einer OT-Mitgliedschaft mittels Beschränkung der persönlichen Tarifzuständigkeit und differenzierter Tarifgebundenheit unterschiedlicher Mitgliedschaftkategorien ist also zulässig.

Sie hat den Vorteil, daß nach außen weiterhin ein einheitlicher Verband auftritt. Sie kompliziert jedoch die satzungsmäßige Ausgestaltung der Binnenorganisation des Arbeitgeberverbandes. Da die OT-Mitglieder von der tarifpolitischen Willensbildung und der Entscheidung über die Verteilung des Arbeitskampffonds auszuschließen sind, müssen diesbezüglich in der Satzung zahlreiche differenzierende Regelungen getroffen werden. Ebenso wird der Arbeitgeberverband unter dem Gesichtspunkt der Gleichbehandlung genau zu prüfen haben, ob auch eine unterschiedliche Bemessung der Mitgliedsbeiträge notwendig ist.[883] Diese notwendige Schaffung einer nach Mitgliedschaftskategorien ausdifferenzierten Organisationsverfassung könnte manchen Arbeitgeberverband dazu bewegen, sich für die klare Aufspaltung des Arbeitgeberverbandes in eine Tarifgemeinschaft und einen Dienstleistungsverband zu entscheiden, um die tarifunwilligen Mitglieder an den Verband zu binden.

---

[880] *Junker*, Anm. BAG SAE 1997, 169 (180); *Reuter*, RdA 1996, 201 (205).
[881] Vgl. S. 205.
[882] Vgl. dazu BAG AP Nr. 34 zu Art. 9 GG Arbeitskampf, Bl. 3ff.; enger *Zöllner/Loritz*, Arbeitsrecht, § 41 XI.
[883] Zum Ganzen siehe S. 199 ff.

2. Aufspaltung des Arbeitgeberverbandes

Die Zulässigkeit dieses Aufspaltungsmodells hängt zum einen davon ab, ob es einem Arbeitgeberverband überhaupt möglich ist, seine Tariffähigkeit durch eine satzungsmäßig erklärte Tarifunwilligkeit aufzugeben. Zum anderen stellt sich die Frage, ob dieser partielle Verzicht auf die Tariffähigkeit Einfluß auf die Koalitionseigenschaft des Arbeitgeberverbandes hat. Der Sache nach will der Arbeitgeberverband nämlich lediglich die Eigenschaft als Tarifvertragspartei im Sinne von § 2 I TVG aufgeben. Der Bestand als Koalition im Sinne des Art. 9 III GG soll damit nicht angetastet werden, da die fortbestehende Koalitionseigenschaft Voraussetzung für die Inanspruchnahme zahlreicher Rechte ist, die der Verband weiterhin für seine Mitglieder übernehmen will. Zu nennen sind hier zum Beispiel die Rechtsberatung und Vertretung vor den Arbeits- und Sozialgerichten,[884] die Anhörung und Beratung in einer Vielzahl anderer gesetzlich vorgesehener Fälle,[885] die Entsendung von Vertretern in Verwaltungsausschüsse[886] sowie die Wahrnehmung der Vorschlagsrechte für ehrenamtliche Richter.[887]

a) Satzungsmäßiger Verzicht auf den Abschluß von Tarifverträgen

Die Wirksamkeit der Aufspaltung des Arbeitgeberverbandes in eine Tarifgemeinschaft und einen Dienstleistungsverband hängt zunächst also davon ab, ob es den Arbeitgeberverbänden möglich ist, durch satzungsmäßig erklärte Tarifunwilligkeit ihre Tariffähigkeit partiell nicht in Anspruch zu nehmen oder anders gewendet, ob die Bereitschaft zum Abschluß von Tarifverträgen als subjektives Moment eine Voraussetzung der Tariffähigkeit ist.

Diese Frage ist seit der Weimarer Republik bekannt. Dort versuchten sich die Arbeitgeberverbände mit dem Hinweis darauf, keine Tarifverträge abschließen zu wollen, dem Zwangsschlichtungsmechanismus zu entziehen. Der entscheidende Gedanke der Kritiker dieses Vorgehens,[888] die Unvereinbarkeit der Anerkennung einer solchen Tarifunwilligkeit mit der Existenz einer gesetzlichen

---

[884] Siehe § 11 ArbGG; § 73 VI SGG.
[885] Siehe z. B. § 11 TVG; § 11 ArbnErfG; §§ 14, 15, 34, 36 ArbGG; vgl. auch § 94 BBG.
[886] Vgl. § 5 TVG; §§ 2, 5, 6 Gesetz über die Festsetzung von Mindestarbeitsbedingungen; §§ 4, 5, 22 HAG; §§ 20, 21 KSchG.
[887] §§ 20 ff., 37, 43 ArbGG; § 14 SGG.
[888] Vgl. *Jacobi*, Grundlehren, S. 169 ff.

Zwangsschlichtung, trägt heute nicht mehr. Das nach Art. 123 I, 125 GG als Bundesrecht fortgeltende Kontrollratsgesetz Nr. 35[889] sieht eine verbindliche staatliche Zwangsschlichtung nur vor, wenn beide Tarifparteien die Streitigkeit dem zuständigen Schiedsausschuß übergeben und die Annahme als Schiedsspruch vereinbaren. Demzufolge ist eine zwangsweise vorgenommene Schlichtung von dritter Seite heute nicht mehr möglich und wäre auch mit Art. 9 III GG nicht vereinbar, der den Koalitionen die eigenverantwortliche Regelung der Arbeits- und Wirtschaftsbedingungen ohne staatliche Einflußnahme zusichert.[890]

Schon unter Geltung der Zwangsschlichtung war allerdings anerkannt, daß die Tariffähigkeit nicht gänzlich unabhängig vom Willen der Verbandsmitglieder ist, sondern daß der Verband sich zumindest die Aufgabe setzen muß, im Interesse der eigenen Mitglieder an der Regelung der Arbeitsbedingungen teilzunehmen. Fraglich war lediglich, ob die Tariffähigkeit von der Tarifwilligkeit abhängt, also von dem Willen, die Arbeitsbedingungen gerade durch Tarifvertrag zu gestalten.[891] Dies wird auch heute aufgegriffen und eine gewollte Tarifunfähigkeit nur akzeptiert, wenn der Arbeitgeberverband insgesamt den Zweck aufgibt, sich als Vereinigung an der Gestaltung des Arbeitslebens zu beteiligen,[892] und damit in der Konsequenz auf seine Eigenschaft als Koalition im Sinne von Art. 9 III GG verzichtet.[893] Die Konzeption der Arbeitgeberverbände, die tarifpolitische Betätigung auf Tarifgemeinschaften zu übertragen, dennoch aber Beratungs- und Unterstützungsmaßnahmen für die nicht der Tarifgemeinschaft angehörenden Mitglieder wahrzunehmen, ist nach dieser Auffassung mithin nicht möglich.

---

[889] Kontrollratsgesetz Nr. 35 betreffend Ausgleichs- und Schiedsverfahren in Arbeitsstreitigkeiten vom 10. August 1946, Amtsbl. des Kontrollrates, S. 174.
[890] Vgl. *Besgen*, OT-Mitgliedschaft, S. 23; *Buchner*, NZA 1994, 2 (10); MünchArbR-*Löwisch/Rieble*, § 246 Rn. 103; MünchArbR-*Otto*, § 296 Rn. 14.
[891] Vgl. dazu *Richardi*, Kollektivgewalt, S. 155.
[892] *Däubler*, Tarifvertragsrecht, Rn. 73; *ders.*, ZTR 1994, 448 (454); *ders.*, NZA 1996, 225 (232); *Kempen/Zachert*, § 2 TVG Rn. 79; *Nikisch*, Arbeitsrecht II, S. 245.
[893] Dieses Problem hier ist zu trennen von dem noch zu erörternden einheitlichen Koalitionsbegriff für Art. 9 III GG und § 2 I TVG. Zwar kann es nach beiden Ansichten ein Aufgeben der Tariffähigkeit bei gleichzeitigem Fortbestand der Koalitionseigenschaft nicht geben. Die Ursachen dafür sind aber verschieden: hier wird das Merkmal der Tariffähigkeit ohne den Aspekt der Tarifwilligkeit definiert, während im Rahmen der Einheitstheorie die Tariffähigkeit unter Einschluß der Tarifwilligkeit als Tatbestandsmerkmal einer Koaltion nach Art. 9 III 1 GG gesehen wird.

Art. 9 III GG läßt aber nicht erkennen, daß die koalitionsmäßige Verfolgung arbeitsrechtlicher Zielsetzungen immer notwendig mit einer tarifpolitischen Tätigkeit verbunden sein muß. Der Schutzbereich des Grundrechts umfaßt alle koalitionsmäßigen Betätigungen gleichermaßen. Neben dem Abschluß von Tarifverträgen sind das genauso die Rechtsberatung und Prozeßvertretung der Mitglieder wie die Wahrnehmung der übrigen oben aufgeführten gesetzlichen Anhörungs-, Beratungs- und Mitwirkungsrechte der Koalitionen. Tarifunwilligen Arbeitgeberverbänden auch diese grundrechtlich geschützten Betätigungen zu verwehren, ist nicht einsehbar. Dies widerspricht zudem dem Selbstbestimmungsrecht der Koalitionen, das ihnen die freie Wahl der Koalitionsmittel[894] und somit auch den Verzicht auf den Tarifvertrag bei gleichzeitiger Beibehaltung der kollektiven Interessenvertretung im übrigen gewährt.[895] Auch die Mitglieder können auf Grundlage der individuellen Koalitionsfreiheit nicht gezwungen werden, die gemeinschaftliche Wahrnehmung arbeitsrechtlicher Interessen immer nur unter gleichzeitiger Inanspruchnahme der tariflichen Regelungsinstrumente zu verfolgen.[896] Den Koalitionen steht es mithin frei, ob sie die Gestaltung der Arbeitsbedingungen ihrer Mitglieder auch mittels des Abschlusses von Tarifverträgen verfolgen wollen. Dieses Ergebnis hat zumindest für Spitzenverbände Niederschlag in § 2 III TVG gefunden. Eine allgemeingültige Aussage dahin, daß auch bei anderen Verbänden die Tariffähigkeit die Bereitschaft zum Abschluß von Tarifverträgen voraussetzt, kann dem jedoch nicht zwingend entnommen werden.[897] Methodisch nicht anfechtbar ist auch die Deutung des § 2 III TVG als Ausnahmetatbestand für Spitzorganisationen.[898] Dies ist überdies auch deshalb plausibel, weil die Tariffähigkeit von Spitzenorganisationen vor Erlaß des Tarifvertragsgesetzes streitig war und durch § 2 III TVG geklärt wurde.[899]

---

[894] BVerfGE 18, 18 (32); 50, 290 (368); 84, 212 (224); 92, 365 (393).
[895] *Besgen*, OT-Mitgliedschaft, S. 30 ff.; *Buchner*, NZA 1994, 2 (10); *Löwisch*, ZfA 1974, 29 (33); MünchArbR-*Löwisch/Rieble*, § 255 Rn. 18 f.; *Moll*, Tarifausstieg, S. 35 f.; *Oetker*, in: Wiedemann, § 2 TVG Rn. 23; *Ostrop*, Mitgliedschaft ohne Tarifbindung, S. 28; *Otto*, NZA 1996, 624 (626);
[896] *Buchner*, NZA 1994, 2 (10); *Löwisch*, ZfA 1974, 29 (32 ff.); *Oetker*, in: Wiedemann, § 2 TVG Rn. 23; *Richardi*, Kollektivgewalt, S. 155.
[897] In diese Richtung aber *Besgen*, OT-Mitgliedschaft, S. 34 f.; *Gamillscheg*, Kollekt. ArbR I, S. 527; *Link*, Tarifzuständigkeit, S. 55; *Oetker*, in: Wiedemann, § 2 TVG Rn. 292.
[898] *Moll*, Tarifausstieg, S. 33; *Nikisch*, Arbeitsrecht II, S. 257; vgl. auch *Richardi*, Kollektivgewalt, S. 151 f.
[899] Vgl. *Moll*, Tarifausstieg, S. 33.

b) Koalitionseigenschaft des tarifunfähigen Arbeitgeberverbandes

Die Arbeitgeberverbände wollen trotz des Verzichts auf eine tarifpolitische Tätigkeit die Interessen ihrer Mitglieder in arbeitsrechtlichen Fragen wahrnehmen und sie beispielsweise in einem Arbeitsprozeß vor Gericht vertreten.[900] Dies ist nur möglich, wenn mit dem Verlust der Tariffähigkeit nicht zwingend auch die Eigenschaft als Koalition im Sinne von Art. 9 III GG entfällt. Zu klären ist damit, ob jede Koalition schon von Verfassungs wegen tariffähig nach § 2 I TVG ist, sei es, daß die Tariffähigkeit unabdingbares Merkmal des verfassungsrechtlichen Koalitionsbegriffes ist,[901] oder sei es, daß grundsätzlich allen Koalitionen die Tariffähigkeit zuzusprechen ist.[902]

Die Wahl eines einheitlichen Koalitionsbegriffes für § 2 I TVG und Art. 9 III GG wird jedoch den beiden unterschiedlichen Normzwecken nicht gerecht. Art. 9 III GG dient dem umfassenden Schutz aller personellen Zusammenschlüsse, die sich der Förderung der Arbeitsbedingungen verschrieben haben und überläßt die Art und Weise der Koalitionszweckverfolgung den Verbänden.[903] Der Tarifvertrag ist zwar ein wichtiges Mittel zur Koalitionszweckverfolgung, aber nicht das einzige. Daneben besteht die Möglichkeit, die Arbeits- und Wirtschaftsbedingungen durch Wahrnehmung der Koalitionsrechte im Bereich der betrieblichen Mitbestimmung, durch Öffentlichkeitsarbeit, Rechtsberatung, sonstige Unterstützungsleistungen an die Mitglieder sowie durch Ausübung der gesetzlichen Anhörungs-, Beratungs- und Mitwirkungsrechte[904] zu fördern.[905] Diese Betätigungen sind in gleicher Weise verfassungsrechtlich geschützt wie die Beteiligung an der Tarifautonomie. Der umfassende Schutzzweck des Art. 9 III GG wird deshalb über Gebühr vernachlässigt, nimmt man tarifunwillige Koalitionen aus dem grundrechtlichen Schutzbereich der Koalitionsfreiheit aus und unterstellt sie lediglich Art. 9 I GG. Entsprechend müßte

---

[900] Vgl. S. 142.
[901] So *Hueck/Nipperdey*, Lehrbuch des Arbeitsrechts II/1, § 6 III 3, S. 105 ff.; *Nipperdey/Säcker*, AR-Blattei [D], Berufsverbände I, E I; *Säcker*, Grundprobleme, S. 61; *Weitnauer*, DB 1970, 1639 (1640).
[902] So *Dietz*, in: Bettermann/Nipperdey/Scheuner, Grundrechte III/1, S. 417 (461); *Mayer-Maly*, Anm. zu BAG AP Nr. 25 zu § 2 TVG, Bl. 4 (5); vgl. auch *Zöllner*, AöR 98 (1973), 71 (91).
[903] BVerfGE 18, 18 (32); 58, 233 (247).
[904] Vgl. §§ 11, 14, 15, 34, 36 ArbGG; §§ 5, 11 TVG, § 73 VI SGG; §§ 20, 21 KSchG; §§ 2, 5, 6 Gesetz über die Festsetzung von Mindestarbeitsbedingungen; §§ 4, 5, 22 HAG.
[905] Vgl. BVerfGE 19, 303 (313 ff., 320); 50, 290 (371); *Besgen*, OT-Mitgliedschaft, S. 32 f.; *Moll*, Tarifausstieg, S. 36.

man unter Geltung eines einheitlichen Koalitionsbegriffes auch vorübergehende oder neu gegründete und darum noch nicht mächtige Verbände aus dem Schutz von Art. 9 III GG ausnehmen. Auch dies widerspricht dem umfassenden Schutzzweck der Koalitionsfreiheit. Eine Einengung des verfassungsrechtlichen Koalitionsbegriffs auf tariffähige Organisationen ist daher nicht zulässig.[906] Umgekehrt ist es mit dem Normzweck des § 2 I TVG nicht vereinbar, grundsätzlich allen Koalitionen Tariffähigkeit zuzusprechen.[907] Der aus § 2 I TVG entwickelte Begriff des Berufsverbandes hat die Funktion einer Legalitätskontrolle. Es sollen die Voraussetzungen festgelegt werden, unter denen Koalitionen die Rechtsmacht zum Abschluß von Tarifverträgen zusteht. Die Legalitätskontrolle müßte auf sachlich unter Umständen notwendige Einschränkung verzichten und könnte ihre Funktion kaum erfüllen, sollte jeder Koalition automatisch die Tariffähigkeit zukommen.[908] Dieses Verständnis kommt zudem nicht ohne Durchbrechungen aus, etwa hinsichtlich der nicht tariffähigen Beamtengewerkschaften.[909] Teleologisch betrachtet ist es daher wenig sinnvoll, den Koalitionsbegriff von Art. 9 III GG und § 2 I TVG inhaltlich anzugleichen.

Das Grundgesetz enthält zudem einen offenen Koalitionsbegriff,[910] der in gewissem Umfang durch den Gesetzgeber oder die Rechtsprechung auf die jeweilige Problemlage hin auszufüllen ist.[911] Ein einheitlicher Koalitionsbegriff begibt sich damit auch in Widerspruch zu diesem weithin anerkannten Mandat des Gesetzgebers zur Ausgestaltung der Koalitionsfreiheit.[912] Schließlich ist in diesem Zusammenhang aus entstehungsgeschichtlicher Perspektive zu bemerken, daß Art. 9 III GG keine Regelung im Hinblick auf Tarifverträge trifft, obwohl der

---

[906] BVerfGE 4, 96 (107); 58, 233 (248); BAG AP Nr. 30 zu § 2 TVG, Bl. 3R; *Badura*, ArbRGegw. Bd. 15, 17 (25); *ders.*, RdA 1974, 129 (136); *Dütz*, ArbuR 1976, 65 (66 f.); *Hemmen*, Durchsetzungsfähigkeit, S. 39; *Herschel*, JuS 1978, 524 (525); *Hottgenroth*, Verhandlungspflicht, S. 45; *Kempen/Zachert*, § 2 TVG Rn. 4; *Oetker*, in: Wiedemann, § 2 TVG Rn. 25; *Ostrop*, Mitgliedschaft ohne Tarifbindung, S. 29 f.; *Reuß*, Festschr. Kunze, S. 269 (278 f.); *Scheuner*, in: Weber/Scheuner/Dietz, Koalitionsfreiheit, S. 27 (52); *Scholz*, Koalitionsfreiheit, S. 49; *Söllner*, ArbuR 1976, 321 (322).

[907] So *Dietz*, in: Bettermann/Nipperdey/Scheuner, Grundrechte III/1, S. 417 (461); *Mayer-Maly*, Anm. zu BAG AP Nr. 25 zu § 2 TVG, Bl. 4 (5); vgl. auch *Zöllner*, AöR 98 (1973), 71 (91).

[908] *Oetker*, in: Wiedemann, § 2 TVG Rn. 25; im Ergebnis ablehnend auch *Besgen*, OT-Mitgliedschaft, S. 32; *Hemmen*, Durchsetzungsfähigkeit, S. 39 f.

[909] *Hemmen*, Durchsetzungsfähigkeit, S. 39.

[910] *Oetker*, in: Wiedemann, § 2 TVG Rn. 24; *Scholz*, Koalitionsfreiheit, S. 36.

[911] BVerfGE 58, 233 (248); *Oetker*, in: Wiedemann, § 2 TVG Rn. 24.

[912] BVerfGE 20, 312 (317); 58, 233 (248); eingehend dazu S. 71 f.

Verfassungsgeber die Fassung des vorkonstitutionellen § 2 I TVG kannte.[913] Auch dies spricht in deutlicher Weise gegen eine Gleichsetzung von Koalition und Tariffähigkeit.

Durch den Verzicht auf die Tariffähigkeit verlieren die Arbeitgeberverbände mithin nicht automatisch ihre Koalitionseigenschaft nach Art. 9 III GG und können wie beabsichtigt auch weiterhin die Interessen ihrer Mitglieder als verfassungsrechtlich anerkannte Koalition wahrnehmen.

c) Koalitionsverfassungsrechtliche Schranken

Schließlich fragt sich noch, ob sich aus Art. 9 III GG Einwände gegen die Aufspaltung des Arbeitgeberverbandes in eine Tarifgemeinschaft und einen tarifunfähigen Dienstleistungsverband ergeben. Im Ergebnis beeinträchtigt dieses Vorgehen aber weder die Funktionsfähigkeit des Tarifsystems noch die Rechte des Gegenspielers, so daß der Satzungsautonomie der Arbeitgeberverbände insoweit keine Grenze zu ziehen ist.

aa) Funktionswidrigkeit der Aufspaltung des Arbeitgeberverbandes

Die gewollte Tarifunfähigkeit des Arbeitgeberverbandes sowie der Verzicht der dort organisierten Einzelarbeitgeber auf eine Bindung an den Verbands-tarif sind Ausdruck der Freiwilligkeit der Koalitionsbildung und von der negativen Koalitionsfreiheit in gleichem Maße wie Ausübungsformen der positiven Koalitionsfreiheit geschützt. Die funktionsgerechte Wahrnehmung der Koalitionsfreiheit besteht deshalb weder allein im tarifpolitischen Wirken der Verbände noch in der Unterwerfung der einzelnen Arbeitgeber unter die Verbandstarifverträge.[914] Die Arbeitsrechtsordnung muß deshalb in Kauf nehmen, daß sich zur Förderung der Arbeitsbedingungen in letzter Konsequenz gar keine oder nur tarifunwillige Berufsverbände finden, und hat durch die unbedingte Möglichkeit zum Abschluß von Firmentarifverträgen nach § 2 I TVG und durch das Gesetz

---

[913] *Hemmen*, Durchsetzungsfähigkeit, S. 40.
[914] Diesen Grundgedanken teilen: *Junker*, Anm. BAG SAE 1997, 169 (179); *Reuter*, RdA 1996, 201 (203, 204); *Schlochauer*, Festschr. Schaub, S. 699 (711); ähnlich *Besgen*, OT-Mitgliedschaft, S. 36 ff. In diese Richtung tendiert aber *Däubler*, ZTR 1994, 448 (454); ders., NZA 1996, 225 (232); ders., Tarifvertragsrecht, Rn. 73, wenn er die gewollte Tarifunfähigkeit als widersprüchliches Verhalten einordnet, weil der Verband zwar die Arbeitgeberinteressen kollektiv vertrete, der kollektiven Auseinandersetzung aber aus dem Weg gehe.

über die Festsetzung von Mindestarbeitsbedingungen die notwendigen Sicherungen für ein funktionsfähiges Tarifsystem geschaffen. Die in dem tarifunfähigen Arbeitgeberverband organisierten Arbeitgeber können nur noch als tariffähige Einzelarbeitgeber auf den Abschluß eines Haustarifvertrages in Anspruch genommen werden. Dadurch verringert sich der Geltungsumfang des Verbandstarifvertrages und damit zugleich auch seine branchenweite wettbewerbsordnende Bedeutung sowie seine gesamtwirtschaftliche Lenkungsfunktion. Trotz dieses Vorgehens genügen die Arbeitgeberverbände allerdings ihrem Ordnungsauftrag, da sich dieser wie gesehen nur auf die tarifgebundenen Mitglieder erstreckt und in diesem Umfang weiterhin von der Tarifgemeinschaft wahrgenommen wird. Eine Beeinträchtigung der darüber hinausgehenden faktischen Ordnungskraft des Verbandstarifes für die jeweilige Branche oder die Gesamtwirtschaft ist rechtlich nicht zu beanstanden.[915]

bb) Beeinträchtigung gewerkschaftlicher Rechtspositionen

Bei Ausgründung eines tarifunfähigen Arbeitgeberverbandes muß die Gewerkschaft sich zudem vermehrt um den Abschluß von Firmentarifverträgen bemühen, was ihre Position gegenüber der branchenweiten Regelung der Arbeitsbedingungen durch einen Verbandstarifvertrag erschwert.[916] Diese Erschwernis wird den Gewerkschaften jedoch von Verfassungs wegen zugemutet, haben doch Arbeitgeber wie Arbeitnehmer auch das Recht, auf den Zusammenschluß in einem Verband gänzlich zu verzichten.[917] Die Rechtsordnung setzt diese Möglichkeit des Firmentarifvertrages sogar bewußt als Mittel zur Sicherung der Tarifautonomie ein. Die Gewerkschaft hat daher keinen Anspruch darauf, daß ihr gleichbleibend ein tariffähiger Verband als Gegenspieler gegenübersteht und sie ihre tarifpolitischen Ziele auf möglichst einfachem Wege erreichen kann.[918] Die koalitionsmäßige Betätigung der Gewerkschaften ist also durch Bildung

---

[915] Vgl. S. 207 ff.
[916] Eine unzulässige Beeinträchtigung der gewerkschaftlichen Koalitionsbetätigung befürchten daher *Däubler*, ZTR 1994, 448 (454); *ders.*, NZA 1996, 225 (232); *Schaub*, BB 1995, 2003 (2005).
[917] *Besgen*, OT-Mitgliedschaft, S. 38 f.; vgl. auch *Buchner*, NZA 1995, 761 (769); *Junker*, Anm. BAG SAE 1997, 169 (179 f.); *Moll*, Tarifausstieg, S. 29; *Ostrop*, Mitgliedschaft ohne Tarifbindung, S. 127; *Reuter*, RdA 1996, 201 (205), die diesen Gedanken im Bezug auf die OT-Mitgliedschaft aufgreifen.
[918] Vgl. *Besgen*, OT-Mitgliedschaft, S. 38 f.

eines tarifunfähigen Arbeitgeberverbandes nicht in rechtlich erheblicher Weise beeinträchtigt.

Insgesamt bestehen damit keine Bedenken gegen das Modell der Aufspaltung eines Arbeitgeberverbandes zur Ermöglichung einer Mitgliedschaft ohne Tarifgebundenheit. Die Neugründung eines laut Satzung tarifunwilligen Verbandes sowie die Zweckänderung im bestehenden Verband sind damit zulässig. Die Arbeitgeberverbände können damit nach Zweckmäßigkeitsgesichtspunkten abwägen, ob sie die tarifunwilligen Arbeitgeber durch Schaffung einer OT-Mitgliedschaft oder durch Aufspaltung des Arbeitgeberverbandes an ihren Verband binden wollen.

IV. Regelungen der Tarifzuständigkeit im Konflikt mit Verbänden des gleichen sozialen Lagers

Interessenskonflikte mit Koalitionen des gleichen sozialen Lagers entstehen immer dann, wenn eine Zuständigkeitsregelung zu Überschneidungen der verbandlichen Organisationsbereiche und damit zu konkurrierenden Zuständigkeiten der Berufsverbände führt.[919] Die verfassungsrechtliche Garantie einer selbstbestimmten satzungsautonomen Festlegung der Tarifzuständigkeit hat zu zahlreichen Überschneidungen der Organisationsbereiche geführt. Den Schwerpunkt tarifrechtlicher Auseinandersetzungen bildeten bislang allerdings nur die Zuständigkeitskonflikte auf Gewerkschaftsseite. Die folgenden Ausführungen können daher auf die Gewerkschaftsseite beschränkt werden.

Der Deutsche Gewerkschaftsbund und der Christliche Gewerkschaftsbund haben für die ihnen angeschlossenen Einzelgewerkschaften besondere Konfliktlösungsmodelle etabliert. Der DGB sieht in § 16 DGB-Satzung ein Schiedsverfahren zur Auflösung von Zuständigkeitskonflikten und in § 15 DGB-Satzung ein Zustimmungsrecht des Bundesausschusses zu Zuständigkeitsänderungen der Einzelgewerkschaften vor. Der CGB überweist in § 14 seiner Satzung Streitigkeiten der Mitgliedsverbände zur Entscheidung an den Hauptausschuß.[920] Unabhängig von diesen speziellen autonom geschaffenen Konfliktlösungen soll es hier allgemein um die für alle Gewerkschaften geltenden normativen Schranken der Satzungsautonomie gehen, die den Koalitionen im Interesse einer Vermei-

---

[919] Siehe schon S. 4 ff., 159.
[920] Dazu eingehend S. 255 ff.

dung von Zuständigkeitskonkurrenzen gezogen sind. Diese Schranken erlangen insbesondere dann Bedeutung, wenn Gewerkschaften zueinander in Konkurrenz treten, die überhaupt nicht oder nicht im gleichen Spitzenverband organisiert sind. Für die im DGB und CGB organisierten Gewerkschaften treten diese Schranken zu den dachverbandsinternen Zuständigkeitsregelungen hinzu.

Schranken der satzungsautonomen Festlegung der Tarifzuständigkeit zur Verhinderung konkurrierender Zuständigkeiten können sich insbesondere aus tarifrechtlichen Grundsätzen ergeben. Da kollidierende Tarifzuständigkeiten die effektive Gewerkschaftsarbeit beeinträchtigen, können sich Schranken auch aus der Funktionsgebundenheit der Satzungsautonomie und der Koalitionsfreiheit der Konkurrenzorganisation ergeben.

1. *Tarifrechtliche Schranken gegen konkurrierende Zuständigkeiten*

Kollidierende Tarifzuständigkeiten sind möglicherweise am Industrieverbandsprinzip und am Grundsatz der Tarifeinheit zu messen.

a)   Industrieverbandsprinzip

Das Industrieverbandsprinzip begrenzt die Tarifzuständigkeit der DGB-Gewerkschaften auf bestimmte Wirtschaftszweige und soll im Interesse der effektiven Gewerkschaftsarbeit eine möglichst lückenlose Abgrenzung der Tätigkeitsbereiche bewirken. Bei diesem Prinzip handelt es sich um einen allgemeinen ungeschriebenen Organisationsgrundsatz des DGB. Es ist jedoch anerkannt, daß durch eine langdauernde Übung des Vereins Gewohnheitsrecht entstehen kann, das bei nicht rechtsfähigen Vereinen, die keine geschriebene Satzung haben müssen, Satzungsrang einnehmen kann.[921] Das Industrieverbandsprinzip hat demzufolge kraft Observanz Satzungsrang.[922]

Wenn das Industrieverbandsprinzip neben der DGB-Satzung eigenständige Bedeutung für die Festlegung des tariflichen Wirkungskreises aller Gewerkschaften haben und sie daran hindern soll, ihre Organisationsgebiete über den einmal gewählten Industriebereich hinaus auf Bereiche zu erstrecken, die in die Zustän-

---

[921] *Blank*, Tarifzuständigkeit, S. 115; MünchKomm/*Reuter*, § 25 BGB Rn. 2; *Reichert*, Hdb. Vereinsrecht, Rn. 355 ff.; *Soergel/Hadding*, § 25 BGB Rn. 2.
[922] Vgl. *Blank*, Tarifzuständigkeit, S. 124 f.

digkeit einer anderen Koalition fallen,[923] läßt sich das nur rechtfertigen, wenn dem Industrieverbandsprinzip Normcharakter zukommt. Ein solcher Normcharakter kann dem Industrieverbandsprinzip aber nicht zuerkannt werden.[924] Der Aufbau der Verbände nach dem Industriever-bandsprinzip ist lediglich eine Frage organisatorisch-technischer Zweckmäßigkeit. Zweifellos hat die Ausrichtung nach Wirtschaftszweigen Vorteile gegenüber dem Berufsprinzip und ist damit ordnungspolitisch wünschenswert.[925] Denn das Berufsverbandsprinzip sichert zwar über die gesamte Wirtschaft hinweg einheitliche kollektivrechtliche Arbeitsbedingungen für die jeweilige Berufsgruppe. Innerhalb eines Betriebs gibt es dann aber eine Vielzahl von Tarifverträgen, die von unterschiedlichen Strukturelementen geprägt sind. Hinzu kommt, daß das Unternehmen auch im Arbeitskampf einer Vielzahl von Gewerkschaften gegenübersteht. Dennoch wird man aber nicht behaupten können, daß nur die nach dem Industrieverbandsprinzip aufgebauten Verbände die den Koalitionen zugewiesenen Aufgaben in der Arbeits- und Sozialverfassung erfüllen können.[926] Dies wird allein schon durch die geschichtliche Entwicklung und die existierende Tarifrealität widerlegt, die seit jeher Berufsverbände wie die Deutsche Angestelltengewerkschaft oder den Marburger Bund kennen.[927] Auch die Befürchtung, eine Schwächung des Industrieverbandsprinzips könne zu einer Zersplitterung der Gewerkschaften und damit zur Beeinträchtigung der Gegenmächtigkeit führen,[928] ist auf wenig Resonanz gestoßen.[929] Ein lediglich wünschenswertes Ordnungskonzept ist aber

---

[923] So LAG München AP 1950 Nr. 1(Ls.); AP 1953 Nr. 150; *Gaul*, ZTR 1991, 443 (449 f.); *ders.*, Anm. zu LAG Düsseldorf EzA § 3 TVG Nr. 3, S. 19 (21 f.); *Gumpert*, Anm. BAG BB 1959, 487 (488); *Meissinger*, RdA 1951, 46 (48); *ders.*, DB 1952, 101; vgl, auch *Kania*, DB 1996, 1921 (1021 f.).
[924] BAG AP Nr. 1 (Bl. 3R), AP Nr.4 (Bl. 7R) zu § 2 TVG Tarifzuständigkeit; *Blank*, Tarifzuständigkeit, S. 113; *Buchner*, ZfA 1995, 95, (101 f.); *Däubler*, Tarifvertragsrecht, Rn. 87; *Delheid*, Tarifzuständigkeit, S. 40; *Dietz*, DB 1951, 325 ff.; *v. Eisenhart Rothe*, Tarifzuständigkeit, S. 40 f.; *Gamillscheg*, Kollekt. ArbR I, S. 532; *Heß*, ZfA 1976, 45 (73 f.); *Hessel*, BB 1950 621 (622 f.); *Isele*, Anm. BAG SAE 1965, 201 (205); *Jacobs*, Tarifeinheit, S. 208; *Kempen/Zachert*, § 2 TVG Rn. 110; *Konzen*, ZfA 1975, 401 (433 f.); *Kraft*, Festschr. Schnorr von Carolsfeld, S. 255 (257 f.); *Kutscher*, Tarifzuständigkeit, S. 31 f.; *Richardi*, Kollektivgewalt, S. 160; *Säcker/Oetker*, ZfA 1993, 1 (10 f.).
[925] *Biedenkopf*, Grenzen, S. 89 f.; *Gaul*, Anm. zu LAG Düsseldorf EzA § 3 TVG Nr. 3, S. 19 (20); *Hessel*, BB 1950, 621 (622); *Konzen*, ZfA 1975, 401 (433 f.); *Kreuder*, KritV 1994, 289 ff.; *Kutscher*, Tarifzuständigkeit, S. 31; *Säcker/Oetker*, ZfA 1993, 1 (10 f.).
[926] *Hessel*, BB 1950, 621 (622).
[927] Vgl. *Heß*, ZfA 1976, 45 (73); *Hessel*, BB 1950, 621 (622); *Jacobs*, Tarifeinheit, S. 208.
[928] *Kempen/Zachert*, § 2 TVG Rn. 56; vgl. auch *Wiedemann*, RdA 1975, 78 (81 f.).
[929] *Jacobs*, Tarifeinheit, S. 208.

keinesfalls in der Lage, die Koalitionsfreiheit der Verbände einzuschränken, die den Koalitionen die freie Bestimmung ihres tariflichen Wirkungskreises gewährleistet. Die Satzungsautonomie der Verbände wird also nicht durch das Industrieverbandsprinzip beschränkt, vielmehr steht es den Koalitionen frei, sich im Rahmen ihrer Autonomie für das Industrieverbandsprinzip zu entscheiden.[930]

b) Grundsatz der Tarifeinheit

Die Praktizierung des Industrieverbandsprinzips durch die Mehrzahl der Gewerkschaften hat eine große Zahl von Tarifkonkurrenzen ausgeräumt. Zur Lösung der verbleibenden Tarifkonkurrenzen ist der Grundsatz der Tarifeinheit entwickelt worden. Dieser Grundsatz bezieht sich in erster Linie auf das Arbeitsverhältnis. Auch wenn dieses vom Geltungsbereich mehrerer Tarifverträge erfaßt wird, soll stets nur ein Tarifvertrag anwendbar sein. Darüber hinaus wird diesem Grundsatz aber auch eine betriebliche Komponente beigemessen. Grundsätzlich soll danach auch in jedem Betrieb für alle dort begründeten Arbeitsverhältnisse nur ein Tarifvertrag Anwendung finden.[931] Sinngehalt der Tarifeinheit ist es, für einen Betrieb eine einheitliche Zuordnungsbewertung vornehmen zu können. Unterschiedliche berufliche Gruppen, die gemeinsam auf einen Betriebszweck hinarbeiten, sollen einheitlichen Arbeitsbedingungen unterliegen.

Entgegen teilweise geäußerter Ansicht[932] kann dem Grundsatz der Tarifeinheit - seine Geltungkraft unterstellt- jedoch keine Einschränkung der Gestaltungsfreiheit der Berufsverbände bei der Festlegung ihrer Tarifzuständigkeit entnommen werden.[933] Denn das Prinzip der Tarifeinheit zielt allein darauf, die entstandenen Tarifkonkurrenzen und –pluralitäten nach den dazu entwickelten Leitlinien aufzulösen, nicht aber auch darauf, bereits die Entstehung von Tarifkonkurrenzen zu verhindern.[934] Zudem fehlt auch dem Grundsatz der Tarifeinheit wie schon

---

[930] *Heß*, ZfA 1976, 45 (74); teilweise wird ein zwingendes Industrieverbandsprinzip als Verstoß gegen Art. 9 III GG gewertet, vgl. BAG AP Nr. 1 zu § 2 TVG Tarifzuständigkeit, Bl. 3R; *Dietz*, DB 1951, 325 (327); *Hessel*, BB 1950, 621 (623).
[931] Vgl. BAG AP Nr. 4 zu § 4 TVG Tarifkonkurrenz, Bl. 2R, 3; *Konzen*, RdA 1978, 146 ff.; *Säcker/Oetker*, ZfA 1993, 1 (4 ff.); *Wank*, in: Wiedemann, § 4 TVG Rn. 268 ff.
[932] *Dutti*, DB 1969, 218 (219); *Gaul*, ZTR 1991, 443 (451).
[933] BAG AP Nr. 1 (Bl. 3R), AP Nr. 4 (Bl. 7R) zu § 2 TVG Tarifzuständigkeit; *Heß*, ZfA 1976, 45 (74 f.); *Kutscher*, Tarifzuständigkeit, S. 32 f.
[934] Vgl. dazu *Müller*, NZA 1989, 449 (451 ff.); MünchArbR-*Löwisch/Rieble*, § 276 Rn. 13 ff.

dem Industrieverbandsprinzip die Normqualität. Zwar wird er zuweilen als „allgemeiner Grundsatz",[935] „grundlegende Wertung"[936] oder „Rechtsmaxime"[937] bezeichnet. Selbst wenn sich dahinter die Einordnung als allgemeines Rechtsprinzip verbergen sollte, läßt dies nicht auf eine Rechtsnorm schließen. Rechtsprinzipien enthalten nur allgemeine Richtlinien für die Rechtsgestaltung. Sie können damit Grundlage für die Entwicklung von Rechtsregeln sein,[938] sind aber nicht zu Rechtssätzen in Form von Obersätzen verdichtet, die eine Subsumtion ermöglichen, und scheiden deshalb für die unmittelbare Klärung von Rechtsstreitigkeiten aus.[939] Wenn aber schon Rechtsprinzipien keine Rechtssätze mit Rechtsnormqualität sind, kann auch die Tarifeinheit im Betrieb kein unmittelbar geltender zwingender Rechtsgrundsatz sein,[940] der die von Art. 9 III GG gewährte Satzungsautonomie zur Festlegung der Tarifzuständigkeit beschränkt.

Der Grundsatz der Tarifeinheit findet allerdings seine Entsprechung im Prinzip der Einheitsgewerkschaft, das für die im DGB organisierten Gewerkschaften auf satzungsmäßiger Grundlage gilt[941] und Doppelzuständigkeiten der DGB-Gewerkschaften verhindern soll. Dieses Prinzip ist in der DGB-Satzung nicht ausdrücklich erwähnt, ergibt sich jedoch aus einer Zusammenschau der §§ 2 Nr. 1, 15, 16 DGB-Satzung. Diesen Normen liegt erkennbar das Bestreben zugrunde, Organisationsüberschneidungen zwischen den im DGB zusammengefaßten Gewerkschaften zu vermeiden. Zudem ist er in der Richtlinie über die Abgrenzung von Organisationsbereichen vom 11.03.1992 enthalten, die nach § 15 Nr. 1 DGB-Satzung Satzungsrang hat. Die Tarifzuständigkeit (ausschließlich) der Mitgliedsgewerkschaften des DGB wird im Verhältnis zueinander also durch

---

[935] BAG NZA 1991, 202 (203); LAG Frankfurt a.M., Urteil vom 30.6.1989 –15Sa 1566/88 (n.v.), S. 23.
[936] *Gamillscheg*, Kollekt. ArbR I, S. 687.
[937] *Müller*, Ablösung, S. 52.
[938] *Jacobs*, Tarifeinheit, S. 355; *Kraft*, RdA 1992, 161 (166); *Larenz*, Methodenlehre, S. 421.
[939] *Jacobs*, Tarifeinheit, S. 355; *Larenz*, Methodenlehre, S. 474, 479.
[940] So im Ergebnis *Kempen/Zachert*, § 4 TVG Rn. 137; *Konzen*, RdA 1978, 146 (153); *Kraft*, RdA 1992, 161 (166 f.); *Kutscher*, Tarifzuständigkeit, S. 9, 32; *Merten*, BB 1993, 572 (576); *Wiedemann*, Anm. zu BAG AP Nr. 11 zu § 4 TVG Tarifkonkurrenz, Bl. 4R (5); *Wiedemann/Arnold*, Anm. zu BAG AP Nr. 16 zu § 4 TVG Tarifkonkurrenz, Bl. 6 (7).
[941] Diskutiert wird in diesem Zusammenhang, ob die Satzungen der Mitgliedsgewerkschaften eine ausreichende statutarischen Grundlage für die Geltung dieses Prinzips vorhanden ist, das dort zumeist nicht ausdrücklich erwähnt wird. Im Ergebnis muß dies bejaht werden, vgl. S. 252 ff.

das Prinzip der Einheitsgewerkschaft beeinflußt. Mit der Anerkennung dieses Prinzips akzeptieren die DGB-Gerwerkschaften, daß Doppelzuständigkeiten zu vermeiden sind, und stellen ihre eigene Tarifzuständigkeit von vornherein unter den Vorbehalt des Abgleichens sich überschneidender Zuständigkeiten.[942] Im Verhältnis zu anderen, nicht im DGB organisierten Gewerkschaften besitzt das Prinzip der Einheitsgewerkschaft aber ebensowenig den Charakter zwingenden Rechts wie das Industrieverbandsprinzip.

2. Funktionswidrigkeit konkurrierender Tarifzuständigkeiten

Mehrfachzuständigkeiten innerhalb des Arbeitnehmerlagers begründen eine Konkurrenz zwischen den einzelnen Koalitionen und könnten sich daher nachteilig auf die effektive Koalitionszweckerfüllung auswirken, da eine sinnvolle Ordnung und Befriedung des Arbeitslebens im Wege tariflicher Normsetzung zweifelsohne umso schneller und leichter möglich ist, je weniger Verbände die Interessen einer Seite im Tarifgebiet vertreten. Auch die Einheitlichkeit der zu gestaltenden Arbeitsbedingungen wird durch die Existenz von Mehrfachzuständigkeiten der Gewerkschaften keineswegs begünstigt. Überschneidungen der Zuständigkeitsbereiche sind jedoch unmittelbare Folge einerseits der den Koalitionen in Art. 9 III GG garantierten autonomen Bestimmung des eigenen tariflichen Tätigkeitsfeldes und andererseits der verfassungsrechtlichen Gewährleistung des Koalitionspluralismus.[943] Mit Blick auf diese verfassungsrechtliche Ausgangslage kann es nicht als funktionswidrig weil dem Ordnungsauftrag der Koalitionen widersprechend eingeordnet werden, wenn Gewerkschaften ihren Organisationsbereich auf Branchen oder Gebiete erstrecken, die bereits von anderen Verbänden erfaßt werden.[944] Die Erfüllung des verfassungsrechtlichen Ordnungsauftrages verlangt von den Koalitionen also nicht, daß sie ihre Zuständigkeitsfelder überschneidungsfrei abgrenzen. Wie bereits erwähnt ändert an

---

[942] Bedeutung hat dieser Aspekt für die Frage erlangt, wie konkurrierende Tarifzuständigkeiten zu behandeln sind, wenn die Gewerkschaften kein Schiedsverfahren einleiten; näher dazu S. 268 ff.
[943] *Kempen/Zachert*, § 2 TVG Rn. 118; *Konzen*, Festschr. Kraft, S. 291 (309).
[944] In diesem Sinne BAG AP Nr. 1 (Bl. 3, 3R); AP Nr. 3 (Bl. 4 f.); AP Nr. 4 (Bl. 7, 7R) zu § 2 TVG Tarifzuständigkeit; *Delheid*, Tarifzuständigkeit, S. 35 f.; *v. Eisenhart Rothe*, Tarifzuständigkeit, S. 66; *Heß*, ZfA 1976, 45 (50); *Kempen/Zachert*, § 2 TVG Rn. 118; *Kraft*, Festschr. Schnorr von Carolsfeld, S. 255 (269); *Richardi*, Anm. zu BAG AP Nr. 2, 3 zu § 2 TVG Tarifzuständigkeit, Bl. 5 (6R).

dieser Bewertung auch der Umstand nichts, daß der tarifliche Gegenspieler, also der Arbeitgeber(-verband), möglicherweise mehreren Verhandlungs- und Arbeitskampfgegnern ausgesetzt wird.[945]

3. Verletzung der Koalitionsfreiheit der Konkurrenzverbände

Zu klären bleibt, ob die Begründung konkurrierender Tarifzuständigkeiten gegen die Koalitionsfreiheit der Gewerkschaft verstößt, die bereits zuvor in diesem Bereich (allein) tätig war. Grundlage dafür könnte eine auf Art. 9 III, 2 I GG gestützte gegenseitige Duldungspflicht der Koalitionen sein, die es ihnen verbietet, sich im Kompetenzbereich einer anderen Koalition zu betätigen und die von den Verbänden bereits bei der Festlegung ihrer Tarifzuständigkeit zu beachten ist.[946] Eine solche Duldungspflicht kann jedoch weder aus Art. 9 III GG noch aus Art. 2 I GG hergeleitet werden. Sie steht in eklatantem Widerspruch zur individuellen Koalitionsfreiheit. Wenn Bestand und Betätigung eines Berufsverbandes derart geschützt wären, daß bereits die Betätigung einer anderen Koalition im Zuständigkeitsbereich der ersteren einen Grundrechtseingriff bedeutet, wäre das Recht auf freie Koalitionsbildung faktisch entwertet, da die weit überwiegende Zahl koalitionärer Neugründungen zwangsläufig in den Zuständigkeitsbereich eines anderen Berufsverbandes eingreift. So wird beispielsweise die Neugründung einer Industriegewerkschaft immer mit Organisationsbereichen bestehender DGB-Gewerkschaften kollidieren. Die individuelle Koalitionsfreiheit wäre damit faktisch auf ein Beitritts- und Fernbleiberecht reduziert.[947] Ebensowenig überzeugend ist es, die Statuierung konkurrierender Tarifzuständigkeiten nicht generell zu untersagen, sondern sie an das Erfordernis eines berechtigten Interesses zu knüpfen.[948] Abgesehen von der mangelnden Praktikabilität dieser Abwägung liefe dies darauf hinaus, die Gerichte darüber entscheiden zu lassen, ob es für einen Wirtschaftsbereich sinnvoller ist, die Interessen der Beteiligten durch einen Verband oder durch mehrere vertreten zu

---

[945] Siehe S. 158 f.
[946] So *Hueck/Nipperdey*, Lehrbuch des Arbeitsrechts II/1, § 9 V 2 b, S. 149; ähnlich *Link*, Tarifzuständigkeit, S. 44; *ders.* ArbuR 1966, 38 (41), der maßgeblich auf Art. 2 I GG abhebt.
[947] v. *Eisenhart Rothe*, Tarifzuständigkeit, S. 64 f.; im Ergebnis ablehnend auch *Kempen/Zachert*, § 2 TVG Rn. 118; *Kraft*, Festschr. Schnorr von Carolsfeld, S. 255 (269).
[948] *Link*, Tarifzuständigkeit, S. 44; *ders.*, ArbuR 1966, 38 (41).

lassen. Diese Entscheidung sollte durch die Garantie der Koalitionsfreiheit jedoch gerade in den staatsfreien Raum verlegt werden.[949] Ein Gebot zur Beachtung fremder Zuständigkeitsbereiche ergibt sich überdies auch nicht aus Art. 2 I GG. Art. 2 I GG vermag die Koalitionsfreiheit der expandierenden Koalition nicht zu beschränken, da die Wertungen des Art. 9 III GG als spezielleres Grundrecht insoweit Vorrang genießen.[950] Die Begründung von Mehrfachzuständigkeiten innerhalb eines sozialen Lagers verstößt mithin nicht gegen die Koalitionsfreiheit des Konkurrenzverbandes und ist damit in der Gesamtschau rechtlich nicht zu beanstanden. Da sich die Zuständigkeitskonlikte innerhalb des gleichen sozialen Lagers also nicht mit dem Mittel der Satzungskontrolle lösen lassen, sind die Koalitionen in diesem Bereich auf Mechanismen autonomer Konfliktbewältigung angewiesen.

Nach Betrachtung der einzelnen Konfliktlagen lassen sich die Schranken der satzungsautomen Festlegung der Tarifzuständigkeit zusammenfassend wie folgt beschreiben: Eine Zuständigkeitsregelung ist funktionswidrig und damit nach § 138 I BGB unwirksam, wenn sie bei normativ wertender Betrachtung die abstrakt-materielle Verhandlungsparität der Sozialpartner verschiebt, die Verbandshomogenität des gegnerischen Verbandes beeinträchtigt oder wenn sie die Schaffung einheitlicher und inhaltlich ausgewogener Arbeitsbedingungen für einen bestimmten Tarifbereich verhindert. Beispielhaft ausgeführt dürfen die Koalitionen demnach weder einzelne Mitglieder(-gruppen) der gegnerischen Koalition noch einzelne Sachfragen aus ihrer Tarifzuständigkeit ausklammern. Speziell Gewerkschaften können ihre Zuständigkeit nicht in der Weise ändern, daß ein Einzelarbeitgeber tarifpolitisch von seinen Konkurrenten isoliert wird. Eine Zuständigkeitsregelung verstößt gegen die Koalitionsrechte des Sozialpartners und ist damit nach § 134 BGB, Art. 9 III 2 GG unwirksam, wenn eine gegnerische Koalition an der Regelung bestimmter Sachgebiete gehindert oder generell von der Teilnahme an der Tarifautonomie ausgeschlossen wird. Diese Schranke greift zum Beispiel ein, wenn die Tarifzuständigkeit auf einzelne Verhandlungspartner, bestimmte Sachbereiche oder bestimmte Mitglieder(-gruppen) der gegnerischen Koalition beschränkt wird.

---

[949] *v. Eisenhart Rothe*, Tarifzuständigkeit, S. 66; *Kraft*, Festschr. Schnorr von Carolsfeld, S. 255 (269).
[950] *Kempen/Zachert*, § 2 TVG Rn. 118; mit anderer Begründung ablehnend: *v. Eisenhart Rothe*, Tarifzuständigkeit, S. 65 f.

KAPITEL 4

Kollektivautonome Konfliktlösung im Regelungsbereich der Tarifzuständigkeit

Nach Darstellung des gesetzlichen Konzepts zur Konfliktlösung bei bestrittenen Tarifzuständigkeitsregelungen – Statuierung normativer Schranken für die satzungsautonome Festlegung der Tarifzuständigkeit und Durchsetzung derselben im Wege der Satzungskontrolle – soll nun untersucht werden, in welcher Weise die Koalitionen Interessenskonflikte bei Fragen der Tarifzuständigkeit selbst lösen können. Im Verhältnis der Sozialpartner untereinander könnte der Arbeitskampf als Mittel der Konfliktlösung dienen. Innerhalb eines sozialen Lagers ist eine Konfliktlösung auf satzungsrechtlicher Grundlage denkbar, indem die Verbände ein bestimmtes Verfahren des Interessensausgleichs statuieren und sich diesem satzungsmäßig unterwerfen.

A. Konfliktlösung der Sozialpartner durch Arbeitskampf

Eine kollektivautonome Lösung der Interessenskonflikte, die sich im Regelungsbereich der Tarifzuständigkeit zwischen den Sozialpartnern ergeben, könnte also durch Arbeitskampf erfolgen. Wird eine Koalition nachteilig von einer Tarifzuständigkeitsregelung der zuvor beschriebenen Art betroffen, wird sie also beispielsweise durch eine Zuständigkeitsänderung an der Erreichung einer erstrebten tariflichen Regelung gehindert, könnte sie zum Mittel des Arbeitskampfes greifen, um ihre Interessen zu verwirklichen. Ziel dieses Arbeitskampfes ist es dann, die eigene Tarifzuständigkeit dem potentiellen Tarifpartner gegenüber mit dem Mittel des Arbeitskampfes durchzusetzen. Der potentielle Tarifpartner soll dazu veranlaßt werden, seine Zuständigkeit auf sie abzustimmen, indem er seinen Organisationsbereich entsprechend erweitert, verengt oder sonst ändert.

Diese Art der kampfweisen Durchsetzung der eigenen Tarifzuständigkeit ist zu unterscheiden von der Erkämpfung eines Tarifvertrages trotz bestrittener oder ungeklärter Tarifzuständigkeit. Im letzteren Fall wird der Arbeitskampf häufig für zulässig gehalten,[951] allerdings hängt die Rechtmäßigkeit des Arbeitskampfes

---

[951] Vgl. *Kempen/Zachert*, § 2 TVG Rn. 121 ff.; *Kutscher*, Tarifzuständigkeit, S. 116 f.; *Zachert*, ArbuR 1982, 181 (183 ff.); im Ansatz auch *Richardi*, Anm. zu BAG AP Nr. 2,

nicht zuletzt von der Tarifzuständigkeit der beteiligten Sozialpartner ab. Die den Arbeitskampf beginnende Partei trägt also ein erhebliches Risiko, wenn sie die Frage der Tarifzuständigkeit nicht zuvor durch ein arbeitsgerichtliches Beschlußverfahren nach §§ 2 a I Nr. 3, 97 ArbGG klären läßt.[952] Um diese Fallgruppe geht es hier jedoch nicht. Hier ist die Tarifzuständigkeit der unmittelbare Gegenstand des Interessenskonfliktes zweier potentieller Tarifpartner, der mittels eines Arbeitskampfes in der Weise gelöst werden soll, daß eine Tarifpartei zu einer Veränderung ihrer Tarifzuständigkeit gezwungen wird. Es ist daher zu untersuchen, ob die Tarifzuständigkeit Gegenstand eines Arbeitskampfes sein kann.

I. Vorrang des Rechtsweges

Zweifel daran ergeben sich zunächst aus dem ultima-ratio-Prinzip. Dieses verbietet Arbeitskämpfe, wenn zur Beilegung der Streitigkeit der Rechtsweg eröffnet ist.[953] An diesem Vorrang des Rechtsweges sollte im Bereich des Tarifsystems auch grundsätzlich festgehalten werden,[954] weil das Arbeitskampfrecht Bestandteil der Rechtsordnung ist und Selbsthilfe nur in ausdrücklich normierten Fällen zulässig ist.[955] Außerdem ist die Befürchtung, der Zwang zur Beschreitung des Rechtswegs beschränke die Durchsetzungsmöglichkeiten der Arbeitnehmer zu sehr,[956] grundsätzlich nicht begründet. Mit der gemeinschaftli-

---

3 zu § 2 TVG Tarifzuständigkeit, Bl. 5 (7R ff.); anders wohl *Gamillscheg*, Kollekt. ArbR I; S. 537 f.; *Oetker*, in: Wiedemann, § 2 TVG Rn. 59; *Wiedemann*, RdA 1975, 78 (81).

[952] Vgl. BAG AP Nr. 3 zu § 2 TVG Tarifzuständigkeit, Bl. 3R, 4; *Dreschers*, Entwicklung, S. 203; *Kempen/Zachert*, § 2 TVG Rn. 122; *Ostrop*, Mitgliedschaft ohne Tarifbindung, S. 127; *Zachert*, ArbuR 1982, 181 (183).

[953] Ganz überwiegende Ansicht, vgl. *Hessel*, BB 1951, 85 (87); *Hueck/Nipperdey*, Lehrbuch des Arbeitsrechts II/2, § 49 B II 7 e), S. 1026 ff.; *Nikisch*, Arbeitsrecht II, S. 123; *Rüthers*, in: Brox/Rüthers, Arbeitskampfrecht, Rn. 140; *Seiter*, Streikrecht und Aussperrungsrecht, S. 496 ff.; *Tomandl*, Streik und Aussperrung, S. 148 f., 206.

[954] Ablehnend *Ramm*, Kampfmaßnahme, S. 127 ff.; *Reuß*, ArbuR 1965, 97 (100 f.); *Zachert*, ArbuR 1982, 181 (184); *Zöllner/Loritz*, Arbeitsrecht, § 39 II 9.

[955] *Hottgenroth*, Verhandlungspflicht, S. 165 f.; *Hueck/Nipperdey*, Lehrbuch des Arbeitsrechts II/2, § 49 B II 7 e), S. 1026 ff.; *Seiter*, Streikrecht und Aussperrungsrecht, S. 497.

[956] Das Streikrecht bei gleichzeitig gegebenem Rechtsanspruch wird insoweit auch damit begründet, daß ein Mehr an Rechtsgrund (Art. 9 III GG) nicht ein Weniger an Rechtsposition bewirken könne, vgl. *Reuß*, ArbuR 1972, 193 (202). Diese Argumentation ist jedoch überzeugend zurückgewiesen worden, vgl. *Hessel*, DB 1965, 971 ff; *Tomandl*, Streik und Aussperrung, S. 149.

chen Ausübung des Zurückbehaltungsrechtes nach §§ 273, 320 BGB steht den Arbeitnehmern ein wirkungsvolles Instrument zur Verfügung, mit dessen Hilfe sie bestehende Rechtsansprüche verwirklichen können.[957] Die gemeinschaftliche Ausübung eines den einzelnen Arbeitnehmern jeweils individuell zustehenden Zurückbehaltungsrechtes ist ganz überwiegend als legitimes außergerichtliches Druckmittel zur Durchsetzung anerkannt, das nicht als betriebsbezogener Streik zu werten ist.[958] Daran ist schon deshalb nicht zu zweifeln, weil nur die Ausübung eines Leistungsverweigerungsrechtes den Lohnanspruch im Hinblick auf einen Annahmeverzug des Arbeitgebers oder die von ihm zu vertretende Unmöglichkeit der Arbeitsleistung unberührt läßt, während jeder Streik zur Suspendierung der Hauptleistungspflichten aus dem Arbeitsverhältnis führt.[959]

Das ultima-ratio Prinzip betrifft aber nur Fälle, in denen ein Rechtsanspruch auf das Kampfziel besteht.[960] Zwar eröffnen die §§ 2 a I Nr. 3, 97 ArbGG den Rechtsweg zur Klärung von Zuständigkeitsstreitigkeiten zwischen den Tarifparteien. Einen Rechtsanspruch auf Änderung der Tarifzuständigkeit, wie sie in diesen Fällen mit Hilfe des Arbeitskampfes erzwungen werden soll, kann aber keinesfalls bestehen. Dem steht schon das Selbstbestimmungsrecht der Koalitionen entgegen, das gerade auch die autonome Festlegung der Tarifzuständigkeit umfaßt. Ein Arbeitskampf zur Durchsetzung der Tarifzuständigkeit verstößt mithin nicht gegen das ultima-ratio-Prinzip.

II. Tariflich regelbares Ziel

Ein Arbeitskampf kann aber nur zur Durchsetzung eines tariflich regelbaren Ziels geführt werden. Nur vordergründig kann der Tarifzuständigkeit bereits deshalb die tarifliche Regelbarkeit abgesprochen werden, weil sie eine von den Tarifpartnern einzuhaltende Rechtmäßigkeitsvoraussetzung des Tarifvertrages

---

[957] *Hottgenroth*, Verhandlungspflicht, S. 166; *Seiter*, Streikrecht und Aussperrungsrecht, S. 498; *Söllner*, Grundriß des Arbeitsrechts, § 11 IV.
[958] Vgl. BAG AP Nr. 32 zu Art. 9 GG Arbeitskampf, Bl. 6-7; AP Nr. 58 zu Art. 9 GG Arbeitskampf, Bl. 3R, 4; *Auffarth*, RdA 1977, 129 (131 f.); *Konzen*, AcP 177 (1977), 473 (522); *Moll*, RdA 1976, 100 (101 ff.); MünchArbR/*Otto*, § 283 Rn. 19, § 286 Rn. 130; für eine Einordnung als Streik aber *Capodistrias*, RdA 1954, 53 (55); *Weller*, ArbuR 1967, 76 (79 f.).
[959] MünchArbR/*Otto*, § 286 Rn. 130.
[960] Vgl. *Konzen*, Festschr. Kraft, S. 291 (305); *Seiter*, Streikrecht und Aussperrungsrecht, S. 513 ff., 517 f.

ist.[961] Es ist zwar zutreffend, daß die Tarifzuständigkeit selbst nicht durch den Tarifvertrag festgelegt werden kann. Denkbar ist aber, in den schuldrechtlichen Teil des Tarifvertrages eine Verpflichtung des Verbandes zur Änderung seines Zuständigkeitsbereiches aufzunehmen. Als Bestandteil des Tarifvertrages wäre die Tarifzuständigkeit dann offen für einen Arbeitskampf.[962] Dieser Konzeption steht aber das Bedenken entgegen, daß selbst bei einer schuldrechtlichen Einigung der Tarifparteien noch nicht gewährleistet ist, daß diese Vereinbarung durch einen entsprechenden Mehrheitsbeschluß der Mitgliederversammlung in Satzungsrecht umgesetzt wird. Die Mitglieder können auch nicht durch Sanktionen, die die Parteien für den Fall eines Mitgliedervetos vereinbart haben, zu einem solchen positiven Abstimmungsverhalten veranlaßt werden. Die Vereinbarung steht von vornherein unter der Wirksamkeitsvoraussetzung eines zustimmenden Mitgliederbeschlusses.[963] Damit entzieht sich die Tarifzuständigkeit als zwingende Satzungsangelegenheit letztlich auch der Regelbarkeit im schuldrechtlichen Teil des Tarifvertrages.

III. Verstoß gegen die individuelle und kollektive Koalitionsfreiheit

Entscheidend gegen die Zulässigkeit eines Arbeitskampfes zur Durchsetzung der eigenen Tarifzuständigkeit gegenüber dem Tarifgegner sprechen schließlich sowohl die individuelle Koalitionsfreiheit der gegnerischen Verbandsmitglieder als auch die Organisationsfreiheit des gegnerischen Verbandes. Die Beeinflussung der Tarifzuständigkeit des gegnerischen Verbandes hätte Rückwirkungen auf dessen Mitgliederstruktur.[964] Eine Gewerkschaft beispielsweise könnte so durch einen Streik mitbestimmen, welche Mitgliedsunternehmen der Arbeitgeberverband tarifvertraglich vertreten kann. Einzelne Arbeitgeber könnten ohne ihren Willen vom Verbandstarifgeschehen ausgeschlosssen und zum Verbandswechsel gezwungen werden, was mit Art. 9 III 1 GG nicht vereinbar wäre.[965]

---

961 Vgl. *Heinze*, DB 1997, 2122 (2126); *Kempen/Zachert*, § 2 TVG Rn. 123; *Kutscher*, Tarifzuständigkeit, S. 116.
962 *Moll*, Tarifausstieg, S. 43; *Seiter*, Streikrecht und Aussperrungsrecht, S. 488 ff.; für eine tarifliche Regelbarkeit im Ergebnis auch *Zachert*, ArbuR 1982, 181 (184).
963 *Martens*, Anm. BAG SAE 1987, 1 (9).
964 *Martens*, Anm. BAG SAE 1987, 1 (9); *Moll*, Tarifausstieg, S. 43.
965 *Moll*, Tarifausstieg, S. 43. Gleiches gilt umgekehrt natürlich auch für einzelne Arbeitnehmergruppen.

Des weiteren würde die grundrechtlich geschützte Entscheidungsfreiheit des Verbandes über seinen Zuständigkeitsbereich obsolet, wenn die Tarifzuständigkeit der Fremdbestimmung durch den Arbeitskampf zugänglich wäre.[966] Daher darf die Tarifzuständigkeit nicht zum Gegenstand eines Arbeitskampfes gemacht werden.[967]

IV. Einfluß des Schiedsspruches nach § 16 DGB-Satzung auf die kampfweise Durchsetzung der Tarifzuständigkeit

An diesem Ergebnis vermag auch die Rechtsprechung des Bundesarbeitsgerichts zum Schiedsverfahren nach § 16 DGB-Satzung nichts zu ändern, das bei Streitigkeiten unter den Einzelgewerkschaften des Deutschen Gewerkschaftsbundes über ihre jeweiligen tariflichen Tätigkeitsbereiche anzuwenden ist. Nach Auffassung des Bundesarbeitsgerichts wird durch den Schiedsspruch die Tarifzuständigkeit der DGB-Gewerkschaften auch für den tarifvertraglichen Gegenspieler bindend festgelegt.[968] Aus dieser Rechtsprechung schließt *Zachert*,[969] der Schiedsspruch entfalte Außenwirkung gegenüber dem Arbeitgeberverband und lege folglich die Tarifzuständigkeit beider Tarifvertragsparteien verbindlich fest. Der Gewerkschaftsseite sei demzufolge die Entscheidung des Arbeitgeberverbandes über dessen tarifvertraglichen Tätigkeitsbereich nicht vorgegeben. Daher könne sie ihre abweichende Tarifzuständigkeit gegenüber der Arbeitgeberkoalition im Wege des Streiks verwirklichen.[970]

Diese Schlußfolgerung ist jedoch nicht gerechtfertigt. Der Schiedsspruch regelt innerhalb des Deutschen Gewerkschaftsbundes, welche Gewerkschaft für die im Arbeitgeberverband organisierten Unternehmen zuständig ist.[971] Seine externe

---

[966] *Dreschers*, Entwicklung, S. 203; *Heinze*, DB 1997, 2122 (2126); *Löwisch/Rieble*, § 2 TVG Rn. 94; *Moll*, Tarifausstieg, S. 43; *Ostrop*, Mitgliedschaft ohne Tarifbindung, S. 127; *Wiedemann*, RdA 1975, 78 (81).
[967] *Dreschers*, Entwicklung, S. 203; *Gamillscheg*, Kollekt. ArbR I, S. 537 f.; *Hanau/Kania*, Festschr. Däubler, S. 437 (444); *Heinze*, DB 1997, 2122 (2126); *Löwisch/Rieble*, § 2 TVG Rn. 94; *Moll*, Tarifausstieg, S. 43; *Oetker*, in: Wiedemann, § 2 TVG Rn. 59; *Ostrop*, Mitgliedschaft ohne Tarifbindung, S. 127; *Wiedemann*, RdA 1975, 78 (81).
[968] Vgl. BAG AP Nr. 10 (Bl. 4R) zu § 2 TVG Tarifzuständigkeit, Bl. 5.
[969] *Zachert*, ArbuR 1982, 181 (183 f.).
[970] Für die Rechtmäßigkeit eines Arbeitskampfes soll danach allein maßgeblich sein, ob die Gewerkschaft ihre Tarifzuständigkeit in Abgrenzung zu den anderen Gewerkschaften beachtet, vgl. *Zachert*, ArbuR 1982, 181 (185).
[971] BAG AP Nr. 4 (Bl. 7), AP Nr. 5 (Bl. 2R, 3) zu § 2 TVG Tarifzuständigkeit.

Wirkung besteht nach der Konzeption der Rechtsprechung nur darin, daß der Arbeitgeberverband die Aufnahme von Tarifverhandlungen nicht mehr mit dem Hinweis auf die fehlende Tarifzuständigkeit der Gewerkschaft ablehnen kann.[972] Die Tarifzuständigkeit der Arbeitgebervereinigung bleibt davon jedoch unberührt. Jede Tarifpartei kann nur die eigene Tarifzuständigkeit bestimmen.[973] Insofern muß die Arbeitnehmerseite die Festlegung der Arbeitgeberseite akzeptieren und kann keine Veränderung der Tarifzuständigkeit durch einen Arbeitskampf erzwingen.

Da der Arbeitskampf somit kein zulässiges Instrument zur Durchsetzung der eigenen Tarifzuständigkeit gegenüber dem potentiellen Tarifpartner ist, scheidet er als autonomes Mittel der Konfliktlösung aus. Dies bestätigt noch einmal die Bedeutung der Normativkontrolle der Zuständigkeitsregelungen.

B. Konfliktlösung innerhalb eines sozialen Lagers auf satzungsrechtlicher Grundlage

Innerhalb eines sozialen Lagers treten im Regelungsbereich der Tarifzuständigkeit dann Interessenskonflikte auf, wenn Koalitionen ihren Organisationsbereich so ändern, daß er sich mit dem tariflichen Wirkungsbereich einer anderen Koalition überschneidet. Wie bereits zuvor angesprochen[974] ist dies bislang allein bei den Gewerkschaften im Rahmen tarifrechtlicher Auseinandersetzungen praktisch relevant geworden. Zur Verhinderung und Auflösung solcher Zuständigkeitsstreitigkeiten hat der Deutsche Gewerkschaftsbund in den §§ 15, 16 DGB-Satzung auf statutarischer Grundlage ein Konfliktlösungsmodell geschaffen. § 15 DGB-Satzung normiert ein bestimmtes Verfahren der Zuständigkeitsänderung, wonach eine gewerkschaftliche Änderung des Organisationsbereiches nur nach Zustimmung des DGB-Bundesausschusses erfolgen darf. Kommt es dennoch zu Streitigkeiten über die Organsiationszuständigkeiten der Einzelgewerkschaften entscheidet nach § 16 DGB-Satzung ein Schiedsverfahren. Ähnliche Regelungen trifft der Christliche Gewerkschaftsbund (CGB), der nach § 14 seiner Satzung Streitigkeiten zur Entscheidung an den Hauptausschuß verweist und dabei auch die Möglichkeit zur Einsetzung eines Schiedsgerichtes

---

[972] BAG AP Nr. 3 zu § 2 TVG Tarifzuständigkeit, Bl. 4R.
[973] BAG AP Nr. 11 zu § 2 TVG Tarifzuständigkeit, Bl. 5.
[974] Siehe S. 3.

eröffnet. Im folgenden soll aufgrund ihrer größeren praktischen Relevanz nur die Regelung der §§ 15, 16 DGB-Satzung behandelt werden. Die Ausführungen lassen sich jedoch ohne weiteres auf die Regelung des § 14 CGB-Satzung übertragen.

Die §§ 15, 16 DGB-Satzung gewähren durch das Zustimmungs- und das Schiedsverfahren Organen des Dachverbandes und insoweit keinen unmittelbar den Einzelgewerkschaften angehörenden Gremien ein Mitentscheidungsrecht in Fragen der einzelgewerkschaftlichen Tarifzuständigkeit. Da die Tarifzuständigkeit als grundlegende Frage der Vereinsverfassung nach § 25 BGB zwingend in der Satzung geregelt sein muß, erhält der Dachverband durch die Regelungen der §§ 15, 16 DGB-Satzung Einfluß auf die Satzungsgestaltung der Mitgliedsgewerkschaften. Das dachverbandliche Konfliktlösungsverfahren basiert also auf einer Beschränkung der einzelgewerkschaftlichen Satzungshoheit zugunsten des Dachverbandes. Da in Rechtsprechung[975] und Literatur[976] jedenfalls im Ergebnis darüber Einigkeit herrscht, daß die Gewährung von Dritteinfluß auf die inneren Verbandsangelegenheiten gewissen Schranken unterliegt, stellt sich die Frage, ob der in den §§ 15, 16 DGB-Satzung statuierte Einfluß des Dachverbandes auf die Satzungshoheit der Mitgliedsgewerkschaften nicht das zulässige Maß an Fremdbestimmung überschreitet. Außerdem können diese Regelungen nur dann für die Einzelgewerkschaften bindend sein, wenn diese sich in ihren Satzungen den Einflußrechten des Dachverbandes wirksam unterworfen haben. Die Mitwirkungsrechte der DGB-Organe müssen also auch in den Satzungen der Einzelgewerkschaften verankert sein. Dies soll nun im einzelnen für das Schiedsverfahren und das diesem vorgelagerte Verfahren nach § 15 DGB-Satzung untersucht werden.

---

[975] BVerfGE 83, 341 (360); KG OLGZ 1974, 385 (387); BayOLG NJW 1980, 1756 (1757); OLG Frankfurt NJW 1983, 2576; OLG Stuttgart NJW-RR 1986, 995 (996); OLG Köln NJW 1992, 1048.
[976] *Bondi*, Festschr. Liebmann, S. 278 (283); *Dütz*, Festschr. Herschel, S. 55 (57); *Priester*, Festschr. Werner, S. 657 (663); *Reichert/v. Look*, Hdb. Vereinsrecht, Rn. 418 a; RGRK-*Steffen*, Vor § 21 BGB Rn. 25; *Sauter/Schweyer/Waldner*, Der eingetragene Verein, Rn. 39 a; *Schaible*, Gesamtverein, S. 34; *Soergel/Hadding*, Vor § 21 BGB Rn. 79; *Stöber*, Hdb. Vereinsrecht, Rn. 30; *Wiedemann*, Festschr. Schilling, S. 105 (111).

I. Zuständigkeitsänderung nach § 15 Nr. 2 DGB-Satzung

Zuständigkeitskonflikte zwischen den Gewerkschaften sollen mit Hilfe des § 15 Nr. 2 DGB-Satzung[977] von vornherein dadurch verhindert werden, daß die Mitgliedsgewerkschaften ihre Organisationsbereiche nur in Übereinstimmung mit den betroffenen Gewerkschaften und nach Zustimmung des Bundesausschusses des DGB ändern können. Damit sind einer Erweiterung der Zuständigkeit formal enge Grenzen gezogen. Für die von einer Zuständigkeitserweiterung betroffene Gewerkschaft gibt es keinen Grund, einem Übergriff auf ihren angestammten Organisationsbereich zuzustimmen. An ihrem Widerspruch wird sodann auch die Zustimmung des Bundesausschusses scheitern.

Verbandsintern stehen dem Deutschen Gewerkschaftsbund allerdings kaum Möglichkeiten zu, die Einhaltung des Zustimmungsverfahrens zu erzwingen, da er praktisch über keine wirksamen Sanktionen verfügt. Einzig ein Ausschluß aus dem Dachverband nach § 3 Nr. 4 DGB-Satzung kann erwogen werden. Allerdings kann die von der Zuständigkeitsänderung betroffenen Gewerkschaft ein Schiedsverfahren nach § 16 DGB-Satzung einleiten und so eine Entscheidung über die streitige Änderung des Organisationsbereiches herbeiführen. § 15 Nr. 2 DGB-Satzung entfaltet in der Tarifpraxis also nur Wirkung, wenn ein Verstoß gegen diese Norm eine wirksame Neubestimmung der Tarifzuständigkeit verhindert. Denn nur wenn die Zustimmung des Bundesausschusses Wirksamkeitsvoraussetzung der Satzungsänderung ist, ist gewährleistet, daß die Rechtswidrigkeit der Satzungsänderung im Innenverhältnis nicht durch einen wirksamen Tarifabschluß überspielt werden kann. Eben vor diesem Hintergrund ist der Zustimmungsvorbehalt zugunsten des Bundesausschusses nach dem eindeutigen Wortlaut von Nr. 1 b) der Richtlinien für die Abgrenzung von Organisationsbereichen vom 11.3.1992,[978] die nach § 15 Nr. 1 DGB-Satzung Satzungsrang haben, als Wirksamkeitsvoraussetzung konzipiert worden.[979] Diese Konzeption ist

---

[977] Zum Wortlaut vgl. Fn. 19.
[978] Nr. 1 b) der Richtlinien für die Abgrenzung von Organisationsbereichen vom 11.3.1992 lautet: „Änderungen der in den Satzungen der Gewerkschaften angegebenen Organisationsbereiche und Organisationsbezeichnungen bedürfen zu ihrer Wirksamkeit des Verfahrens gem. § 15 Ziff. 2 der DGB-Satzung."
[979] So auch *Buchner*, Anm. BAG SAE 1998, 249 (265); *Konzen*, Festschr. Kraft, S. 291 (312). Das BAG hat die Außenwirkung des § 15 Nr. 2 DGB-Satzung in AP Nr. 4 zu § 2 TVG Tarifzuständigkeit, Bl. 6R zunächst verneint, zuletzt aber offengelassen, vgl. AP Nr. 10 zu § 2 TVG Tarifzuständigkeit, Bl. 9. Teilweise wird die Außenwirkung eines Verstoßes gegen § 15 Nr. 2 DGB-Satzung auch auf besonders schwere Verstöße beschränkt, vgl. *Blank*, Tarifzuständigkeit, S. 131 f.

jedoch bedeutungslos, wenn die satzungsmäßige Einräumung eines Zustimmungsrechtes des DGB-Bundesausschusses zu Satzungsänderungen der Einzelgewerkschaften die Grenzen des verbandsrechtlich zulässigen Dritteinflusses überschreitet und damit unwirksam ist.

1. Verbandsrechtliche Zulässigkeit des Zustimmungsvorbehaltes zur Satzungsänderung nach § 15 Nr. 2 DGB-Satzung

Die Organisationsverfassung der Koalitionen wird durch das private Vereinsrecht ausgestaltet. Die Zulässigkeit des in § 15 Nr. 2 DGB-Satzung normierten Fremdeinflusses auf die Satzungsgestaltung der Einzelgewerkschaften bemißt sich daher zunächst nach den §§ 21 ff. BGB und den dazu entwickelten allgemeinen Grundsätzen zur Beurteilung von Fremdeinfluß auf innerverbandliche Angelegenheiten. Auch hier darf allerdings die grundrechtliche Überlagerung des Vereinsrechts durch Art. 9 III GG nicht außer Acht gelassen werden.[980] Die vereinsrechtlichen Maßstäbe hinsichtlich der Zulässigkeit von Dritteinfluß auf die Satzungsgestaltung eines Berufsverbandes müssen immer auch den Gewährleistungen der Koalitionsfreiheit in ihren verschiedenen Ausprägungen gerecht werden. Wo dies nicht der Fall ist, müssen die einfachgesetzlichen Maßgaben im Licht des Art. 9 III GG modifiziert werden. Insbesondere wird auch hier die Funktionsgebundenheit der den Koalitionen durch Art. 9 III GG gewährten Satzungsautonomie zu berücksichtigen sein. Der Gesichtspunkt einer effektiven Erfüllung der wirtschaftsordnenden Aufgaben der Koalitionen im Bereich des Arbeitslebens kann auch für die Beurteilung von Kompetenzübertragungen auf den Dachverband Bedeutung erlangen.

a)   Zulässigkeit des Dritteinflusses bei Satzungsänderungen

Die Zuständigkeit zur Änderung der Satzung ist in § 33 I BGB geregelt. Danach ist die Mitgliederversammlung das für eine Satzungsänderung zuständige Organ. § 40 BGB, der § 33 I BGB für abdingbar erklärt, spricht zunächst dafür, den Mitgliedern des Vereins unbegrenzte Gestaltungsfreiheit bei der Statuierung einer anderweitigen Regelung des Verfahrens der Satzungsänderung zukommen zu lassen. Unstreitig ist insoweit, daß die Satzung die gesetzlichen Anforderun-

---

[980] Vgl. S. 75.

gen an die Beschlußfassung modifizieren kann. Zulässig ist eine Verschärfung der gesetzlichen Erfordernisse des § 33 BGB, indem zum Beispiel für einen satzungsändernden Beschluß auf das Erscheinen einer bestimmten Mindestmitgliederzahl abgestellt oder eine höhere Mehrheit vorgeschrieben wird. Die Voraussetzungen einer Satzungsänderung können aber auch herabgesetzt werden, etwa dergestalt, daß ein mit einfacher Mehrheit gefaßter Beschluß genügt.[981]

Die Dispositivität des § 33 I BGB bezieht sich allerdings nicht allein auf die Voraussetzungen der Beschlußfassung, sondern auch auf die Beschlußkompetenz der Mitgliederversammlung.[982] Der Wortlaut des § 40 BGB spricht insoweit eindeutig auch für eine Abdingbarkeit der Alleinzuständigkeit der Mitgliederversammlung zur Satzungsänderung. Immerhin erklärt § 40 BGB auch den § 32 I 1 BGB für abdingbar und eröffnet damit generell die Möglichkeit, auch die Befugnisse der Mitgliederversammlung zur Regelung der Vereinsangelegenheiten in der Satzung einzuschränken. Die Unabdingbarkeit der Satzungshoheit der Mitglieder läßt sich auch nicht durch einen Blick auf die Entstehungsgeschichte des BGB belegen.[983] § 48 I des ersten Entwurfs zum BGB[984] betonte zwar die Rechtsposition der Mitgliederversammlung bei der Regelung der Vereinsangelegenheiten wesentlich stärker als das heutige Bürgerliche Gesetzbuch. Der Gesetzgeber hat sich jedoch mit den §§ 32 I 1, 33 I, 40 BGB bewußt für eine Regelung entschieden, die ihrem Wortlaut nach als umfassend dispositive Regelung zu interpretieren ist. Weder im Gesetzgebungsverfahren noch in den übrigen Normen des privaten Vereinsrechts finden sich Anhaltspunkte dafür, daß dieser Wortlaut im Hinblick auf die Satzungshoheit der Mitglieder dennoch als zwingende Regelung gemeint war.[985] Dementsprechend kann eine Mitgliederversammlung die Zuständigkeit zur Satzungsänderung auf

---

[981] MünchKomm/*Reuter*, § 33 BGB Rn. 15; *Sauter/Schweyer/Waldner*, Der eingetragene Verein, Rn. 135; *Soergel/Hadding*, § 33 BGB Rn. 6; *Stöber*, Hdb. Vereinsrecht, Rn. 532.

[982] So aber *Flume*, Allg. Teil des Bürgl. Rechts I/2, S. 193 ff.; ders., Festschr. Coing II, S. 97 (102); ders., JZ 1992, 238 (239 f.); RGRK/*Steffen*, § 33 BGB Rn. 2; *K. Schmidt*, Gesellschaftsrecht, § 5 I 3; *Wiedemann*, Festschr. Schilling, S. 105 (112).

[983] Darauf abstellend aber *Flume*, Allg. Teil des Bürgl. Rechts I/2, S. 196 f.; ders., Festschr. Coing II, S. 97 (97, 105).

[984] Dieser lautet: „In den inneren Angelegenheiten der Körperschaft ist der Wille der Mitglieder maßgebend."

[985] Vgl. KG OLGZ 1974, 385 (387 ff.); *Mummenhoff*, Gründungssysteme, S. 169; *Schockenhoff*, AcP 193 (1993), 35 (54).

ein anderes Organ des Vereins übertragen[986] oder die Satzungsänderung von der Zustimmung eines anderen Vereinsorgans oder einzelner Vereinsmitglieder abhängig machen.[987]

Grundsätzlich muß es mit Blick auf die Regelung des § 40 BGB daher auch möglich sein, vereinsfremde Dritte am Verfahren der Satzungsänderung zu beteiligen.[988] Gegenteiliges läßt sich auch nicht mit den Regelungen der §§ 179 I AktG, 53 I GmbHG, 16 I GenG belegen, die für die Vereine des Handelsrechts eine zwingende Alleinzuständigkeit der Mitgliederversammlung (Hauptversammlung, Gesellschafterversammlung) für Satzungsänderungen vorsehen.[989] Zwar ist der rechtsfähige Verein das Grundmodell der körperschaftlich organisierten Personenvereinigung (vgl. § 6 II HGB), so daß der Schluß naheliegt, diese Grundsätze auf den Idealverein zu übertragen.[990] Rückschlüsse von diesen speziellen Bestimmungen für die wirtschaftlichen Sondervereine auf die Rechtslage beim Idealverein verbieten sich allerdings, weil die Mitglieder eines Vereins im Regelfall weniger Schutz vor Fremdeinfluß bedürfen als GmbH-Gesellschafter, Aktionäre oder Genossen.[991] Während die Mitglieder eines Vereins

---

[986] *Dütz*, Festschr. Herschel, S. 55 (71); MünchKomm/*Reuter*, § 33 BGB Rn. 18 für Vereine mit Aufnahmefreiheit; Reichert/*v. Look*, Hdb. Vereinsrecht, Rn. 418 b; RGRK/*Steffen*, § 33 Rn. 2; *Sauter/Schweyer/Waldner*, Der eingetragene Verein, Rn. 135; *Soergel/Hadding*, § 33 Rn. 6; *Stöber*, Hdb. Vereinsrecht, Rn. 619; ablehnend *Flume*, Allg. Teil des Bürgl. Rechts I/2, S. 195; *ders.*, Festschr. Coing II, S. 97 (103); *Ott*, in: AK-BGB, § 33 Rn. 5.

[987] *Soergel/Hadding*, § 33 BGB Rn. 6; *Steinbeck*, Vereinsautonomie, S. 84; *Stöber*, Hdb. Vereinsrecht, Rn. 618; ablehnend *Flume*, Allg. Teil des Bürgl. Rechts I/2, S. 195; *ders.*, Festschr. Coing II, S. 97 (103).

[988] KG OLGZ 1974, 385 (389 ff.); BayOLGZ 1979, 303 (308 ff.); *Beuthien/Gätsch*, ZHR 156 (1992), 459 (475 ff.); *Dütz*, Festschr. Herschel, S. 55 (71); MünchKomm./*Reuter*, § 33 BGB Rn. 19 für Vereine mit Aufnahmefreiheit; *Mummenhoff*, Gründungssysteme, S. 169 f.; *Oetker*, Anm. zu BAG AP Nr. 10, 11 zu § 2 TVG Tarifzuständigkeit, Bl. 5R (11R); *Schockenhoff*, AcP 193 (1993), 35 (66 f.); *Soergel/Hadding*, § 33 BGB Rn. 6 f.; *Staudinger/Weick*, § 33 BGB Rn. 8; *Steinbeck*, Vereinsautonomie, S. 21, 28.

[989] So die herrschende Ansicht, vgl. BGHZ 43, 261 (264); *Schockenhoff*, AcP 193 (1993), 35 (55 f.); *Ulmer*, Festschr. Werner, S. 911 (924); abweichend *Beuthien/Gätsch*, ZHR 165 (1992), 459 (476 ff.).

[990] In diese Richtung argumentierend: *Flume*, Allg. Teil des Bürgl. Rechts I/2, S. 195 f.; *ders.*, Festschr. Coing II, S. 97 (104 f.); *ders.*, JZ 1992, 238 (239 f.); andeutend auch *Steinbeck*, Vereinsatonomie, S. 96, 97.

[991] LG Oldenburg JZ 1992, 250 (251); *Edenfeld*, Rechtsbeziehungen, S. 95; *Herfs*, Willensbildungsprozeß, S. 82; MünchKomm/*Reuter*, § 33 BGB Rn. 21 für den Verein mit Aufnahmefreiheit; *Mummenhoff*, Gründungssysteme, S. 170, spricht deshalb von einer geringeren „privatrechtlichen Gefährlichkeit" der Idealvereine.

nämlich im Regelfall jederzeit aus dem Verein austreten können, ohne wirtschaftliche Einbußen befürchten zu müssen, fehlt jenen diese Möglichkeit. Selbst wenn ihnen vertraglich ein jederzeitiges Kündigungsrecht eingeräumt wird, müssen sie bei der Veräußerung ihrer Mitgliedschaftsanteile finanzielle Verluste hinnehmen, da regelmäßig eine Abfindung zum Buchwert stattfindet, die den Firmenwert und die stillen Reserven unberücksichtigt läßt. Die §§ 179 I AktG, 53 I GmbHG, 16 I GenG sind enumerativ für die wirtschaftlichen Sondervereine getroffen worden und beinhalten demzufolge kein allgemeines Prinzip, wonach jeder Fremdeinfluß auf die Satzungsgestaltung bei Körperschaften ausgeschlossen ist.[992] Die Annahme einer für das gesamte Körperschaftsrecht geltenden Grundregel[993] überzeugt insofern nicht, als der Gesetzgeber diese Regel dann in den „Allgemeinen Teil des Körperschaftsrechts," also in die §§ 21 ff. BGB, hätte einfügen können, dies aber unterlassen hat. Dieser Umstand legt eher die Möglichkeit eines Umkehrschlusses von den Regelungen der §§ 179 I AktG, 53 I GmbHG, 16 I GenG auf die Rechtslage beim Idealverein nahe.[994]

Die grundsätzliche Möglichkeit eines Vereins, Satzungsänderungen an den Willen von Außenstehenden zu binden, verdeutlicht letztlich auch § 33 II BGB. Dieser Norm läßt sich der allgemeine Gedanke entnehmen, daß die Satzungsautonomie des Vereins zurückzutreten hat, wenn Genehmigungsvorbehalte einem berechtigten Vereinsinteresse dienen.[995] Trotz der speziell im Bezug auf staatlich konzessionierte Vereine getroffenen Regelung kann dieser Gedanke durchaus auf Idealvereine übertragen werden,[996] da beide Rechtsformen sich nur in ihrem Zweck und der Art ihrer Gründung unterscheiden, nicht aber in ihrem Wesen und ihrer Organisation.[997]

---

[992] KG OLGZ 1974, 385 (389 f.); *Dütz*, Festschr. Herschel, S. 55 (71); *Edenfeld*, Rechtsbeziehungen, S. 95.
[993] So *Steinbeck*, Vereinsautonomie, S. 95 f.; vgl. auch *Schockenhoff*, AcP 193 (1993), 35 (55 f.).
[994] In diesem Sinne auch KG OLGZ 1974, 385 (389); LG Oldenburg, JZ 1992, 250 (251); *Dütz*, Festschr. Herschel, S. 55 (71); *Edenfeld*, Rechtsbeziehungen, S. 95.
[995] KG OLGZ 1974, 385 (391 f.); *Dütz*, Festschr. Herschel, S. 55 (73); vgl. auch *Edenfeld*, Rechtsbeziehungen, S. 95 f.
[996] Dies ablehnend: *Flume*, Allg. Teil des Bürgl. Rechts I/2, S. 196; *ders.*, Festschr. Coing II, S. 97 (105); *Priester*, Festschr. Werner, S. 657 (667); *Steinbeck*, Vereinsautonomie, S. 145.
[997] KG OLGZ 1974, 385 (392); *Dütz*, Festschr. Herschel, S. 55 (73); *Edenfeld*, Rechtsbeziehungen, S. 95 f.

Es kann damit festgehalten werden, daß eine Mitwirkung vereinsfremder Dritter an der Satzungsgestaltung auf Grundlage des bürgerlichen Vereinsrechts als im Grundsatz zulässig einzustufen ist. Das Vereinsrecht spiegelt damit die verfassungsrechtliche Ausgangslage wider, derzufolge es grundsätzlich zum Inhalt der Vereinsautonomie gehört, daß ein Verein sich fremdem Willen unterwirft.[998]

b)   Schranken des Fremdeinflusses

Die von der Vereinsautonomie grundsätzlich umfaßte Möglichkeit der Mitglieder, sich Fremdeinfluß zu unterwerfen, unterliegt gewissen Grenzen. Dies muß nicht zuletzt mit Blick auf die verfassungsrechtlichen Grundlagen der Vereinsautonomie gelten, denn Fremdbestimmung läuft dem Schutzzweck des Art. 9 I GG zuwider. Sie ist nur hinzunehmen, solange das Prinzip freier Assoziation und Selbstbestimmung gewahrt bleibt.[999] In Rechtsprechung[1000] und Literatur[1001] besteht deshalb darüber Einigkeit, daß die Vereinsautonomie einen unantastbaren Mindestgehalt[1002] aufweist, der auch durch privatautonome Gestaltung nicht aufgehoben werden darf. Dieser Bereich körperschaftlicher Selbstbestimmung im Sinne einer Freiheit von Fremdbestimmung wird auch als Verbandssouveränität bezeichnet.[1003]

Die Grenze des zulässigen Dritteinflusses wird dabei weitgehend gleich umschrieben. Sie ist dann erreicht, wenn die Mitglieder das Schicksal des Vereins in fremde Hände legen. Dies wiederum ist der Fall, wenn dem Verein keine eigene Bedeutung mehr zukommt, weil keine genügende Selbständigkeit zur eigenen Willensbildung und gemeinsamen Zweckverfolgung der Mitglieder mehr vorhanden ist, er vielmehr nur noch ein rechtlich verselbständigtes Son-

---

[998] BVerfGE 83, 341 (359); siehe auch S. 76.
[999] BVerfGE 50, 290 (354 f.).
[1000] BVerfGE 83, 341 (360); KG OLGZ 1974, 385 (387); BayOLG NJW 1980, 1756 (1757); OLG Frankfurt NJW 1983, 2576; OLG Stuttgart NJW-RR 1986, 995 (996); OLG Köln NJW 1992, 1048; LG Aachen DVBl 1976, 914 (915).
[1001] *Bondi*, Festschr. Liebmann, S. 278 (283); *Dütz*, Festschr. Herschel, S. 55 (57); *Priester*, Festschr. Werner, S. 657 (663); *Reichert/v. Look*, Hdb. Vereinsrecht, Rn. 418 a; RGRK-*Steffen*, Vor § 21 BGB Rn. 25; *Sauter/Schweyer/Waldner*, Der eingetragene Verein, Rn. 39 a; *Schaible*, Gesamtverein, S. 34; *Soergel/Hadding*, Vor § 21 BGB Rn. 79; *Stöber*, Hdb. Vereinsrecht, Rn. 30; *Wiedemann*, Festschr. Schilling, S. 105 (111).
[1002] Sog. Minimalgrenze der Vereinsautonomie, zur Terminologie vgl. Vieweg, Normsetzung, S. 166 ff.
[1003] Vgl. *K. Schmidt*, Gesellschaftsrecht, § 5 I 3; *Wiedemann*, Festschr. Schilling, S. 105 (111).

dervermögen des Dritten darstellt.[1004] Bei der Anwendung im Einzelfall bestehen allerdings erhebliche Unterschiede. Zur Veranschaulichung seien einige Beispiele genannt: So wird ein Zustimmungsvorbehalt zur Satzungsänderung von der Rechtsprechung überwiegend für zulässig gehalten.[1005] Gleiches gilt für einen Zustimmungsvorbehalt zur Vereinsauflösung.[1006] Die Ansicht der Literatur im Bezug auf die Zulässigkeit eines Zustimmungsvorbehaltes zur Satzungsänderung ist demgegenüber weit weniger einheitlich.[1007] Ein Zustimmungsvorbehalt zur Vereinsauflösung wird von der Literatur im Gegensatz zur Rechtsprechung überwiegend für unzulässig erachtet.[1008]

Diese Unterschiede finden ihre Ursache weit weniger in den differierenden materiellrechtlichen Grundlagen, die zur Rechtfertigung des Grundsatzes der Verbandssouveränität herangezogen werden, als in der Tatsache, daß jede der herangezogenen Grundlagen selbst der inhaltlichen Ausfüllung bedarf, um Aussagen zum Mindestgehalt der Vereinsautonomie treffen zu können. Die Grenzen des noch zulässigen Dritteinflusses sind damit notwendig immer Ergebnis einer wertenden Einzelfallbetrachtung. Die Aufgabe der Rechtsanwendung muß also darin bestehen, allgemein bestimmbare Kriterien zu entwerfen, die diese Einzelfallabwägung im Sinne der Rechtssicherheit objektivieren.

Die Vorschläge, den Mindestgehalt der Vereinsautonomie mit Hilfe grundrechtlicher Wertungen[1009] oder des Demokratiegebotes[1010] zu konkretisieren, können in diesem Sinne nicht überzeugen. Dem demokratischen oder sozialen Gehalt der jeweiligen Grundrechte, deren Verwirklichung die Vereinigungsfreiheit als

---

[1004] Repräsentativ für diese Formulierung: *Steinbeck*, Vereinsautonomie, S. 28.
[1005] BVerfGE 83, 341 (360 f.); KG OLGZ 1974, 385 (389 ff.); OLG Köln NJW 1992, 1048 (1049).
[1006] BVerfGE 83, 341 (360 f.); BayOLG NJW 1980, 1756 (1757); LG Aachen, DVBl 1976, 914 (915).
[1007] Vgl. *Dütz*, Festschr. Herschel, S. 55 (71 f.); *Edenfeld*, Rechtsbeziehungen, S. 94 ff.; *Mummenhoff*, Gründungssysteme, S. 169 f.; *Sauter/Schweyer/Waldner*, Der eingetragene Verein, Rn. 136; *Staudinger/Weick*, § 33 BGB Rn. 8; anders dagegen *Flume*, Allg Teil des Bürgl. Rechts I/2, S. 193 ff.; *ders.*, Festschr. Coing II, S. 97, (102); *Ott*, in: AK-BGB, § 33 Rn. 6; RGRK-*Steffen*, § 33 BGB Rn. 2; *K. Schmidt*, Gesellschaftsrecht, § 5 I 3; *Wiedemann*, Festschr. Schilling, S. 105 (112).
[1008] *Flume*, Allg Teil des Bürgl. Rechts I/2, S. 197 f.; *Reichert*, Hdb. Vereinsrecht, Rn. 2057; *Sauter/Schweyer/Waldner*, Der eingetragenen Verein, Rn. 391; *Soergel/Hadding*, § 41 BGB Rn. 3; *Stöber*, Hdb. Vereinsrecht, Rn. 824.
[1009] LG Aachen DVBl 1976, 914 f.; *Leßmann*, NJW 1978, 1545 (1548); *Vollmer*, Unternehmensverfassungen, S. 127.
[1010] *Föhr*, NJW 1975, 617 (618 f., 620 f.); vgl. auch *Teichmann*, Gestaltungsfreiheit, S. 191.

Organisationsmittel dient,[1011] können keine konkreten Anhaltspunkte entnommen werden, welche Strukturmerkmale ein Verein im Hinblick auf seine Willensbildung aufweisen muß.[1012] Zudem müßten aus den Grundrechten dann gegenseitige Pflichten der Grundrechtsträger in bezug auf die Ausgestaltung des Außenverhältnisses der Vereinigung begründet werden. Privatrechtssubjekte untereinander sind jedoch im Regelfall nicht durch die Grundrechte gebunden,[1013] auch dann nicht, wenn sie sich zu einer Vereinigung verbunden haben.[1014] Auch die Heranziehung des allgemeinen Demokratiegebotes[1015] ist zur Begründung eines Schutzes vor Dritteinfluß wenig geeignet. Zwar läßt sich unter Anwendung des Demokratiegebotes begründen, daß Vereinsfremde nicht bei der Willensbildung des Verbandes mitwirken dürfen.[1016] Will man daraus aber nicht den Schluß einer generellen Unzulässigkeit der Beteiligung Außenstehender an der Satzungsgestaltung oder Selbstverwaltung des Vereins ziehen, was angesichts der §§ 32 I, 33 I, 40 BGB schwerlich überzeugt,[1017] ergeben sich aus dem Demokratieprinzip ebenfalls keine genauen Anhaltspunkte für die Festlegung des noch zulässigen Ausmaßes an Fremdbestimmung. Abgesehen davon, daß sich ein Gebot demokratischer Binnenverfassung nur für wirtschaftlich oder sozial mächtige Vereine oder solche mit öffentlicher Aufgabenstellung rechtfertigen läßt,[1018] spricht auch seine Schutzrichtung gegen eine Heranziehung als Grundlage für die Verbandssouveränität. Das Demokratieprinzip will die Mitglieder vor der Übermacht der Großvereine schützen. Der Schutz des Vereins vor Fremdherrschaft durch außenstehende Dritte spielt dabei keine unmittelbare Rolle. Er wird nur mittelbar dadurch bewirkt, daß die Willensbildung im Verein immer von den Mitgliedern ausgehen muß.[1019]

[1011] So der Ansatz bei *Leßmann*, NJW 1978, 1545 (1548 f.); *Vollmer*, Unternehmensverfassungen, S. 127.
[1012] *Schockenhoff*, AcP 193 (1993), 35 (59); *Steinbeck*, Vereinsautonomie, S. 34.
[1013] Vgl. S. 160 ff.
[1014] So auch die Kritik bei *Schockenhoff*, AcP 193 (1993), 35 (59); *Steinbeck*, Vereinsautonomie, S. 34.
[1015] Eine analoge Anwendung des Art. 21 I 3 GG auf die Vereine des Privatrechts ist nicht tragfähig, vgl. S. 98 f.
[1016] Vgl. *Teichmann*, Gestaltungsfreiheit, S. 191 f.
[1017] Vgl. auch die Ausführungen S. 234 ff.
[1018] In diesem Sinne *Beuthien/Gätsch*, ZHR 156 (1992), 459 (471); *Föhr*, NJW 1975, 617 (619); *Leßmann*, NJW 1978, 1545 (1549); MünchKomm/*Reuter*, Vor § 21 BGB Rn. 110 ff.; *Nicklisch*, Festschr. Schiedermair, S. 459 (460 f.); *Staudinger/Weick*, Vorbem. zu §§ 21 ff. BGB Rn. 42; *Steinbeck*, Vereinsautonomie, S. 35.
[1019] *Steinbeck*, Vereinsautonomie, S. 35.

Auch Wesen[1020] und Typik[1021] sowie ein institutionelles Verständnis[1022] des Vereins sind keine geeigneten Instrumente zur Festlegung konkreter Schranken für den Dritteinfluß in Vereinen.[1023] Die insoweit verwendeten Leitbegriffe wie Wesen, Typus oder Institution weisen alle einen hohen Abstraktionsgrad auf, so daß sie mehr oder minder versagen, wenn es darum geht, feste Konturen der Gestaltungsfreiheit der Mitglieder eines Vereins zu ermitteln und konkrete Antworten auf die Frage nach der Zulässigkeit einer bestimmten Satzungsgestaltung zu geben.[1024]

Letztlich überzeugen kann allein eine Anknüpfung an das Verbot der Selbstentmündigung nach § 138 I BGB. Die Übertragung des Verbots der Selbstentmündigung auf Vereine ist sachlich gerechtfertigt und bietet zugleich die Möglichkeit, zur Konkretisierung des Mindestgehalts der Ver-einsautonomie auf praktikable und erprobte Kriterien zurückzugreifen.[1025] In modifizierter Form können nämlich die quantitativen und qualitativen Maßstäbe, die sich zur Beurteilung einer rechtlichen Selbstbindung einer natürlichen Person herausgebildet haben,[1026] auch für die Beurteilung der Zulässigkeit des Dritteinflusses auf einen Verein herangezogen werden.[1027]

Zunächst muß also dargelegt werden, daß die Erwägungen, die einer natürlichen Person die Aufgabe ihrer Privatautonomie verbieten, sich auf Vereine übertragen lassen und dort das Verbot völliger Aufgabe der Verbandssouveränität zu begründen vermögen. Wie der Vergleich mit der juristischen Personenstiftung zeigt, kommt es für die Übertragung dieser Grundsätze nicht darauf an, ob es sich bei den Vereinen um Gesamthände oder juristische Personen handelt. Entscheidend ist allein die Qualität als Personenvereinigung. Zwar differiert die rechtliche Ausstattung einer Personenvereinigung an einigen Punkten mit der einer natürlichen Person. So gibt es Rechte, die allein einer natürlichen Personen

---

[1020] KG OLGZ 1974, 385 (387); BayOLGZ 1975, 435 (440); OLG Köln NJW 1992, 1048 ff.; LG Aachen DVBl 1976, 914 (915); *Reuter*, ZGR 1978, 633 (640).
[1021] *Dütz*, Festschr. Herschel, S. 55 (59).
[1022] Vgl. dazu *Teichmann*, Gestaltungsfreiheit, S. 46, 96 ff.
[1023] *Beinert*, Konzernhaftung, S. 41; *Hönn*, JA 1987, 337 (339); *Mummenhoff*, Gründungssysteme, S. 168; *Schultze-v. Lasaulx*, ZfGG 1971, 325 (347 ff.); *Wiedemann*, Gesellschaftsrecht, § 1 IV 1 b); *Wüst*, Festschr. Duden, S. 755 (761).
[1024] *Konzen*, AcP 172 (1972), 92; *Kreutz*, ZGR 1983, 109 (119); *Schultze-v. Lasaulx*, ZfgG 1971, 325 (332); *Steinbeck*, Vereinsautonomie, S. 36 ff.
[1025] Dazu S. 244 ff.
[1026] Vgl. dazu MünchKomm/*Mayer-Maly*, § 138 BGB Rn. 61
[1027] Dazu eingehend *Steinbeck*, Vereinsautonomie, S. 54 ff.

vorbehalten sind, wie etwa Familienrechte und die Unversehrtheit von Leben und Gesundheit. Auch kommt der Personenvereinigung keine Würde zu. Diese Unterschiede können allerdings nur zur Folge haben, daß die Vereinsautonomie im Einzelfall einen anderen Inhalt und andere Grenzen aufweist als die Privatautonomie.[1028] Ebensowenig rechtfertigt die allein Vereinigungen gegebene Möglichkeit, sich dem Fremdeinfluß durch Auflösung zu entziehen, eine unterschiedliche Behandlung der Grenzen von Privat- und Vereinsautonomie.[1029] Da die durch Art. 9 I, III GG gewährleistete Vereinigungsfreiheit auch den Fortbestand und die Betätigung der Vereinigung verbürgt, ist diese Argumentation mit dem grundrechtlichen Schutzbereich nicht vereinbar.[1030] Auch die Rechtsverhältnisse im Konzern geben keinen Anlaß, von dem Verbot der Selbstentmündigung nach § 138 I BGB für Personenvereinigungen abzuweichen.[1031] Die Unterordnung eines Verbandes im Konzern stellt einen rechtlichen Ausnahmetatbestand dar, der nur unter Beachtung besonderer Schutzmechanismen zugunsten der Mitglieder und der Gläubiger (§§ 304 ff., 311 AktG) zulässig ist. Diese Schutzregeln sind bei anderen Arten des Dritteinflusses nicht anzutreffen. Insgesamt verbietet sich daher ein Rückschluß von diesen konzernrechtlichen Ausnahmetatbeständen auf die Grundprinzipien des Vereinsrechts.[1032] Darüber hinaus führt jedenfalls eine vertragliche Konzernierung keineswegs zur völligen Aufgabe der Selbstbestimmung der beherrschten Vereinigung. Nicht unter das Weisungsrecht des herrschenden Unternehmens fallen nämlich Kompetenzen, die in den ausschließlichen Zuständigkeitsbereich der Gesellschafterversammlung gehören, wie etwa Satzungsänderungen. Ein Mindestmaß an Selbstbestimmung bleibt also auch im Vertragskonzern bestehen.[1033] Das Konzernrecht ist also nicht geeignet, das Verbot der Selbstentmündigung im Vereinsrecht zu widerlegen.[1034]

Für die Übertragung des Verbots der Selbstentmündigung nach § 138 I BGB auf Vereine kommt es aber entscheidend auch darauf an, ob sie ebenso wie natürliche Personen ein Interesse am Schutz vor übermäßiger Fremdbestimmung

---

[1028] *Steinbeck*, Vereinsautonomie, S. 44.
[1029] So aber *Wiedemann*, WM 1975, Sonderbeil. Nr. 4, S. 1 (13).
[1030] *Steinbeck*, Vereinsautonomie, S. 44.
[1031] So aber *Schockenhoff*, AcP 193 (1993), 35 (55); *Wiedemann*, WM 1975, Sonderbeil. Nr. 4, S. 1 (13).
[1032] *Steinbeck*, Vereinsautonomie, S. 52.
[1033] Vgl. *Beuthien*, ZIP 1993, 1589 (1591 f.); *Steinbeck*, Vereinsautonomie, S. 52.
[1034] So auch *Teichmann*, Gestaltungsfreiheit, S. 192 ff.

haben. Dabei ist zu berücksichtigen, daß bei einer Personenvereinigung nicht nur das Außenverhältnis, sondern auch das Innenverhältnis, also die Beziehungen der Mitglieder untereinander und zum Verband rechtlichen Regelungen unterliegen.[1035] Bei einer Personenvereinigung ist also eine Entmündigung auch mittels einer Beeinflussung des internen Willensbildungsvorganges durch Dritte möglich. Innerhalb dieses innerorganisatorischen Freiheitsraumes sind die Mitglieder des Vereins ebenso auf den Schutz vor übermäßiger Fremdbestimmung durch Dritte angewiesen wie natürliche Personen. Delegieren die Mitglieder weitreichende Entscheidungsbefugnisse an außenstehende Dritte, die mangels Mitgliedschaft nicht die Folgen und Risiken des eigenen Handelns tragen müssen, begeben sie sich ihres Interessenschutzes. Der Mitgliederschutz verbietet also übermäßigen Dritteinfluß auf den Rechtskreis der Personenvereinigung.[1036]

Sonach werden die Grenzen des zulässigen Dritteinflusses und damit der Verbandsautonomie nach Maßgabe der Mitgliederinteressen und dem Schutz der Mitglieder vor Selbstentmündigung gezogen. Angesichts der zentralen Rolle der Mitglieder und ihrer Interessen für die Bestimmung des Vereinsinteresses ist diese Anbindung des Selbstentmündigungsverbots des Vereins an den Schutz der Mitglieder vor Selbstentmündigung auch folgerichtig.[1037] Grundgedanke des Vereinsrechts ist die Mitgliederherrschaft. Er kommt in verschiedenen Vorschriften des Vereinsrechts zum Ausdruck, wie zum Beispiel den §§ 27, 36, 37, 41 BGB, die für jeden Verein die Existenz einer Mitgliederversammlung vorschreiben. Der Mitgliederversammlung muß dann, soll sie nicht Selbstzweck sein, auch ein Mindestmaß an Kompetenzen zukommen.[1038] Das Interesse der einzelnen Mitglieder, übermäßige Fremdbestimmung abzuwehren, setzt sich nach Gründung einer Vereinigung also im Interesse des Vereins an verbandlicher Selbstbestimmung fort. Ebenso wie für die natürliche Person muß daher

---

[1035] *Beuthien/Gätsch*, ZHR 156 (1992), 459 (474); *Kunadt*, Gewerkschaftliche Unterorganisationen, S. 30; *Steinbeck*, Vereinsautonomie, S. 45.
[1036] *Beuthien/Gätsch*, ZHR 156 (1992), 459 (474); *Herfs*, Willensbildungsprozeß, S. 54; *Priester*, Festschr. Werner, S. 657 (663); *Voormann*, Beirat, S. 113; *Wiedemann*, Festschr. Schilling, S. 105 (114).
[1037] Kritisch insoweit *Teubner*, ZGR 1986, 565 (568 f.) und ihm folgend *Härer*, Erscheinungsformen, S. 158, die ein eigenständiges Vereinsinteresse anerkennen und dieses von den Mitgliederinteressen losgelöst sehen.
[1038] Vgl. MünchKomm/*Reuter*, § 32 BGB Rn. 11; *Soergel/Hadding*, § 32 BGB Rn. 2; *Steinbeck*, Vereinsautonomie, S. 49; vgl. auch *Schockenhoff*, AcP 193 (1993), 35 (51).

auch im Rahmen der Vereinsautonomie das Verbot der Selbstentmündigung nach § 138 I BGB gelten.[1039]

c) *Kriterien zur Bestimmung des zulässigen Ausmaßes an Fremdbestimmung*

Für die Beurteilung der Zulässigkeit von Dritteinfluß in Vereinen können nun in modifizierter Form die Kriterien herangezogen werden, anhand derer die Zulässigkeit der Selbstbindung einer natürlichen Person im Einzelfall überprüft wird. Von maßgeblicher Bedeutung für die Zulässigkeit einer rechtsgeschäftlichen Bindung einer natürlichen Person ist die Unterscheidung, in welchen Bereich die rechtsgeschäftliche Bindung eingreift. Des weiteren sind Umfang und Dauer der Bindung zu berücksichtigen sowie die Möglichkeit des Einzelnen, sich von dem Rechtsgeschäft zu lösen.[1040]

Für die rechtliche Bewertung des Fremdeinflusses auf einen Verein ist damit zunächst entscheidend, auf welchen organisatorischen Bereich des Vereinslebens der Dritte Einfluß ausübt. Es ist unschwer nachvollziehbar, daß ein unterschiedliches Maß an Fremdbestimmung erreicht wird, je nachdem, ob der vereinsfremde Dritte beispielsweise das Recht hat, die Satzung zu ändern, oder ob dem Dritten nur das Mitspracherecht im Hinblick auf einzelne Angelegenheiten der Geschäftsführung eingeräumt wird.[1041] Des weiteren ist maßgeblich der Umfang des Dritteinflusses zu berücksichtigen. Das Ausmaß der Fremdbestimmung ist bei Gewährung eines Alleinentscheidungsrechtes ein anderes als bei Gewährung eines Zustimmungs- oder Vorschlagsrechtes. Für den Umfang der Beeinträchtigung der Verbandsautonomie ist zudem die Bestandskraft des Dritteinflusses wichtig, also die Frage, ob der Mitgliederversammlung eine effektive Kompetenzkompetenz verbleibt.

Außerdem ist die rechtliche Stellung des Dritten und seine Verbindung zum Verein wertend zu berücksichtigen. Ein Gesichtspunkt ist dabei die Nähe des Dritten zum Verein.[1042] Denn je näher der Dritte dem Verein steht, umso größer

---

[1039] So die ganz überwiegende Ansicht, *Beuthien/Gätsch*, ZHR 156 (1992), 459 (474); *Bondi*, Festschr. Liebmann, S. 278 (288); *Flume*, Festschr. Coing II, S. 97 (104); *Reichert/ v. Look*, Hdb. Vereinsrecht, Rn. 418 b; *Reuter*, ZHR 151 (1987), 355 (378 f.); *Soergel/ Hadding*, § 32 BGB Rn. 4, § 33 BGB Rn. 7.
[1040] Vgl. MünchKomm/*Mayer-Maly*, § 138 BGB Rn. 61.
[1041] *Steinbeck*, Vereinsautonomie, S. 54.
[1042] BayOLGZ 1979, 303 (310); *Herfs*, Willensbildungsprozeß, S. 88 f.; *König*, Verein, S. 283 f.; *Mertens*, Festschr. Stimpel, S. 417 (420); *Vollmer*, Unternehmensverfassungen, S. 128.

ist die Wahrscheinlichkeit, daß es zu einem Gleichlauf der Interessen des Dritten und des Vereins kommt. Dies mindert die materiellen Bedenken gegen den Fremdeinfluß. Die Nähe des Dritten zum Verein kann ihren Ursprung auch in einem Rechtsverhältnis zwischen dem Verein und dem Dritten finden. Beispiel dafür ist etwa das Rechtsverhältnis innerhalb eines Dachverbandes. Der Dachverband kann sich hier auf eine gestufte Legitimation durch die Mitglieder der einzelnen Vereine berufen. Durch diese Besonderheit verliert der Fremdeinfluß materiell an Gewicht.[1043] Im Ergebnis könnte deshalb innerhalb eines Dachverbandes weitergehender Dritteinfluß auf einen Verein möglich sein als in anderen Fällen.[1044]

Schließlich kommt es für die Zulässigkeit des Dritteinflusses auch auf den Vereinszweck an, denn in ihm konkretisieren sich letztlich die Mitgliederinteressen, die es durch das Verbot der Selbstentmündigung ja zu schützen gilt. Ein weitergehender Dritteinfluß läßt sich daher insbesondere rechtfertigen, wenn die Mitwirkung Außenstehender dazu dient, den Vereinszweck zu fördern.[1045] Dieser Gedanke kann sich auch auf die Regelung des § 33 II BGB stützen, der wie schon erwähnt den allgemeinen Rechtsgedanken erkennen läßt, daß Zustimmungsrechte Dritter zulässig sind, wenn sie einem berechtigten Vereinsinteresse dienen.[1046]

d) *Angemessenheit vereinsrechtlicher Maßstäbe*

Es stellt sich nun die Frage, ob die anhand von § 138 BGB gewonnenen Maßstäbe zur rechtlichen Bewertung des Fremdeinflusses auf Vereine auch im Bezug auf Koalitionen angemessen sind. Das bürgerliche Vereinsrecht der §§ 21 ff BGB mit seinen richterrechtlichen Ausprägungen übernimmt grundsätzlich die Funktion der einfachgesetzlichen Ausgestaltung der Organisations-

---

[1043] Vgl. *Heermann*, ZHR 161 (1997), 665 (689); *Großfeld/Noelle*, BB 1985, 2145 (2149).
[1044] Ablehnend *Kunadt*, Gewerkschaftliche Unterorganisationen, S. 34; *Steinbeck*, Vereinsautonomie, S. 61.
[1045] In diesem Sinne BVerfGE 83, 341 (359), das die Zweckausrichtung und die Eigenart des in Rede stehenden Vereins berücksichtigt; ähnlich LG Aachen DVBl 1974, 914 (915); *Dütz*, Festschr. Herschel, S. 55 (75). In dieselbe Richtung zielt es, wenn verschiedentlich auf das Vorliegen sachlicher Gründe (die vornehmlich gerade im Vereinszweck liegen dürften) für den Dritteinfluß abgestellt wird; vgl. *Oetker*, Anm. zu BAG AP Nr. 10, 11 zu § 2 TVG Tarifzuständigkeit, Bl. 5R (12R); *Reichert*, Hdb. Vereinsrecht, Rn. 1229; *Staudinger/Weick*, § 27 BGB Rn. 4; ablehnend *Edenfeld*, Rechtsbeziehungen, S. 119; *Steinbeck*, Vereinsautonomie, S. 62 f.
[1046] Vgl. 234 ff.

verfassung der Koalitionen. Ausgestaltungsgesetze ihrerseits sind aber wiederum im Lichte einer effektiven Grundrechtsgewährleistung auszulegen. Auch das Vereinsrecht ist deshalb im Einzelfall immer an den Gewährleistungsinhalten des Art. 9 III GG zu messen und gegebenenfalls in modifizierter Form anzuwenden.[1047]

Im Gegensatz zu den herkömmlichen BGB-Vereinen ohne wirtschaftliche Macht oder Öffentlichkeitsbezug unterliegen die Koalitionen aufgrund ihrer besonderen Aufgabenstellung und ihrer Normsetzungskompetenz dem Gebot innerverbandlicher Demokratie. Wie bereits gesehen hindert sie dieses Gebot aber nicht daran, die in § 40 BGB normierte Dispositivität zahlreicher Vorschriften des Vereinsrechts auszunutzen und abweichende Zuständigkeiten zu vereinbaren.[1048]

Der wesentliche strukturelle Unterschied von Koalitionen und bürgerlichrechtlichen Vereinen, der sich im Organisationsrecht auswirkt und im Zusammenhang mit dem Aufnahmezwang entwickelt wurde, ist die Angewiesenheit der Mitglieder auf die Koalitionszugehörigkeit und der dadurch bedingte Wegfall des Austrittsrechts als Regulativ der Herrschaftsmacht des Verbandes gegenüber dem einzelnen Mitglied.[1049] Auch dieser Aspekt gebietet es jedoch nicht, jeden Fremdeinfluß auszuschließen und eine ausschließliche Zuständigkeit der Mitgliederversammlung für die Ausübung der Satzungsautonomie zu statuieren.[1050] Er gebietet es aber, die konkreten Anforderungen an die Zulässigkeit einer Fremdbestimmung beim Merkmal der Kompetenzkompetenz zu verschärfen. Wird der Koalition jede Möglichkeit genommen, Mitwirkungsrechte Dritter auf die Satzungsgestaltung einzuräumen, liegt ein Eingriff in die koalitionäre Autonomie vor, die grundsätzlich gerade auch die statutarische Delegation von Kompetenzen an Dritte umfaßt. Dieser Eingriff ist aber nur erforderlich, wenn die Mitglieder nicht auf freiheitsschonendere Weise effektiv vor Fremdbestimmung geschützt werden können. Insoweit kann auf die Kompetenzkompetenz der Mitgliederversammlung verwiesen werden. Für den Schutz der Mitglieder vor Selbstentmündigung ist es ausreichend, wenn ihnen eine effektive Möglichkeit zur Aufhebung des Dritteinflusses bleibt. Solange sie diese Möglichkeit nicht nutzen, obwohl sie dazu in der Lage sind, kann die Beibehaltung der Rechte des

---

[1047] Vgl. S. 75, 77 ff.
[1048] Vgl. S. 93 ff.
[1049] Vgl. S. 80 ff.
[1050] So aber allgemein im Bezug auf Vereine ohne Aufnahmefreiheit MünchKomm/*Reuter*, § 33 BGB Rn. 22.

Dritten als anhaltende konkludente Bestätigung des Dritteinflusses gewertet werden.[1051] Kann bei den BGB-Vereinen in Fällen sachlich begrenzten Dritteinflusses möglicherweise auch die Zulässigkeit von Fremdbestimmung ohne bestehende Kompetenzkompetenz erwogen werden,[1052] ist diese dagegen bei Koalitionen zwingende Voraussetzung der Zulässigkeit von Fremdeinfluß.

e) *Zulässigkeit des Zustimmungsvorbehaltes nach § 15 Nr. 2 DGB-Satzung*

§ 15 Nr. 2 DGB-Satzung normiert einen Zustimungsvorbehalt des DGB-Bundesausschusses für den speziellen Fall einer Zuständigkeitsänderung durch eine Gewerkschaft, also für sachlich eingegrenzte Fälle einer Satzungsänderung. Diese Form des Dritteinflusses auf die Satzungsgestaltung der Einzelgewerkschaften soll nun anhand der oben entwickelten Kriterien auf ihre Zulässigkeit hin überprüft werden.

aa) *Kompetenzkompetenz der Mitgliederversammlung*

Wie oben festgestellt, ist unabdingbare Zulässigkeitsvoraussetzung für jeden Fremdeinfluß auf die Satzungsgestaltung bei Koalitionen, daß der Mitgliederversammlung eine effektive Kompetenzkompetenz zur Beseitigung der Zuständigkeit des Dritten bleibt. Diese Anforderung ist im Blick auf § 15 Nr. 2 DGB-Satzung erfüllt.

Den Mitgliedern stehen letztlich zwei Möglichkeiten zu Verfügung, sich dem Einfluß des Bundesausschusses zu entziehen. Einerseits können sie die in ihren Satzungen notwendigerweise enthaltene Verankerung der Fremdkompetenz[1053] des Bundesausschusses durch Satzungsänderung aufheben. In den Gewerkschaftssatzungen sind insoweit zumeist Selbstverpflichtungen enthalten, die Satzung des DGB einzuhalten und seine Beschlüsse durchzuführen (z. B. § 32 Sat-

---

[1051] *Beuthien/Gätsch*, ZHR 156 (1992), 459 (475); *Kunadt*, Gewerkschaftliche Unterorganisationen, S. 34; *Teichmann*, Gestaltungsfreiheit, S. 186.
[1052] Vgl. KG OLGZ 1974, 385 (390 ff.); das Gericht bejaht die Zulässigkeit eines Zustimmungsvorbehaltes zur Satzungsänderung, ohne auf die Möglichkeit einer Kompetenzkompetenz der Mitgliederversammlung einzugehen; diese Möglichkeit verwerfend: *Steinbeck*, Vereinsautonomie, S. 109.
[1053] Zum Erfordernis einer statutarischen Verankerung der Fremdbestimmung in den einzelgewerkschaftlichen Satzungen näher unter II. Problematisch ist insoweit, welche Anforderungen an eine wirksame Inkorporation der Fremdbestimmung zu stellen sind.

zung IG Metall). Es findet sich aber auch die ausdrückliche Anerkennung der Funktion des DGB zur Klärung von Organisationszuständigkeiten (§ 4 Nr. 3 Satzung ver.di). Diese statutarischen Verankerungen der Zustimmungskompetenz des Bundesausschusses können gelöst und klarstellend festgelegt werden, daß die Gewerkschaften über die Abgrenzung ihres Organisationsbereiches alleinverantwortlich entscheiden. Neben einer Satzungsänderung, die das Zustimmungsrecht des Bundesausschusses endgültig beseitigt, können die Mitglieder sich aber auch einmalig, nur für eine konkrete Zuständigkeitsänderung über den Zustimmungsvorbehalt hinwegsetzen und einen Satzungsänderungsbeschluß ohne Beteiligung des Bundesausschusses fassen. Die Wirksamkeit eines solchen Beschlusses ergibt sich aus den Grundsätzen zur Satzungsdurchbrechung. Eine solche liegt vor, wenn die Mitglieder für einen Einzelfall bewußt von der geltenden Satzung abweichen, ohne sie auf Dauer ändern zu wollen.[1054] Satzungsdurchbrechende Beschlüsse sind wirksam, wenn die formellen Wirksamkeitvoraussetzungen für eine Satzungsänderung gegeben sind.[1055] Der Gegenstand des Beschlusses muß in der Einladung zur Mitgliederversammlung ordnungsgemäß angekündigt sein, die für eine Satzungsänderung erforderliche Mehrheit muß erreicht und der Beschluß ins Vereinsregister eingetragen werden.

An Dritteinfluß beseitigende Satzungsänderungen werden in den Gewerkschaftssatzungen soweit ersichtlich keine zusätzlichen Anforderungen gestellt, die über das für alle Satzungsänderungen geltende Maß hinausgehen. Da den Mitgliedern damit die Beseitigung des Zustimmungsrechtes des Bundesausschusses nicht zusätzlich erschwert wird, liegt rechtlich gesehen eine effektive Kompetenzkompetenz der Mitgliederversammlung vor. Problematisch ist einzig der Umstand, daß die Mitglieder der Einzelgewerkschaften aus Angst vor Sanktionen des DGB gezwungen sein könnten, auf den Gebrauch der Kompetenzkompetenz verzichten. Der DGB verlangt von seinen Mitgliedern, daß sie die Satzung des Bundes anerkennen, sie einhalten und die Beschlüsse der Bundesorgane durchführen (§ 3 Nr. 1, 3 DGB-Satzung). Verstoßen die Einzelgewerkschaften gegen ihre innerverbandlichen Pflichten, müssen sie in letzter Konsequenz mit einem Ausschluß aus dem Dachverband rechnen (§ 3 Nr. 4 DGB-Satzung). Dies werden sie kaum riskieren wollen, sind sie doch auf die Mit-

---

[1054] Vgl. BGHZ 32, 17 (18); *Beinert*, Konzernhaftung, S. 63; *Reichert*, Hdb, Vereinsrecht, Rn. 465 f.; *Steinbeck*, Vereinsautonomie, S. 103 f.
[1055] *Reichert*, Hdb. Vereinsrecht, Rn. 465; *Sauter/Schweyer/Waldner*, Der eingetragene Verein, Rn. 134; *Steinbeck*, Vereinsautonomie, S. 104.

gliedschaft im mächtigen DGB angewiesen, um ihre tarifpolitischen Ziele effektiv verwirklichen zu können. Angesichts dieser Interessenlage stellt sich die Frage, ob das theoretische Bestehen einer Kompetenzkompetenz unter diesen Umständen überhaupt als Rechtfertigungselement für den Einfluß des DGB auf die einzelgewerkschaftliche Zuständigkeitsabgrenzung tauglich ist.[1056] Denn von einer konkludenten Duldung des Fremdeinflusses kann schwerlich gesprochen werden, wenn es den Mitgliedern faktisch nicht zumutbar ist, von ihrem Recht zur Beseitigung des Dritteinflusses Gebrauch zu machen. Diese Bedenken sind letztlich aber nicht durchgreifend. Wirtschaftliche oder soziale Abhängigkeitsverhältnisse und Ungleichgewichtslagen sind schwer meßbar und bilden deshalb keine justitiable Grundlage für die Entscheidung über die Zumutbarkeit der Ausübung der Kompetenzkompetenz und die Zulässigkeit des Fremdeinflusses in Verbänden.[1057] Außerdem werden Ungleichgewichtslagen im Privatrecht grundsätzlich nicht berücksichtigt, wenn es um die Wirksamkeit von Rechtsgeschäften geht. Eine Ausnahme gilt lediglich, wenn der Gesetzgeber die Beachtung des Machtungleichgewichts anordnet (GWB, AGB) oder die Rechtsprechung dies ausnahmsweise zuläßt (Inhaltskontrolle von Vereinssatzungen und Bürgschaftsverträgen). Auch die Machtstellung des DGB kann daher für die Entscheidung über die Zulässigkeit der statutarischen Etablierung von Dritteinfluß in den Mitgliedssatzungen keine Bedeutung gewinnen und ändert folglich nichts an der Annahme einer bestehenden effektiven Kompetenzkompetenz der Einzelgewerkschaften.[1058]

bb) Einflußrecht des Bundesausschusses

Vorliegend geht es um einen Zustimmungsvorbehalt zur Zuständigkeitsänderung. Das Einflußrecht des Dritten betrifft mit der Satzungsgestaltung einen wesentlichen Teil koalitionärer Autonomie. Dieser ist mit dem Bereich der Organisationsänderung zwar eng umgrenzt, dennoch handelt es sich bei der Frage der Tarifzuständigkeit wegen der §§ 3 I, 4 I TVG um ein für Koalitionen elementares Feld. Es betrifft den Kern der Koalitionsbetätigung.

[1056] *Voormann*, Beirat, S. 123 und ähnlich *Bondi*, Festschr. Liebmann, S. 278 (281) erheben deshalb bei vergleichbaren Interessenlagen Einwände gegen die eine Rechtfertigung des Fremdeinflusses mit der Kompetenzkompetenz.
[1057] In diesem Sinne allgemein für Dachverbände: *Steinbeck*, Vereinsautonomie, S. 106.
[1058] Im Ergebnis so auch *Kunadt*, Gewerkschaftliche Unterorganisationen, S. 111 f. (hinsichtlich der Kompetenzkompetenz gewerkschaftlicher Unterorganisationen); *Steinbeck*, Vereinsautonomie, S. 106 f. (für Dachverbände generell).

Das Einflußrecht des Bundesausschusses beinhaltet allerdings nur einen Zustimmungsvorbehalt und begründet damit im Ausmaß wesentlich geringeren Fremdeinfluß als beispielsweise das Alleinentscheidungsrecht eines Dritten zur Satzungsänderung, das mit dem Grundsatz der Vereinsautonomie nicht vereinbar ist.[1059] Durch den Zustimmungsvorbehalt ist die Mitgliederversammlung bei der Änderung des Organisationsbereiches zwar an den Willen des Bundesausschusses gebunden. Diesem ist aber nicht möglich, eine Satzungsänderung gegen den Willen der Mitgliederversammlung durchzusetzen. Jede Änderung des Organisationsbereiches ist damit immer auch vom Willen der Mitglieder getragen. Dennoch ist nicht zu verkennen, daß der Bundesausschuß in Streitfällen Zuständigkeitsänderungen blockieren und die Gewerkschaften an den status quo binden kann.[1060] Unter veränderten Außenbedingungen kann sich dies als erhebliche Belastung für eine Gewerkschaft erweisen. Die Mitgliederversammlung verfügt aufgrund der bestehenden Kompetenzkompetenz jedoch über ein effektives Mittel, derartige Ausnahmefälle selbstbestimmt im Sinne des Grundsatzes der Mitgliederherrschaft zu lösen. Den Gewerkschaften kommt mithin trotz des Zustimmungsvorbehaltes des Bundesausschusses das erforderliche Mindestmaß an Selbstbestimmung[1061] zu, da die „eigentliche" Satzungskompetenz bei den Mitgliedern bleibt[1062] und diese sich erforderlichenfalls auch über das Zustimmungsrecht des Bundesausschusses hinwegsetzen können. Das Zustimmungs-

---

[1059] Bei der Gründung eines Vereins kommt die Vereinsautonomie dadurch zum Ausdruck, daß die Satzung zwingend durch die Mitglieder aufgestellt werden muß. Der Verein ist aber nicht nur bei der Gründung, sondern auch in der Folgezeit auf die Willensherrschaft seiner Mitglieder angelegt. Deshalb müssen Errichtung und Änderung der Satzung auf den Willen der Mitglieder zurückgeführt werden können. Ein Alleinentscheidungsrecht eines Dritten über die Satzungsänderung ist daher unzulässig; so die ganz überwiegende Ansicht, vgl. *Beuthien/Gätsch*, ZHR 156 (1992), 459 (479); *Flume*, Allg. Teil des Bürgerl. Rechts I/2, S. 194; *Ott*, in: AK-BGB, § 33 Rn. 6; *Reichert*, Hdb. Vereinsrecht, Rn. 418; RGRK-*Steffen*, § 33 BGB Rn. 2; *Sauter/Schweyer/Waldner*, Der eingetragene Verein, Rn. 136; *K. Schmidt*, Gesellschaftsrecht, § 5 I 3; *Soergel/Hadding*, § 33 BGB Rn. 7; *Stöber*, Hdb. Vereinsrecht, Rn. 619; *Wiedemann*, Festschr. Schilling, S. 105 (112 f.); anders *Kunadt*, Gewerkschaftliche Unterorganisationen, S. 35 (bei bestehender Kompetenzkompetenz der Mitglieder); *Schaible*, Gesamtverein, S. 41.

[1060] In diesem Sinne allgemein gegen die Zulässigkeit von Zustimmungsvorbehalten *Steinbeck*, Vereinsautonomie, S. 93 f.; *Teichmann*, Gestaltungsfreiheit, S. 195.

[1061] Anders speziell im Bezug auf § 15 Nr. 2 DGB-Satzung: *Kutscher*, Tarifzuständigkeit, S. 39 f.; *Löwisch/Rieble*, § 2 TVG Rn. 96; *Martens*, Anm. BAG SAE 1987, 1 (9); *Rieble*, Arbeitsmarkt und Wettbewerb, Rn. 1833.

[1062] So allgemein für Zustimmungsvorbehalte: *Dütz*, Festschr. Herschel, S. 55 (72); *Edenfeld*, Rechtsbeziehungen, S. 97; *Sauter/Schweyer/Waldner*, Der eingetragene Verein, Rn. 136; *Schaible*, Gesamtverein, S. 39.

recht des Bundesausschusses führt mithin nicht zu einer unzulässigen Selbstentmündigung der Einzelgewerkschaften im Sinne von § 138 I BGB.

cc) DGB-Bundesausschuß als „Dritter"

Für die Zulässigkeit von Fremdeinfluß in einem Verein ist außerdem von Bedeutung, welche Verbindung der Dritte zum Verein hat.[1063] Die Fremdbestimmung wird hier in ihrem Gewicht zusätzlich noch dadurch geschwächt, daß es sich bei dem Dritten um ein Organ des Dachverbandes handelt, dem die Mitgliedsgewerkschaften angehören. Zwar sind die Mitgliedsgewerkschaften und der DGB jeweils rechtlich verselbständigte Verbände, die gegenläufige Interessen verfolgen können. Formal handelt es sich deshalb um Fremdbestimmung. Dennoch kann der DGB-Bundesausschuß auf eine abgestufte Legitimation auch durch die Mitglieder der Einzelgewerkschaften verweisen. Die einzelne Gewerkschaft hat also die Möglichkeit, auf den Willensbildungsprozeß des DGB Einfluß zu nehmen und auch den durch den Bundesausschuß ausgeübten Dritteinfluß zu beeinflussen. Der vom Bundesausschuß ausgeübte Fremdeinfluß ist daher erheblich abgemildert und stützt das zuvor gewonnene Ergebnis der Zulässigkeit des Zustimmungsvorbehaltes nach § 15 Nr. 2 DGB-Satzung.

dd)   Förderlichkeit des Dritteinflusses für den Koalitionszweck

Die Grenzen des zulässigen Dritteinflusses werden außerdem durch den Vereinzweck beeinflußt. Dies gilt jedenfalls bei Vereinen, die über einen besonderen verfassungsrechtlichen Schutz verfügen[1064] wie etwa die Koalitionen. Da das Tarifsystem auf der Bildung von Gegenmacht beruht, ist die Konzentration der Kräfte eines jeden Lagers durch den Zusammenschluß in Spitzenverbänden systemimmanent. Die Regelungen zur Abgrenzung der Organisationsbereiche der im DGB zusammengeschlossenen Gewerkschaften sollen Zuständigkeitskonkurrenzen verhindern helfen und dienen damit letztlich der Effektivität und Durchsetzungskraft gewerkschaftlichen Wirkens. Durch eine überschneidungsfreie Abgrenzung der Tarifzuständigkeiten innerhalb des Gewerkschaftslagers wird zudem die Zahl möglicher Tarifkonflikte und Arbeitskämpfe gesenkt. Das Zustimmungsverfahren nach § 15 Nr. 2 DGB-Satzung stärkt damit zugunsten der Gesamtwirtschaft und zum Vorteil der Gegenseite die wirtschaftsordnende

---

[1063] Vgl. S. 244 f.
[1064] Vgl. S. 244 f.

Macht der Verbände, ein Ziel, das ebenfalls seine Grundlage in dem von Art. 9 III GG bestimmten Koalitionszweck findet. Das Zustimmungsrecht des Bundesausschusses zu Zuständigkeitsänderungen der Mitgliedsgewerkschaften erfolgt letztlich also zur Förderung des Koalitionszweckes einer jeden Gewerkschaft. Auch dieser Umstand spricht damit für die Zulässigkeit der Regelung des § 15 Nr. 2 DGB-Satzung.

Der Zustimmungsvorbehalt zugunsten des DGB-Bundesausschusses nach § 15 Nr. 2 DGB-Satzung ist damit in der Gesamtschau als ein verbandsrechtlich zulässiges Instrument zur Auflösung von Zuständigkeitskonflikten zu werten.

2. Statutarische Geltung des § 15 Nr. 2 DGB-Satzung in den Einzelgewerkschaften

Die Zustimmung des Bundesausschusses nach § 15 Nr. 2 DGB-Satzung stellt aber nur dann für die Einzelgewerkschaften eine unmittelbar geltende Wirksamkeitsvoraussetzung für Zuständigkeitsänderungen dar, wenn der § 15 Nr. 2 DGB-Satzung als Regelung des Dachverbandes auch wirksamer Bestandteil der Satzungen der Einzelgewerkschaften geworden ist. Sind die Voraussetzungen einer wirksamen Inkorporation nicht erfüllt, erlangt § 15 Nr. 2 DGB-Satzung keine statutarische Wirkung innerhalb der Einzelgewerkschaften. In diesem Fall ist eine Zuständigkeitsänderung wirksam, auch wenn sie den Zustimmungsvorbehalt des Bundesausschusses mißachtet. Der DGB kann in diesem Fall nur vereinsrechtliche Sanktionen gegen die Einzelgewerkschaften ergreifen, also einen Ausschluß nach § 3 Nr. 4 DGB-Satzung erwägen.

a) Statutarische Verankerung des dachverbandlichen Regelungswerkes in den Satzungen der Einzelgewerkschaften

Für eine Inkorporation der Satzung des Dachverbandes in die Satzung der Mitgliedsgewerkschaften genügt es nicht, wenn der DGB, wie in § 3 Nr. 1, 3 DGB-Satzung geschehen, die Geltung seiner Satzung für die Mitglieder vorschreibt und die Einzelgewerkschaften diese Regelung allein durch den Beitritt zum DGB anerkennen.[1065] Zwar ist mit dem Zusammenschluß mehrerer selbständiger Vereine zu einem Vereinsverband tendenziell immer die Übertragung eines Teils der einzelverbandlichen Autonomie verbunden, weil sonst der Zweck des

---

[1065] So RGRK-*Steffen*, Vor § 21 BGB Rn. 26 für Gesamtvereine.

Zusammenschlusses kaum zu verwirklichen wäre.[1066] Dennoch kann allein durch einseitige Geltungsanordnung des Dachverbandes nicht die statutarische Geltung der Bundessatzung in den Mitgliedsvereinen erreicht werden. Ansonsten liefe der Beitritt zu einem Dachverband für den Mitgliedsverein auf eine Satzungsänderung hinaus. Eine Satzungsänderung ist aber nur unter Einhaltung des dafür vorgesehenen Verfahrens möglich. Es bedarf also regelmäßig eines Beschlusses der Mitgliederversammlung über die Änderung der Satzung und der Eintragung des satzungsändernden Beschlusses in das Vereinsregister.[1067] Diese Voraussetzungen werden beim Beitritt zu einem Dachverband in aller Regel aber nicht erfüllt.

Voraussetzung für eine wirksame Inkorporation ist also immer eine statutarische Verankerung der dachverbandlichen Regelung in der Satzung des Mitgliedsvereins. Gerade im Bezug auf die hier in Rede stehende Anwendung des § 15 Nr. 2 DGB-Satzung ist dies besonders einsichtig, da nur dann ausdrücklich sichergestellt ist, daß die durch diese Norm eröffnete Fremdbestimmung dem mehrheitlichen Willen der Mitglieder entspricht.[1068]

b) Statutarische Verweisung auf das Regelwerk des Dachverbandes

Die Satzungen der Einzelgewerkschaften enthalten ausnahmslos mehr oder minder konkrete Verweisungen auf die Bundessatzung. Keine Satzung gibt die Regelung des § 15 Nr. 2 DGB-Satzung wörtlich wieder. Die wörtliche Aufnahme der Fremdordnung in den eigenen Satzungstext ist zur Begründung einer statutarischen Geltung derselben allerdings auch nicht notwendig.[1069] Gegenteiliges legt auch nicht die Vorlagepflicht der Satzung beim Registergericht (§ 59 II Nr. 1 BGB) nahe, welche die gesamte Satzung umfaßt.[1070] Auch wenn das Registergericht seiner Prüfungspflicht nur bei Vorlage einer vollständigen Satzung nachkommen kann, rechtfertigt dies dennoch nicht die Unzulässigkeit jeglicher

---

[1066] *Sauter/Schweyer/Waldner*, Der eingetragene Verein, Rn. 323; ähnlich RGRK-*Steffen*, Vor § 21 BGB Rn. 25; *Soergel/Hadding*, Vor § 21 BGB Rn. 54; *Stöber*, Hdb. Vereinsrecht, Rn. 874.
[1067] *Steinbeck*, Vereinsautonomie, S. 161; ähnlich *Schlosser*, Vereinsgerichtsbarkeit, S. 164; *Summerer*, Sportrecht, S. 117.
[1068] Vgl. *Konzen*, Festschr. Kraft, S. 291 (311 f.); *Oetker*, Anm. zu BAG AP Nr. 10, 11 zu § 2 TVG Tarifzuständigkeit, Bl. 5R (12).
[1069] So *Stöber*, Hdb. Vereinsrecht, Rn. 34.
[1070] OLG Hamm NJW-RR 1988, 183 (183 f.); *Sauter/Schweyer/Waldner*, Der eingetragene Verein, Rn. 132.

Verweisung auf eine Fremdsatzung. Eine Überprüfung der in Bezug genommenen Satzung ist auch bei Vorlage einer Kopie möglich. Die Gefahr, daß die Kopie den Satzungsinhalt nicht richtig wiedergibt, fällt nicht in den Regelungszweck des § 59 II Nr. 1 BGB. Sowohl unter Prüfungs- als auch unter Publizitätsgesichtspunkten steht dieses Eintragungsverfahren dem herkömmlichen Verfahren in nichts nach. Mithin ist die Praxis der DGB-Gewerkschaften, die in ihren Satzungen lediglich auf die Bundessatzung verweisen, nicht zu beanstanden.

c) Bestimmtheit der Verweisung

Es fragt sich jedoch, welchen Bestimmtheitserfordernissen die Verweisungen der Gewerkschaftssatzungen auf die Regelung des DGB genügen müssen. Die Verweisungen der Einzelgewerkschaften lassen sich im wesentlichen drei Grundmustern zuordnen. Teilweise enthalten die Satzungen nur den Hinweis auf die Mitgliedschaft im DGB,[1071] teilweise beinhalten sie die Selbstverpflichtung, die Satzung des DGB und die Beschlüsse seiner Organe einzuhalten,[1072] es findet sich aber die Anerkennung der satzungsrechtlichen Funktion des DGB zur Abgrenzung von Zuständigkeitsstreitigkeiten.[1073]

Die Anwort auf die Frage, ob sogar die beiden zuerst genannten Gesamtverweisungen auf die Satzung des DGB eine Inkorporation des Regelungswerkes des Dachverbandes nach sich ziehen,[1074] muß bei den Folgen einer wirksamen Inkorporation auf die Mitglieder ansetzen. Die Vorschriften des DGB würden in die Satzung der Einzelgewerkschaft übernommen und entfalteten dort unmittelbar statutarische Wirkung. Der Rechts- und Pflichtenkreis der Mitglieder der einzelnen Gewerkschaften würde sich in Zukunft um das Regelungswerk des DGB erweitern. Die Mitglieder müssen deshalb ohne Schwierigkeiten erkennen können, welchen Regelungen sie unterliegen und welches die möglichen Sanktionen für Regelverstöße sind. Umfangreiche Nachforschungen, die Klarheit über die eigene Rechtsstellung im Verband bringen sollen, sind den Mitgliedern

---

[1071] Vgl. z. B. Nr 34 IG Medien-Satzung; § 2 IG BCE-Satzung; § 3 Nr. 1 Satz 2 IG Bau-Satzung.
[1072] Vgl. z. B. § 32 der Satzung der IG Metall; § 11 Satz 1 NGG-Satzung.
[1073] Vgl. § 4 Nr.3 ver.di-Satzung.
[1074] Zweifelnd im Bezug auf die Mitgliedschaftsklauseln *Konzen*, Festschr. Kraft, S. 291 (311 f.); insgesamt zweifelnd *Weyand*, Anm. BAG SAE 1991, 319 (325); letztlich bejahend: *Oetker*, Anm. zu BAG AP Nr.10, 11 zu § 2 TVG Tarifzuständigkeit, Bl. 5R (9 f; 12R f.).

nicht zumutbar.[1075] Bei einem Verweis auf die Satzung des DGB ist dies aber auch nicht notwendig. Die Kompetenzen und Aufgaben des DGB sind bekannt und es bereitet keine Schwierigkeiten, sich über Einzelheiten der DGB-Satzung zu informieren. Befürchtungen, daß die Mitglieder wie im Fall von Verbandspyramiden vor die schwierige Aufgabe gestellt werden, alle Regelwerke der übergeordneten Vereine zu kennen, die für sie jeweils maßgeblichen Regeln herauszufinden und rechtlich zu werten,[1076] bewahrheiten sich bei einer Verweisung auf die Satzung des DGB nicht. Sollten sich dennoch Unklarheiten ergeben, ist den schutzwürdigen Interessen der Mitglieder an Transparenz und Klarheit genüge getan, wenn die Gesamtverweisung einschränkend in dem Sinne ausgelegt wird, daß sie nur die Geltung der Regelungen des Dachverbandes begründet, für die der Mitgliedsverein selbst keine eigene Regelung erlassen hat.[1077]

Folglich genügen die Gesamtverweisungen[1078] der DGB-Gewerkschaften auf die Bundessatzung den Anforderungen für eine wirksame Inkorporation. Auch der § 15 Nr. 2 DGB-Satzung erlangt damit statutarische Geltung innerhalb der Mitgliedsgewerkschaften. Die Zustimmung des DGB-Bundesausschusses ist damit eine für die Einzelgewerkschaften unmittelbar geltende Wirksamkeitsvoraussetzung für Zuständigkeitsänderungen.

II. Schiedsverfahren nach § 16 Nr. 1 DGB-Satzung

Ein weiteres Mittel des Deutschen Gewerkschaftsbundes zur Auflösung von Zuständigkeitskonflikten ist das Schiedsverfahren nach § 16 Nr. 1 DGB-Satzung.[1079] § 16 DGB-Satzung betrifft zwar allgemein Streitigkeiten der Gewerkschaften, in der Praxis handelt es sich dabei aber ausschließlich um Abgrenzungsstreitigkeiten.[1080] Das Verfahren ist zweistufig. Dem eigentlichen Schieds-

---

[1075] Vgl. BGHZ 47, 172 (175); 105 306 (314 f.); *Habscheid*, in: Schroeder/Kauffmann, Sport und Recht, S. 158 (164); *Steinbeck*, Vereinsautonomie, S. 167.
[1076] So *Steinbeck*, Vereinsautonomie, S. 167.
[1077] *Pfister*, SpuRt 1996, 48 (50).
[1078] Generell die Zulässigkeit einer Gesamtverweisung bejahend: BAGE 27, 164 (170); BayOLGZ 1986, 524 (534 f.); *König*, Verein, S. 251; *Pfister*, SpuRt 1996, 48 (50); *Schlosser*, Vereinsgerichtsbarkeit, S. 164; ablehnend OLG Hamm NJW-RR 1988, 183 (184); *Reichert/v. Look*, Hdb. Vereinsrecht, Rn. 297 a; *Sauter/Schweyer/Waldner*, Der eingetragene Verein, Rn. 132; *Summerer*, Sportrecht, S. 156.
[1079] Zum Wortlaut vgl. Fn. 17.
[1080] *Blank*, Tarifzuständigkeit, S. 127.

verfahren geht ein Vermittlungsverfahren voraus. Es wird auf Ersuchen einer der streitenden Parteien vor dem Geschäftsführenden Bundesvorstand durchgeführt. Die anderem Parteien sind verpflichtet, an dem Vermittlungsverfahren teilzunehmen und sich auf den Streitgegenstand einzulassen. Bleibt das Vermittlungsverfahren ohne Ergebnis, kann jede Partei Einleitung des Schiedsverfahrens beantragen.[1081]

Der Schiedsspruch hat nach Nr. 5 c) der Durchführungsrichtlinien die Wirkung eines rechtskräftigen Urteils, die Aufhebungsgründe in Nr. 7 b) der Durchführungsrichtlinien sind der zivilprozessualen Aufhebungsklage nachgebildet (§ 1041 ZPO). Dennoch genügt das Schiedsverfahren nicht den Anforderungen, die an ein Vereinsschiedsgericht zu stellen sind (§§ 1025 ff. ZPO). § 16 DGB-Satzung ist selbst keine Schiedsgerichtsanordnung im Sinne der §§ 1048, 1027 a ZPO zu entnehmen. Außerdem gewährleisten die zu § 16 DGB-Satzung normierten Besetzungsregeln für die Schiedsstelle[1082] nicht die für ein Schiedsgericht notwendige Überparteilichkeit und Neutralität der Schiedsrichter.[1083] Die Schiedsstelle ist demnach kein Schiedsgericht, sondern ein Vereinsgericht und damit ein für den Verein handelndes Organ.[1084] Die Befugnis des DGB zur Errichtung einer Vereinsgerichtsbarkeit ergibt sich aus § 25 BGB. Danach kann der Verein sein eigenes Recht setzen, was die Befugnis einschließt, die Rechtsdurchsetzung durch den Spruch einer Vereinsinstanz vorzunehmen.[1085] Der Rechtsweg zu den ordentlichen Gerichten ist dabei nicht ausgeschlossen.

Das Schiedsverfahren entscheidet über die Zuständigkeitsstreitigkeit zwischen den Mitgliedsgewerkschaften nach der Konzeption des DGB mit verbindlicher Außenwirkung. Nr. 1 e) der Richtlinien für die Abgrenzung von Organisationsbereichen legt insoweit ausdrücklich fest, daß das Schiedsverfahren die Satzungen der Gewerkschaften mit verbindlicher Außenwirkung interpretiert. In diesem Sinne entscheidet auch das Bundesarbeitsgericht.[1086] Auch das Schiedsverfahren begründet damit in Zuständigkeitsfragen eine Fremdbestimmung eines

---

[1081] Vgl. die Richtlinien über die Durchführung des Vermittlungs- und Schiedsverfahrens vom 11.3.1992.
[1082] Vgl. Nr. 3 der Richtlinien über die Durchführung des Vermittlungs- und Schiedsverfahrens vom 11.3.1992.
[1083] Vgl. dazu BGHZ 98, 70 (72); *Reichert*, Hdb. Vereinsrecht, Rn. 2531.
[1084] Die Kritik von *Löwisch/Rieble*, § 2 TVG Rn. 98 f. an der Regelung des § 16 DGB-Satzung basiert auf der Einordnung der Schiedsstelle als Schiedsgericht und geht deshalb letztlich ins Leere.
[1085] RGZ 169, 330 (338); *Reichert*, Hdb. Vereinsrecht. Rn. 1639.
[1086] Vgl. BAG AP Nr. 3, 5, 10, 11 zu § 2 TVG Tarifzuständigkeit.

DGB-Organs auf die Satzungsgestaltung der Einzelgewerkschaften. Die im Schiedsverfahren unterlegene Partei wird mittels einer einschränkenden Interpretation ihrer Satzung durch den Schiedsspruch daran gehindert, ihre Zuständigkeit für den streitbefangenen Organisationsbereich wahrzunehmen. Entsprechend der zuvor festgelegten Maßstäbe soll nun untersucht werden, ob diese Fremdbestimmung verbandsrechtlich zulässig ist und ob das Schiedsverfahren wirksamer Bestandteil der einzelgewerkschaftliche Satzungen geworden ist und damit für die Mitglieder unmittelbare statutarische Wirkung entfaltet.

1. *Verbandsrechtliche Zulässigkeit der Kompetenz der Schiedsstelle zur Interpretation der einzelgewerkschaftlichen Satzungen*

Wie bereits gesehen ist es nach zutreffendem Verständnis der Vereinsautonomie grundsätzlich zulässig, auch außenstehende Dritte an der Satzungsgestaltung zu beteiligen.[1087] Prinzipiell ist es daher von der Vereinsautonomie gedeckt, wenn Verbände sich statutarisch einem Schiedsverfahren unterwerfen. Wie natürlichen Personen ist es aber auch ihnen nach § 138 I BGB untersagt, ihre Selbstbestimmung in einem Ausmaß aufzugeben, das sie zu einer bloßen Verwaltungsstelle oder einem rechtlich verselbständigten Sondervermögen eines Dritten degradiert.[1088] Ob diese Grenze der unantastbaren Verbandssouveränität bei den DGB-Gewerkschaften durch den von der Schiedsstelle ausgeübten Fremdeinfluß auf ihre Satzungen überschritten ist, soll nun anhand der zu § 138 I BGB entwickelten Kriterien untersucht werden.

a)   Kompetenzkompetenz der Mitgliederversammlung

Eine effektive Kompetenzkompetenz als zwingende Zulässigkeitsvoraussetzung jeder Fremdbestimmung bei Koalitionen kommt der Mitgliederversammlung auch hinsichtlich der Kompetenz der Schiedsstelle zu. Auch hier können die Mitglieder entweder die in ihrer eigenen Satzung enthaltene Geltungsanordnung des § 16 Nr. 1 DGB-Satzung durch eine Satzungsänderung dauerhaft beseitigen oder sich einmalig mittels eines satzungsdurchbrechenden Beschlusses über die von der Schiedsstelle getroffene Entscheidung hinwegsetzen.[1089]

[1087] Vgl. S. 234 ff.
[1088] Vgl. S. 238.
[1089] Vgl. näher dazu S. 247 ff.; das dort Gesagt gilt entsprechend für die Kompetenzkompetenz zur Beseitigung des Dritteinflusses nach § 16 Nr. 1 DGB-Satzung.

b) Objekt und Umfang der Kompetenz der Schiedsstelle

Aufgabe der Schiedsstelle ist es, konkurrierende Tarifzuständigkeiten zwischen den Gewerkschaften aufzulösen, indem sie den Streit zugunsten einer Partei entscheidet. Damit betrifft das Schiedsverfahren einen elementaren Bereich koalitionärer Autonomie, da der tarifliche Aktionsradius der im Schiedsverfahren unterlegenen Partei durch den Schiedsspruch eingeschränkt wird.

Ein Schiedsspruch zugunsten einer Partei setzt aber immer voraus, daß diese nach Maßgabe ihrer Satzung überhaupt tarifzuständig ist. Der DGB kann durch einen Schiedsspruch weder die Zuständigkeit einer Gewerkschaft erweitern noch die satzungswidrige Anmaßung einer Zuständigkeit legitimieren. Eine vom Willen des Satzungsgebers nicht getragene Ausweitung der Zuständigkeit ist demnach ausgeschlossen. Der Schiedsspruch nimmt lediglich eine einschränkende Konkretisierung der Satzungen in der Weise vor, daß einer von mehreren zuständigen Gewerkschaften die Ausübung ihrer Zuständigkeit für einen bestimmten Bereich untersagt wird.[1090] Die Kompetenz der Schiedsstelle läßt sich insoweit als Recht zur einschränkenden Interpretation der gewerkschaftlichen Satzungen beschreiben. Diese Kompetenz kann mit einem Recht zur Satzungsänderung, das verbandsrechtlich als unzulässig einzustufen wäre,[1091] nicht verglichen werden, da das Ausmaß der Fremdbestimmung ein wesentlich geringeres ist. Denn der Kompetenz der Schiedsstelle sind in zweifacher Hinsicht Grenzen gesetzt. Wie gesehen muß sich der Spruch einerseits in den Grenzen einer vertretbaren Auslegung der betroffenen Gewerkschaftssatzungen bewegen, die Schiedsstelle ist also an den durch die Mitglieder vorgegebenen statutarischen Rahmen gebunden. Darüber hinaus ist der Gestaltungsspielraum der Schiedsstelle aber auch sachlich durch die Zone der Zuständigkeitsüberschneidung sehr eng begrenzt. Lediglich der Bereich der Zuständigkeitsüberschneidung steht unter dem Vorbehalt des Abgleichens, so daß der Kern des satzungsmäßigen Betätigungsbereiches der Gewerkschaften kaum berührt sein wird.[1092]

[1090] Vgl. *Blank*, Tarifzuständigkeit, S. 66; *Kempen/Zachert*, § 2 TVG Rn. 115; *Oetker*, Anm. zu BAG AP Nr. 10, 11 zu § 2 TVG Tarifzuständigkeit, Bl. 5 R (13); *ders.*, in: Wiedemann, § 2 TVG Rn. 70; im Ergebnis zustimmend auch *Gamillscheg*, Kollekt. ArbR I, S. 533.
[1091] Vgl. S. 249.
[1092] Vgl. *Buchner* Anm. BAG SAE 1998, 249 (264).

Der Schiedsspruch begründet also einen einzelfallbezogenen Eingriff in die Satzungsautonomie der Gewerkschaften von geringer Intensität. Dieser Eingriff beruht letztlich auf dem Zusammenschluß der Gewerkschaften in einem Dachverband nach Maßgabe des Industrieverbandsprinzips und des Grundsatzes der Einheitsgewerkschaft.[1093] Diese Prinzipien gehören zum Selbstverständnis der DGB-Gewerkschaften. Sie sehen sich als Teil einer einheitlichen Gewerkschaftsbewegung, die sich nach diesen Prinzipien formiert und damit in ihrem Wesen auf die Vermeidung von Zuständigkeitskonkurrenzen angelegt ist. Notwendige Konsequenz dessen ist die Akzeptanz eines Verfahrens zur Auflösung entstandener Zuständigkeitskonflikte, denn ohne verbindliches Verfahren der Streitentscheidung wären die Organisationsprinzipien, denen sich die Einzelgewerkschaften verpflichtet fühlen, schlechthin nicht umsetzbar. Bei materieller Betrachtung stellt sich das Schiedsverfahren also weniger als Fremdbestimmung,[1094] denn als gewerkschaftlich gewolltes und über den Dachverband realisiertes Konfliktlösungsverfahren dar.[1095] Die Kompetenz der Schiedsstelle zur einschränkenden Interpretation der Gewerkschaftssatzungen verletzt daher angesichts des geringen Ausmaßes der Fremdbestimmung und der bestehenden Kompetenzkompetenz nicht die unantastbaren Grenzen der Verbandssouveränität.

c) *Schiedsstelle als „Dritter"*

Dieses Ergebnis findet seine Bestätigung in dem Umstand, daß die Fremdbestimmung hier durch ein Organ des Dachverbandes ausgeübt wird, der sich auf eine mitgliedschaftliche Legitimation durch die Mitglieder der Einzelgewerkschaften berufen kann. Da die Mitgliedsvereine also den auf sie ausgeübten Dritteinfluß mitgestalten und daher letztlich selbst die sie beeinflussenden Entscheidungen der DGB-Organe treffen, wiegt die Fremdbestimmung materiell betrachtet weniger schwer.[1096] Im Bezug auf das Schiedsverfahren gilt dies umso mehr, als die Parteien selbst Einfluß auf die Besetzung der Schiedsstelle nehmen

---

[1093] *Oetker*, Anm. zu BAG AP Nr. 10, 11 zu § 2 TVG Tarifzuständigkeit, Bl. 5R (13 f.).
[1094] So im Ergebnis aber: *Löwisch/Rieble*, § 2 TVG Rn. 97 ff.; *Martens*, Anm. BAG SAE 1987, 1 (9); *Reuter*, Anm. zu BAG AP Nr. 4 zu § 2 TVG Tarifzuständigkeit, Bl. 9R (11 f.); *Rieble*, Arbeitsmarkt und Wettbewerb, Rn. 1834 ff.; *Weyand*, Anm. BAG SAE 1991, 319 (324 f.).
[1095] *Blank*, Tarifzuständigkeit, S. 66; *Kempen/Zachert*, § 2 TVG Rn. 115; *Oetker*, Anm. zu BAG AP Nr. 10, 11 zu § 2 TVG Tarifzuständigkeit, Bl. 5R (13).
[1096] Vgl. S. 251.

können. Nach Nr. 3 der Durchführungsrichtlinien zu § 16 DGB-Satzung bestimmen nämlich die Parteien einvernehmlich den unparteiischen Vorsitzenden und jede für sich zwei Beisitzer der Schiedsstelle. Die Organisation des Dachverbandes bildet also vielmehr das Forum für eine Konfliktlösung der konkurrierenden Gewerkschaften untereinander,[1097] als daß sie hier qualitativ als eigene Rechtsperson Fremdeinfluß auf einzelne Mitgliedsgewerkschaften nimmt.

d) *Förderlichkeit des Fremdeinflusses für den Verbandszweck*

Schließlich ist bei der Beurteilung des Fremdeinflusses auch sein Nutzen für den Vereinszweck zu berücksichtigen, denn in ihm konkretisieren sich die Mitgliederinteressen, die durch das Verbot der Selbstentmündigung gerade geschützt werden sollen. Dritteinfluß läßt sich daher insbesondere dann rechtfertigen, wenn die Mitwirkung Außenstehender dazu dient, den Koalitionszweck zu fördern.[1098] Konkurrenzverhältnisse innerhalb eines sozialen Lagers schwächen die Position dieser Verbände gegenüber dem sozialen Gegenspieler. Die Vermeidung und Auflösung von Zuständigkeitskonflikten dient damit einer effektiven und durchsetzungsfähigen Gewerkschaftsarbeit und liegt damit grundsätzlich im Interesse der Gewerkschaftsmitglieder. Durch eine überschneidungsfreie Abgrenzung der Tarifzuständigkeiten innerhalb des Gewerkschaftslagers wird zudem die Zahl möglicher Tarifkonflikte und Arbeitskämpfe gesenkt. Das Schiedsverfahren nach § 16 DGB-Satzung stärkt damit zugunsten der Gesamtwirtschaft und zum Vorteil der Gegenseite die wirtschaftsordnende Macht der Verbände, ein Ziel das ebenfalls seine Grundlage in dem von Art. 9 III GG bestimmten Koalitionszweck findet. Das Schiedsverfahren des § 16 Nr. 1 DGB-Satzung dient nach allem also der wirksamen Koalitionszweckverfolgung. Auch deshalb bestehen aus Sicht der Verbandssouveränität keine Einwände gegen den beschränkten Dritteinfluß durch die Kompetenz der Schiedsstelle zur Interpretation der Gewerkschaftssatzungen. Gegenläufige Interessen einzelner Mitglieder der im Schiedsverfahren unterlegenen Partei, die jetzt zum Erhalt ihrer Tarifbindung gezwungen sind, die Koalition zu wechseln, müssen demgegenüber zurücktreten. Die individuelle Koalitionsfreiheit dieser Mitglieder ist durch den notwendig werdenden Verbandswechsel nicht beeinträchtigt. Diese Wertung bestätigt sich durch einen Blick auf die Fälle, in denen einzelne Mitglieder durch

---

[1097] Ähnlich *Oetker*, Anm. zu BAG AP Nr. 10, 11 zu § 2 TVG Tarifzuständigkeit, Bl. 5R (13R).
[1098] Vgl. S. 244 f.

Organisationsentscheidungen des sozialen Gegenspielers zum Verbandswechsel gezwungen werden. Anhand des Allfloor-Falles wurde aufgezeigt, daß eine punktuelle gewerkschaftliche Zuständigkeitsänderung, die einen Einzelarbeitgeber zum Verbandswechsel zwingt, nicht gegen die individuelle Koalitionsfreiheit des betroffenen Arbeitgebers verstößt.[1099] Korrespondierend dazu kann eine Organisationsentscheidung des eigenen Verbandes, dem man sich mitgliedschaftlich unterworfen hat, erst Recht nicht zu einer Verletzung der individuellen Koalitionsfreiheit führen. Die für diese Mitglieder im konkreten Einzelfall nachteilige Auswirkung der Fremdbestimmung durch die Schiedsstelle kann nicht entgegen dem zuvor hergeleiteten Ergebnis die Unzulässigkeit des Dritteinflusses begründen.

Insgesamt kann daher festgehalten werden, daß das Schiedsverfahren nach § 16 Nr. 1 DGB-Satzung ein verbandsrechtlich zulässiges Konfliktlösungsinstrument darstellt und unter dem Gesichtspunkt der Verbandssouveränität nicht zu beanstanden ist.

2. *Geltung des § 16 Nr. 1 DGB-Satzung in den Einzelgewerkschaften*

Die DGB-Gewerkschaften haben durch die in ihren Satzungen enthaltenen Verweisungen auf das Regelungswerk des Dachverbandes auch die Regelung des § 16 Nr. 1 DGB-Satzung wirksam in ihre Satzungen einbezogen.[1100] Der Schiedsspruch ist damit unmittelbares Satzungsrecht jeder Einzelgewerkschaft.

3. *Bindungswirkung des Schiedsspruches*

Das Schiedsverfahren ist unmittelbar geltendes Satzungsrecht innerhalb der Gewerkschaften. Eine Bindungswirkung des Schiedsspruches besteht daher im Binnenverhältnis der DGB-Gewerkschaften und aufgrund der kraft der Satzungen bestehenden Durchführungspflicht[1101] auch gegenüber dem Dachverband selbst.[1102] Der Diskussion bedarf jedoch die Außenwirkung des Schiedsspruches.

[1099] Siehe S. 182 f.
[1100] Vgl. insoweit die Ausführungen zu § 15 Nr. 2 DGB-Satzung S. 252 ff.
[1101] Diese ergibt sich hier speziell aus Nr. 1 f) der Richtlinien für die Abgrenzung von Organisationebereichen vom 11.3.1992, die in den Einzelgewerkschaften kraft Inkorporation mit statutarischer Wirkung gelten.
[1102] Hierauf beschränkend: *Konzen*, Festschr. Kraft, S. 291 (313); *Kutscher*, Tarifzuständigkeit, S. 37 ff.; *Martens*, Anm. BAG SAE 1987, 1 (8).

Der DGB mißt der Entscheidung der Schiedsstelle über die Tarifzuständigkeit insoweit verbindliche Wirkung auch nach außen zu.[1103] In diesem Sinne urteilt auch das Bundesarbeitsgericht. Seiner Rechtsprechung zufolge soll der Schiedsspruch auch die Arbeitgeberseite binden.[1104]

Bei dieser Einschätzung dürfen die Folgewirkungen für die Arbeitgeber jedoch nicht unberücksichtigt bleiben. Fällt durch den Schiedsspruch die Tarifzuständigkeit einer Gewerkschaft für ein Unternehmen fort und wird für dieses die Zuständigkeit einer anderen Gewerkschaft begründet, die vom Arbeitgeber einen Firmentarif verlangt, so kann die Mitgliedschaft im seitherigen Arbeitgeberverband sinnlos werden. Der Schiedsspruch kann also den Austritt aus dem Verband provozieren. Dies wirft Bedenken hinsichtlich der Koalitionsfreiheit des Arbeitgeberverbandes wie auch des Einzelarbeitgebers auf. Wird der Arbeitgeber durch eine einseitige Maßnahme der Gewerkschaft aus der bestehenden Tarifgemeinschaft seines Verbandes herausgebrochen und damit zu einem Verbandswechsel veranlaßt, könnte dies sowohl die individuelle Koalitionsfreiheit des Einzelarbeitgebers wie auch die kollektive des Arbeitgeberverbandes verletzen.[1105]

Diese Bedenken greifen letztlich aber nicht durch. Art. 9 III 1 GG vermittelt keinen Anspruch auf Bereitstellung eines bestimmten Tarifpartners.[1106] Wiederum kann auf die anhand des Allfloor-Falles gewonnenen Wertungsgesichtspunkte zurückgegriffen werden.[1107] Wie im Falle einer punktuellen gewerkschaftlichen Zuständigkeitsänderung wird auch durch den Schiedsspruch eine neue gewerkschaftliche Tarifzuständigkeit für den Einzelarbeitgeber begründet und damit seine Erwartung enttäuscht, mit dem Beitritt an der Tarifgemeinschaft der Arbeitgeberkoalition teilzuhaben und damit dem gleichen Verbandstarifvertrag zu unterliegen wie seine Konkurrenten auch. Dieser Ausschluß von der gemeinsamen tarifpolitischen Zweckverfolgung führt aber nicht zu einer Verlet-

---

[1103] Vgl. Nr. 1 e) der Richtlinien über die Durchführung des Vermittlungs- und Schiedsverfahrens vom 11.3.1992.
[1104] BAG AP Nr. 3 (Bl. 4R); Nr. 5 (Bl. 2R); Nr. 10 (Bl. 5) zu § 2 TVG Tarifzuständigkeit.
[1105] *Heinze*, DB 1997, 2122 (2122, 2126); *Kraft*, Festschr. Schnorr von Carolsfeld, S. 255 (268).
[1106] Vgl. BAG AP Nr. 4 zu § 2 TVG Tarifzuständigkeit, Bl. 9; *Blank*, Tarifzuständigkeit, S. 62, 64, 138; *Heinze*, DB 1997, 2122 (2123); *Konzen*, Festschr. Kraft, S. 291 (316); *Oetker*, Anm. zu BAG AP Nr. 10, 11 zu § 2 TVG Tarifzuständigkeit, Bl. 5R (14).
[1107] Siehe S. 182 ff.

zung der individuellen Koalitionsfreiheit des Einzelarbeitgebers.[1108] Der von der Zuständigkeitsänderung betroffene Einzelarbeitgeber wird nicht gezwungen, aus dem Verband auszutreten. Er hat vielmehr die freie Wahl, ob er bei seinem bisherigen Verband bleibt oder sich einem anderen Arbeitgeberverband anschließt, der seine Interessen möglicherweise besser vertreten kann.[1109] Eine weitergehende Gewährleistung dahin, stets einen bestimmten Koalitionsgegner zu behalten, kann der individuellen Koalitionsfreiheit dagegen nicht entnommen werden.[1110] Da Art. 9 III GG durch ein hohes Maß an entwicklungspolitischer Offenheit gekennzeichnet ist,[1111] werden Veränderungen der bestehenden Verbandsstrukturen vom Grundrecht der Koalitionsfreiheit nicht ausgeschlossen. Auszugrenzen sind Fälle absichtsvoller Beeinträchtigung der tarifpolitischen Interessen des Einzelarbeitgebers. In diesen Fällen muß als angemessene Lösung des Konflikts eine Willkürprüfung nach § 826 BGB stattfinden.

Gleiches gilt im Bezug auf den Arbeitgeberverband. Auch aus der kollektiven Koalitionsfreiheit kann in Entsprechung zu obigen Ausführungen kein Recht auf eine bestimmte und kongruente Arbeitnehmerkoalition hergeleitet werden.[1112] Der Arbeitgeberverband kann nur erwägen, ob er auch mit der neuen Gewerkschaft einen Verbandstarif abschließt oder ob er dem betroffenen Einzelarbeitgeber den Abschluß eines Firmentarifes gestattet. Selbst wenn der Einzelarbeitgeber sich in Folge der gewerkschaftlichen Zuständigkeitsänderung zu einem Verbandswechsel entschließt, ist die Koalitionsfreiheit des Arbeitgeberverbandes nicht verletzt. Die Koalitionen haben bezogen auf ihren Mitgliederbestand

---

[1108] So aber *Kutscher*, Tarifzuständigkeit, S. 60 f.; im Hinblick auf die streikweise Durchsetzung eines Firmentarifvertrages mit dem verbandsangehörigen Unternehmen auch *Boldt*, RdA 1971, 257 (261); *Buchner*, DB 1970, 2074 (2077); *Heß*, ZfA 1976, 45 (64); *Krichel*, NZA 1986, 731 (732); *Weiss*, Betriebsnahe Tarifverträge, S. 73.
[1109] BAG AP Nr. 4 zu § 2 TVG Tarifzuständigkeit, Bl. 9; *Blank*, Tarifzuständigkeit, S. 62; *Hensche*, RdA 1971, 9 (11).
[1110] Vgl. BAG AP Nr. 4 zu § 2 TVG Tarifzuständigkeit, Bl. 9; *Blank*, Tarifzuständigkeit, S. 62, 64, 138; *Heinze*, DB 1997, 2122 (2123); *Konzen*, Festschr. Kraft, S. 291 (316); *Oetker*, Anm. zu BAG AP Nr. 10, 11 zu § 2 TVG Tarifzuständigkeit, Bl. 5R (14).
[1111] BVerfGE 50, 290 (368); *Blank*, Tarifzuständigkeit, S. 64; *Lambrich*, Tarif- und Betriebsautonomie, S. 172 f.; *Lerche*, Zentralfragen, S. 26 ff.; *Säcker/Oetker*, Grundlagen und Grenzen der Tarifautonomie, S. 64; *Scholz*, in: Maunz/Dürig, Komm. z. GG., Art. 9 Rn. 163.
[1112] Vgl. BAG AP Nr. 4 zu § 2 TVG Tarifzuständigkeit, Bl. 9; *Blank*, Tarifzuständigkeit, S. 62, 64, 138; *Heinze*, DB 1997, 2122 (2123); *Konzen*, Festschr. Kraft, S. 291 (316); *Kutscher*, Tarifzuständigkeit, S. 52 f., 59; *Oetker*, Anm. zu BAG AP Nr. 10, 11 zu § 2 TVG Tarifzuständigkeit, Bl. 5R (14).

keine Statusgarantie. Sie sind nicht vor Veränderungen in der tarifpolitischen Landschaft geschützt und müssen deren Auswirkungen und gegebenenfalls notwendig werdende Umorganisationen hinnehmen.[1113]

Da Art. 9 III GG mithin keinen Koalitionsschutz gegenüber organisatorischen Maßnahmen des tariflichen Gegenspielers gewährt, können die Gewerkschaften also in eigener Autonomie darüber entscheiden, in welchem Umfang sie sich für tarifzuständig erklären. Ebensowenig wie dem Arbeitgeber ein Anspruch gegen die Gewerkschaft zusteht, daß diese ihre Tarifzuständigkeit nicht aufgibt oder zu seinen Gunsten begründet, besitzt er einen Einfluß darauf, wie die DGB-Gewerkschaften das Problem konkurrierender Zuständigkeiten lösen. Der Spruch der Schiedsstelle führt dazu, daß eine DGB-Gewerkschaft ihre Zuständigkeit für den streitbefangenen Bereich verliert. Seine Außenwirkung ist dementsprechend nicht anders zu beurteilen, als wenn die Gewerkschaft zu Lasten des Arbeitgebers ihre Tarifzuständigkeit aufgibt.[1114] Die Außenwirkung des Schiedsspruches ist damit faktischer Natur.[1115] Wie jede autonome Festlegung gewerkschaftlicher Tarifzuständigkeit muß die Arbeitgeberseite daher auch die Entscheidung der Schiedsstelle als Neufestlegung gewerkschaftlicher Zuständigkeit hinnehmen.

Für die Anerkennung zumindest einer faktischen Außenwirkung des Schiedsspruches spricht schließlich auch die damit einhergehende Stärkung der sozialen Autonomie und der wirtschaftsordnenden Funktion der Verbände.[1116] Die Gewerkschaften haben es mit Hilfe des Schiedsverfahrens in der Hand, den Zuständigkeitsstreit in kürzester Zeit selbst verbindlich zu beheben. Die so zügig gewonnene Klärung der Tarifzuständigkeit vermindert im Interesse der Gesamtwirtschaft die Zahl möglicher Tarifauseinandersetzungen und fördert letztlich eine zügige und für Arbeitgeber wie Arbeitnehmer übersichtliche Gestaltung der Arbeitsbedingungen. Vermieden wird zudem eine gerichtliche Klärung der Tarifzuständigkeit, die aufgrund ihrer langen Dauer eine Belastung für die freie Koalitionsbetätigung darstellt. Dies liegt auch im Interesse der Arbeitge-

---

[1113] *Hensche*, RdA 1971, 9 (11); *Heß*, DB 1975, 548 (549); *v. Hoyningen-Huene*, ZfA 1980, 453 (464); *Kutscher*, Tarifzuständigkeit, S. 52.
[1114] *Oetker*, Anm. zu BAG AP Nr. 10, 11 zu § 2 TVG Tarifzuständigkeit, Bl. 5R (14); auf diesen Zusammenhang abstellend auch *Konzen*, Festschr. Kraft, S. 291 (315).
[1115] Vgl. BAG AP Nr. 10 zu § 2 TVG Tarifzuständigkeit, Bl. 5; *Blank*, Tarifzuständigkeit, S. 139; *Gamillscheg*, Kollekt. ArbR I, S. 533; *Oetker*, Anm. zu BAG AP Nr. 10, 11 zu § 2 TVG Tarifzuständigkeit, Bl. 5R (14); ders., in: Wiedemann, § 2 TVG Rn. 70.
[1116] *Blank*, Tarifzuständigkeit, S. 66; *Richardi*, Anm. zu BAG AP Nr. 2, 3 zu § 2 TVG Tarifzuständigkeit, Bl. 5 (7).

berseite, die anderenfalls längerfristig mit mehreren die Zuständigkeit beanspruchenden Gewerkschaften konfrontiert ist, was sich insbesondere im Hinblick auf zu erwartende Arbeitskämpfe als nachteilig erweisen kann.

4. Tarifrechtliche Folgen des Schiedsspruches

Der Schiedsspruch wirft weitere Probleme hinsichtlich seiner Rechtsfolgen auf. Zum einen stellt sich die Frage, wie sich ein Wegfall der Tarifzuständigkeit auf die Wirksamkeit eines Tarifvertrages der im Schiedsverfahren unterlegenen Gewerkschaft auswirkt. Davon zu unterscheiden ist der Fall, daß zwischen der Arbeitgeberseite und der unzuständigen Gewerkschaft ein freiwilliger schiedsspruchwidriger Tarifabschluß zustande kommt.

a) Rechtsfolgen des Schiedsspruches für bestehende Tarifverträge

Durch den Schiedsspruch verliert die unterlegene Partei für das streitbefangene Organisationsgebiet ihre Zuständigkeit. In diesem Bereich entfällt damit nachträglich eine Wirksamkeitsvoraussetzung des Tarifvertrages. Es stellt sich damit die Frage, ob der bereits bestehende Tarifvertrag mit dem Spruch der Schiedsstelle unwirksam wird. Der von dem Schiedsspruch erfaßte Zuständigkeitsbereich wird regelmäßig nicht deckungsgleich mit dem gesamten Geltungsbereich des Tarifvertrages sein. Die zu erörternden Rechtsfolgen beziehen sich deshalb immer nur auf den konkreten vom Schiedsspruch betroffenen tariflichen Regelungsbereich. Auswirkungen auf die Wirksamkeit des gesamten Tarifvertrages treten regelmäßig nicht ein. Nur dann, wenn der von der Tarifmacht gedeckte Teil des Tarifvertrages keine sinnvolle Regelung mehr darstellt, tritt Gesamtnichtigkeit ein.[1117] Dies ist vorliegend jedoch nicht der Fall. Die Tarifverträge bilden in aller Regel auch unter Ausgrenzung des streitbefangenen Organisationsbereiches ein sinnvolles Regelungssystem.

Der Gesetzgeber hat die Folgen eines späteren Wegfalls der Tarifzuständigkeit nicht geregelt. Allerdings läßt sich den §§ 3 III, 4 V TVG der Grundgedanke entnehmen, daß bei wesentlichen Änderungen, sei es durch die Beendigung der Tarifgebundenheit oder des Tarifvertrages schlechthin, im Interesse der Arbeitnehmer die tarifvertragliche Schutzwirkung nicht sofort vollständig entfallen

---

[1117] *Delheid*, Tarifzuständigkeit, S. 112 f.; *Kutscher*, Tarifzuständigkeit, S. 113 f.; *Link*, Tarifzuständigkeit, S. 84; MünchArbR-*Löwisch/Rieble*, § 255 Rn. 79.

soll. Unabhängig davon ist auch wegen der normativen Wirkung tarifvertraglicher Bestimmungen ein Vertrauensschutz der Betroffenen geboten. Ein unmittelbares Entfallen der Tarifgeltung ist also nicht sachgerecht. Dies gilt insbesondere hinsichtlich eines Wegfalls der Tarifzuständigkeit, da sich sonst jede Partei durch bloße Satzungsänderung ihrer ursprünglichen Tarifbindung entziehen könnte.[1118] Aber auch eine normative Fortgeltung des Tarifvertrages ist nicht angemessen.[1119] Sie würde gänzlich unberücksichtigt lassen, daß mit der Tarifzuständigkeit nunmehr die Legitimationsgrundlage für den Tarifvertrag weggefallen ist. Auch der Vorschlag, den Parteien aufgrund des Entfallens der Tarifzuständigkeit ein Kündigungsrecht einzuräumen,[1120] berücksichtigt nicht in ausreichendem Maße, daß der Tarifvertrag nicht mehr durch eine umfassende mitgliedschaftliche Legitimation getragen ist. Denn bis zur Ausübung dieses Rechtes bleibt die normative Geltung des Tarifvertrages unverändert bestehen. Da die Parteien die Beendigung des Tarifvertrages keineswegs herbeiführen müssen, kann es sich dabei zudem durchaus um einen längeren Zeitraum handeln. Dies gilt insbesondere dann, wenn das Kündigungsrecht zudem noch an den tarifvertraglich vorgesehenen Kündigungszeitpunkt gebunden wird.[1121]

Angemessen ist daher nur eine Lösung, nach der der Tarifvertrag mit dem Wegfall der Tarifzuständigkeit zwar ex nunc unwirksam wird, die aber den erforderlichen Bestandsschutz für die Arbeitsverhältnisse über eine vom Gesetzgeber und damit demokratisch legitimierte Fortgeltung des Tarifvertrages sicherstellt. Eine Weitergeltung des Tarifvertrages analog § 3 III TVG kommt insoweit aber nicht in Betracht.[1122] Diese Norm will verhindern, daß die Tarifgebundenheit mittels eines Verbandsaustritts manipuliert wird. Demgegenüber geht es beim

---

[1118] Vgl. BAG AP Nr. 4 zu § 3 TVG, Bl. 2, 2R; *Kempen/Zachert*, § 2 TVG Rn. 125, 130.

[1119] Diesen Weg scheinen *Koberski/Clasen/Menzel*, § 2 TVG Rn. 100 a zu befürworten; ebenso wohl *Oetker*, in: Wiedemann, § 2 TVG Rn. 46, wenn der Wegfall der Tarifzuständigkeit nur einzelne Teile des tariflichen Geltungsbereiches umfaßt.

[1120] *Däubler*, Tarifvertragsrecht, Rn. 92; *Frölich* NZA 1992, 1105 (1109); *Kempen/Zachert*, § 2 TVG Rn. 132, 133; *Oetker*, in: Wiedemann, § 2 TVG Rn. 46 (für Fälle in denen der Wegfall der Tarifzuständigkeit den gesamten Geltungsbereich des Tarifvertrages erfaßt).

[1121] So *Däubler*, Tarifvertragsrecht, Rn. 92; dagegen ein sofortiges Kündigungsrecht bejahend: *Frölich*, NZA 1992, 1105 (1109); *Kempen/Zachert*, § 2 TVG Rn. 132, 133.

[1122] Vgl. BAG AP Nr. 2 zu § 3 TVG Verbandsaustritt, Bl. 2, 2R; AP Nr. 26 zu § 4 TVG Nachwirkung, Bl. 3; BAG NZA 1998, 484 (486); *Konzen*, ZfA 1975, 401 (412 f.); MünchArbR-*Löwisch/Rieble*, § 255 Rn. 82; *Oetker*, in: Wiedemann, § 2 TVG Rn. 80; beruht der Wegfall der Tarifzuständigkeit auf Strukturveränderungen innerhalb eines Unternehmens, wird die analoge Anwendung des § 3 III TVG teilweise bejaht, vgl. *Däubler*, Tarifvertragsrecht, Rn. 93 b.

Wegfall der Tarifzuständigkeit um Veränderungen beim Normgeber, die als Satzungsänderung von einer umfassenden mitgliedschaftlichen Legitimation getragen sind. Mangels Vergleichbarkeit der Sachverhalte scheidet eine Fortgeltung des Tarifvertrages analog § 3 III TVG also aus.

Sachgerecht ist daher allein eine Nachwirkung des nachträglich infolge Wegfalls der Tarifzuständigkeit unwirksam gewordenen Tarifvertrages analog § 4 V TVG.[1123] Dies entspricht der Funktion der Nachwirkung als „Generalauffangtatbestand" zur Sicherung des Inhaltsschutzes der Arbeitsverhältnisse bei jeglichem ersatzlosen Wegfall der Tarifwirkung.[1124] Verliert eine Gewerkschaft durch den DGB-Schiedsspruch also für einen bestimmten Organisationsbereich ihre Tarifzuständigkeit, so zieht das die Unwirksamkeit der vom Wegfall der Tarifzuständigkeit betroffenen tariflichen Regelungen nach sich. Es tritt aber eine Nachwirkung analog § 4 V TVG ein, die tariflichen Bestimmungen gelten also solange unmittelbar fort, bis eine „andere Abmachung" an ihre Stelle tritt. Dabei kann es sich um einen neuen Tarifvertrag der nunmehr zuständigen Gewerkschaft oder auch um eine arbeitsvertragliche Abrede[1125] handeln.

b) Freiwillige schiedsspruchwidrige Tarifabschlüsse

Ein Arbeitskampf der im Schiedsverfahren unterlegenen Gewerkschaft zur Durchsetzung eines schiedsspruchwidrigen Tarifvertrages ist rechtswidrig. Schließt die Arbeitgeberseite nach der Entscheidung der Schiedsstelle jedoch einvernehmlich einen Tarifvertrag mit der unzuständigen Gewerkschaft, stellt sich die Frage nach der Wirksamkeit dieses Tarifvertrages. Da die Tarifzuständigkeit Wirksamkeitsvoraussetzung eines jeden Tarifvertrages ist, ist es nur konsequent, eine Unwirksamkeit des schiedsspruchwidrigen Tarifabschlusses zu bejahen.[1126] Eine unbedingte normative Geltung dieses Tarifvertrages würde dem Umstand nicht gerecht werden, daß einer Tarifpartei die Legitimation für den Vertragsschluß fehlt. Im übrigen sind die Koalitionen auch nicht schutzwürdig, da sie den Schiedsspruch und damit die Unzuständigkeit der Gewerkschaft

---

[1123] Vgl. BAG AP Nr. 4 zu § 3 TVG, Bl. 3; AP Nr. 26 zu § 4 TVG Nachwirkung, Bl. 2R; MünchArbR-*Löwisch/Rieble*, § 255 Rn. 83; *Richardi*, Kollektivgewalt, S. 220.
[1124] Vgl. MünchArbR-*Löwisch/Rieble*, § 255 Rn. 83, § 273 Rn. 19.
[1125] Vgl. dazu BAG AP Nr. 16 zu § 4 TVG Nachwirkung, Bl. 3R; *Däubler*, Tarifvertragsrecht, Rn. 1449.
[1126] So *Blank*, Tarifzuständigkeit, S. 138 ff., 142.; ebenso allgemein für Tarifverträge unzuständiger Tarifparteien: BAG AP Nr. 1 zu § 2 TVG Tarifzuständigkeit; *Löwisch/Rieble*, § 2 TVG Rn. 103, 107; *Oetker*, in: Wiedemann, § 2 TVG Rn. 15, 43.

kannten. Letztere muß sich sogar den Vorwurf widersprüchlichen Verhaltens entgegenhalten lassen, wenn sie sich einerseits in ihrer Satzung der Entscheidungskompetenz der Schiedsstelle unterwirft und andererseits unter bewußter Mißachtung des Schiedsspruches einen Tarifvertrag schließt.[1127] Aber auch eine bedingte Geltung des schiedsspruchwidrigen Tarifvertrages analog § 4 V TVG ist nicht gerechtfertigt. Da die mangelnde Tarifzuständigkeit in Folge des Schiedsspruches bei Abschluß des Tarifvertrages den tarifschließenden Verbänden wie auch den normunterworfenen Arbeitnehmern und Arbeitgebern bekannt war, besteht kein schutzwürdiges Vertrauen in den Bestand und die Anwendung des Tarifvertrages. Zudem ist angesichts des bewußten und freiwilligen Verstoßes gegen den Schiedsspruch nicht zu erwarten, daß der Arbeitgeberverband freiwillig einen neuen Tarifvertrag mit der laut Schiedsspruch zuständigen Gewerkschaft schließen wird. Die im Schiedsverfahren obsiegende Gewerkschaft müßte damit auch im Falle einer Weitergeltung des schiedsspruchwidrigen Tarifvertrages analog § 4 V TVG zum Mittel des Arbeitskampfes greifen, um den Schiedsspruch durchzusetzen und einen Tarifabschluß in ihrem Zuständigkeitsbereich zu erreichen. Diese Lösung kann nicht überzeugen. Eine Koalition, die sich im Recht befindet, kann nicht darauf verwiesen werden, ihre Rechtsposition mit der finanziellen Last eines Arbeitskampfes durchzusetzen. Sachgerecht ist damit allein die Unwirksamkeit eines freiwillig geschlossenen schiedsspruchwidrigen Tarifvertrages.

III. Auflösung konkurrierender Tarifzuständigkeiten ohne Schiedsverfahren

Es bleibt die Frage, wie Zuständigkeitskonflikte zwischen den DGB-Gewerkschaften zu behandeln sind, wenn und solange diese kein Schiedsverfahren einleiten. Da die Tarifzuständigkeit immer einer satzungsrechtlichen Grundlage bedarf, sind Erklärungen der betroffenen Einzelgewerkschaften über die Lösung ihres Zuständigkeitskonfliktes ohne Bedeutung für die tatsächliche Abgrenzung der Tarifzuständigkeit. Anders als ein Schiedsverfahren können sie daher keine verbindlichen Wirkungen gegenüber Außenstehenden erzeugen.[1128] Diese Erklärungen können dem Gegenspieler und den anderen Gewerkschaften keine

---

[1127] *Blank*, Tarifzuständigkeit, S. 139.
[1128] BAG AP Nr. 5 zu § 2 TVG Tarifzuständigkeit, Bl. 3; BAG DB 2000, 1669 (1670); *Oetker*, in: Wiedemann, § 2 TVG Rn. 69.

Rechtssicherheit bieten. Zum einen besteht keine Gewißheit darüber, daß die Rechtslage vor dieser Erklärung eingehend geprüft wurde und zum anderen unterliegen die Gewerkschaften keiner Treueverpflichtung den anderen Koalitionen gegenüber, die sie in Zukunft an diese Erklärung bindet.

Leiten die Gewerkschaften aufgrund eines Zuständigkeitsstreits ein Vermittlungsverfahren nach § 16 Nr. 1 DGB-Satzung ein und einigen sie sich bereits in diesem Vermittlungsverfahren, ohne daß ein Schiedsspruch erforderlich wird, so kommt der Einigung die gleiche Bindungswirkung wie der Entscheidung der Schiedsstelle zu.[1129] § 16 DGB-Satzung etabliert ein Konfliktlösungsverfahren, das sich aus zwei gleichrangigen Verfahrensstufen zusammensetzt, dem Vermittlungsverfahren und dem Schiedsspruch. Nur wenn es zu keiner Einigung im Vermittlungsverfahren kommt, muß ein Schiedsverfahren eingeleitet werden. Die innerhalb des Vermittlungsverfahrens getroffene Einigung ist dem Schiedsspruch damit in ihrer Bedeutung gleichgestellt. Sie beruht in gleicher Weise auf einem formalisierten und in der Satzung festgeschriebenen Verfahren und unterliegt den gleichen Formvorschriften wie der Schiedsspruch.[1130] Anders als eine bloße Erklärung der Gewerkschaften legt die Einigung im Vermittlungsverfahren damit für die Streitparteien und die Gegenseite verbindlich die Tarifzuständigkeit fest.

Ungeklärt ist damit aber noch, wie konkurrierende Tarifzuständigkeiten zu behandeln sind, wenn und solange die Gewerkschaften kein Schiedsverfahren einleiten. Zwar haben sie sich mit statutarischer Wirkung dem Grundsatz der Einheitsgewerkschaft unterworfen und damit die eigene Tarifzuständigkeit unter den Vorbehalt des Abgleichens gestellt.[1131] Damit ist aber nicht zugleich die Notwendigkeit begründet, eine Auflösung der Doppelzuständigkeit ohne formales Schiedsverfahren vorzunehmen und dabei dann das Prioritätsprinzip zur Anwendung zu bringen.[1132] Die Satzung des DGB enthält für das Stadium vor Einleitung des Schiedsverfahrens keine Regelung. Wollen die Parteien eine Klärung herbeiführen, sind sie daher darauf verwiesen, dieses Schiedsverfahren einzuleiten. Eine Auflösung ohne ein solches formalisiertes und statutarisch legitimiertes Konfliktlösungsverfahren ist weder mit der von Art. 9 III GG garantier-

---

[1129] BAG DB 2000, 1669 (1670).
[1130] Vgl. Nr. 1 c) und Nr. 5 a) der Richtlinien über die Durchführung des Vermittlungs- und Schiedsverfahrens.
[1131] Vgl. S. 223.
[1132] So BAG AP Nr. 11 zu § 2 TVG Tarifzuständigkeit, Bl. 4R, 5; *Oetker*, Anm. zu BAG AP Nr. 10, 11 zu § 2 TVG Tarifzuständigkeit, Bl. 5R (10).

ten Verbandspluralität noch mit dem Grundsatz der Verbandssouveränität in Einklang zu bringen. Zudem spricht die Satzung des DGB gerade auch gegen die Anwendung des Prioritätsprinzips. Die zu §§ 15, 16 DGB-Satzung erlassenen Richtlinien lassen nämlich die bisherige Organisationspraxis nur als ein Kriterium unter mehreren erkennen.[1133] Insgesamt muß es daher bei einer Doppelzuständigkeit der Gewerkschaften bleiben, wenn und solange die Gewerkschaften kein Schiedsverfahren einleiten.[1134]

Die Koalitionen haben also die Möglichkeit, Zuständigkeitskonflikte innerhalb ihres Lagers mit satzungsrechtlichen Mechanismen vergleichbar den hier vorgestellten §§ 15, 16 DGB-Satzung zu lösen. Dies ist auch deshalb bedeutsam, weil der Schaffung von Zuständigkeitsüberschneidungen innerhalb des gleichen sozialen Lagers keine normativen Schranken gesetzt sind.[1135]

[1133] Nr. 2 a) der Richtlinien für die Abgrenzung von Organisationsbereichen vom 11.3.1992.
[1134] *Gamillscheg*, Kollekt. ArbR I, S. 533; *Konzen*, Festschr. Kraft, S. 291 (314); im Ergebnis auch *Buchner*, Anm. BAG SAE 1998, 249 (265).
[1135] Siehe S. 218 ff.

KAPITEL 5

Tarifzuständigkeit des Einzelarbeitgebers

Wie bereits mehrfach deutlich wurde, bestimmt sich die Tarifzuständigkeit der Verbände allein nach Maßgabe der Satzung. Dementsprechend sind die Gewerkschaften frei in der Entscheidung, ob sie für ihre Tarifabschlüsse auf die Unternehmens- oder auf die Betriebsebene abstellen wollen. Sie können sich nach ihrem Ermessen für Betriebe, Betriebsabteilungen, Nebenbetriebe oder auch für Unternehmen und sogar für Konzernbereiche tarifzuständig erklären. Dabei muß nicht zwischen Firmen- und Verbandstarifverträgen unterschieden werden. Auch soweit es um den Abschluß von Firmentarifverträgen geht, können die Gewerkschaften ihre Tarifzuständigkeit auf den Betrieb als maßgebliche Einheit abstellen und damit letztlich auch die Tarifzuständigkeit für fachbezogene Betriebe in fachfremden Unternehmen beanspruchen. Ein Unternehmen kann danach sogar dann auf einen Tarifabschluß für einen einzelnen Betrieb in Anspruch genommen werden, wenn bereits mit einer anderen Gewerkschaft ein unternehmensweiter Firmentarifvertrag geschlossen wurde.[1136]

Diese Konzeption führt für den Einzelarbeitgeber sowohl auf der Ebene der Tarifanwendung als auch in arbeitskampfrechtlicher Hinsicht zu mißlichen Konsequenzen. Der Einzelarbeitgeber muß damit rechnen, den Forderungen verschiedener Gewerkschaften ausgesetzt zu sein, sofern diese nur satzungsmäßig für jeweils einzelne fachlich einschlägige Betriebe oder Betriebsabteilungen zuständig sind. Ein Großunternehmen mit einer vielfältigen Produkt- und Arbeitspalette könnte, wenn nur die entsprechenden Gewerkschaften ihre Tarifzuständigkeit für Betriebe und Betriebsabteilungen begründen, auf eine Vielzahl unterschiedlicher Tarifverträge in Anspruch genommen werden. Es müßte dann im Unternehmensbereich, wenn keine Abhilfe beispielsweise unter dem Gesichtspunkt der Tarifeinheit oder der Tarifzuständigkeit geschaffen wird, unter Umständen eine Vielzahl von Tarifverträgen angewandt werden. Dies belastet das Unternehmen nicht nur verwaltungstechnisch und damit auch finanziell, sondern beeinträchtigt auch die Rechtsklarheit der Tarifanwendung im Unternehmen.

[1136] Vgl. BAG AP Nr. 10 zu § 2 TVG Tarifzuständigkeit, Bl. 7 ff.

Unter arbeitskampfrechtlichem Blickwinkel führt dies zu Paritätsproblemen. Das die Verhandlungs- und Kampfparität wahrende Tarif- und Arbeitskampfrecht will den einzelnen tariffähigen Arbeitgeber gerade nicht einer unbegrenzten tarifpolitischen Inanspruchnahme aussetzen.[1137] Das einzelne Unternehmen ist regelmäßig gar nicht dazu in der Lage, mehrere durch Arbeitskämpfe begleitete Verhandlungen um betriebsbezogene Firmentarifverträge durchzustehen. Außerdem kann es zu nicht mehr zumutbaren Konfliktlagen im Arbeitskampf kommen, wenn Gewerkschaften uneingeschränkt allein nach Maßgabe ihrer Satzung den Abschluß von Firmentarifen verlangen können. Dies sei an einem der Agfa-Entscheidung nachgebildeten Beispiel verdeutlicht: Wenn ein Unternehmen aufgrund seiner Mitgliedschaft im Arbeitgeberverband Chemie mit seinen sämtlichen, auch den metallindustriellen Betrieben in den Geltungsbereich fällt, sind alle Arbeitsverhältnisse der in der Chemiegewerkschaft organisierten Arbeitnehmer verbindlich geregelt; insoweit besteht eine auch zugunsten der Mitglieder der Chemiegewerkschaft wirkende Friedenspflicht. Wenn nun die Metallgewerkschaft einen Arbeitskampf um eine tarifliche Regelung für den gleichen bereits mit der tariflichen Regelung der Chemie-Tarifvertragsparteien bedachten Metallbetrieb anstreben und zu diesem Zweck einen Streik ausrufen würde, stellt sich die Frage, ob das Unternehmen mit einer auf die Mitglieder der Metallgewerkschaft begrenzten Aussperrung reagieren kann, da es den Mitgliedern der Chemiegewerkschaft gegenüber durch die Friedenspflicht des bestehenden Tarifvertrages gebunden ist. Das Unternehmen ist der Chemiegewerkschaft gegenüber zudem verpflichtet, auf die Arbeitsverhältnisse ihrer Mitglieder die bestehenden Chemie-Tarifverträge anzuwenden. Umgekehrt kommt es deshalb auch nicht in Betracht, daß die Metallgewerkschaft durch ihren Streikbeschluß die in den Betrieben tätigen Mitglieder der Chemiegewerkschaft, die ihre tarifliche Regelung bereits haben, zur Arbeitsniederlegung zu legitimieren vermöchte.

Diese schwierige arbeitskampfrechtliche Konstellation entsteht nicht nur, wenn bei bereits bestehendem Verbandstarifvertrag von einer Gewerkschaft noch ein Firmentarifvertrag verlangt und durchgesetzt würde, sondern auch, wenn neben einem bereits bestehenden Firmentarifvertrag von einer konkurrierenden Gewerkschaft ein weiterer Firmentarifvertrag erstrebt würde. Auch hier stellt sich die Frage, ob das Unternehmen in seinen Aussperrungsmöglichkeiten durch die Friedenspflicht des bereits bestehenden Firmentarifvertrages beschränkt ist, was

---

[1137] Vgl. *Henssler*, ZfA 1998, 517 (533).

unter dem Gesichtspunkt der zu sichernden Kampfparität nicht hingenommen werden kann. Würden noch weitere Gewerkschaften tarifliche Regelungsbegehren geltend machen, würden die arbeitskampfrechtlichen Probleme noch größer.

Es gilt nun zu klären, wie diesen Problemen abgeholfen werden kann. Dabei kann auf verschiedenen Ebenen angesetzt werden. Zunächst kann versucht werden, auf der Ebene der Tarifanwendung Abhilfe zu schaffen, indem der Kreis der zur Anwendung gelangenden Tarifverträge begrenzt wird. Sodann kann aber auch eine Stufe früher, auf der Ebene des Arbeitskampfrechts nach Lösungen gegen eine unbegrenzte Inspruchnahme der Einzelarbeitgeber auf den Abschluß von Firmentarifverträgen gesucht werden. Führt dies nicht zum Erfolg, muß schließlich über eine Beschränkung der Tarifzuständigkeit des Einzelarbeitgebers nachgedacht werden.

A. Begrenzung der anwendbaren Tarifverträge durch den Grundsatz der Tarifeinheit

Zunächst stellt sich die Frage, ob nicht auf der Ebene der Tarifanwendung mit dem Grundsatz der Tarifeinheit ein Instrument zu Verfügung steht, das die Zahl der in einem Betrieb oder Unternehmen anwendbaren Tarifverträge reduziert und den Einzelarbeitgeber damit zwar nicht vor zahlreichen Arbeitskämpfen um Firmentarifverträge schützt, ihm aber doch die Last der Anwendung einer Vielzahl von Tarifverträgen nimmt.

Nach der Rechtsprechung des Bundesarbeitsgerichts sollen nach dem Grundsatz der Tarifeinheit alle Arbeitsverhältnisse eines Betriebes grundsätzlich nach demselben Tarifvertrag geordnet werden. Dabei soll der anzuwendende Tarifvertrag nach dem überwiegenden Betriebszweck bestimmt werden.[1138] Die Rechtsprechung zur Überwindung der Tarifpluralität stellt allerdings nach den bisher vorliegenden Entscheidungen auf den Betrieb als maßgebende Einheit ab.[1139] Die unternehmensweit einheitliche Anwendung eines Tarifvertrages wurde bislang noch nicht gefordert. Darauf käme es in dem interessierenden Kontext der Vermeidung uneingeschränkter Inspruchnahme des Einzelarbeitgebers auf Fir-

---

[1138] Vgl. BAG AP Nr. 16 (Bl. 5), 19 (Bl. 2R), 20 (Bl. 4R) zu § 4 TVG Tarifkonkurrenz.
[1139] Vgl. BAG AP Nr. 4 (Bl. 3R f.), 16 (Bl. 5), 19 (Bl. 2R), 20 (Bl. 4R) zu § 4 TVG Tarifkonkurrenz.

mentarifverträge aber gerade an.[1140] Ganz abgesehen davon bestehen bereits erhebliche Zweifel an der Vereinbarkeit des Grundsatzes der Tarifeinheit mit der geltenden Rechtsordnung, wenn dieser lediglich auf Betriebsebene angewandt wird. Diese Bedenken beziehen sich zum einen maßgeblich auf die gesetzliche Grundlage für diesen Grundsatz und zum anderen auf seine Verfassungsmäßigkeit.

I. Rechtsgrundlage der Tarifeinheit im Betrieb

Das Prinzip der Tarifeinheit ist gesetzlich weder im Tarifvertragsgesetz noch anderweitig ausdrücklich fixiert. Das Bundesarbeitsgericht meint aber, es folge „aus den übergeordneten Prinzipien der Rechtssicherheit und der Rechtsklarheit".[1141] Würde es nicht angewandt, so würde dies zu rechtlichen und tatsächlichen Unzuträglichkeiten führen. Damit postuliert das Gericht ein dem geschriebenen Recht übergeordnetes Rechtsprinzip der Tarifeinheit mit eigenständiger Rechtsgeltung. Selbst bei einer Einordnung als Rechtsprinzip erlangt die Tarifeinheit aber keine Rechtsnormqualität.[1142]

In Betracht kommt damit nur noch eine Legitimation der Tarifeinheit im Betrieb durch richterliche Rechtsfortbildung. Für eine gesetzesimmanente Rechtsfortbildung mangelt es allerdings an einer Gesetzeslücke,[1143] denn die Tarifpluralität ist in der Systematik des Tarifvertragsgesetzes eindeutig angelegt.[1144] Die Beschränkung der normativen Wirkung von Individualnormen (§ 4 I 1 TVG) auf die Arbeitsverhältnisse beiderseits tarifgebundener Arbeitsvertragsparteien (§§ 3 I, 5 IV TVG) führt zwangsläufig zur Geltung verschiedener Tarifverträge in verschiedenen Arbeitsverhältnissen und damit zu einem Nebeneinander mehrerer

---

[1140] Vgl. *Buchner*, ZfA 1995, 95 (111), der auf ein praktisches Bedürfnis für eine Anwendung des Grundsatzes der Tarifeinheit auf der Unternehmensebene hinweist und außerdem anführt, daß die bisherige Rechtsprechung einer solchen Ausdehnung auch nicht entgegensteht.
[1141] Vgl. z. B. BAG AP Nr. 19 (Bl. 2R), AP Nr. 20 (Bl. 3R) zu § 4 TVG Tarifkonkurrenz.
[1142] Siehe S. 221 f.
[1143] Vgl. *Fenn*, Festschr. Kissel, S. 213 (231); *Hanau/Kania*, Anm. zu BAG AP Nr. 20 zu § 4 TVG Tarifkonkurrenz, Bl. 5R (7R); *Jacobs*, Tarifeinheit, S. 375 f.; *Kraft*, RdA 1992, 161 (166, 168); *Merten*, BB 1993, 572 (576); *Reuter*, JuS 1992, 105 (107); *Vogg*, Anm. BAG EzA § 4 TVG Tarifkonkurrenz Nr. 7, S. 13 (15 f.); *Wank*, Anm. BAG EzA § 4 TVG Tarifkonkurrenz Nr. 9, S. 15 (17); *Wiedemann/Arnold*, ZTR 1994, 443 (446); *Witzig*, Tarifeinheit, S. 44 f.
[1144] Anders *Säcker/Oetker*, ZfA 1993, 1 (8).

Tarifverträge in einem Betrieb, wenn Arbeitgeber und Arbeitnehmer an verschiedene Tarifverträge gebunden sind.[1145] Die Tarifgebundenheit bei Individualnormen nimmt auf das Einzelarbeitsverhältnis und nicht auf den Betrieb Bezug (§ 3 I TVG). Die Systematik des Tarifvertrages bestätigt diesen Befund: Da es die Tarifgeltung nur bei Kollektivnormen alleine von der Tarifbindung des Arbeitgebers abhängig macht (§ 3 II TVG), folgt im Umkehrschluß für Individualnormen zwingend, daß verschiedene Arbeitsverhältnisse eines Betriebes den Individualnormen unterschiedlicher Tarifverträge unterfallen können.[1146]

Der Umstand, daß die im Gesetz angelegte Tarifpluralität möglicherweise zu unzweckmäßigen Ergebnissen führt,[1147] reicht für sich nicht aus, um eine Regelungslücke zu bejahen.[1148] Auch führt die Anwendung des Gesetzes mit der Folge, daß im Betrieb auf einzelne Arbeitsverhältnisse unterschiedliche Tarifverträge anwendbar sind, keineswegs zu Unklarheit und Rechtsunsicherheit.[1149] Bei Tarifpluralität ist auf jeden Arbeitsvertrag der Tarifvertrag anwendbar, an den die Arbeitsvertragsparteien tarifgebunden sind.[1150] Dem Gebot der Rechtssicherheit ist damit vollauf genüge getan. Umgekehrt spricht aber vieles dafür, daß die Tarifeinheit im Betrieb Rechtsunsicherheit im einzelnen Arbeitsverhältnis bewirkt: Der einzelne Arbeitnehmer kann nicht wissen, welche spezielleren Tarifverträge mit betriebsweit verdrängender Wirkung wegen Tarifbindung des Arbeitgebers und anderer Arbeitnehmer des Betriebes zur Anwendung kommen und den für ihn geltenden Tarifvertrag aus dem Betrieb verdrängen können.[1151] Auch für den Arbeitgeber ist die Ermittlung des spezielleren Tarifvertrages mit

---

[1145] *Hanau/Kania*, Anm. zu BAG AP Nr. 20 zu § 4 TVG Tarifkonkurrenz, Bl. 5R (8); *Kraft*, RdA 1992, 161 (166, 168); *Merten*, BB 1993, 572 (576); *Reichold*, Anm. BAG SAE 1995, 21 (22); *Vogg*, Anm. BAG EzA § 4 TVG Tarifkonkurrenz Nr. 7, S. 13 (16); *Wank*, Anm. BAG EzA § 4 TVG Tarifkonkurrenz Nr. 9, S. 15 (17); *Wiedemann/Arnold*, ZTR 1994, 443 (445 f.).
[1146] *Jacobs*, Tarifeinheit, S. 376; vgl. auch *Kraft*, RdA 1992, 161 (166); *Säcker/Oetker*, ZfA 1993, 1 (7).
[1147] So BAG AP Nr. 12 (Bl. 3), AP Nr. 16 (Bl. 5), AP Nr. 19 (Bl. 3R), AP Nr. 20 (Bl. 3R) zu § 4 TVG Tarifkonkurrenz.
[1148] *Fenn*, Festschr. Kissel, S. 213 (231); *Jacobs*, Tarifeinheit, S. 373; *Kraft*, RdA 1992, 161 (166); *Wank*, Anm. BAG EzA § 4 TVG Tarifkonkurrenz Nr. 9, S. 15 (17).
[1149] So aber BAG AP Nr. 12 (Bl. 3 f.), AP Nr. 16 (Bl. 4R), AP Nr. 19 (Bl. 2R), AP Nr. 20 (Bl. 3R) zu § 4 TVG Tarifkonkurrenz.
[1150] Vgl. *Däubler*, Tarifvertragsrecht, Rn. 1503 ff.; *Kraft*, RdA 1992, 161 (166); *Vogg*, Anm. BAG EzA § 4 TVG Tarifkonkurrenz Nr. 7, S. 13 (17); *Witzig*, Tarifeinheit, S. 43.
[1151] *Jacobs*, Tarifeinheit, S. 391.

Unsicherheiten behaftet.[1152] Da es um die Ermittlung des betriebsweit vorrangigen Tarifvertrages geht, ist das Risiko einer Fehlentscheidung ungleich höher als bei einer seltenen und meist nur punktuellen Tarifkonkurrenz.

Folglich kann der Grundsatz der Tarifeinheit im Betrieb nur noch als gesetzesübersteigende Rechtsfortbildung gerechtfertigt werden. Die überkommene Rechtsmethodik kennt als Fallgruppen die gesetzesübersteigende Rechtsfortbildung mit Rücksicht auf zwingende Bedürfnisse des Rechtsverkehrs, mit Rücksicht auf die Natur der Sache und mit Rücksicht auf ein rechtsethisches Prinzip.[1153] Die wichtigste Fallgruppe bildet dabei die Rücksicht auf zwingende Bedürfnisse des Rechtsverkehrs. Diesen Weg scheint der 10. Senat des Bundesarbeitsgerichts zu verfolgen, wenn er die Tarifeinheit im Betrieb mit Gründen der Praktikabilität rechtfertigen will.[1154] Allein die zweckmäßige Handhabung einer Regelung für einen Teil der Normadressaten ist aber kein unabweisbares Verkehrsbedürfnis. Ein solches kann nur vorliegen, wenn das geschriebene Gesetz seine Funktion nicht erfüllt, ein Rechtsproblem gerecht zu lösen.[1155] Die Anwendung mehrerer Tarifverträge im Betrieb mag zwar – das gilt insbesondere im Hinblick auf die Berechnung der Beiträge für die gemeinsamen Einrichtungen der Tarifvertragsparteien[1156] – zu tatsächlichen Schwierigkeiten führen und damit unzweckmäßig sein. Diese Schwierigkeiten sind aber wegen der §§ 3 I, 4 I TVG hinzunehmen. Sie rechtfertigen keinesfalls eine gesetzesübersteigende Rechtsfortbildung.[1157] Für den Grundsatz der Tarifeinheit im Betrieb fehlt mithin jegliche Rechtsgrundlage.

II. Verfassungsmäßigkeit der Tarifeinheit im Betrieb

Außerdem bedarf die Verfassungsmäßigkeit der Tarifeinheit im Betrieb der kritischen Prüfung. In Betracht kommt zunächst ein Verstoß gegen die individuelle Koalitionsfreiheit der Arbeitnehmer. Die individuelle Koalitionsfreiheit umfaßt

---

[1152] *Hanau/Kania*, Anm. zu BAG AP Nr. 20 zu § 4 TVG Tarifkonkurrenz, Bl. 5R (8R); *Jacobs*, Tarifeinheit, S. 391; MünchArbR-*Löwisch/Rieble*, § 276 Rn. 19 f.
[1153] Vgl. *Larenz/Canaris*, Methodenlehre, S. 233 ff., 236 ff., 240 ff.
[1154] BAG AP Nr. 22 zu § 4 TVG Tarifkonkurrenz, Bl. 5.
[1155] *Jacobs*, Tarifeinheit, S. 397.
[1156] Zu den übrigen praktischen Schwierigkeiten bei der Anwendung mehrerer Tarifverträge im Betrieb ausführlich *Jacobs*, Tarifeinheit, S. 400 ff.; *Witzig*, Tarifeinheit, S. 40 ff.
[1157] *Jacobs*, Tarifeinheit, S. 398; *Müller*, NZA 1989, 449 (451); *Salje*, Anm. BAG SAE 1993, 79 (80); im Ergebnis auch *Zöllner/Loritz*, Arbeitsrecht, § 37 V 2.

nicht nur die Befugnis, sich zu Koalitionen zusammenzuschließen und sich für sie zu betätigen, sondern gewährt auch das Recht – und das ist der eigentliche Zweck der Mitgliedschaft – den Schutz des Tarifvertrages in Anspruch nehmen zu können. Dieser Ertrag der Koalitionsmitgliedschaft wird den betroffenen Arbeitnehmern durch die Verdrängung des für sie geltenden Tarifvertrages genommen.[1158] Wechseln sie nicht den Verband, können sie die Inhalte des Tarifvertrages nicht in Anspruch nehmen. Sie werden vielmehr, soweit sie nicht mehrfach organisiert sind, Außenseitern gleichgestellt, da für sie weder der verdrängte (Grundsatz der Tarifeinheit) noch der speziellere Tarifvertrag (§ 3 I TVG) gilt.[1159] Gleichermaßen ist auch der Einzelarbeitgeber in seiner individuellen Koalitionsfreiheit verletzt, wenn zumindest ein Arbeitnehmer im Betrieb Mitglied der tarifvertragsschließenden Gewerkschaft ist.[1160] Die Verbandsmitgliedschaft des Arbeitgebers bezweckt nicht anders als auf Arbeitnehmerseite, die Wirkungen des Tarifvertrages im Betrieb in Anspruch nehmen zu können. Daß der Arbeitgeber bei einer Tarifpluralität freiwillig für die Belegschaft unterschiedliche Tarifverträge gelten lassen will, steht dem nicht entgegen.

Zudem verstößt die Tarifeinheit im Betrieb gegen die kollektive Betätigungsfreiheit derjenigen Gewerkschaft, deren Tarifverträge aus dem Betrieb gedrängt werden.[1161] Dieser Grundsatz verwehrt es dieser Gewerkschaft, die Arbeits- und Wirtschaftsbedingungen ihrer Mitglieder durch die Anwendung ihrer Tarifverträge zu wahren und zu fördern und schneidet ihr damit den nahezu wichtigsten Teil der Koalitionszweckverfolgung ab. Der Grundsatz der Tarifeinheit wirkt damit wie ein „staatliches Tarifkataster",[1162] das es ermöglicht, den Betrieb als Ganzes zuzuteilen. Auf den Umfang des verdrängten Geltungsbereiches des

---

[1158] *Däubler*, Tarifvertragsrecht, Rn. 1505; *Fenn*, Festschr. Kissel, S. 213 (232 f.); *Hanau/ Kania*, Anm. zu BAG AP Nr. 20 zu § 4 TVG Tarifkonkurrenz, Bl. 5R (9 f.); *Jacobs*, Tarifeinheit, S. 442 f.; *Kempen/Zachert*, § 4 TVG Rn. 137; *Kraft*, RdA 1992, 161 (168); *Löwisch/Rieble*, § 4 TVG Rn. 290; *Merten*, BB 1993, 572 (575 f.); *Rieble*, Anm. BAG EzA § 4 TVG Geltungsbereich Nr. 10, S. 12 (14); ähnlich *Salje*, Anm. BAG SAE 1993, 79 (81).

[1159] *Löwisch/Rieble*, § 4 TVG Rn. 290; *Rieble*, Anm. BAG EzA § 4 TVG Geltungsbereich Nr. 10, S. 12 (14).

[1160] *Bruhn*, Tarifeinheit, S. 185; *Jacobs*, Tarifeinheit, S. 447.

[1161] *Blank*, Tarifzuständigkeit, S. 73 f.; *Däubler*, Tarifvertragsrecht, Rn. 1505; *Fenn*, Festschr. Kissel, S. 213 (234 f.); *Hohenstatt*, DB 1992, 1678 (1681 f.); *Jacobs*, Tarifeinheit, S. 449 f.; *Konzen*, RdA 1978, 146 (153 f.); *Merten*, BB 1993, 572 (575 f.); *Müller*, NZA 1989, 449 (452); *Rieble*, Anm. BAG EzA § 4 TVG Geltungsbereich Nr. 10, S. 12 (14); *Wank*, Anm. BAG EzA § 4 TVG Tarifkonkurrenz Nr. 9, S. 15 (17).

[1162] *Rieble*, Anm. BAG EzA § 4 TVG Geltungsbereich Nr. 10, S. 12 (14).

Tarifvertrages kommt es insoweit nicht an.[1163] Aber auch die Koalitionsbetätigung der Arbeitgeberverbände wird durch die Tarifeinheit im Betrieb tangiert, wenn der abgeschlossene Tarifvertrag, der für mindestens einen Arbeitnehmer im Betrieb kraft Tarifbindung gilt, der Anwendung entzogen wird.[1164] Schwieriger fällt eine Antwort auf die Frage, ob die Tarifeinheit im Betrieb auch gegen die Koalitionsbestandsgarantie verstößt. Letztlich muß dies bejaht werden. Eine Gewerkschaft wird langfristig nur Mitglieder an sich binden können, wenn ihre Tarifverträge zur Anwendung kommen.[1165] Einzelne Gewerkschaften, denen infolge der Tarifeinheit jede Entfaltungsmöglichkeit im jeweiligen Betrieb genommen wird, sind in diesem Bereich in ihrer Werbungskraft geschwächt und müssen mit Verbandsaustritten rechnen. Dies kann den Bestand der betroffenen Gewerkschaften gefährden. Darin liegt zugleich eine Gefahr für den Koalitionspluralismus.[1166] Die Tarifpluralität ist unmittelbare Folge des in Art. 9 III GG verankerten Koalitionspluralismus.[1167] Dieser schließt wiederum einen Koalitionswettbewerb ein. Nur der Wettbewerb bestimmt, ob sich eine Koalition gegen Konkurrenten behaupten kann. Wettbewerb entscheidet sich durch Nachfrage, also durch die Wahl der Arbeitnehmer zwischen verschiedenen Gewerkschaften. Tarifeinheit im Betrieb schließt eine solche Auswahl aber aus. Sie steuert den Wettbewerb von oben und bringt ihn auf diese Weise zum Erliegen.[1168] Sie zwingt die Mitglieder der verdrängten Gewerkschaft, deren Mitgliedschaft nicht mehr lohnt, mindestens faktisch zum Austritt, wenn nicht sogar zum Eintritt in die verdrängende Gewerkschaft, da nur diese betrieblichen Tarifschutz garantiert.[1169] Tarifeinheit im Betrieb wirkt sich damit kontrapro-

---

[1163] So aber BAG AP Nr. 20 zu § 4 TVG Tarifkonkurrenz, Bl. 4R; dagegen im Ergebnis *Fenn*, Festschr. Kissel, S. 213 (234 f.); *Konzen*, RdA 1978, 146 (153 f.); *Kraft*, RdA 1992, 161 (168 f.); *Müller*, NZA 1989, 449 (452); *Reuter*, JuS 1992, 105 (108); *Salje*, Anm. BAG SAE 1993, 79 (81); *Witzig*, Tarifeinheit, S. 49.
[1164] *Däubler*, Tarifvertragsrecht, Rn. 1505; *Jacobs*, Tarifeinheit, S. 456.
[1165] *Jacobs*, Tarifeinheit, S. 452; *Salje*, Anm. BAG SAE 1993, 79 (80); *Witzig*, Tarifeinheit, S. 47 f.
[1166] *Blank*, Tarifzuständigkeit, S. 71, 73 f.; *Jacobs*, Tarifeinheit, S. 453 f.; *Konzen*, RdA 1978, 146 (153); *Kraft*, RdA 1992, 161 (168 f.); *ders.*, Anm. BAG ArbuR 1994, 391 (392); *Merten*, BB 1993, 572 (575 f.); *Salje*, Anm. BAG SAE 1993, 79 (81); *Wiedemann/Arnold*, ZTR 1994, 443 (446); *Witzig*, Tarifeinheit, S. 48; die verneinend: *Müller*, Ablösung, S. 52; *Säcker/Oetker*, ZfA 1993, 1 (11 ff.).
[1167] *Blank*, Tarifzuständigkeit, S. 71.
[1168] *Jacobs*, Tarifeinheit, S. 454; *Salje*, Anm. BAG SAE 1993, 79 (79, 81); ähnlich *Blank*, Tarifzuständigkeit, S. 74.
[1169] *Jacobs*, Tarifeinheit, S. 454; *Salje*, Anm. BAG SAE 1993, 79 (80 f.); ähnlich *Rieble*, Anm. BAG EzA § 4 TVG Geltungsbereich Nr. 10, S. 12 (14 f.).

duktiv auf den Wettbewerb aus und steigert so die Gefahr einseitiger Machtbildung. Dies ist mit dem Gedanken der Koalitionspluralität nicht vereinbar.

Der Grundsatz der Tarifeinheit im Betrieb stellt damit keine rechtlich akzeptable Möglichkeit dar, den Arbeitgeber wenigstens im Rahmen der Tarif-anwendung von den Lasten einer unbegrenzten Inspruchnahme auf Firmentarifverträge durch die Gewerkschaften zu befreien.

B. Abhilfe auf arbeitskampfrechtlicher Ebene

Die Problemlösung kann aber möglicherweise auf der vorgelagerten Stufe des Arbeitskampfes gefunden werden. Mittels Anpassung der arbeitskampfrechtlichen Regeln kann versucht werden, die kampfweise Durchsetzung von Firmentarifverträgen verschiedener Gewerkschaften zahlenmäßig zu begrenzen. Zu erwägen gilt es aber auch, die kampfweise Durchsetzung eines Firmentarifvertrages bei einem bereits tarifgebundenen Einzelarbeitgeber generell auszuschließen.

I. Anpassung der arbeitskampfrechtlichen Grundsätze

Die eingangs geschilderten Probleme beruhen auf der geltenden Arbeitskampfkonzeption, nach der grundsätzlich auch nicht- oder andersorganisierte Arbeitnehmer in den Arbeitskampf einbezogen werden können. So ist einerseits die Befugnis der Arbeitnehmer zur Teilnahme an Arbeitskämpfen nicht auf die Mitglieder der kampfführenden Verbände beschränkt. Die Streikführung ist zwar bei den Gewerkschaften monopolisiert. Eine Gewerkschaft legitimiert mit ihrem kollektiv rechtmäßigen Streik aber nicht nur die Arbeitsniederlegung ihrer Mitglieder, sondern auch die Streikbeteiligung der Außenseiter wie der andersorganisierten Arbeitnehmer. Ebenso darf auch die Arbeitgeberseite die Aussperrung auf nicht- und andersorganisierte Arbeitnehmer erstrecken.[1170] Eine Aussperrung, die gezielt nur die Mitglieder der streikführenden Gewerkschaft erfaßt, wäre überdies sogar rechtswidrig.[1171]

[1170] Vgl. BAG AP Nr. 43 zu Art. 9 GG Arbeitskampf; MünchArbR/*Otto*, § 285 Rn. 58 f.
[1171] BAG AP Nr. 66 zu Art. 9 GG Arbeitskampf; MünchArbR/*Otto*, § 285 Rn. 60.

Die mehrfache Inanspruchnahme eines Arbeitgebers auf den Abschluß von Firmentarifverträgen würde arbeitskampfrechtlich keine Probleme aufwerfen, wenn jede Gewerkschaft und dann auch die Arbeitgeberseite bei ihren Arbeitskampfmaßnahmen auf die Einbeziehung der Mitglieder der streikführenden Gewerkschaft beschränkt wäre. Dann könnte jeder Gewerkschaft gemäß ihrer Tarifzuständigkeit die tarifliche und arbeitskampfmäßige Inanspruchnahme eines Unternehmens zugebilligt werden.[1172] Die Mitglieder anderer Gewerkschaften wären dann allenfalls mittelbar durch den Arbeitskampf betroffen. Eine Ausgrenzung der anders- und nichtorganisierten Arbeitnehmer aus dem Arbeitskampf ist jedoch vor dem Hintergrund der Streikeffizienz und vor allem auch der Werbungskraft der Tarifparteien, einer unabdingbaren Voraussetzung der Funktionsfähigkeit der Tarifautonomie, kein gangbares Konzept. Möglich wäre es jedoch, die Legitimation der Streikführung auf die Gewerkschaft zu beschränken, die für das bestreikte Unternehmen repräsentativ ist. Diese Konzeption ist dem geltenden Arbeitskampfrecht jedoch noch fremd. Zudem stellt sich die Frage, ob die nicht repräsentativen Gewerkschaften, die dann im Ergebnis auf Anschlußtarifverträge zurückgeworfen wären, dadurch nicht zu sehr in ihrer Koalitionsbetätigung eingeschränkt werden. Solange sich eine andere, weniger freiheitsbeschränkende Lösung zur Eingrenzung gewerkschaftlicher Forderungen nach Firmentarifverträgen zeigt, sollte dieser Lösungsansatz daher zurückgestellt werden.

II. Rechtswidrigkeit von Firmenarbeitskämpfen bei verbandsangehörigen Arbeitgebern

Ein weiterer Lösungsansatz könnte darin bestehen, die Erstreikbarkeit von Firmentarifverträgen gegenüber verbandsangehörigen Arbeitgebern rechtlich auszuschließen. Der Einzelarbeitgeber hätte es dann in der Hand, unerwünschte Begehren nach Firmentarifverträgen durch einen Verbandsbeitritt abzuwehren. Die generelle Ausklammerung verbandlich organisierter Arbeitgeber von der kampfweisen Durchsetzung von Firmentarifverträgen ensprich allerdings nicht geltendem Recht.

[1172] Vgl. *Buchner*, ZfA 1995, 95 (116).

1. Tariffähigkeit des verbandsangehörigen Arbeitgebers

So steht einer Erzwingbarkeit eines Firmentarifvertrages keineswegs die mangelnde Tariffähigkeit des verbandsangehörigen Arbeitgebers entgegen.[1173] Der Arbeitgeber verliert der zwingenden Anordnung des § 2 I TVG zufolge durch einen Verbandsbeitritt nicht seine Tariffähigkeit.[1174] Teleologisch gesehen ist dieser Schluß allerdings nicht zwingend, da den Gewerkschaften bei Verbandszugehörigkeit des Arbeitgebers in jedem Fall ein Tarifpartner zur Verfügung steht und die Funktionsfähigkeit der Tarifautonomie demzufolge hinreichend gesichert ist.[1175] Der klare Wortlaut des § 2 I TVG läßt hinsichtlich der Tariffähigkeit des Einzelarbeitgebers jedoch keine Differenzierung nach seiner Verbandszugehörigkeit zu.[1176]

2. Friedenspflicht

Auch die tarifliche Friedenspflicht kann eine kampfweise Durchsetzung der Firmentarifverträge in den vorliegend interessierenden Fallgestaltungen nicht verhindern. Die dem Tarifvertrag immanente Friedenspflicht folgt seiner Funktion zur Sicherung und Wiederherstellung des wirtschaftlichen und sozialen Friedens zwischen Arbeitnehmern und Arbeitgebern.[1177] Sie untersagt nicht nur zwischen den Tarifvertragsparteien einen Arbeitskampf, der mit dem Ziel der Änderung der zwischen ihnen tariflich vereinbarten Arbeitsbedingungen geführt wird, sie schützt als Vertrag zugunsten Dritter gerade auch die Mitglieder einer

---

[1173] So aber *Matthes*, Festschr. Schaub, S. 477 (481 ff.).
[1174] BAG AP Nr. 10 zu § 2 TVG Tarifzuständigkeit, Bl. 8; *Däubler*, Tarifvertragsrecht, Rn. 64; *Gamillscheg*, Kollekt. ArbR I, S. 524; *Heß*, ZfA 1976, 45 (54); *Hueck/Nipperdey*, Lehrbuch des Arbeitsrechts II/1, § 20 II 2, S. 424 f.; *Kempen/Zachert*, § 2 TVG Rn. 70; *Löwisch/Rieble*, Festschr. Schaub, S. 457 (469); MünchArbR/*Otto*, § 285 Rn. 66; *Oetker*, in: Wiedemann § 2 TVG Rn. 112; *Richardi*, JurA 1971, 141 (155 f.); *Rüthers*, in: Brox/Rüthers, Arbeitskampfrecht, Rn. 137; *Zöllner/Loritz*, Arbeitsrecht, § 34 II.
[1175] Vgl. *Lieb*, DB 1999, 2058; *Matthes*, Festschr. Schaub, S. 457 (481 ff.); in diesem Sinne auch *Oetker*, in: Wiedemann, § 2 TVG Rn. 112.
[1176] *Oetker*, in: Wiedemann, § 2 TVG Rn. 112.
[1177] *Hueck/Nipperdey*, Lehrbuch des Arbeitsrechts II/1, § 16 II 1, S. 305 ff.; *Weiss*, Betriebsnahe Tarifverträge, S. 36; teilweise wird auch auf die Ordnungsfunktion des Tarifvertrages abgestellt, vgl. *Boldt*, RdA 1971, 257 (268); *Rüthers*, in: Brox/Rüthers, Arbeitskampfrecht, Rn. 218.

Tarifpartei vor Arbeitskampfmaßnahmen der Gegenseite.[1178] Sie verbietet also der Gewerkschaft, während eines laufenden Verbandstarifvertrages die einzelnen tarifgebundenen Arbeitgeber auf den Abschluß von Haustarifverträgen in Anspruch zu nehmen. Wegen ihrer rein schuldrechtlichen Natur vermag die Friedenspflicht den Arbeitgeber aber ausschließlich vor einem Firmenarbeitskampf der Gewerkschaft zu schützen, die Partei des Verbandstarifvertrages ist.[1179] Gerade in den hier zu lösenden Fällen, in denen der Einzelarbeitgeber mehrfach von verschiedenen Gewerkschaften auf zusätzliche Firmentarife in Anspruch genommen wird, hilft die Friedenspflicht also nicht weiter.

Eine über diese schuldrechtliche Wirkung hinausgehende Bedeutung kann der Friedenspflicht nicht beigemessen werden. Aus den §§ 2 I, 74 II 1 BetrVG, die die betrieblichen Sozialpartner zur vertrauensvollen Zusammenarbeit verpflichten und Arbeitskämpfe zwischen ihnen verbieten, ist keine allgemeine Grundregel ablesbar, daß ein Arbeitskampf auf Be-triebsebene grundsätzlich unzulässig ist, auch wenn er von einer Gewerkschaft geführt wird.[1180] Eine solche Auslegung ignoriert gänzlich die gesetzliche Regelung, die Arbeitskämpfe tariffähiger Parteien ausdrücklich ausnimmt (§ 74 II 1 BetrVG).[1181] Auch eine gesamtwirtschaftliche Friedenspflicht, abgeleitet aus einer entsprechend weit verstandenen Ordnungsaufgabe der Tarifvertragsparteien[1182] läßt sich nicht begründen. Eine gesamtwirtschaftlich verstandene Ordnungsaufgabe ist nicht Teil des verfassungsrechtlichen Gestaltungsauftrages an die Tarifparteien.[1183] Die gesamtwirtschaftliche Ordnungsfunktion des Tarifvertrages beschreibt lediglich eine Wirkungsweise des Tarifvertrages, sie kann aber nicht Schranke der Streikfreiheit sein.[1184]

[1178] *Beuthien* BB 1975, 477; *Buchner*, DB 1970, 2074 (2076); MünchArbR-*Löwisch/Rieble*, § 277 Rn. 9; *Däubler/Colneric*, in: Däubler, Arbeitskampfrecht, Rn. 1244.
[1179] Vgl. *Heß*, ZfA 1976, 45 (71); *v. Hoyningen-Huene*, ZfA 1980, 453 (466); *Oetker*, in: Wiedemann, § 2 TVG Rn. 138; *Weiss*, Betriebsnahe Tarifverträge, S. 37; *Wieland*, Firmentarifverträge, Rn. 209.
[1180] So aber *Mayer-Maly*, DB 1965, 32 (33); ähnlich *Boldt*, RdA 1971, 257 (267 f.), der befürchtet, daß bei einem Anwachsen der Firmentarifverträge den Betriebsräten im Arbeitskampf eine führende Rolle zukommt.
[1181] *Hensche*, RdA 1971, 9 (16); *Heß*, ZfA 1976, 45 (63); *Kutscher*, Tarifzuständigkeit, S. 34 f.
[1182] *Boldt*, RdA 1971, 257 (267).
[1183] Siehe dazu S. 43 f.
[1184] *Heß*, ZfA 1976, 45 (63); *v. Hoyningen-Huene*, ZfA 1980, 453 (465, 466); *Kutscher*, Tarifzuständigkeit, S. 35.

3. Vereinbarkeit mit Art. 9 III GG

Die kampfweise Durchsetzung eines Firmentarifvertrages bei einem verbandsangehörigen Arbeitgeber könnte allerdings an der Koalitionsfreiheit der Arbeitgeberseite scheitern. Zunächst ist dieses Vorgehen der Gewerkschaften an der individuellen Koalitionsfreiheit des Arbeitgebers zu messen. Dieses Recht wird verletzt, wenn der gewerkschaftliche Streik darauf gerichtet ist, die Vereinigungsfreiheit einzuschränken, zu behindern oder den Arbeitgeber des Schutzes durch den Arbeitgeberverband zu berauben.[1185] Der Streik zur Durchsetzung eines Firmentarifvertrages bezweckt in der Regel jedoch nicht, die Koalitionsmitgliedschaft zu entwerten. Er zielt vielmehr darauf ab, den Arbeitnehmern möglichst günstige Arbeitsbedingungen zu verschaffen. Auch die durch den Abschluß des Firmentarifvertrages eventuell ausgelösten verbandsrechtlichen Sanktionen führen nicht dazu, das vorrangige Ziel einer Verbesserung der Arbeitsbedingungen in dem Unternehmen zu überlagern.[1186] Die Erzwingung eines Firmentarifvertrages verstößt deshalb in aller Regel nicht gegen die individuelle Koalitionsfreiheit des verbandsgebundenen Einzelarbeitgebers.[1187]

Eine Verletzung der individuellen Koalitionsfreiheit könnte aber vorliegen, falls der Schutzbereich des Art. 9 III GG auch die Teilhabe an der einmal gewählten Tarifgemeinschaft erfaßt.[1188] Der Arbeitgeber könnte sich dann darauf berufen, *nur* der kollektiv gestalteten Ordnung seines Verbandes unterworfen zu werden. Diesem Gedanken kann zunächst nicht die von § 2 I TVG eröffnete unbedingte Tariffähigkeit des Arbeitgebers entgegengehalten werden,[1189] denn die Auslegung der Verfassung kann schwerlich anhand einer einfachgesetzlichen Norm erfolgen. Einzuwenden ist aber, daß auch der einzelne Arbeitnehmer allein durch seine Zugehörigkeit zu einer Gewerkschaft bei Verhandlungen mit dem

---

[1185] *Hensche*, RdA 1971, 9 (11); *v. Hoyningen-Huene*, ZfA 1980, 453 (457 f.); *Oetker*, in: Wiedemann, § 2 TVG Rn. 131; *Richardi*, JurA 1971, 141 (156 f.); *Seiter*, Streikrecht und Aussperrungsrecht, S. 335 f.; *Söllner*, Grundriß des Arbeitsrechts, § 16 I 1 b.

[1186] Vgl. *v. Hoyningen-Huene*, ZfA 1980, 453 (458); *Oetker*, in: Wiedemann, § 2 TVG Rn. 131.

[1187] *Hensche*, RdA 1971, 9 (10); *v. Hoyningen-Huene*, ZfA 1980, 453 (457 f.); *Kutscher*, Tarifzuständigkeit, S. 51 ff.; *Lauschke*, ArbuR 1965, 102 (107); *Oetker*, in: Wiedemann, § 2 TVG Rn. 131; *Richardi*, JurA 1971, 141 (157); *Söllner*, Grundriß des Arbeitsrechts, § 16 I 1 b.

[1188] So *Beuthien*, BB 1975, 477 (479 f.); *Boldt*, RdA 1971, 257 (261); *Buchner*, DB 1970, 2074 (2077); *Krichel*, NZA 1986, 731 (732); *Kutscher*, Tarifzuständigkeit, S. 60 ff.; *Schleusener*, NZA 1998, 239 (241 f.); *Weiss*, Betriebsnahe Tarifverträge, S. 73.

[1189] So *Richardi*, JurA 1971, 141 (157); im Ansatz auch *Henssler*, ZfA 1998, 517 (535).

Arbeitgeber nicht geschützt wird. Solange und soweit keine tarifliche Ordnung besteht, vermag die Koalitionsfreiheit deshalb auch den Arbeitgeber nicht vor Konflikten mit dem sozialen Gegenspieler abzuschirmen. Der Schutzbereich der Koalitionsfreiheit reicht nur so weit wie der durch den Tarifvertrag garantierte soziale Friedensbereich. Die „Flucht in den Arbeitgeberverband" kann dem Arbeitgeber keine weiterreichenden Vorteile gewähren als der Beitritt des Arbeitnehmers zur Gewerkschaft.[1190]

Auch ein Verstoß gegen die kollektive Koalitionsfreiheit wird im Regelfall nicht gegeben sein. Ein Arbeitskampf ist rechtswidrig und verstößt gegen die kollektive Koalitionsfreiheit, wenn er bezweckt, die gegnerische Koalition durch Massenaustritte oder durch den Verlust ihrer tragenden Mitglieder zu schwächen.[1191] Die spezifisch koalitionsmäßige Betätigung des Arbeitgeberverbandes, nämlich Verbandstarife abzuschließen, wird durch den Abschluß einzelner Firmentarifverträge regelmäßig nicht in Frage gestellt. Gelegentlich werden während der Dauer regionaler Arbeitskämpfe von einzelnen Unternehmen Firmentarifverträge abgeschlossen, ohne daß dadurch der Bestand oder der Aktionsradius des zuständigen Arbeitgeberverbandes beeinträchtigt würde.[1192] Sicherlich kann der erzwungene Abschluß eines Firmentarifvertrages den Arbeitgeberverband in Einzelfällen erheblich schwächen, dann zum Beispiel, wenn der Haustarif mit einem besonders mächtigen Unternehmen geschlossen wird.[1193] Dies allein kann aber nicht den generellen Schluß auf die Unzulässigkeit eines Firmenarbeitskampfes rechtfertigen. Vielmehr muß im Einzelfall festgestellt werden, ob durch das Herausbrechen eines einzelnen Arbeitgebers tatsächlich der Verband so geschwächt wurde, daß er seinen koalitionsmäßigen Aufgaben nicht mehr nachkommen kann.[1194] Dieser Fall könnte theoretisch vorliegen, wenn ein Verband im wesentlichen von einem Großunternehmen getragen wird, dürfte jedoch in aller Regel nicht vorliegen. Die Haustarife von VW sind geradezu ein Gegenbeispiel zu diesen Befürchtungen. Daher verstößt der Firmenstreik gegenüber

---

[1190] *Oetker*, in: Wiedemann, § 2 TVG Rn. 132.
[1191] *Oetker*, in: Wiedemann, § 2 TVG Rn. 133; *Richardi*, JurA 1971, 141 (159 f.); weitergehend *Boldt*, RdA 1971, 257 (262 f.); *Heß*, Betriebsnahe Tarifverträge, S. 53 ff.; *ders.*, ZfA 1976, 45 (68 ff.); *Weiss*, Betriebsnahe Tarifverträge, S. 74 ff., die unabhängig von der Zielsetzung generell einen Verstoß gegen die kollektive Koalitionsfreiheit annehmen.
[1192] *Oetker*, in: Wiedemann, § 2 TVG Rn. 133.
[1193] In diesem Sinne *Boldt*, RdA 1971, 257 (262 f.); *Heß*, Betriebsnahe Tarifverträge, S. 64.
[1194] *Hensche*, RdA 1971, 9 (11 ff.); *v. Hoyningen-Huene*, ZfA 1980, 453 (464); *Kutscher*, Tarifzuständigkeit, S. 58 f.; *Oetker*, in: Wiedemann, § 2 TVG Rn. 133.

einem verbandsanghörigen Arbeitgeber grundsätzlich nicht gegen die kollektive Koaltionsfreiheit des Arbeitgeberverbandes.

Die streikweise Durchsetzung von Firmentarifverträgen gegenüber verbandsangehörigen Arbeitgebern ist also rechtmäßig. Auch eine Ausklammerung der verbandlich organisierten Einzelarbeitgeber von der kampfweisen Durchsetzung von Firmentarifverträgen erweist sich damit nicht als taugliches Instrument, um der unbegrenzten Inanspruchnahme des Einzelarbeitgebers auf Firmentarifverträge abzuhelfen.

C. Begrenzung der Tarifzuständigkeit

Eine Begrenzung der Inanspruchnahme des Einzelarbeitgebers auf den Abschluß von Firmentarifverträgen kann damit konstruktiv nur noch durch die Beschränkung der Tarifzuständigkeit erreicht werden.

I. Begrenzung der gewerkschaftlichen Tarifzuständigkeit

Zu denken ist dabei zunächst an eine Beschränkung der gewerkschaftlichen Tarifzuständigkeit. Diesen Weg schlug die älteren Rechtsprechung des Bundesarbeitsgerichts ein. Wurden im Unternehmen verschiedene Betätigungen ausgeübt, so sollte für die Tarifzuständigkeit der Gewerkschaft die unternehmensprägende Betätigung im Sinne des überwiegenden Unternehmenszweckes entscheidend sein.[1195] Dementsprechend ging das Bundesarbeitsgericht für den Fall eines branchenfremden Betriebes eines Unternehmens davon aus, daß unter Geltung des Industrieverbandsprinzips nur diejenige Gewerkschaft für den Abschluß des Firmentarifvertrages zuständig sei, deren satzungsmäßiger Organisationsbereich der Tätigkeit entspreche, die dem Unternehmen – nicht dem einzelnen Betrieb – das Gepräge gebe.[1196]

Diese unternehmensbezogene Geprägetheorie besticht durch die Klarheit der Zuständigkeitsregelung und berücksichtigt, daß der Betrieb ebenso wie eine Be-

---

[1195] BAG AP Nr. 5 zu § 2 TVG Tarifzuständigkeit, Bl. 3; ebenso *Löwisch/Rieble*, § 2 TVG Rn. 101; *Wiedemann/Stumpf*, § 2 TVG Rn. 31.
[1196] Vgl. BAG AP Nr. 5 zu § 2 TVG Tarifzuständigkeit, Bl. 3 ff.; dazu eingehend *Buchner*, ZfA 1995, 95 (106 ff.).

triebsabteilung oder ein Nebenbetrieb nicht tariffähig sind.[1197] Dieser Ansatz ist allerdings mit dem Selbstbestimmungsrecht der Verbände bei der Festlegung ihrer Tarifzuständigkeit nicht in Einklang zu bringen und muß deshalb verworfen werden. Eine zwingend verstandene Geprägetheorie würde zudem auch als Kompetenzbeschränkung des Arbeitgebers wirken, die es ihm verwehrt, ohne zusätzliche Verbandsbeitritte mehrere betriebsbezogene Firmentarifverträge abzuschließen.[1198]

II. Beschränkung der Tarifzuständigkeit des Einzelarbeitgebers

Als Lösungsansatz bleibt damit die Möglichkeit, den Einzelarbeitgeber seine Zuständigkeit für den Abschluß von Firmentarifverträgen selbst festlegen zu lassen. Er hat es damit in der Hand, diese beispielsweise auf den überwiegenden Unternehmenszweck zu begrenzen und damit auch die Forderungen nach Haustarifen einzuschränken.

1. Rechtliche Grundlagen der autonomen Festlegung der Tarifzuständigkeit durch den Einzelarbeitgeber

Die Verbände legen ihre Tarifzuständigkeit autonom in ihren Satzungen fest. Die Befugnis dazu wurzelt in der von Art. 9 III GG garantierten Organisationsautonomie, auf die sich aber nur die Verbände berufen können.[1199] Mit der Satzungsautonomie der Verbände korrespondiert aber die grundsätzlich gleichwertige unternehmerische Organisationsautonomie des Arbeitgebers, die sich auf Art. 12 I GG stützen kann. Das Bundesverfassungsgericht versteht die „Unternehmerfreiheit" als Ausprägung der Berufsfreiheit im Sinne eines Rechts auf freie Gründung und Führung von Unternehmen.[1200] Zum Bereich der Unternehmensführung zählt auch die freie Entscheidung über den Abschluß von unternehmens- oder betriebsbezogenen Firmentarifverträgen.[1201] Auf dieser Grundlage entscheidet auch der Arbeitgeber autonom, ob er einen Firmentarifvertrag für

---

[1197] *Henssler*, ZfA 1998, 517 (522).
[1198] *Buchner*, ZfA 1995, 95 (118 f.).
[1199] *Oetker*, Anm. zu BAG AP Nr. 10, 11 zu § 2 TVG Tarifzuständigkeit, Bl. 5R (14R) lehnt aus diesem Grund eine autonome Entscheidung des Arbeitgebers über seine Tarifzuständigkeit ab.
[1200] BVerfGE 41, 205 (228); 50, 290 (363).
[1201] Vgl. *Henssler*, ZfA 1998, 517 (525).

das gesamte Unternehmen mit der im Sinne der Geprägetheorie zuständigen Gewerkschaft schließt oder aber mehreren betriebsbezogenen Firmentarifverträgen den Vorzug gibt.[1202] Beide Entscheidungen sind sachlich unangreifbar und von der unternehmerischen Entscheidungfreiheit abgesichert. Dadurch soll dem Arbeitgeber keineswegs die Möglichkeit eröffnet werden, sich dem Einwirkungsbereich bestimmter Gewerkschaften zu entziehen. Ohnehin steht es der Gewerkschaft ja frei, ihre Zuständigkeit durch Satzungsänderung auf den gesamten Unternehmensbereich oder auf bestimmte Betriebe zu erstrecken. Es geht vielmehr um die Befugnis, für die jeweils angestrebten tariflichen Regelungen nur mit dem fachlich zuständigen Vertragspartner kontrahieren zu müssen.[1203]

Diese Konzeption läßt sich widerspruchsfrei in das Tarifrecht integrieren. So geht sie zunächst von der zutreffenden Prämisse aus, daß es sich bei Tariffähigkeit und Tarifzuständigkeit um rechtlich selbständige Merkmale handelt, die auch im Bezug auf den nach § 2 I TVG stets tariffähigen Arbeitgeber nicht gleichgesetzt werden dürfen.[1204] Darüber hinaus wird mit diesem Ansatz auch im Hinblick auf die Tarifmacht eine Gleichbehandlung von Arbeitgeberverband und Einzelarbeitgeber verwirklicht. So hat das Bundesarbeitsgericht in anderem Zusammenhang die Notwendigkeit herausgestellt, dem einzelnen tariffähigen Arbeitgeber die gleichen Rechte zuzugestehen wie dem Arbeitgeberverband. Die Koalitionsrechte der Gewerkschaft sind gegenüber dem Arbeitgeberverband also nicht anders zu bestimmen als gegenüber dem Einzelarbeitgeber.[1205] Da die Gewerkschaft gegenüber dem Arbeitgeberverband keinen Anspruch auf eine bestimmte von ihr gewünschte Zuständigkeit hat, kann sie diese dann aber auch beim Arbeitgeber, der überhaupt nur zur Sicherung des Tarifsystems mit Tariffähigkeit ausgestattet wurde, nicht in unbegrenztem Umfang erwarten.[1206] Hat keine Koalition einen Anspruch darauf, daß ihr ein bestimmter tarifzuständiger Gegner gegenübersteht,[1207] muß auch die Tarifzuständigkeit des Einzelarbeitgebers autonom beschränkt werden können.

[1202] *Buchner*, ZfA 1995, 95 (118 ff.); *Heinze*, DB 1997, 2122 (2124); *Henssler*, ZfA 1998, 517 (526).
[1203] *Henssler*, ZfA 1998, 517 (527).
[1204] So aber ausdrücklich *Löwisch/Rieble*, § 2 TVG Rn. 101; andeutend auch *Däubler*, Tarifvertragsrecht, Rn. 86 ff.
[1205] Vgl. BAG AP Nr. 1 zu § 1 TVG Verhandlungspflicht, Bl. 3.
[1206] Vgl. *Buchner*, ZfA 1995, 95 (114); *Henssler*, ZfA 1998, 517 (524).
[1207] Vgl. S. 154, 155 f., 181 ff.

Schließlich können weder die verfassungsrechtliche Absicherung des Firmentarifvertrages mit nichtorganisierten Arbeitgebern nach Art. 9 III GG noch § 2 I TVG gegen diese Konzeption ins Feld geführt werden. Beide Regelungen wollen im Dienst der Funktionsfähigkeit der Tarifautonomie den Gewerkschaften die Existenz eines Tarifpartners sichern.[1208] Jenseits der Sicherung der Funktionsfähigkeit der Tarifautonomie ist dann aber ein Eingriff in die unternehmerische Organisationsautonomie des Arbeitgebers nicht mehr zu rechtfertigen. Eine autonome Entscheidung des Arbeitgebers über die Abgrenzung seiner firmentariflichen Zuständigkeit stellt den Gewerkschaften aber in jedem Fall einen Tarifpartner zur Verfügung und gefährdet daher die Funktionsfähigkeit des Tarifsystems in keiner Weise.

2. *Formale Anforderungen an die Festlegung der Tarifzuständigkeit des Einzelarbeitgebers*

Will der Arbeitgeber seine Tarifzuständigkeit für Firmentarifverträge eingrenzen, muß diese Willensbildung in jedem Fall deutlich erkennbar sein, da sonst nach den allgemeinen Auslegungsregeln mit Blick auf § 2 I TVG von einer unbeschränkten Tarifzuständigkeit des Arbeitgebers auszugehen ist. Nicht ausreichend ist es, wenn der Begrenzungswille nur konkludent zum Ausdruck kommt, etwa durch gesellschaftsrechtliche Verselbständigung von Betrieben, den Beitritt zu mehreren branchenmäßig verschiedenen Arbeitgeberverbänden oder den Abschluß eines Firmentarifes entsprechend dem Unternehmensgepräge.[1209] Da der Tarifzuständigkeit Außenwirkung zukommt und ihre Erkennbarkeit für den Gegenspieler sowohl in tarif- als auch in arbeitskampfrechtlicher Hinsicht von essentieller Bedeutung ist, muß der Arbeitgeber eine ausdrückliche Erklärung abgeben. Je nach Rechtsform des Arbeitgebers kann diese Erklärung in der Form unterschiedlich ausfallen. Handelt es sich bei dem Arbeitgeber um eine juristische Person, kann die Regelung der Tarifzuständigkeit in die Satzung aufgenommen werden. Personengesellschaften können eine Festlegung im Gesellschaftsvertrag treffen oder entsprechende Erklärungen zu den Akten des Handelsregisters geben. Letzteres wird insbesondere für BGB-Gesellschaften und Einzelkaufleute relevant. Genügen dürfte aber auch eine schriftliche Mitteilung

---

[1208] Vgl. BVerfGE 20, 312 (318); BAG AP Nr. 40 zu § 2 TVG, Bl. 3; *Buchner*, ZfA 1995, 95 (113 f.); *Henssler*, ZfA 1998, 517 (525).
[1209] So aber *Heinze*, DB 1997, 2122 (2124).

an die Spitzenverbände auf Gewerkschaftsseite, die diese dann an die entsprechenden Einzelgewerkschaften weiterleiten können.

Will der Einzelarbeitgeber verhindern, neben einem geltenden Verbandstarifvertrag von einer Zweitgewerkschaft auf den Abschluß eines Firmentarifvertrages in Anspruch genommen zu werden, steht es ihm also offen, seine Tarifzuständigkeit in fachlicher Hinsicht auf das Gepräge seines Unternehmens zu beschränken. Der Einzelarbeitgeber kann damit ebenso wie die Berufsverbände im Grundsatz autonom über seine eigene Tarifzuständigkeit entscheiden. Diese Entscheidung muß er vergleichbar der Satzungsregelung bei den Verbänden in geeigneter Weise fixieren.

KAPITEL 6

Ergebnisse

1. Die Festlegung der Tarifzuständigkeit unterfällt der Satzungsautonomie der Berufsverbände. Dies führt zu Zuständigkeitsüberschneidungen sowie zu Interessenkonflikten zwischen den Sozialpartnern, zwischen Koalitionen eines sozialen Lagers und zwischen den Koalitionen und ihren Mitgliedern.

2. Das Merkmal der Tarifzuständigkeit begrenzt die tarifliche Regelungsmacht der Koalitionen auf den selbst gewählten Zuständigkeitsbereich. Wegen der heteronomen Qualität der Tarifnormen liegt in der staatlichen Anerkennung der privaten Rechtsetzung durch die §§ 1 I, 4 I TVG zugleich die Übertragung des staatlichen Legitimationskonzeptes auf die tarifliche Normsetzung. Das Merkmal der Tarifzuständigkeit ist damit tragendes Element einer mitgliedschaftlichen Legitimation der Tarifnormsetzung in demokratischen Formen. Zugleich erfüllt das Merkmal der Tarifzuständigkeit eine konfliktbegrenzende Ordnungsaufgabe, indem es solchen Tarifverträgen die Wirksamkeit versagt, die unter Verstoß gegen die selbst gewählte Zuständigkeitsordnung zustande kommen und damit den Konflikt nicht umfassend befrieden können.

3. Das Merkmal der Tarifzuständigkeit steht in einem Spannungsverhältnis zwischen freiheitlicher Gewährleistung und funktioneller Bindung. Den Koalitionen erwächst auf Grundlage des Art. 9 III 1 GG eine umfassende Verteilungs-, Ordnungs- und Befriedungsfunktion im Bezug auf das Arbeits- und Wirtschaftsleben. Die satzungsautonome Festlegung der Tarifzuständigkeit unterliegt insoweit immanenten Beschränkungen durch die Funktionen des Koalitionsgrundrechts.

4. Das Merkmal der sozialen Mächtigkeit bildet keine Zulassungsschranke für die Teilnahme der Berufsverbände an der Tarifautonomie. Zur Absicherung der Ordnungsfunktion des Koalitionsgrundrechtes muß als Regulativ verstärkt eine Kontrolle der Autonomieausübung durch die Koalitionen erfolgen. Ordnungsgesichtspunkte sind deshalb bedeutsam für die Überprüfung der satzungsautonomen Gestaltung der Tarifzuständigkeit. Eine Normativkontrolle der Zuständigkeitsregelungen ist auch deshalb um so wichtiger als die Koalitionen ihre Tarifzuständigkeit gegenüber potentiellen Tarifpartnern nicht im Wege des Arbeitskampfes durchsetzen können.

5. Die Satzungsautonomie der Berufsverbände findet in Art. 9 III 1 GG ihre verfassungsrechtliche Grundlage und wird durch das private Vereinsrecht ausgestaltet. Das private Vereinsrecht wird dabei grundrechtlich von den Gewährleistungen des Art. 9 III GG überlagert. Dies zeigt sich insbesondere bei der Aufnahme von neuen Mitgliedern in die Koalition wie auch beim Verbandsausschluß. Die Grenzen, die der Satzungsgewalt insoweit im Umgang mit den eigenen Mitgliedern gezogen sind, erlangen als Wertungsgesichtspunkte für die Beurteilung von Zuständigkeitsregelungen Bedeutung.

6. Neben den zwingenden Regelungen des Vereinsrechts und den allgemeinen Schranken der Privatautonomie ist die Satzungsautonomie der Berufsverbände bei der Festlegung der Tarifzuständigkeit gemäß § 134 BGB, Art. 9 III 2 GG durch Koalitionsrechte Dritter sowie gemäß § 138 I BGB durch die Funktionsgerechtigkeit im Blick auf die Gestaltung der Arbeits- und Wirtschaftsbedingungen beschränkt. Im einzelnen unterliegt die Gestaltung der Tarifzuständigkeit folgenden Schranken:

- Eine Zuständigkeitsregelung ist funktionswidrig und damit nach § 138 I BGB unwirksam, wenn sie bei normativ wertender Betrachtung die abstrakt-materielle Verhandlungsparität der Sozialpartner verschiebt, die Verbandshomogenität des gegnerischen Verbandes beeinträchtigt oder wenn sie die Schaffung einheitlicher und inhaltlich ausgewogener Arbeitsbedingungen für einen bestimmten Tarifbereich verhindert. Beispielhaft ausgeführt dürfen die Koalitionen demnach weder einzelne Mitglieder(-gruppen) der gegnerischen Koalition noch einzelne Sachfragen aus ihrer Tarifzuständigkeit ausklammern. Speziell Gewerkschaften können ihre Zuständigkeit nicht in der Weise ändern, daß ein Einzelarbeitgeber tarifpolitisch von seinen Konkurrenten isoliert wird.

- Eine Zuständigkeitsregelung verstößt gegen die Koalitionsrechte des Sozialpartners und ist damit nach § 134 BGB, Art. 9 III 2 GG unwirksam, wenn eine gegnerische Koalition an der Regelung bestimmter Sachgebiete gehindert oder generell von der Teilnahme an der Tarifautonomie ausgeschlossen wird. Diese Schranke greift zum Beispiel ein, wenn die Tarifzuständigkeit auf einzelne Verhandlungspartner, bestimmte Sachbereiche oder bestimmte Mitgliedergruppen der gegnerischen Koalition beschränkt wird.

- Rechtlich nicht zu beanstanden ist auf Arbeitgeberseite die Einführung einer OT-Mitgliedschaft im Wege der Beschränkung der persönlichen

Tarifzuständigkeit oder die Aufspaltung des Verbandes in eine Tarifgemeinschaft und einen Dienstleistungsverband.
- Keinen satzungsrechtlichen Schranken unterliegt die strukturelle Änderung der räumlichen oder fachlich-betrieblichen Tarifzuständigkeit.
- Keine normativen Schranken sind auch der Begründung von Mehrfachzuständigkeiten und Zuständigkeitsüberschneidungen gesetzt.

7. Die Koalitionen haben die Möglichkeit, Zuständigkeitskonflikte innerhalb ihres Lagers mit satzungsrechtlichen Mechanismen vergleichbar den hier vorgestellten §§ 15, 16 DGB-Satzung zu lösen. Dies ist gerade deshalb bedeutsam, weil der Schaffung von Zuständigkeitsüberschneidungen innerhalb des gleichen sozialen Lagers keine normativen Schranken gesetzt sind.

8. Der Einzelarbeitgeber kann ebenso wie die Berufsverbände im Grundsatz autonom über seine eigene Tarifzuständigkeit entscheiden. Diese Entscheidung muß er vergleichbar der Satzungsregelung bei den Verbänden in geeigneter Weise fixieren. Der Einzelarbeitgeber kann also seine Tarifzuständigkeit in fachlicher Hinsicht auf das Gepräge seines Unternehmens beschränken und so verhindern, von einer Zweitgewerkschaft auf den Abschluß eines Firmentarifvertrages in Anspruch genommen zu werden.

Literaturverzeichnis

Adomeit, Klaus:
Rechtsquellenfragen im Arbeitsrecht, München 1969.

Alexy, Robert:
Theorie der Grundrechte, Baden-Baden 1985.

Alternativkommentar zum Bürgerlichen Gesetzbuch:
Band 1: Allgemeiner Teil (§§ 1-240), Neuwied u.a. 1987
(zit.: Bearb., in: AK-BGB).

Alternativkommentar zum Grundgesetz für die Bundesrepublik Deutschland:
Band 1 (Art. 1-37 GG), 2. Aufl., Neuwied und Frankfurt 1989
(zit.: Bearb., in: AK-GG).

Arnold, Markus:
Die tarifrechtliche Dauerrechtsbeziehung, Heidelberg 1996.

Auffarth, Fritz:
Der gegenwärtige Stand des Arbeitskampfrechts in der Bundesrepublik Deutschland unter besonderer Berücksichtigung des Streikrechts, RdA 1977, 129-135.

Badura, Peter:
Grundfreiheiten der Arbeit, Zur Frage einer Kodifikation „sozialer Grundrechte", Festschrift für Friedrich Berber, München 1973, S. 11-45.

Badura, Peter:
Arbeitsgesetzbuch, Koalitionsfreiheit und Tarifautonomie, RdA 1974, 129-138.

Badura, Peter:
Das Recht der Koalitionen – Verfassungsrechtliche Fragestellungen -, ArbRGegw. Bd. 15 (1978), 17-36.

Badura, Peter:
Arbeitsrecht und Verfassungsrecht, RdA 1999, 8-13.

Bär, Fred G.:
Die Schranken der inneren Vereinsautonomie - historisch-dogmatische Überlegungen zu einem Vereinsgesetz, Berlin 1996.

Bartodziej, Peter:
Ansprüche auf Mitgliedschaft in Vereinen und Verbänden, ZGR 1991, 517-546.

Bauer, Jobst-Hubertus / Diller, Martin:
Flucht aus Tarifverträgen – Konsequenzen und Probleme -, DB 1993, 1085-1090.

Baumann, Thomas:
Die Rechtsfolgen eines Grundrechtsverstoßes der Tarifpartner, RdA 1994, 272-279.

Beinert, Stefanie:
Die Konzernhaftung für die satzungsgemäß abhängig gegründete GmbH, Köln 1995.

Belling, Detlev W.:
Die Verantwortung des Staates für die Normsetzung durch die Tarifpartner – Zur Grundrechtstreue und Legalitätskontrolle von Tarifnormen -, ZfA 1999, 547-615.

Bengelsdorf, Peter:
　Tarifliche Arbeitszeitbestimmungen und Günstigkeitsprinzip, ZfA 1990, 563-606.

Besgen, Nicolai:
　Mitgliedschaft im Arbeitgeberverband ohne Tarifbindung: Tarifflucht statt Verbandsflucht, Baden-Baden 1998, (zit.: Besgen, OT-Mitgliedschaft).

Besgen, Nicolai:
　Anmerkung zum Urteil des BAG vom 24.2.1999 – 4 AZR 62/98, SAE 2000, 144-149.

Beuthien, Volker:
　Die richterliche Kontrolle von Vereinsstrafen und Vertragsstrafen, BB 1968, Beil. 12 zu Heft 33, S. 1-12

Besgen, Nicolai:
　Unternehmensbezogene Tarifverträge und paritätische Mitbestimmung in Unternehmen, BB 1975, 477-484.

Besgen, Nicolai:
　Zweitmitgliedschaft wider Willen, ZGR 1989, 255-272.

Besgen, Nicolai:
　Konzernbildung und Konzernleitung kraft Satzung, ZIP 1993, 1589-1599.

Beuthien, Volker / Gätsch, Andreas:
　Vereinsautonomie und Satzungsrechte Dritter, ZHR 156 (1992), 459-479.

Beuthien, Volker / Meik, Frank:
　Wenn Tariftreue unzumutbar wird, DB 1993, 1518-1520.

Biedenkopf, Kurt H.:
　Grenzen der Tarifautonomie, Karlsruhe 1964
　(zit.: Biedenkopf, Grenzen).

Biedenkopf, Kurt H.:
　Sinn und Grenzen der Vereinbarungsbefugnis der Tarifvertragsparteien, Gutachten für den 46. Deutschen Juristentag, in: Verhandlungen des 46. Deutschen Juristentages, Band I, München und Berlin 1966, S. 97-167.

Biedenkopf, Kurt H.:
　Koalitionsfreiheit und Tarifautonomie als Strukturelemente der modernen Demokratie, in: Duvernell, Helmut (Hrsg.), Koalitionsfreiheit und Tarifautonomie als Probleme der modernen Demokratie, Berlin 1968, S. 199-211
　(zit.:Biedenkopf, in: Duvernell, Koalitionsfreiheit und Tarifautonomie als Probleme der modernen Demokratie).

Birk, Rolf:
　Der Aufnahmezwang bei Vereinen und Verbänden, JZ 1972, 343-349.

Birk, Rolf:
　Koalitionsfreiheit und Tarifautonomie im Bereich der Kirchen und ihrer Einrichtungen, ArbuR 1979, Sonderheft, S. 9-21.

Blank, Michael:
　Die Tarifzuständigkeit der DGB-Gewerkschaften, Baden-Baden 1996.

Bleckmann, Albert:
　Staatsrecht II – Die Grundrechte, 4. Aufl., Köln u.a. 1997.

Blomeyer, Wolfgang:
Besitzstandswahrung durch Tarifvertrag − Zugleich ein Beitrag zu den Grenzen der Tarifmacht -, ZfA 1980, 1-76.

Bobke, Manfred H.:
Rechtsfragen des Warnstreiks, BB 1982, 865-872.

Böckenförde, Ernst-Wolfgang:
Grundrechtstheorie und Grundrechtsinterpretation, NJW 1974, 1529-1538.

Böckenförde, Ernst-Wolfgang:
Die Methoden der Verfassungsinterpretation, -Bestandsaufnahme und Kritik, NJW 1976, 2089-2099.

Böhm, Wolfgang:
Hat der flächendeckende Branchentarifvertrag noch eine Zukunft?, NZA 1994, 497-498.

Boldt, Gerhard:
Zur Zulässigkeit von Firmentarifverträgen mit verbandsangehörigen Unternehmen, RdA 1971, 257-268.

Bommarius, Günter:
Rechtsprobleme der Arbeitsverhältnisse im graphischen Gewerbe, Diss. Frankfurt a. M. 1956.

Bondi, Felix:
Übertragung des Rechts zur Besetzung gesellschaftlicher Ämter an Dritte, außerhalb der Gesellschaft stehende Personen, Festgabe für Otto Liebmann, Berlin 1920, S. 278-288.

Bösche, B. / Kirchgäßner, G. / Trautwein, N. / Rose, W. / Schmidt, F.:
DGB-Organisationsreform: Verbände ohne Konzept? GewMH 1996, 17-29.

Bötticher, Eduard:
Besprechung von Nikisch, Arthur, Arbeitsrecht II. Band: Koalitionsrecht, 2. Aufl., Tübingen 1959; RdA 1959, 353.

Bötticher, Eduard:
Anmerkung zum Urteil des BAG vom 2.8.1963 - 1 AZR 9/63, SAE 1964, 94.

Bötticher, Eduard:
Die gemeinsamen Einrichtungen der Tarifvertragsparteien, Heidelberg 1966.

Brox, Hans / Rüthers, Bernd:
Arbeitskampfrecht, Ein Handbuch für die Praxis, 2. Aufl., Stuttgart u.a. 1982.

Bruhn, Claus-Jürgen:
Tariffähigkeit von Gewerkschaften und Autonomie: Eine Kritik der Mächtigkeitslehre des Bundesarbeitsgerichts, Berlin 1993
(zit.: Bruhn, Tariffähigkeit).

Bruhn, Claus-Jürgen:
Tarifeinheit im Betrieb als Eingriff in die Koalitionsfreiheit, Frankfurt a.M. u.a. 1997
(zit.: Bruhn, Tarifeinheit).

Bryde, Brun-Otto:
Verfassungsentwicklung, Baden-Baden 1982.

Buchner, Herbert:
Möglichkeiten und Grenzen betriebsnaher Tarifpolitik (Teil II), DB 1970, 2074-2080.

Buchner, Herbert:
Die Rechtsprechung des Bundesarbeitsgerichts zum Gewerkschaftsbegriff, Festschrift 25 Jahre Bundesarbeitsgericht, München 1979, S. 55-70.

Buchner, Herbert:
Das Arbeitskampfrecht unter den Anforderungen der Verhandlungsparität und der Staatsneutralität, RdA 1986, 7-23.

Buchner, Herbert:
Anmerkung zum Urteil des BAG vom 10.3.1994 – 2 AZR 605/93, SAE 1986, 109 - 115.

Buchner, Herbert:
Anmerkung zum Urteil des BAG vom 20.2.1986 – 6 AZR 236/84, SAE 1987, 108 - 111.

Buchner, Herbert:
Die Umsetzung der Tarifverträge im Betrieb, RdA 1990, 1-18.

Buchner, Herbert:
Mitgliedschaft in Arbeitgeberverbänden ohne Tarifbindung, NZA 1994, 2-12.

Buchner, Herbert:
Wirkliche und vermeintliche Gefährdungen der Tarifautonomie, Festschrift für Otto Rudolf Kissel, München 1994, S. 97-117.

Buchner, Herbert:
Tarifzuständigkeit bei Abschluß von Verbands- und Firmentarifverträgen, ZfA 1995, 95-121.

Buchner, Herbert:
Verbandsmitgliedschaft und Tarifgebundenheit, NZA 1995, 761-769.

Buchner, Herbert:
Gemeinsame Anmerkung zu den Beschlüssen des BAG vom 25.9.1996 – 1 ABR 4/96 – und 12.11.1996 – 1 ABR 33/96 –, SAE 1998, 262-266.

Büge, Helmut:
Entgelt der industriellen Praxis, ZfA 1993, 173-183.

Bulla, Gustav-Adolf:
Soziale Selbstverwaltung der Sozialpartner als Rechtsprinzip, Festschrift für Hans Carl Nipperdey zum 70. Geburtstag am 21. Januar 1965, Band II, München und Berlin 1965, S. 79-104.

Butzer, Hermann:
Verfassungsrechtliche Grundlagen zum Verhältnis zwischen Gesetzgebungshoheit und Tarifautonomie, RdA 1994, 375-385.

Bydlinski, Franz:
Zu den dogmatischen Grundfragen des Kontrahierungszwanges, AcP 180 (1980), 1-46.

Canaris, Claus-Wilhelm:
Grundrechte und Privatrecht, AcP 184 (1984), 201-246.

Capodistrias, Joannis:
   Die Zurückbehaltung der Arbeitsleistung, RdA 1954, 53-56.

Caspar, Richard:
   Die gesetzliche und verfassungsrechtliche Stellung der Gewerkschaften im Betrieb, Köln u.a. 1980.

Coester, Michael:
   Vorrangprinzip des Tarifvertrages, Heidelberg 1974.

Coester, Michael:
   Zur Verhandlungspflicht der Tarifvertragsparteien, ZfA 1977, 87-109.

Coester, Michael:
   Anmerkung zum Urteil des BAG vom 19.6.1984 – 1 AZR 361/82, SAE 1985, 343-345.

Coester-Waltjen, Dagmar:
   Die Inhaltskontrolle von Verträgen außerhalb des AGBG, AcP 190 (1990), 1-33.

Coing, Helmut:
   Das Privatrecht und die Probleme der Ordnung des Verbandswesens, Festschrift für Werner Flume, Band I, Köln 1978, S. 429-442.

Däubler, Wolfgang:
   Das soziale Ideal des Bundesarbeitsgerichts, Köln 1975
   (zit.: Däubler, Ideal).

Däubler, Wolfgang:
   Anmerkung zum Beschluß des BAG vom 15.3.1977 – 1 ABR 16/75, ArbuR 1977, 286-288.

Däubler, Wolfgang:
   Arbeitskampfrecht, 2. Aufl., Baden-Baden 1987
   (zit.: Bearbeiter, in: Däubler, Arbeitskampfrecht).

Däubler, Wolfgang:
   Der Arbeitsvertrag - ein Mittel zur Verlängerung der Wochenarbeitszeit?, DB 1989, 2534-2538.

Däubler, Wolfgang:
   Tarifvertragsrecht, Ein Handbuch, 3. Aufl., Baden-Baden 1993
   (zit.: Däubler, Tarifvertragsrecht).

Däubler, Wolfgang:
   Tarifflucht – eine aussichtsreiche Strategie zur Reduzierung von Lohnkosten?, ZTR 1994, 448-455.

Däubler, Wolfgang:
   Tarifausstieg – Erscheinungsfolgen und Rechtsfolgen-, NZA 1996, 225-233.

Däubler, Wolfgang / Hege, Hans:
   Koalitionsfreiheit, Ein Kommentar, Baden-Baden 1976

Delheid, Johannes:
   Tarifzuständigkeit, zugleich ein Beitrag zu den Problemen einer betriebsnahen Tarifpolitik, Diss. Köln 1973.

Dieterich, Thomas:
Die Grundrechtsbindung von Tarifverträgen, Festschrift für Günter Schaub, München 1998, S. 117-134.

Dietz, Rolf:
Keine Beschränkung der Tariffähigkeit auf Fachverbände, DB 1951, 325-327.

Dietz, Rolf:
Die Koalitionsfreiheit, in: Bettermann, Karl August; Nipperdey, Hans Carl; Scheuner, Ulrich; Die Grundrechte, Handbuch der Theorie und Praxis der Grundrechte, Band III/1, Berlin 1958, S. 417-473.

Dietz, Rolf:
Tarifrechtliche Fragen aus Anlaß des Beitritts eines Arbeitgebers zu einem Arbeitgeberverband, Festschrift für Hans Carl Nipperdey zum 70. Geburtstag am 21. Januar 1965, Band II, München und Berlin 1965, S. 141-157.

Doemming, Klaus-Berto v. / Füsslein, Rudolf Werner / Matz, Werner:
Entstehungsgeschichte der Artikel des Grundgesetzes, JöR (Neue Folge) Band 1 (1951), 1-926.

Donges, Jürgen B.:
Deregulierung am Arbeitsmarkt und Beschäftigung, Tübingen 1992.

Dorndorf, Eberhard:
Das Verhältnis von Tarifautonomie und individueller Freiheit als Problem dogmatischer Theorie, Festschrift für Otto Rudolf Kissel, München 1994, S. 139-159.

Dreier, Horst:
Grundgesetz Kommentar, Band I (Artikel 1-19 GG); Tübingen 1996 (zit.: Bearb., in: Dreier, Grundgesetz-Kommentar Bd. I).

Dreschers, Martin:
Die Entwicklung des Rechts des Tarifvertrages in Deutschland, Eine rechtshistorische Untersuchung über den Verlauf der Durchsetzung des Kollektivvertragsgedankens, Frankfurt a.M. u.a. 1994.

Drobnig, Ulrich / Becker, Michael / Remien, Oliver:
Verschmelzung und Koordinierung von Verbänden, Tübingen 1991.

Dutti, Klaus:
Tarifgebundenheit bei Verbandswechsel, BB 1968, 1335-1338.

Dutti, Klaus:
Die Überschneidung der Tarifzuständigkeiten von Industriegewerkschaften, DB 1969, 218-221

Dütz, Wilhelm:
Soziale Mächtigkeit als Voraussetzung eines einheitlichen Koalitionsbegriffs?, ArbuR 1976, 65-82.

Dütz, Wilhelm:
Tendenzaufsicht im Vereinsrecht, Festschrift für Wilhelm Herschel, München 1982, S. 55-76.

Dütz, Wilhelm:
Verbandsbezogene Verhaltenspflichten von Koalitionsmitgliedern zur Erzwingung von vereinsförderlichem Verhalten, Festschrift für Marie Luise Hilger und Herman Stumpf, München 1983, S. 99-124.

Dütz, Wilhelm:
Zur Entwicklung des Gewerkschaftsbegriffs, DB 1996, 2385-2390.

Edenfeld, Stefan:
Die Rechtsbeziehungen des bürgerlich-rechtlichen Vereins zu Nichtmitgliedern, Berlin 1996.

Eisenhart Rothe, Rüdiger v.:
Probleme der Tarifzuständigkeit, zugleich ein Beitrag zur Auslegung der Satzungen des Deutschen Gewerkschaftsbundes und der in ihm zusammengeschlossenen Industriegewerkschaften, Diss. Frankfurt a.M. 1969.

Etzel, Gerhard:
Tarifordnung und Arbeitsvertrag, NZA 1987, Beilage 1, S. 19-31.

Fabricius, Fritz:
Relativität der Rechtsfähigkeit, München, Berlin 1963.

Fastrich, Lorenz:
Richterliche Inhaltskontrolle im Privatrecht, München 1992.

Fechner, Erich:
Freiheit und Zwang im sozialen Rechtsstaat, in: Forsthoff, Ernst (Hrsg.), Rechtsstaatlichkeit und Sozialstaatlichkeit, Aufsätze und Essays, Darmstadt 1968, S. 73-94.

Feger, Sandra:
Flucht aus dem Arbeitgeberverband, AiB 1995, 490-505.

Fenn, Herbert:
Der Grundsatz der Tarifeinheit – Zugleich zu Voraussetzungen und Grenzen richterlicher Rechtsfortbildung -, Festschrift für Otto Rudolf Kissel, München 1994, S. 213-238.

Flume, Werner:
Die Vereinsstrafe, Festschrift für Eduard Bötticher, Berlin 1969, S. 101-141.

Flume, Werner:
Die Vereinsautonomie und ihre Wahrnehmung durch die Mitglieder hinsichtlich der Selbstverwaltung der Vereinsangelegenheiten und der Satzungsautonomie, Festschrift für Helmut Coing, Band II, München 1982, S. 97-110.

Flume, Werner:
Allgemeiner Teil des Bürgerlichen Rechts, Erster Band, Zweiter Teil: Die juristische Person, Berlin u.a. 1983
(zit.: Flume, Allg. Teil des Bürgl. Rechts I/2).

Flume, Werner:
Allgemeiner Teil des Bürgerlichen Rechts, Zweiter Band: Das Rechtsgeschäft, 4. Aufl., Berlin u.a. 1992
(zit.: Flume, Allg. Teil des Bürgl. Rechts II).

Flume, Werner:
Vereinsautonomie und kirchliche oder religiöse Vereinigungsfreiheit und das Vereinsrecht, JZ 1992, 238-240.

Föhr, Horst:
Willensbildung in den Gewerkschaften und Grundgesetz, Berlin 1974
(zit.: Föhr, Willensbildung in den Gewerkschaften).

Föhr, Horst:
Zur betrieblichen und überbetrieblichen Organisierung von leitenden Angestellten, BB 1975, 140-143.

Föhr, Horst:
Anforderungen des Grundgesetzes an den Aufbau von Verbänden, NJW 1975, 617-621.

Forsthoff, Ernst:
Der Verfassungsschutz der Zeitungspresse, Frankfurt a.M. und Berlin 1969.

Friauf, Karl Heinrich:
Die verfassungsrechtlichen Vorgaben einer gesetzlichen oder tarifvertraglichen Arbeitskampfordnung, RdA 1986, 188-196.

Friauf, Karl Heinrich / Höfling, Wolfram:
Meinungsgrundrechte und Verfolgung von wirtschaftlichen Belangen, AfP 1985, 249-257.

Frölich, Armin:
Eintritt und Beendigung der Nachwirkung von Tarifnormen, NZA 1992, 1105-1111.

Galperin, Hans:
Die autonome Rechtsetzung im Arbeitsrecht, Festschrift für Erich Molitor, München, Berlin 1962, S. 143-160.

Galperin, Hans:
Inhalt und Grenzen des kollektiven Koalitionsrechtes, ArbuR 1965, 1-9.

Gamillscheg, Franz:
Die Grundrechte im Arbeitsrecht, AcP 164 (1964), 385-445.

Gamillscheg, Franz:
Die Differenzierung nach der Gewerkschaftszugehörigkeit, Berlin 1966
(zit.: Gamillscheg, Differenzierung).

Gamillscheg, Franz:
Sozialpolitische Bedeutung und Repräsentativität der Gewerkschaft im deutschen und ausländischen Recht, Festschrift für Wilhelm Herschel, München 1982, S. 99-115.

Gamillscheg, Franz:
Kollektives Arbeitsrecht, Ein Lehrbuch, Band I: Grundlagen / Koalitionsfreiheit / Tarifvertrag / Arbeitskampf / Schlichtung, München 1997
(zit.: Gamillscheg, Kollekt. ArbR I).

Gaul, Dieter:
Anmerkung zum Urteil des LAG Düsseldorf vom 7. Oktober 1981 - 5 Sa 566/81, EzA zu § 3 TVG Nr. 3, S. 19.

Gaul, Dieter:
Zuständigkeitsregelung und kollektivrechtlicher Gestaltungsraum für Tarifvertragsparteien, ZTR 1991, 443-455.

Gehrlein, Markus:
Gerichtlicher Prüfungsmaßstab für die Wirksamkeit von Vereinsausschlüssen, ZIP 1997, 1912-1916.

Gellings, Claudia:
Die Rechtsschutzmöglichkeiten der Tarifvertragsparteien gegen tarifwidrige Betriebsvereinbarungen, Frankfurt a.M. u.a. 2000.

Gerhards, Thomas:
Tarifgebundenheit beim Verbandswechsel des Arbeitgebers, BB 1995, 1290-1292.

Gerhardt, Michael:
Das Koalitionsgesetz, Berlin 1977.

Gießen, Karl-Heinz:
Die Gewerkschaften im Prozeß der Volks- und Staatswillensbildung, Berlin 1976.

Gift, Emil:
Probleme der Friedenspflicht, DB 1959, 651-655.

Gitter, Wolfgang:
Die Unzumutbarkeit als Grenze der Tarifmacht, ArbuR 1970, 129-134.

Gitter, Wolfgang:
Durchsetzungsfähigkeit als Kriterium der Tariffähigkeit für einzelne Arbeitgeber und Arbeitgeberverbände, Festschrift für Otto Rudolf Kissel, München 1994, S. 265-279.

Gitter, Wolfgang / Boerner, Dietmar:
Altersgrenzen in Tarifverträgen, RdA 1990, 129-138.

Grabitz, Eberhard:
Freiheit und Verfassungsrecht, Kritische Untersuchungen zu Dogmatik und Theorie der Freiheitsrechte, Tübingen 1976.

Grimm, Dieter:
Grundrechte und soziale Wirklichkeit, Zum Problem eines interdisziplinären Grundrechtsverständnisses, in: Hassemer, Winfried; Hoffmann-Riem, Wolfgang; Limbach, Jutta; Grundrechte und soziale Wirklichkeit, Baden-Baden 1982, S. 39-76.

Großfeld, Bernhard / Noelle, Thomas:
Stellung und Funktion der genossenschaftlichen Verbandsprüfung, BB 1985, 2145-2150.

Grunewald, Barbara:
Vereinsaufnahme und Kontrahierungszwang, AcP 182 (1982), 181-213.

Grunewald, Barbara:
Der Ausschluß aus Gesellschaft und Verein, Köln u.a. 1987
(zit.: Grunewald, Ausschluß).

Grunewald, Barbara:
Vereinsordnungen, ZHR 152 (1988), 242-262.

Grunsky, Wolfgang:
Anmerkung zum Beschluß des BAG vom 15.3.1977 – ABR 16/75, JZ 1977, 473-474.

Grunsky, Wolfgang:
Arbeitsgerichtsgesetz Kommentar, 6. Aufl, München 1990.

Gumpert, Jobst:
Anmerkung zum Urteil des LAG Düsseldorf vom 17.12.1954 – (5) 1 Sa 105/53, BB 1955, 606-607.

Gumpert, Jobst:
Anmerkung zum Urteil des BAG vom 19.12.1958 –1 AZR 55/58- und zum Urteil des BAG vom 19.12.1958 – 1 AZR 109/58; BB 1959, 487-489.

Günther, Uwe / Hase, Friedhelm:
Gewerkschaftsausschluß als unzulässige Wahlbeeinflussung?, DuR 1979, 308-317.

Häberle, Peter:
Die offene Gesellschaft der Verfassungsinterpreten, JZ 1975, 297-305.

Häberle, Peter:
Die Wesensgehaltsgarantie des Artikel 19 Abs. 2 Grundgesetz, 3. Aufl., Heidelberg 1983.

Habscheid, Walther J.:
Vereinsautonomie, Vereinsgerichtsbarkeit und ordentliche Gerichtsbarkeit, in: Schroeder, Friedrich Christian; Kauffmann, Hans; Sport und Recht, Berlin und New York 1972, S. 158-174.

Hadding, Walther / Look, Frank van:
Zur Ausschließung aus Vereinen des bürgerlichen Rechts, ZGR 1988, 270-280.

Hagemeier, Christian:
Überlegungen zur Tariffähigkeit von Vereinigungen von Führungskräften, DB 1984, 718-722.

Hagemeier, Christian:
Das BAG zur Tariffähigkeit von Arbeitnehmervereinigungen, (Auf dem Weg zu einem neuen Typus de Gewerkschaft?), ArbuR 1988, 193-198.

Hanau, Hans:
Zur Verfassungsmäßigkeit von tarifvertraglichen Betriebsnormen am Beispiel der qualitativen Besetzungsregeln, RdA 1996, 158-181.

Hanau, Peter:
Die arbeitsrechtliche Bedeutung des Mitbestimmungsurteils des Bundesverfassungsgerichts, ZGR 1979, 524-552.

Hanau, Peter:
Der Frühwarnstreik, DB 1982, 377-382.

Hanau, Peter:
Zum Kernbereich des Koalitionswesens, ArbuR 1983, 257-265.

Hanau, Peter:
Die Deregulierung von Tarifverträgen durch Betriebsvereinbarungen als Problem der Koalitionsfreiheit (Art. 9 Abs. 3 GG), RdA 1993, 1-11.

Hanau, Peter / Kania, Thomas:
Anmerkung zum Urteil des BAG vom 20.3.1991 – 4 AZR 455/90, AP Nr. 20 zu § 4 TVG Tarifkonkurrenz, Bl. 5R.

Hanau, Peter / Kania, Thomas:
Gestaltung einer Gewerkschafsfusion, ArbuR 1994, 205-214.

Hanau, Peter / Kania, Thomas:
Zur personellen Beschränkung der Tarifzuständigkeit, Festschrift für Wolfgang Däubler, Frankfurt a.M. 1999, S. 437-450.

Handbuch des Staatsrechts der Bundesrepublik Deutschland:
Band VI, Freiheitsrechte, § 144 Vereinsfreiheit, § 151 Koalitionsfreiheit, Heidelberg 1989
(zit.: Bearb., in: HdbStR VI).

Hangartner, Yvo:
Zweckbindung der Freiheitsrechte?, Festschrift für Hans Huber, Bern 1981, S. 377-383.

Härer, Ralf-Dietmar:
Erscheinungsformen und Kompetenzen des Beirats in der GmbH, Frankfurt a.M. 1991.

Haußmann, Katrin:
Der Verbandswechsel des Arbeitgebers, Frankfurt a.M. u.a. 1997.

Heckelmann, Dieter:
Die Entwicklung des arbeitsrechtlichen Schrifttums im Jahre 1972, ZfA 1973, 425-505.

Heermann, Peter W.:
Der Deutsche Fußballbund (DFB) im Spannungsfeld von Kartell- und Konzernrecht, ZHR 161 (1997), 665-711.

Heinze, Meinhard:
Der Warnstreik und die „Neue Beweglichkeit", Zum Verhältnis von Tarifvertragsrecht und Arbeitskampfrecht, NJW 1983, 2409-2418.

Heinze, Meinhard:
Wege aus der Krise des Arbeitsrechts - Der Beitrag der Wissenschaft, NZA 1997, 1-9.

Heinze, Meinhard:
Tarifautonomie und sogenanntes Günstigkeitsprinzip, NZA 1991, 329-336.

Heinze, Meinhard:
Tarifzuständigkeit von Gewerkschaften und Arbeitgebern/Arbeitgeberverbänden, DB 1997, 2122-2126.

Hemmen, Wolfgang:
Durchsetzungsfähigkeit als Kriterium für den Gewerkschaftsbegriff im Tarifvertragsrecht, Münster und New York 1988.

Hensche, Detlef:
Zur Zulässigkeit von Firmentarifverträgen mit verbandsangehörigen Unternehmen, RdA 1971, 9-17.

Henssler, Martin:
Aufspaltung, Ausgliederung und Fremdvergabe, NZA 1994, 294-305.

Henssler, Martin:
Tarifautonomie und Gesetzgebung, ZfA 1998, 1-40.

Henssler, Martin:
Firmentarifverträge und unternehmensbezogene Verbandstarifverträge als Instrumente einer „flexiblen" betriebsnahen Tarifpolitik, ZfA 1998, 517-542.

Herfs, Achim:
Einwirkungen Dritter auf den Willensbildungsprozeß der GmbH, Baden-Baden 1994.

Herschel, Wilhelm:
Sinn und Grenzen der Vereinbarungsbefugnis der Tarifvertragsparteien, Referat, in: Verhandlungen des 46. Deutschen Juristentages, Band II Teil D, München und Berlin 1967, D 7-D 32.

Herschel, Wilhelm:
Grenzen der Freiheit im kollektiven Arbeitsrecht, ArbuR 1970, 193-199.

Herschel, Wilhelm:
Tarifdispositives Richterrecht, RdA 1975, 333-340.

Herschel, Wilhelm:
Leistungsfähigkeit - eine Voraussetzung arbeitsrechtlicher Koalitionen, ArbuR 1976, 225-242.

Herschel, Wilhelm:
Anmerkung zum Urteil des BGH vom 27.2.1978 – II ZR 17/77 ArbuR 1978, 318 (319-320).

Herschel, Wilhelm:
Zur Präzisierung des Koalitionsbegriffs, ArbuR 1978, 321-325.

Herschel, Wilhelm:
Der Typus der arbeitsrechtlichen Koalition -BAG NJW 1977, 1551; JuS 1978, 524-527.

Herschel, Wilhelm:
Anmerkung zum Urteil des BAG vom 19.1. 81 – II ZR 20/80, AP Nr. 7 zu § 20 BetrVG 1972 Bl. 3R.

Heß, Harald:
Rechtsfragen zum „betriebsnahen Tarifvertrag" unter Berücksichtigung von Tarifpluralitäten, ZfA 1976, 45-78.

Heß, Harald:
Zulässigkeit, Inhalt und Erstreikbarkeit betriebsnaher Tarifverträge, Frankfurt a.M. 1973
(zit.: Heß, Betriebsnahe Tarifverträge).

Heß, Harald:
Die Zulässigkeit betriebsnaher Tarifverträge, DB 1975, 548-551.

Hesse, Konrad:
Grundzüge des Verfassungsrechts der Bundesrepublik Deutschland, 20. Aufl., Heidelberg 1999.

Hessel, Philipp:
Die Tariffähigkeit, BB 1950, 621-623.

Hessel, Philipp:
Probleme des Streikrechts, BB 1951, 85-87.

Hessel, Philipp:
 Kollektive oder kollektiv-rechtliche Arbeitskampfziele?, DB 1965, 971-974.

Hillebrand, Gerhard:
 Das Merkmal „Tarifzuständigkeit" als Wirksamkeitsvoraussetzung eines Tarifvertrages, Aachen 1997.

Hinz, Manfred O.:
 Tarifhoheit und Verfassungsrecht. Eine Untersuchung über die tarifvertragliche Vereinbarungsgewalt, Berlin 1971.

Hirschberg, Lothar:
 Die Rechtsprechung des Bundesarbeitsgerichts im Jahre 1981, ZfA 1982, 505-630.

Hoffmann, Reinhard:
 Tarifwirkung für später eingetretene Verbandsmitglieder?, ArbuR 1964, 169-174.

Höfling, Wolfram:
 Offene Grundrechtsinterpretation, Grundrechtsauslegung zwischen amtlichem Interpretationsmonopol und privater Konkretisierungskompetenz, Berlin 1987
 (zit.: Höfling, Grundrechtsinterpretation).

Höfling, Wolfram:
 Grundelemente einer Bereichsdogmatik der Koalitionsfreiheit, Festschrift für Karl Heinrich Friauf, Heidelberg 1996, S. 377-389.

Hofmann, Paul:
 Beiträge zum Arbeitsrecht, ZfA 1974, 333-356.

Hofstetter, Karl A.:
 Tariffähigkeit und Tarifzuständigkeit von Arbeitnehmerorganisationen. Ein Rechtsvergleich zwischen dem deutschen, amerikanischen und schweizerischen kollektiven Arbeitsrecht, Bern 1986.

Hohenstatt, Klaus-Stefan:
 Problematische Ordnungsvorstellungen des BAG im Tarifrecht - Tarifpluralität und Tarifeinheit – zugleich Anmerkung zum BAG-Urteil vom 20.3.1991, DB 1992, 1678-1683.

Hönn, Günther:
 Inhaltskontrolle von Gesellschaftsverträgen, JA 1987, 337-344.

Hopt, Klaus J.:
 Der Kapitalanlegerschutz im Recht der Banken, München 1975.

Hottgenroth, Ralf:
 Die Verhandlungspflicht der Tarifparteien, Baden-Baden 1990.

HoyningenHuene, Gerrick v.:
 Die Billigkeit im Arbeitsrecht, München 1978
 (zit.: v. Hoyningen-Huene, Billigkeit).

HoyningenHuene, Gerrick v.:
 Die Rolle der Verbände bei Firmenarbeitskämpfen, ZfA 1980, 453-470.

HoyningenHuene, Gerrick v.:
 Die Anwendung des branchenfremden Tarifvertrages, NZA 1996, 617-623.

Hromadka, Wolfgang:
Privat- versus Tarifautonomie - Ein Beitrag zur Arbeitszeitdiskussion, DB 1992, 1042-1047.

Hueck, Alfred / Nipperdey, Hans Carl:
Lehrbuch des Arbeitsrechts, 2. Band, Kollektives Arbeitsrecht, Erster Halbband (II/1), 7. Aufl., Berlin und Frankfurt a.M., 1967
(zit.: Huck/Nipperdey, Lehrbuch des Arbeitsrechts II/1).

Hueck, Alfred / Nipperdey, Hans Carl / Säcker, Franz-Jürgen:
Lehrbuch des Arbeitsrechts, 2. Band, Kollektives Arbeitsrecht, Zweiter Halbband (II/2), 7. Aufl., Berlin und Farankfurt a.M., 1970
(zit.: Hueck/Nipperdey, Lehrbuch des Arbeitsrechts II/2).

Hueck, Götz:
Der Grundsatz der gleichmäßigen Behandlung im Privatrecht, München und Berlin 1958.

Isele, Hellmut Georg:
Anmerkung zum Beschluß des BAG vom 27.11.1964 – 1 ABR 13/63, SAE 1965, 201 (204-207).

Isensee, Josef:
Die verfassungsrechtliche Verankerung der Tarifautonomie, in: Die Zukunft der sozialen Partnerschaft, Veröffentlichungen der Walter-Raymond-Stiftung, Band 24, Köln 1986, S. 159-193.

Jacobi, Erwin:
Grundlehren des Arbeitsrechts, Leipzig 1927.

Jacobs, Matthias:
Tarifeinheit und Tarifkonkurrenz, Berlin 1999.

Jarass, Hans D.:
Grundrechte als Wertentscheidungen bzw. objektivrechtliche Prinzipien in der Rechtsprechung des Bundesverfassungsgerichts, AöR 110 (1985), 363-397.

Jarass, Hans D.:
Tarifverträge und Verfassungsrecht, NZA 1990, 505-510.

Jarass, Hans D./ Pieroth, Bodo:
Grundgesetz für die Bundesrepublik Deutschland, 5. Aufl., München 2000.

Joost, Detlev:
Tarifrechtliche Grenzen der Verkürzung der Wochenarbeitszeit – Das Günstigkeitsprinzip als Schranke der Kollektivmacht -, ZfA 1984, 173-195.

Jülicher, Friedrich:
Die Rechtsprechung des Bundesarbeitsgerichts im Jahre 1978, ZfA 1980, 121-292.

Junker, Abbo:
Anmerkung zum Beschluß des BAG vom 23. 10.1996 – 4 AZR 409/95, SAE 1997, 172-182.

Kania, Thomas:
Tarifpluralität und Industrieverbandsprinzip, DB 1996, 1921-1924.

Kaskel, Walter / Dersch, Hermann:
Arbeitsrecht, 5. Aufl., Berlin u.a. 1957.

Kasseler Handbuch zum Arbeitsrecht:
Band 2, 2. Aufl., Neuwied und Kriftel 2000
(zit.: KassArbR-Bearb.).

Katschinski, Ralf Joachim:
Die Verschmelzung von Vereinen, München 1999.

Kehrmann, Karl / Bobke, Manfred H.:
Innergwerkschaftliche Demokratie und Verbändegesetz, ZRP 1985, 78-81.

Kempen, Otto Ernst:
Überraschungen bei der „Bildung gesamtdeutscher Gewerkschaften"?, ArbuR 1990, 372-375.

Kempen, Otto Ernst / Zachert, Ulrich:
Tarifvertragsgesetz, Kommentar für die Praxis, 3. Aufl., Köln 1997.

Kemper, Michael:
Die Bestimmung des Schutzbereichs der Koalitionsfreiheit (Art. 9 Abs. 3 GG), Heidelberg 1989.

Kilian, Wolfgang:
Kontrahierungszwang und Zivilrechtssystem, AcP 180 (1980), 47-83.

Kirchhof, Ferdinand:
Private Rechtsetzung, Berlin 1987.

Kissel, Otto Rudolf:
Das Spannungsverhältnis zwischen Betriebsvereinbarung und Tarifvertrag, NZA 1986, 73-85.

Kissel, Otto Rudolf:
Wandel im Arbeitsleben – Wandel in der Arbeitsrechtsprechung?, NJW 1994, 217-221.

Koberski, Wolfgang / Clasen, Lothar / Menzel, Horst:
Tarifvertragsgesetz, Kommentar, Neuwied u.a., Stand November 1999.

Kohler, Stefan:
Mitgliedschaftliche Regelungen in Vereinsordnungen, Heidelberg 1992.

König, Hans Joachim:
Der Verein im Verein, Frankfurt a.M. 1992.

Konzen, Horst:
Besprechung von: Arndt Teichmann, Gestaltungsfreiheit in Gesellschaftsverträgen, AcP 172 (1972), 92-95.

Konzen, Horst:
Tarifbindung, Friedenspflicht und Kampfparität beim Verbandswechsel des Arbeitgebers, ZfA 1975, 401-436.

Konzen, Horst:
Der Arbeitskampf im Verfassungs- und Privatrechtssystem, AcP 177 (1977), 473-542.

Konzen, Horst:
Die Tarifeinheit im Betrieb, RdA 1978, 146-155.

Konzen, Horst:
Die Rechtsprechung des Bundesarbeitsgerichts im Jahre 1977, ZfA 1978, 451-551.

Konzen, Horst:
Tarifvertragliche Kampfklauseln, ZfA 1980, 77-120.

Konzen, Horst:
Anmerkung zum Urteil des BAG vom 14.7.1981 – 1 AZR 159/78, EzA Art. 9 GG Nr. 33, S. 261.

Konzen, Horst:
Koalitionsfreiheit und gewerkschaftliche Werbung im Betrieb, ArbRGegw. Bd. 18 (1981), 19-30.

Konzen, Horst:
Anmerkung zum Beschluß des BAG vom 16.11.1982 – 1 ABR 22/78, SAE 1984, 133 (136-138).

Konzen, Horst:
Die Tarifzuständigkeit im Tarif und Arbeitskampfrecht, Festschrift für Alfons Kraft, Neuwied und Kriftel 1998, S. 291-321.

Kraft, Alfons:
Abschied von der „Tarifzuständigkeit" als Wirksamkeitsvoraussetzung eines Tarifvertrages, Festschrift für Ludwig Schnorr von Carolsfeld, Köln 1973, S. 255-272.

Kraft, Alfons:
Die Regelung der Rechtsstellung gewerkschaftlicher Vertrauensleute im Betrieb, ZfA 1976, 243-272.

Kraft, Alfons:
Anmerkung zum Beschluß des BAG vom 15.3.1977 – 1 ABR 16/75, SAE 1978, 43-45.

Kraft, Alfons:
Tarifkonkurrenz, Tarifpluralität und das Prinzip der Tarifeinheit, RdA 1992, 161-169.

Kraft, Alfons:
Gemeinsame Anmerkung zu den Urteilen des BAG vom 22.9.1993 - 10 AZR 207/92 und 26.1.1994 - 10 AZR 611/92, ArbuR 1994, 391-392.

Kreuder, Thomas:
Tarifsystem am Scheideweg, KritV 1994, 280-307.

Kreutz, Peter:
Grenzen der Betriebsautonomie, München 1979.

Kreutz, Peter:
Hinauskündigungsklauseln im Recht der Personengesellschaften, ZGR 1983, 109-122.

Krichel, Ulrich:
Ist der Firmentarif mit einem verbandsangehörigen Arbeitgeber erstreikbar?, NZA 1986, 731-736.

Krogmann, Mario:
Grundrechte im Sport, Berlin 1998.

Krüger, Herbert:
Sinn und Grenzen der Vereinbarungsbefugnis der Tarifvertragsparteien; Gutachten für den 46. Deutschen Juristentag, in: Verhandlungen des 46. Deutschen Juristentages, Band I, Teil 1, München und Berlin 1966, S. 7-90.

Kübler, Friedrich:
Gesellschaftsrecht, 5. Aufl., Heidelberg 1999.

Kühling, Jürgen:
Arbeitsrecht in der Rechtsprechung des Bundesverfassungsgerichts, ArbuR 1994, 126-132.

Kunadt, Rainer:
Die Rechtsform der gewerkschaftlichen Unterorganisationen und ihre Rechtsstellung im Tarifvertragsrecht, Mainz 1994.

Kutscher, Stephan:
Die Tarifzuständigkeit: Materielle Grenzen der Betätigungsfreiheit und Rechtsfolgen fehlender Regelungsbefugnis (am Beispiel der punktuellen Erweiterung der Tarifzuständigkeit), Münster und Hamburg 1993.

Küttner, Wolfdieter:
Aufnahmezwang für Gewerkschaften?, NJW 1980, 968-972.

Lambrich, Thomas:
Tarif- und Betriebsautonomie: ein Beitrag zu den Voraussetzungen und Grenzen des Tarifvorbehalts, insbesondere dem Erfordernis der Tarifbindung des Arbeitgebers, Berlin 1999.

Larenz, Karl:
Zur Rechtmäßigkeit der „Vereinsstrafe", Gedächtnisschrift für Rolf Dietz, München 1973, S. 45-59.

Larenz, Karl:
Methodenlehre der Rechtswissenschaft, 6. Aufl., Berlin u.a. 1991
(zit.: Larenz, Methodenlehre).

Larenz, Karl / Canaris, Claus-Wilhelm:
Methodenlehre der Rechtswissenschaft, 3. Aufl., Berlin u.a. 1995
(zit.: Larenz/Canaris, Methodenlehre).

Larenz, Karl / Wolf, Manfred:
Allgemeiner Teil des Bürgerlichen Rechts, 8. Aufl., München 1997
(zit.: Larenz/Wolf, BGB AT).

Lauschke, Gerd:
Betriebsnahe Tarifpolitik und Koalitionsschutz, ArbuR 1965, 102-120.

Lecheler, Helmut:
„Funktion" als Rechtsbegriff?, NJW 1979, 2273-2277.

Lehna, Hans-Herbert:
Zur Frage der Rechtsgültigkeit tariflicher Außenseiterklauseln, DB 1959, 916-918.

Leisner, Walter:
Privateigentum – Grundlage der Gewerkschaftsfreiheit, BB 1978, 100-104.

Leisner, Walter:
Organisierte Opposition in Verbänden und Parteien?, ZRP 1979, 275-280.

Lerche, Peter:
Übermaß und Verfassungsrecht, Köln u.a. 1961
(zit.: Lerche, Übermaß und Verfassungsrecht).

Lerche, Peter:
Verfassungsrechtliche Zentralfragen des Arbeitskampfes, Bad Homburg u.a. 1968
(zit.: Lerche, Zentralfragen).

Lerche, Peter:
Zur Bindung der Tarifnormen an Grundrechte, insbesondere an das Grundrecht der Berufsfreiheit, Festschrift für Ernst Steindorff, Berlin und New York 1990, S. 897-910.

Leßmann, Herbert:
Die öffentlichen Aufgaben und Funktionen privatrechtlicher Wirtschaftsverbände, Köln u.a. 1976.

Leßmann, Herbert:
Die Verbände in der Demokratie und ihre Regelungsprobleme, NJW 1978, 1545-1551.

Lieb, Manfred:
Mehr Flexibilität im Tarifvertragsrecht?, „Moderne" Tendenzen auf dem Prüfstand, NZA 1994, 289-294 und 337-342.

Lieb, Manfred:
Erkämpfbarkeit von Firmentarifverträgen mit verbandsangehörigen Arbeitgebern, DB 1999, 2058-2067.

Link, Harald:
Die Tarifzuständigkeit, Diss., Köln 1965.

Link, Harald:
Grundfragen der Tarifzuständigkeit, ArbuR 1966, 38-44.

Look, Frank von :
Vereinsstrafen als Vertragsstrafen, Berlin 1990.

Loritz, Karl Georg:
Der Verzicht auf Schadensersatzansprüche in tarifvertraglichen Maßregelungsklauseln, ZfA 1982, 77-112.

Loritz, Karl Georg:
Das Bundesarbeitsgericht und die „Neue Beweglichkeit" – Eine Stellungnahme zu arbeitsrechtlichen, verfassungsrechtlichen und prozessualen Problemen des BAG-Urteils vom 12. September 1984 – 1 AZR 342/83; ZfA 1985, 185-212.

Loritz, Karl Georg:
Tarifautonomie und Gestaltungsfreiheit des Arbeitgebers, Berlin 1990.

Loritz, Karl Georg:
Rechtsprobleme der tarifvertraglichen Regelung des „freien Wochenendes", ZfA 1990, 133-201.

Löwisch, Manfred:
Die Voraussetzungen der Tariffähigkeit, ZfA 1970, 295-318.

Löwisch, Manfred:
Das Übermaßverbot im Arbeitskampfrecht, ZfA 1971, 319-345.

Löwisch, Manfred:
Gewollte Tarifunfähigkeit im modernen Kollektivarbeitsrecht, ZfA 1974, 29-46.

Löwisch, Manfred:
Der Einfluß der Gewerkschaften auf Wirtschaft, Gesellschaft und Staat, RdA 1975, 53-58.

Löwisch, Manfred:
Empfiehlt es sich, die Geltung des Ultima-Ratio-Grundsatzes im Arbeitskampfrecht zu regeln?, ZfA 1985, 53-70.

Löwisch, Manfred:
Richterliches Arbeitskampfrecht und der Vorbehalt des Gesetzes, DB 1988, 1013-1015.

Löwisch, Manfred:
Schutz der Selbstbestimmung durch Fremdbestimmung – Zur verfassungsrechtlichen Ambivalenz des Arbeitnehmerschutzes -, ZfA 1996, 293-318.

Löwisch, Manfred / Rieble, Volker:
Tarifvertragsgesetz, Kommentar, München 1992.

Löwisch, Manfred / Rieble, Volker:
Tarifvertragliche und arbeitskampfrechtliche Fragen des Übergangs vom Haustarif zum Verbandstarif, Festschrift für Günter Schaub, München 1998, S. 457-475.

Lukes, Rudolf:
Erstreckung der Vereinsgewalt auf Nichtmitglieder durch Rechtsgeschäft, Festschrift für Harry Westermann, Karlsruhe 1974, S. 51-345.

Mangoldt, Hermann v. / Klein, Friedrich / Starck, Christian:
Das Bonner Grundgesetz, Band 1: Präambel, Artikel 1 bis 19, 4. Aufl., München 1999.

Martens, Klaus-Peter:
Anmerkung zum Beschluß des BAG vom 19.11.1985 – 1 ABR 37/83, SAE 1987, 7-11.

Martens, Wolfgang:
Öffentlich als Rechtsbegriff, Bad Homburg u.a. 1969.

Matthes, Hans-Christoph:
Der Arbeitgeber als Tarifpartei, Festschrift für Günter Schaub, München 1998, S. 477-485.

Maunz, Theodor / Dürig, Günter:
Grundgesetz, Kommentar, Band I (Art. 1-11), Band II (Art. 12-21), München, Stand: 36. Lieferung, Oktober 1999.

Mayer-Maly, Theo:
Anmerkung zum Urteil des BAG vom 2.8.1963 – 1 AZR 9/63, AP Nr. 5 zu Art. 9 GG, Bl. 4R.

Mayer-Maly, Theo:
Zur Problematik betriebsnaher Tarifpolitik, DB 1965, 32-33.

Mayer-Maly, Theo:
Der Verhandlungsanspruch tariffähiger Verbände, RdA 1966, 201-207.

Mayer-Maly, Theo:
Anmerkung zum Beschluß des BAG vom 9.7.1968 – 1 ABR 2/67, AP Nr. 25 zu § 2 TVG, Bl. 4.

Mayer-Maly, Theo:
Zum Verständnis der Kampfparität, RdA 1968, 432-434.

Mayer-Maly, Theo:
Druck und Recht im Arbeitsrecht, RdA 1979, 356-358.

Mayer-Maly, Theo:
Die Bedeutung des Grundsatzes der Verhältnismäßigkeit für das kollektive Arbeitsrecht, ZfA 1980, 473-485.

Mayer-Maly, Theo:
Der Warnstreik, BB 1981, 1774-1780.

Mayer-Maly, Theo:
Bemerkungen zur Entwicklung der Diskussion über den Verhandlungsanspruch tariffähiger Verbände, Festschrift für Karl Molitor, München 1988, S. 239-247.

Meik, Frank Andreas:
Der Kernbereich der Tarifautonomie, Berlin 1987.

Meissinger, Hermann:
Tarifhoheit in der sozialen Selbstverwaltung, RdA 1951, 46-49.

Meissinger, Hermann:
Betriebseinheit und Tarifeinheit, DB 1952, 101-102.

Merten, Philip:
Das Prinzip der Tarifeinheit als arbeitsrechtliche Kollisionsnorm, BB 1993, 572-579.

Mertens, Hans-Joachim:
Deliktsrecht und Sonderprivatrecht – Zur Rechtsfortbildung des deliktischen Schutzes von Vermögensinteressen, AcP 178 (1978), 227-262.

Mertens, Hans-Joachim:
Der Beirat in der GmbH – besonders der mitbestimmten -, Festschrift für Walter Stimpel, Berlin und New York 1985, S. 417-429.

Meyer-Cording, Ulrich:
Die Vereinsstrafe, Tübingen 1957
(zit.: Meyer-Cording, Vereinsstrafe).

Meyer-Cording, Ulrich:
Die Rechtsnormen, Tübingen 1971
(zit.: Meyer-Cording, Rechtsnormen).

Michlik, Frank F.J.:
Die gewerkschaftliche Urabstimmung vor einem Arbeitskampf – Eine Untersuchung zum deutschen und britischen Recht -, Berlin 1994.

Moll, Frank:
Zum Verhältnis von Streik und kollektiv ausgeübten Zurückbehaltungsrechten, RdA 1976, 100-107.

Moll, Frank:
Tarifausstieg der Arbeitgeberseite: Mitgliedschaft im Arbeitgeberverband „ohne Tarifbindung", Berlin 2000.

Möschel, Wernhard:
Tarifautonomie – ein überholtes Ordnungsmodell?, WuW 1995, 704-713.

Müller, Bernd:
Tarifkonkurrenz und Tarifpluralität, NZA 1989, 449-453.

Müller, Friedrich:
Juristische Methodik, 3. Aufl., Berlin 1989.

Müller, Gerhard:
Probleme der Friedenspflicht, DB 1959, 515-519.

Müller, Gerhard:
Die Freiheit von parteipolitischen und kirchlichen Bindungen als eine Voraussetzung für die Tariffähigkeit einer Koalition, Festschrift für Hans Carl Nipperdey zum 70. Geburtstag am 21. Januar 1965, Band II, Berlin und München 1965, S. 435-451.

Müller, Gerhard:
Gedanken zum Entwurf des Mitbestimmungsgesetzes (MitbestG) (I), DB 1975, 205-210.

Müller, Gerhard:
Staatskirchenrecht und normatives Arbeitsrecht – Eine Problemskizze -, RdA 1979, 71-79.

Müller, Gerhard:
Ablösung betrieblicher Einheitsregelungen durch Tarifvertrag, Düsseldorf 1983 (zit.: Müller, Ablösung).

Müller, Gerhard:
Arbeitskampf und Recht: Grundsätze der Tarifvertragsautonomie, Frankfurt a. M. 1987
(zit.: Müller, Arbeitskampf und Recht).

Müller, Gerhard:
Tarifautonomie und gesetzliche Regelung des Arbeitskampfrechts, DB 1992, 269-274.

Müller, Gerhard:
Zum Verhältnis zwischen Betriebsautonomie und Tarifautonomie, ArbuR 1992, 257-262.

Mummenhoff, Winfried:
Gründungssysteme und Rechtsfähigkeit, Die staatliche Mitwirkung bei der Verselbständigung des bürgerlichrechtlichen Vereins, Köln u.a. 1979.

Münch, Ingo von:
Grundgesetz- Kommentar, Band 1 (Präambel bis Art. 20), 5. Aufl., München 2000.

Münchener Handbuch zum Arbeitsrecht:
Band 3, Kollektives Arbeitsrecht, 2. Aufl., München 2000
(zit.: MünchArbR-Bearb.).

Münchener Kommentar zum Bürgerlichen Gesetzbuch:
Band 1, Allgemeiner Teil (§§ 1-240, AGB-Gesetz), München 1993
(zit: MünchKomm-Bearb.).

Münchener Kommentar zum Bürgerlichen Gesetzbuch:
Band 5, Schuldrecht Besonderer Teil III (§§ 705-853; PartGG, ProdHaftG), 3. Aufl., München 1997
(zit: MünchKomm-Bearb.).

Nicklisch, Fritz:
Der verbandsrechtliche Aufnahmezwang und die Inhaltskontrolle satzungsmäßiger Aufnahmevoraussetzungen, JZ 1976, 105-113.

Nicklisch, Fritz:
Gesetzliche Anerkennung und Kontrolle von Verbandsmacht, Zur rechtspolitischen Diskussion um ein Verbändegesetz, Festschrift für Gerhard Schiedermair, München 1976, S. 459-480.

Nikisch, Arthur:
Arbeitsrecht, II. Band, 2. Aufl., Tübingen 1959.

Nipperdey, Hans Carl:
Freie Entfaltung der Persönlichkeit, in: Bettermann, Karl August; Nipperdey, Hans Carl, Die Grundrechte, Handbuch der Theorie und Praxis der Grundrechte, Band IV/2, Berlin 1962, S. 741-909.

Nipperdey, Hans Carl / Säcker, Franz Jürgen:
Geschichtliche Entwicklung, Begriff und Rechtsstellung der Berufsverbände, in: AR-Blattei [D] Berufsverbände I, Stand 15.3.1979.

Oetker, Hartmut:
Anmerkung zu den Beschlüssen des BAG vom 25.9.1996 – 1 ABR 4/96 und 12.11.1996 – 1 ABR 33/96; AP Nr. 10, 11 zu § 2 TVG Tarifzuständigkeit, Bl. 5R.

Oetker, Hartmut:
Die Beendigung der Mitgliedschaft in Arbeitgeberverbänden als tarifrechtliche Vorfrage, ZfA 1998, 41-82.

Oetker, Hartmut:
Das private Vereinsrecht als Ausgestaltung der Koalitionsfreiheit, RdA 1999, 96-107.

Ossenbühl, Fritz:
Der öffentliche Status der Gewerkschaften, NJW 1965, 1561-1564.

Ostrop, Markus H.:
Mitgliedschaft ohne Tarifbindung: besondere Gestaltungsformen einer tarifbindungsfreien Mitgliedschaft im Arbeitgeberverband, Frankfurt a.M. u.a. 1997.

Otto, Hansjörg:
Personale Freiheit und soziale Bindung, München 1978.

Otto, Sven-Joachim:
Die rechtliche Zulässigkeit einer tarifbindungsfreien Mitgliedschaft in Arbeitgeberverbänden, NZA 1996, 624-631.

Park, Jong-Hee:
 Verfassungs- zivil- und arbeitsrechtliche Stellung der Arbeitgeberverbände, Frankfurt a.M. u.a. 1997.

Peters, Hans / Ossenbühl, Fritz:
 Die Übertragung von öffentlich-rechtlichen Befugnissen auf die Sozialpartner unter besonderer Berücksichtigung des Arbeitsschutzes, Berlin und Frankfurt a.M. 1967.

Pfister, Bernard:
 Bindung an das Verbandsrecht in der Verbandshierarchie, SpuRt 1996, 48-50.

Picker, Eduard:
 Ultima-ratio-Prinzip und Tarifautonomie, RdA 1982, 331-355.

Picker, Eduard:
 Der Warnstreik und die Funktion des Arbeitskampfes in der Rechtsordnung, Köln u.a. 1983
 (zit.: Picker, Warnstreik).

Picker, Eduard:
 Die Regelung der „Arbeits- und Wirtschaftsbedingungen" – Vertragsprinzip oder Kampfprinzip?, ZfA 1986, 199-339.

Picker, Eduard:
 Tarifmacht und tarifvertragliche Arbeitsmarktpolitik, ZfA 1998, 573-714.

Picker, Eduard:
 Die Tarifautonomie in der deutschen Arbeitsverfassung, Köln 2000
 (zit.: Picker, Tarifautonomie in der deutschen Arbeitsverfassung).

Popp, Klaus:
 Öffentliche Aufgaben der Gewerkschaften und innerverbandliche Willensbildung, Berlin 1975
 (zit.: Popp, Öffentliche Aufgaben und Willensbildung).

Popp, Klaus:
 Die ausgeschlossenen Gewerkschaftsmitglieder – BGHZ 71, 126; JuS 1980, 798-804.

Preis, Bernd:
 Tarifdispositives Richterrecht – Ein Beitrag zur Funktion und zum Rangverhältnis von Tarifrecht und staatlichem Recht -, ZfA 1972, 271-303.

Preuß, Ulrich K.:
 Zum staatsrechtlichen Begriff des Öffentlichen, Stuttgart 1969.

Priester, Hans-Joachim:
 Drittbindung des Stimmrechts und Satzungsautonomie, Festschrift für Winfried Werner, Berlin und New York 1984, S. 657-679.

Radke, Olaf:
 Was ist betriebsnahe Tarifpolitik?, DB 1965, 1176-1181.

Radke, Olaf:
 Das Koalitionsrecht als Ausdruck der Freiheit, Festschrift für Otto Brenner, Frankfurt a.M. 1967, S. 113-151.

Radke, Olaf:
 Das Bundesarbeitsgericht und die Differenzierungsklausel, ArbuR 1971, 4-15.

Raiser, Ludwig:
Vertragsfreiheit heute, JZ 1958, 1-8.

Ramm, Thilo:
Kampfmaßnahme und Friedenspflicht im deutschen Recht, Stuttgart 1962 (zit.: Ramm: Kampfmaßnahme).

Ramm, Thilo:
Koalitionsbegriff und Tariffähigkeit –BVerfGE 18, 18; JuS 1966, 223-230.

Ramm, Thilo:
Der Koalitionsbegriff, RdA 1968, 412-417.

Ramm, Thilo:
Kollektives Arbeitsrecht und öffentlicher Dienst, JZ 1977, 737-743.

Reichel, Hans:
Koalitionsrecht, Tarifvertragsrecht und Kontrahierungszwang, ArbuR 1960, 266-267.

Reichel, Hans:
Rechtsfragen zur Tariffähigkeit, RdA 1972, 143-152.

Reichert, Bernhard:
Handbuch des Vereins- und Verbandsrechts, 7. Aufl., Neuwied u.a. 1999 (zit.: Reichert, Hdb. Vereinsrecht).

Reichert, Bernard / van Look, Frank:
Handbuch des Vereins- und Verbandsrechts, 6. Aufl., Neuwied u.a. 1995 (zit: Reichert/v. Look, Hdb. Vereinsrecht).

Reichold, Hermann:
Anmerkung zum Urteil des BAG vom 22.9.1993 – 10 AZR 207/92, SAE 1995, 21-23.

Reuß, Wilhelm:
Die Stellung der Koalitionen in der geltenden Rechtsordnung, ArbRGegw Bd. 1 (1964), 144-163.

Reuß, Wilhelm:
Kollektive oder kollektiv-rechtliche Arbeitskampfziele?, ArbuR 1965, 97-102.

Reuß, Wilhelm:
Die Schutz- und Ordnungsfunktion der Gewerkschaften, RdA 1968, 410-412.

Reuß, Wilhelm:
Koalitionseigenschaft und Tariffähigkeit, Zu einigen kontroversen Grundfragen; Festgabe für Otto Kunze, Berlin 1969, S. 269-289.

Reuß, Wilhelm:
Die Bedeutung der „Mächtigkeit" von Verbänden im kollektiven Arbeitsrecht, RdA 1972, 4-8.

Reuß, Wilhelm:
Juristische Begriffsmanipulationen, dargelegt an Beispielen aus dem Arbeitsrecht, ArbuR 1972, 193-207.

Reuter, Dieter:
Anmerkung zum Beschluß des BAG vom 15.3.1977 – 1 ABR 16/75; JuS 1977, 482-483.

Reuter, Dieter:
Zulässigkeit und Grenzen tarifvertraglicher Besetzungsregelungen, ZfA 1978, 1-44.

Reuter, Dieter:
Stimmrechtsvereinbarungen bei treuhänderischer Abtretung eines GmbH-Anteils, ZGR 1978, 633-642.

Reuter, Dieter:
Grenzen der Verbandsstrafgewalt, ZGR 1980, 97-128.

Reuter, Dieter:
Anmerkung zum Beschluß des BAG vom 19.11.1985 – ABR 37/83; AP Nr. 4 zu § 2 TVG Tarifzuständigkeit Bl. 9R.

Reuter, Dieter:
Anmerkung zum Urteil des BGH vom 10.12.1984 – II ZR 91/84; JZ 1985, 536-538.

Reuter, Dieter:
Die unfaßbare „Neue Beweglichkeit" – BAG NJW 1985, 85; JuS 1986, 19-24.

Reuter, Dieter:
100 Bände BGHZ: Vereins- und Genossenschaftsrecht, ZHR 151 (1987), 355-395.

Reuter, Dieter:
Der Ausschluß aus dem Verein, NJW 1987, 2401-2406.

Reuter, Dieter:
Die problematische Tarifeinheit -BAG, NZA 1991, 736; JuS 1992, 105-110.

Reuter, Dieter:
Die Fusion von Gewerkschaften, DZWiR 1993, 404-411.

Reuter, Dieter:
Die Lohnbestimmung im Betrieb, ZfA 1993, 221-245.

Reuter, Dieter:
Möglichkeiten und Grenzen einer Auflockerung des Tarifkartells, ZfA 1995, 1-94.

Reuter, Dieter:
Die Mitgliedschaft ohne Tarifbindung (OT-Mitgliedschaft) im Arbeitgeberverband, RdA 1996, 201-209.

Reuter, Dieter:
Grundfragen des Koalitionsverbandsrechts, Festschrift für Alfred Söllner, München 2000, S. 937-956.

RGRK:
Das Bürgerliche Gesetzbuch mit besonderer Berücksichtigung der Rechtsprechung des Reichsgerichts und des Bundesgerichtshofes, Kommentar, Band I (§§ 1-240), 12. Aufl., Berlin und New York 1982
(zit.: RGRK-Bearb.).

Richardi, Reinhard:
Koalitionsgewalt und individuelle Koalitionsfreiheit, AöR 93 (1968), 243-269.

Richardi, Reinhard:
Kollektivgewalt und Individualwille bei der Gestaltung des Arbeitsverhältnisses, München 1968
(zit.: Richardi, Kollektivgewalt).

Richardi, Reinhard:
Gemeinsame Anmerkung zu den Beschlüssen des BAG vom 17.2.1970 –1 ABR 14/69 und 1 ABR 15/69; AP Nr. 2, 3 zu § 2 TVG Tarifzuständigkeit, Bl. 5.

Richardi, Reinhard:
Rechtsprobleme einer betriebsnahen Tarifpolitik, JurA 1971, 141-176.

Richardi, Reinhard:
Betriebsratsamt und Gewerkschaft, RdA 1972, 8-16.

Richardi, Reinhard:
Die Bedeutung des Mitbestimmungsurteils des Bundesverfassungsgerichts vom 1. März 1979 für die Arbeitsrechtsordnung, AöR 104 (1979), 546-579.

Richardi, Reinhard:
Gegnerunabhängigkeit, Verhandlungsgleichgewicht und Verhandlungsfreiheit als Funktionsvoraussetzungen des Tarifvertragssystems im öffentlichen Dienst, DB 1985, 1021-1026.

Ridder, Helmut:
Zur verfassungsrechtlichen Stellung der Gewerkschaften im Sozialstaat nach dem Grundgesetz für die Bundesrepublik Deutschland, Stuttgart 1960.

Rieble, Volker:
Die Bildung gesamtdeutscher Gewerkschaften, ArbuR 1990, 365-372.

Rieble, Volker:
Anmerkung zum Beschluß des BAG vom 20.11.1990 –1 ABR 62/89, SAE 1991, 316-319.

Rieble, Volker:
Anmerkung zum Beschluß des BAG vom 22.3.1994 -1 ABR 47/93, EzA § 4 TVG Geltungsbereich Nr. 10, S. 12.

Rieble, Volker:
Arbeitsmarkt und Wettbewerb, -Der Schutz von Vertrags- und Wettbewerbsfreiheit im Arbeitsrecht-, Berlin u.a. 1996
(zit.: Rieble, Arbeitsmarkt und Wettbewerb).

Rieble, Volker:
Krise des Flächentarifvertrags?, RdA 1996, 151-158.

Rieble, Volker:
Der Tarifvertrag als kollektiv-privatautonomer Vertrag, ZfA 2000, 5-27.

Röckl, Johannes:
Zulässigkeit einer Mitgliedschaft in Arbeitgeberverbänden ohne Tarifbindung?, DB 1993, 2382-2385.

Röhricht, Volker:
Besprechung von Grunewald, Der Ausschluß aus Gesellschaft und Verein, AcP 189 (1989), 386-395.

Rübenach, Johannes:
„Wirtschaftliche Vereinigungsfreiheit" und Vereinigungsfreiheit, Frankfurt a.M. u.a. 1984.

Ruck, Silke:
Zur Unterscheidung von Ausgestaltungs- und Schrankengesetzen im Bereich der Rundfunkfreiheit, AöR 117 (1992), 543-566.

Rüthers, Bernd:
Streik und Verfassung, Köln 1960
(zit.: Rüthers, Streik und Verfassung).

Rüthers, Bernd:
Zur Kampfparität im Arbeitskampfrecht, JurA 1970, 89-111.

Rüthers, Bernd:
Gewerkschaftliche Mitgliederwerbung im Betrieb und in der Dienststelle – BAG AP Art. 9 GG Nr. 10 und BVerfG NJW 1970, 1635; JuS 1970, 607-611.

Rüthers, Bernd:
Arbeitgeber und Gewerkschaften, - Gleichgewicht und Dominanz -, DB 1973, 1649-1656.

Rüthers, Bernd:
Tarifautonomie und Schlichtungszwang, Gedächtnisschrift für Rolf Dietz, München 1973, S. 299-321.

Rüthers, Bernd:
Die Kontrolle der sozialen Koalitionen (Gewerkschaften und Arbeitgeberverbände) durch Verwaltung und Rechtsprechung, ZfA 1982, 237-256.

Rüthers, Bernd / Roth, Günter:
Anmerkung zum Beschluß des BAG vom 16.11.1982 –1 ABR 22/78, AP Nr. 32 zu § 2 TVG Bl. 4.

Sachse, Wolfgang:
Das Aufnahme- und Verbleiberecht in den Gewerkschaften, ArbuR 1985, 267-276.

Säcker, Franz-Jürgen:
Grundprobleme der kollektiven Koalitionsfreiheit, Düsseldorf 1969
(zit.: Säcker, Grundprobleme).

Säcker, Franz-Jürgen:
Gruppenautonomie und Übermachtkontrolle im Arbeitsrecht, Berlin 1972
(zit.: Säcker, Gruppenautonomie).

Säcker, Franz-Jürgen:
Zu den rechtspolitischen Grundlagen der Arbeitskampf-Entscheidungen des Bundesarbeitsgerichts vom 21. April und 26. Oktober 1971, GewMH 1972, 287-299.

Säcker, Franz-Jürgen:
Die Institutions- und Betätigungsgarantie der Koalitionen im Rahmen der Grundrechtsordnung, ArbRGegw. Bd. 12 (1975), 17-67.

Säcker, Franz-Jürgen:
Mitbestimmung und Vereinigungsfreiheit (Art. 9 Abs. 1 GG), RdA 1979, 380-387.

Säcker, Franz-Jürgen / Oetker, Hartmut:
Probleme der Repräsentation von Großvereinen, München 1986
(zit.: Säcker, Repräsentation von Großvereinen).

Säcker, Franz-Jürgen / Oetker, Hartmut:
Grundlagen und Grenzen der Tarifautonomie, München 1992
(zit.: Säcker/Oetker, Grundlagen und Grenzen der Tarifautonomie).

Säcker, Franz-Jürgen / Oetker, Hartmut:
Tarifeinheit im Betrieb – ein Akt unzulässiger richterlicher Rechtsfortbildung?, ZfA 1993, 1-21.

Säcker, Franz-Jürgen / Rancke, Friedbert:
Verbandsgewalt, Vereinsautonomie und richterliche Inhaltskontrolle, ArbuR 1981, 1-15.

Salje, Peter:
Anmerkung zum Urteil des BAG vom 20.3.1991 -4AZR 455/90, SAE 1993, 79-82.

Sauter, Eugen / Schweyer, Gerhard / Waldner, Wolfram:
Der eingetragene Verein, 16. Aufl., München 1997.

Sbresny-Uebach, Barbara:
Die Tariffähigkeit und die Tarifzuständigkeit, in: AR-Blattei [D] Tarifvertrag II A, Stand 15.12.1987.

Schaible, Jörg:
Der Gesamtverein und seine vereinsmäßig organisierten Untergliederungen, Baden-Baden 1992.

Schaub, Günter:
Aktuelle Streitfragen zur Kostensenkung bei der Arbeitsvergütung, BB 1994, 2005-2011.

Schaub, Günter:
Tarifautonomie in der Rechtsprechung, RdA 1995, 65-71.

Schaub, Günter:
Aktuelle Fragen des Tarifvertragsrechts, BB 1995, 2003-2006.

Schaub, Günter:
Arbeitsrechts-Handbuch, Systematische Darstellung und Nachschlagewerk für die Praxis, 9. Aufl., München 2000
(zit.: Schaub, Arbeitsrechts-Handbuch).

Scheffler, Gerhard:
Zum öffentlichen Status der Gewerkschaften, NJW 1965, 849-852.

Schelp, Günther:
Parteifähigkeit der Verbände im arbeitsgerichtlichen Urteilsverfahren (§ 10 ArbGG), ArbuR 1954, 70-75.

Schelp, Günther:
Gemeinsame Einrichtungen der Tarifvertragsparteien, Festschrift für Hans Carl Nipperdey zum 70. Geburtstag am 21. Januar 1965, Band II, Berlin und München 1965, S. 579-607.

Scheuner, Ulrich:
Der Inhalt der Koalitionsfreiheit, Rechtsgutachten, in: Weber, Werner; Scheuner, Ulrich; Dietz, Rolf, Koalitionsfreiheit; Berlin und Frankfurt a.M. 1961, S. 27-87.

Scheuner, Ulrich:
Die Rolle der Sozialpartner in Staat und Gesellschaft, Stuttgart 1973 (zit.: Scheuner, Rolle der Sozialpartner).

Schleusener, Axel Aino:
Rechtmäßigkeit kampfweiser Durchsetzung von Firmentarifverträgen gegenüber verbandsangehörigen Arbeitgebern, NZA 1998, 239-244.

Schlochauer, Ursula:
OT-Mitgliedschaft in tariffähigen Arbeitgeberverbänden, Festschrift für Günter Schaub, München 1998, S. 699-714.

Schlosser, Peter:
Vereins- und Verbandsgerichtsbarkeit, München 1972.

Schlüter, Wilfried:
Die Grenzen der Tarifmacht bei der Regelung der Wochenarbeitszeit, Festschrift für Walter Stree und Johannes Wessels, Heidelberg 1993, S. 1061-1084.

Schmalz, Dieter:
Methodenlehre für das juristische Studium, 3. Aufl. Baden-Baden 1992.

Schmidt, Karsten:
Gesellschaftsrecht, 3. Aufl., Köln u.a. 1997.

Schmidt, Uwe:
Die Mitgliedschaft in Verbänden, Frankfurt a.M. 1989.

Schmidt-Rimpler, Walter:
Grundlagen einer Erneuerung des Vertragsrechts, AcP 147 (1941), 130-197.

Schmiegel, Dorothee:
Die Inhaltskontrolle von Koalitionssatzungen, Berlin 1995.

Schnorr, Gerhard:
Kollektivmacht und Individualrechte im Berufsverbandswesen (Zur Frage der „immanenten" Gewährleistungsschranken der Koalitionsfreiheit), Festschrift für Erich Molitor, München und Berlin 1962, S. 229-252.

Schnorr, Gerhard:
Inhalt und Grenzen der Tarifautonomie, JR 1966, 327-334.

Schockenhoff, Martin:
Der Grundsatz der Vereinsautonomie, AcP 193 (1993), 35-67.

Scholz, Rupert:
Koalitionsfreiheit als Verfassungsproblem, München 1971 (zit.: Scholz, Koalitionsfreiheit).

Scholz, Rupert:
Die Koalitionsfreiheit des Arbeitgebers, ZfA 1980, 357-372.

Scholz, Rupert:
Rechtsfragen zur Verweisung zwischen Gesetz und Tarifvertrag, Festschrift für Gerhard Müller, Berlin 1981, S. 509-536.

Scholz, Rupert / Konzen, Horst:
Die Aussperrung im System von Arbeitsverfassung und kollektivem Arbeitsrecht, Berlin 1980
(zit.: Scholz/Konzen, Aussperrung).

Schrader, Peter:
„Durchsetzungsfähigkeit" als Kriterium für Arbeitgeber im Tarifvertragsrecht, Bayreuth 1994.

Schultze-v Lasaulx, Hermann:
Zur Frage der Gestaltungsfreiheit für Gesellschaftsverträge, ZfgG 1971, 325-351.

Schüren, Peter:
Tarifautonomie und dispositives Richterrecht, ArbuR 1988, 245-251.

Schüren, Peter:
Die Legitimation der tariflichen Normsetzung, München 1990.

Schwarze, Roland:
Der Betriebsrat im Dienst der Tarifvertragsparteien, Berlin 1991
(zit.: Schwarze, Betriebsrat).

Schwarze, Roland:
Die verfassungsrechtliche Garantie des Arbeitskampfes - BverfGE 84, 212; JuS 1994, 653-659.

Schwerdtfeger, Gunther:
Individuelle und kollektive Koalitionsfreiheit, Berlin u.a. 1981.

Seiter, Hugo:
Streikrecht und Aussperrungsrecht, Tübingen 1975
(zit.: Seiter, Streikrecht und Aussperrungsrecht).

Seiter, Hugo:
Arbeitskampfparität und Übermaßverbot unter besonderer Berücksichtigung des „Boykotts" in der deutschen Seeschiffahrt, Düsseldorf und Frankfurt a.M. 1979
(zit.: Seiter, Arbeitskampfparität und Übermaßverbot).

Seiter, Hugo:
Die neue Aussperrungsrechtsprechung des Bundesarbeitgerichts – Zu den Urteilen des Bundesarbeitsgerichts vom 10. Juni 1980 - RdA 1981, 65-93.

Seiter, Hugo:
Unternehmensmitbestimmung und Tarifauseinandersetzungen, Folgerungen aus dem Mitbestimmungsurteil des Bundesverfassungsgerichts, Festschrift für Gerhard Müller, Berlin 1981, S. 589-608.

Seiter, Hugo:
Anmerkung zum Urteil des BAG vom 14.7.1981 – 1 AZR 159/78, SAE 1984, 100-102.

Seiter, Hugo:
Anmerkung zum Urteil des BAG vom 12.9.1984 -1 AZR 342/83, EzA Art. 9 GG Arbeitskampf Nr. 54, S. 630a.

Seiter, Hugo:
Die Rechtsprechung des Bundesverfassungsgerichts zu Art. 9 Abs. 3 GG, AöR 109 (1984), 88-136.

Seiter, Hugo:
Der Verhandlungsanspruch der Tarifvertragsparteien, Festschrift zum 125jährigen Bestehen der Juristischen Gesellschaft zu Berlin, Berlin und New York 1984, S. 729-751.

Seiter, Hugo:
Zur Gestaltung der Arbeitskampfordnung durch den Gesetzgeber, RdA 1986, 165-188.

Seiter, Hugo:
Dauerrechtsbeziehungen zwischen Tarifvertragsparteien? – Zur Lehre vom gesetzlichen Schuldverhältnis im kollektiven Arbeitsrecht, ZfA 1989, 283-306.

Siebert, Wolfgang:
Kollektivnorm und Individualrecht im Arbeitsverhältnis, Festschrift für Hans Carl Nipperdey zum 60. Geburtstag, 21. Januar 1955, Band I, München und Berlin 1955, S. 119-145.

Siegfried, F.F.:
Zum Begriff des Öffentlichen Amtes in Art. 34 GG, NJW 1957, 738-739.

Singer, Reinhard:
Tarifvertragliche Normenkontrolle am Maßstab der Grundrechte?, ZfA 1995, 611-638.

Sinzheimer, Hugo:
Grundzüge des Arbeitsrechts, 2. Aufl., Jena 1927.

Soergel, Hans Theodor / Siebert, Wolfgang / Baur, Jürgen F.:
Bürgerliches Gesetzbuch, Band 4, Schuldrecht III (§§ 705-853), Stuttgart u.a., Stand: Frühjahr 1985
(zit.: Soergel-Bearb.).

Sohn, Karl-Heinz:
Berufsverband und Industriegewerkschaft. Organisationsprinzipien der deutschen Gewerkschaften, Diss. Köln 1963.

Söllner, Alfred:
Zu Sinn und Grenzen der Vereinbarungsbefugnis der Tarifvertragsparteien, ArbuR 1966, 257-264.

Söllner, Alfred:
Mächtigkeit und Leistungsfähigkeit als typologische Merkmale der arbeitsrechtlichen Gewerkschaften, ArbuR 1976, 321-325.

Söllner, Alfred:
Das Begriffspaar der Arbeits- und Wirtschaftsbedingungen in Art. 9 Abs. 3 GG, ArbRGegw 16 (1978), 19-28.

Söllner, Alfred:
Die Bedeutung des Art. 12 GG für das Arbeitsrecht, ArbuR 1991, 45-52.

Söllner, Alfred:
Grundriß des Arbeitsrechts, 12. Aufl., München 1998.

Stahlhacke, Eugen:
Sozialpolitische Bedeutung als Voraussetzung der Tariffähigkeit, DB 1964, 697-698.

Stahlhacke, Eugen:
Die Rechtsprechung des Bundesarbeitsgerichts zum allgemeinen Tarifrecht, ArbR-Gegw 11 (1974), 21-34.

Staudinger, Julius v.:
Kommentar zum Bürgerlichen Gesetzbuch mit Einführungsgesetz und Nebengesetzen, Erstes Buch, Allgemeiner Teil (§§ 21-103 BGB), 13. Aufl., Berlin 1995 (zit.: Staudinger-Bearb.).

Stecher, Norman:
Der Verhandlungsanspruch eines tariffähigen Arbeitnehmerverbandes, Diss. Würzburg 1972.

Steinbeck, Anja:
Vereinsautonomie und Dritteinfluß, Dargestellt an den Verbänden des Sports, Berlin und New York 1999.

Stern, Klaus:
Das Staatsrecht der Bundesrepublik Deutschland, Band III/1, Allgemeine Lehren der Grundrechte, München 1988.

Stindt, Heinrich Meinhard:
Verfassungsgebot und Wirklichkeit demokratischer Organisation der Gewerkschaften, Bochum 1976.

Stöber, Kurt:
Handbuch zum Vereinsrecht, 7. Aufl., Köln 1997.

Summerer, Thomas:
Internationales Sportrecht vor dem staatlichen Richter in der Bundesrepublik Deutschland, Schweiz, USA und England, München 1990.

Teichmann, Arndt:
Gestaltungsfreiheit in Gesellschaftsverträgen, München 1970.

Teubner, Günther:
Organisationsdemokratie und Verbandsverfassung, Tübingen 1978 (zit.: Teubner, Organisationsdemokratie).

Teubner, Günther:
Der Beirat zwischen Verbandssouveränität und Mitbestimmung – Zu den Schranken der Beiratsverfassung in der GmbH -, ZGR 1986, 565-579.

Thiele, Wolfgang:
Zur gerichtlichen Überprüfung von Tarifverträgen und Betriebsvereinbarungen, Festschrift für Karl Larenz, München 1973, S. 1043-1062.

Thüsing, Gregor:
Anmerkung zum Urteil des LAG Rheinland-Pfalz vom 17.2.1995 – 10 Sa 1092/94, LAGE Nr. 10 zu Art. 9 GG, S. 10.

Thüsing, Gregor:
Die Mitgliedschaft ohne Tarifbindung in Arbeitgeberverbänden, ZTR 1996, 481-485.

Thüsing, Gregor:
Die Erstreikbarkeit von Firmentarifverträgen verbandsangehöriger Arbeitgeber, NZA 1997, 294-296.

Tomandl, Theodor:
Streik und Aussperrung als Mittel des Arbeitskampfes, Wien 1965.

Ueberall, Albert:
Das Problem der Tariflegitimation (Tarifzuständigkeit), Diss. Köln 1932.

Ulmer, Peter:
Begründung von Rechten für Dritte in der Satzung einer GmbH?, Festschrift für Winfried Werner, Berlin und New York 1984, S. 911-931.

Venrooy, Gerd J.:
Auf der Suche nach der Tarifzuständigkeit, ZfA 1983, 49-82.

Vieweg, Klaus:
Zur Inhaltskontrolle von Verbandsnormen, Festschrift für Rudolf Lukes, Köln u.a. 1989, S. 809-823.

Vieweg, Klaus:
Normsetzung und –anwendung deutscher und internationaler Verbände, Berlin 1990.

Vogel, Joachim:
Juristische Methodik, Berlin und New York 1998.

Vogg, Stefan:
Anmerkung zum Urteil des BAG vom 20.3.1991 - 4 AZR 455/90; EzA § 4 TVG Tarifkonkurrenz Nr. 7, S. 13.

Vollmer, Lothar:
Die Entwicklung partnerschaftlicher Unternehmensverfassungen, Köln u.a. 1976.

Voormann, Volker:
Die Stellung des Beirats im Gesellschaftsrecht, 2. Aufl., Köln u.a. 1990.

Vorderwülbecke, Martin:
Rechtsform der Gewerkschaften und Kontrollbefugnisse des Gewerkschaftsmitglieds, Berlin 1988.

Waas, Bernd:
Der Verhandlungsanspruch tariffähiger Verbände und schuldrechtliche Dauerbeziehungen zwischen den Tarifvertragsparteien, ArbuR 1991, 334-340.

Walker, Wolf-Dietrich:
Zur Zulässigkeit von Betriebsbußen, Festschrift für Otto Rudolf Kissel, München 1994, S. 1205-1224.

Waltermann, Raimund:
Beschäftigungspolitik durch Tarifvertrag, NZA 1991, 754-760.

Waltermann, Raimund:
Altersgrenzen in Kollektivverträgen, RdA 1993, 209-218.

Waltermann, Raimund:
Rechtsetzung durch Betriebsvereinbarung zwischen Privatautonomie und Tarifautonomie, Tübingen 1996
(zit.: Waltermann, Rechtsetzung durch Betriebsvereinbarung).

Waltermann, Raimund:
Zu den Grundlagen der Tarifautonomie, ZfA 2000, 53-86.

Waltermann, Raimund:
Zu den Grundlagen der Rechtsetzung durch Tarifvertrag. Festschrift für Alfred Söllner, München 2000, S. 1251-1277.

Wank, Rolf:
Zum Vorschlag einer Kodifizierung des Arbeitskampfrechts, RdA 1989, 263-270.

Wank, Rolf:
Zum Ausschluß von Mitgliedern aus einer Gewerkschaft, JR 1994, 356-360.

Wank, Rolf:
Anmerkung zum Urteil des BAG vom 26.1.1994 – 10 AZR 611/92, EzA § 4 TVG Tarifkonkurrenz Nr. 9, S. 15.

Weber, Werner:
Koalitionsfreiheit und Tarifautonomie als Verfassungsproblem, Berlin 1965.

Weber, Werner:
Die Bundesrepublik und ihre Verfassung an der Schwelle des dritten Jahrzehnts, DVBl 1969, 413-419.

Weiss, Helmut:
Koalitionsfreiheit und betriebliche Tarifverträge, Düsseldorf 1973.

Weitnauer, Hermann:
Rechtmäßigkeit und rechtliche Folgen des „wilden" Streiks (Teil I), DB 1970, 1639-1644.

Weller, Bernhard:
Massenänderungskündigung und Kampfparität, ArbuR 1967, 76-82.

Wendeling-Schröder, Ulrike:
Aktuelle Probleme der Rechtsprechung zum Gewerkschaftsausschluß, ZGR 1990, 107-130.

Westenberger, Eberhard:
Organisationsrechtliche Probleme im deutschen Gewerkschaftswesen, Diss. Frankfurt a.M. 1956.

Weyand, Joachim:
Anmerkung zum Beschluß des BAG vom 22.11.1988 – 1 ABR 6/87, SAE 1991, 323-326.

Wiedemann, Anton:
Die Bindung der Tarifnormen an Grundrechte, insbesondere an Art. 12 GG, Heidelberg, 1994.

Wiedemann, Herbert:
Anmerkung zum Beschluß des BAG GS vom 29.11.1967 – GS 1/67, SAE 1969, 265-268.

Wiedemann, Herbert:
Zur Tarifzuständigkeit, RdA 1975, 78-84.

Wiedemann, Herbert:
Juristische Person und Gesamthand als Sondervermögen, WM 1975, Sonderbeilage 4, S. 1-44.

Wiedemann, Herbert:
Anmerkung zum Urteil des BAG vom 24.9.1975 – 4 AZR 471/74, AP Nr. 11 zu § 4 TVG Tarifkonkurrenz, Bl. 4 R.

Wiedemann, Herbert:
Tariffähigkeit und Unabhängigkeit, RdA 1976, 72-77.

Wiedemann, Herbert:
Gemeinsame Anmerkung zum Beschluß des BAG vom 15.3.1977 – 1 ABR 16/75 – AP Nr. 24 zu Art. 9 GG und zum Beschluß des BAG vom 14.3.78 – 1 ABR 2/76 – AP Nr. 30 zu § 2 TVG; AP Nr. 24 zu Art. 9 GG Bl. 9.

Wiedemann, Herbert:
Verbandssouveränität und Außeneinfluß, Festschrift für Wolfgang Schilling, Berlin und New York 1979, S. 105-124.

Wiedemann, Herbert:
Gemeinsame Anmerkung zum Urteil des BAG vom 24.1.1979 – 4 AZR 377/77 – und zum Beschluß des BVerfG vom 15.7.1980 – 1 BvR 24/74 und 1 BvR 439/79; AP Nr. 16, 17 zu § 5 TVG Bl. 7.

Wiedemann, Herbert:
Gesellschaftsrecht, Band I: Grundlagen, München 1980.

Wiedemann, Herbert:
Anmerkung zum Urteil des BAG vom 14.7.1981 – 1 AZR 159/78; AP Nr. 1 zu § 1 TVG Verhandlungspflicht, Bl. 3R

Wiedemann, Herbert:
Arbeitsrechtliche Probleme der Betriebsausgliederung, Festschrift für Hans-Joachim Fleck, Berlin und New York 1988, S. 447-463.

Wiedemann, Herbert:
Die Gestaltungsaufgabe der Tarifvertragsparteien, RdA 1997, 297-304.

Wiedemann, Herbert:
Tarifvertragsgesetz mit Durchführungs- und Nebenvorschriften, Kommentar, 6. Aufl., München 1999
(zit.: Bearb., in: Wiedemann, § 2 TVG Rn. 1).

Wiedemann, Herbert / Arnold, Markus:
Anmerkung zum Urteil des BAG vom 14.6.1989 – 4 AZR 200/89; AP Nr. 11 zu § 4 TVG Tarifkonkurrent, Bl. 6.

Wiedemann, Herbert / Arnold, Markus:
Tarifkonkurrenz und Tarifpluralität in der Rechtsprechung des BAG, Teil II, ZTR 1994, 443-448.

Wiedemann, Herbert / Stumpf, Hermann:
Tarifvertragsgesetz mit Durchführungs- und Nebenvorschriften, Kommentar, 5. Aufl., München 1977
(zit.: Wiedemann/Stumpf, § 2 TVG Rn. 162).

Wiedemann, Herbert / Thüsing, Gregor:
Die Tariffähigkeit von Spitzenorganisationen und der Verhandlungsanspruch der Tarifvertragsparteien, RdA 1995, 280-287.

Wieland, Peter:
Recht der Firmentarifverträge, Köln 1998.

Witzig, Andreas:
Der Grundsatz der Tarifeinheit und die Löschung von Tarifkonkurrenzen, Diss. Kiel 1992.

Wlotzke, Otfried:
Zur Zulässigkeit von Tarifverträgen über den Schutz und die Erleichterung der Tätigkeit gewerkschaftlicher Vertrauensleute, RdA 1976, 80-85.

Wohlgemuth, Hans Hermann:
Staatseingriff und Arbeitskampf – Zur Kritik der herrschenden Arbeitskampfdoktrin -, Köln 1977
(zit.: Wohlgemuth, Staatseingriff und Arbeitskampf).

Wohlgemuth, Hans Hermann:
Probleme des Warnstreiks, ArbuR 1982, 201-207.

Wolf, Manfred:
Rechtsgeschäftliche Entscheidungsfreiheit und vertraglicher Interessenausgleich, Tübingen 1970.

Wolf, Manfred:
Tarifautonomie, Kampfparität und gerechte Tarifgestaltung, ZfA 1971, 151-179.

Wüst, Günther:
Gestaltungsfreiheit und Typenkatalog im Gesellschaftsrecht, Festschrift für Konrad Duden, München 1977, S. 749-771.

Zacher, Hans F.:
Richterrecht für Verbände? Die richterliche Ausprägung der Tarifautonomie in der Bundesrepublik Deutschland, Festschrift für Ludwig Fröhler, Berlin 1980, S. 509-536.

Zachert, Ulrich:
Rechtsfragen bei der Durchsetzungder Tarifzuständigkeit, ArbuR 1982, 181-185.

Zachert, Ulrich:
Tarifautonomie und dispositives Richterrecht, ArbuR 1988, 248-251.

Zachert, Ulrich:
Anmerkung zum Urteil des BAG vom 24.2.1999 – 4 AZR 62/98, RdA 2000, 107-109.

Zander, Ernst:
Betriebsautonomie und Tarifautonomie, BB 1987, 1315-1316.

Zeuner, Albrecht:
Gedanken zum Verhältnis von Richterrecht und Betätigungsfreiheit der Beteiligten, dargelegt an Beispielen aus der Rechtsprechung des Bundesarbeitsgerichts, Festschrift 25 Jahre Bundesarbeitsgericht, München 1979, S. 727-744.

Zippelius, Reinhold:
Juristische Methodenlehre, 7. Aufl., München 1999.

Zöllner, Wolfgang:
Die Schranken mitgliedschaftlicher Stimmrechtsmacht bei den privatrechtlichen Personenverbänden, München 1963
(zit.: Zöllner, Schranken mitgliedschaftlicher Stimmrechtsmacht).

Zöllner, Wolfgang:
Das Wesen der Tarifnormen, RdA 1964, 443-450.

Zöllner, Wolfgang:
Die Rechtsnatur der Tarifnormen nach deutschem Recht, Wien 1966.

Zöllner, Wolfgang:
Anmerkung zum Beschluß des BAG vom 9.7.1968 – 1 ABR 2/67, SAE 1969, 140-141.

Zöllner, Wolfgang:
Die Rechtsprechung des Bundesverfassungsgerichts zu Art. 9 Abs. 3 GG, AöR 98 (1973), 71-102.

Zöllner, Wolfgang:
Maßregelungsverbote und sonstige tarifliche Nebenfolgeklauseln nach Arbeitskämpfen, zugleich ein Beitrag zu den Grenzen der Tarifautonomie, Köln und Berlin 1977 (zit.: Zöllner, Maßregelungsverbote).

Zöllner, Wolfgang:
Zur Frage des Gewerkschaftsausschlusses wegen gewerkschaftsschädigender Kandidatur bei Betriebsratswahlen, Stuttgart 1983
(zit.: Zöllner, Gewerkschaftsusschluß).

Zöllner, Wolfgang:
Die Zulässigkeit einzelvertraglicher Verlängerung der tariflichen Wochenarbeitszeit, DB 1989, 2121-2126.

Zöllner, Wolfgang / Loritz, Karl Georg:
Arbeitsrecht, 5. Aufl., München 1998.

Zöllner, Wolfgang / Seiter, Hugo:
Paritätische Mitbestimmung und Artikel 9 Abs. 3 Grundgesetz, Köln u.a. 1970
(zit.: Zöllner/Seiter, Paritätische Mitbestimmung).